진실·알하기
권력은 국민을 어떻게 속이고 있는가?

진실 말하기 Socialist register 2006 : Telling the Truth

지은이 테리 이글턴, 콜린 레이스 외
옮긴이 신기섭

펴낸이 장민성, 조정환
책임운영 신은주 편집부 오정민 마케팅 정현수

펴낸곳 도서출판 갈무리 등록일 1994. 3. 3. 등록번호 제17-0161호
초판인쇄 2008년 8월 8일 초판발행 2008년 8월 25일

주소 서울 마포구 서교동 375-13호 성지빌딩 101호
전화 02-325-1485 팩스 02-325-1407
website http://galmuri.co.kr e-mail galmuri@galmuri.co.kr

ISBN 978-89-6195-007-7 04300 / 978-89-86114-63-8(세트)
도서분류 1.사회과학 2.정치학 3.사회학 4.경제학

값 18,000원

이 도서의 국립중앙도서관 출판시도서목록(CIP)은 e-CIP홈페이지(http://www.nl.go.kr/ecip)에서 이용하실 수 있습니다.
(CIP제어번호 : CIP2008002341)

진실 말하기

TELLING THE
TRUTH

테리 이글턴

콜린 레이스

벤 파인

더그 헨우드

로이크 와캉

G. M. 터마시

샌제이 G. 레디

아틸리오 A. 보론

로버트 W. 맥체스니

엘리사 반 바에이언베르허

지음

신기섭 옮김

차례

서문

냉소적인 국가 · 콜린 레이스

자유민주주의/사회민주주의 정책 체제 18 ㅣ 신자유주의 정책 체제로 이행 23 ㅣ 신자유주의 정책 체제 26 ㅣ 기업가 정신과 증거의 사용 36 ㅣ 결론: 우리 시대의 의존성 47

자본주의적 민주주의에 얽힌 진실 · 아틸리오 A. 보론

민주주의 50 ㅣ 자본주의적 민주주의 아니면 민주주의적 자본주의? 53 ㅣ 실질적인 민주주의 개념의 윤곽 57 ㅣ 라틴아메리카의 민주주의적 경험 61 ㅣ 유엔개발계획의 라틴아메리카 민주주의 보고서: 대차대조표 63 ㅣ 대중의 민주주의 인식 66 ㅣ 자유선거? 71 ㅣ 대중의 반발 79 ㅣ 민주주의적인 자본주의의 한계 83 ㅣ 결론 88

'재계 공동체' · 더그 헨우드　93

새로운 법과 질서 억견의 '학구적인 신화' · 로이크 와캉

'초범죄국' 미합중국이 평정되고 프랑스의 추종을 받게 된 방법 127 ㅣ 경찰이야말로 범죄가 없어지게 만드는 집단이다 132 ㅣ '얄짤없음'의 배후, 관료조직의 재조직화 140 ㅣ '깨진 창문'에서 '불알 깨기'로 143

결정적인 순간에 진실을 말하기 · 로버트 W. 맥체스니

전쟁 동의를 조작하기 153 ㅣ 요즘 언론의 위기 159 ㅣ 이라크 침공을 향한 결집 163 ㅣ 전쟁 중에 후방 관리하기 167 ㅣ 언론의 결정적 순간 171 ㅣ 변함없이 지배하는 민주주의 176

스티글리츠 교정하기 · 벤 파인, 엘리사 반 바에이언베르허

워싱턴 컨센서스 이후 그리고 세계은행의 개발 재발견 180 ｜ 세계화와 제한적인 불만 184 ｜ 수사학, 학문 그리고 세계은행의 정책 186 ｜ 원조에 관한 지식과 지식의 원조 190 ｜ 정통파 반대 의견의 한계들 200 ｜ 결론적 언급 206

빈민 숫자세기 · 샌제이 G. 레디

세계 빈곤 추정치의 돈 기준 계량방식 계산법 213 ｜ 대안 : 세계 빈곤 추정치의 능력에 근거한 계산법 217 ｜ 책임의 실패 219 ｜ 다음엔 무엇인가? 222

계급에 얽힌 진실 말하기 · G. M. 터마시

루소 대 맑스 228 ｜ 실존하는 노동계급 (그리고 부르주아 계급) 239 ｜ 신분에서 계급으로, 인민으로 250 ｜ 맺음말 267

진리(진실)를 말하기에 대하여 · 테리 이글턴 279

옮긴이 후기

인명 찾아보기

용어 찾아보기

| 일러두기 |

1. 외국 사람 이름, 땅 이름 따위의 표기는 국립국어원의 외래어 표기 용례집을 기본으로 삼되, 이미 관례로 굳어진 경우는 관례를 따랐다. 뚜렷한 기준이 없을 때는 가능하면 현지의 실제 발음에 가깝게 표시하려고 노력했다.
2. 본문 내용 가운데 단행본, 정기간행물은 『 』로, 논문, 논설, 기고문은 「 」로, 단체명, 행사명, 영상, 음반, 공연물은 < >로 표기했다.
3. 본문 가운데 옮긴이가 추가한 내용은 〔 〕 안에 묶고 '옮긴이'라고 명시했다.
4. 원문의 이탤릭체는 굵은 글씨로 표시해 구별했고, 원문에서 작은따옴표를 쓴 경우도 직접적인 인용의 경우는 큰따옴표로 바꿨다.

서문

상습적인 거짓말이라는 흔하게 퍼진 병리학이 21세기를 시작하는 요즘 전세계 자본주의의 구조적인 조건인 것 같다. 『소셜리스트 레지스터』 지난호 몇 권은 미합중국의 신자유주의적 제국주의 질서 속에서 국민국가와 경제가 겹쳐지는 현상을 분석했다. 또 이 현상이 국가와 경제 사이에 만들어내는 긴장, 그리고 이 둘 각각의 내부에 발생시키는 긴장을 분석했다. 이제 점점 분명해지는 사실은, 이른바 '의지의 연합'[미합중국을 중심으로 한 이라크 침공에 찬성한 국가들 — 옮긴이]에 동참한 정부들의 정당성을 위협하는 절대 권력, 점점 거칠어지고 군사화하는 절대 권력의 지정학과 이런 중첩 현상이 단지 보조를 맞추어가기만 하는 게 아니라는 점이다. 이에 못지않게 뿌리 깊고 아마도 결국은 더 심각한 정당성 문제가 생기고 있다. 이 문제는, 전세계적인 신자유주의가 족쇄를 풀어준 시장 세력의 무자비한 압력 그리고 이 세력이 만들어내는 생태계 상황 악화와 사회 혼란이 빚는 것이다. 이 정당성 문제는 전례를 찾기 어려울 정도로 심한 비밀주의, 혼란, 위선, 노골적인 거짓말에 반영되어 있는데, 이제 이 거짓과 위선은 공적 생활을 특징짓는 것이 되었다.

'테러와의 전쟁' 선포는 각국 정부한테 자신들이 꾀하는 것을 감출 수 있는 새로운 권력을 줌으로써 상황을 더욱 악화시켰다. 미합중국에서는, 비밀로 분류되는 공식 문서의 숫자가 1996년 600만 건이 채 안 됐으나 2004년에는 1600만 건에 달할 정도로 늘었다. 반면 비밀 취급이 해제되어 공개되는 문서의 양은 매년 80% 이상씩 줄고 있다. 이제는 기초적인 정보를 '민감한' 정보라고 타성적으로 부르면서 대중에게 공개하지 않는다. 반면에 미합중국 애국자법 같은 법령들은 시민들을 정부의 포괄적인 감시 대상으로 삼고 있다. 시민들의 여행 기록부터 도서관에서 빌리는 책들에 이르기까지 모든 것이 감시 대상이다. (독자들은 조심하라!) 무장 경찰 활동은 흔한 일이 됐고, 시민들이 재판은 고사하고 자신의 혐의가 무엇인지도 모른 채 체포되어 무한정 구금되고 있다.

이라크 침공과 관련해서 워싱턴과 런던에서 난무하는 어처구니없는 거짓말들은 더 일반적인 문제점을 드러내는 한 가지 두드러진 사례일 뿐이다. 정치인의 정직과 솔직한 말은 예외적인 것이 되었고, 언론계의 수치스러운 공모 행위를 보여주는 증거는 널려 있다. 기업 문화 특유의 공허한 동기부여 언어와 끈질긴 판촉 방식이 삶의 모든 영역에 점점 침투해 들어가고 있다. 이보다는 덜 널리 인식되고 있지만 결국 마찬가지로 중요해질 문제 하나가, 상업적 목표에 과학 연구가 종속되는 현상이다. 이 또한 점점 심해지고 있다. 학계 지식인 계층의 상당수가 진실을 말하는 임무를 의도적으로 포기함으로써 문제를 더 악화시키고 있다. 진실에 대한 학계의 무관심은 곧바로 공공 생활에서 새로운 모습으로 등장하고 있다. 예를 들자면, 이른바 '서사'가 신 노동당에서 일하는 관료들이 선호하는 개념이 되었다. 블레어의 공보 담당관은 심지어 '이야기 개발 책임자'로 임명됐다. 조지 W. 부시의 시대를 거친 뒤에도 포스트구조주의자들과 포스트모던주의자들은 '서사'가 그 무엇 못지않게 진실한 것이라고 여전히 주장할 것인가?

그러나 공론의 악화는 맞설 수 없는 것도 되돌릴 수 없는 것도 아니다. 그 밑에 자리 잡고 있는 구조적인 조건들은 철저한 민주 혁명을 통해서만 제거할 수 있지만 말이다. 지금 중요한 일은, 문제점과 문제의 원인이 가능한 한 잘 드러나도록 돕는 일이다. 베트남 전쟁 와중에 로버트 로웰은 '행동하고 사색할 자유와 방종의 황금기'를 볼 수 있었지만, '충성심과 철권의 권위주의 통치'로 막을 내릴 '암울한 징조'도 봤다. 우리는 그런 황금기에 살지 않고 있고, 암울한 징조의 근거는 오늘날 훨씬 분명하다. 공공 생활은 점점 더 권위주의 요소에 포위당하고 있고, 심지어 그런 요소 가운데 일부는 원시 파시즘의 기미를 분명히 드러낸다. 그러나 여전히 비판적으로 생각하고 말할 공간이 남아 있으며, 우리는 이를 최대한 활용해야 한다.

분명한 것은, 공론의 악화와 그 결과를 눈에 보이게 드러내는 것이 루이스 맥케이가 보여줬듯이 간단한 문제가 아니라는 사실이다. 그는 『소셜리스트 레지스터』 42호에 쓴 글에서 종교적 진실, 기업의 진실, 왜곡된 진실, 절반의 진실, 감춰진 거짓말을 생생하게 보여주면서 이 점을 훌륭하게 잡아냈다. 이번 호에 실린 글들은 모두 이 점을 아주 예민하게 포착했는데, 서구의 '냉소적인 국가'에 대한 차분한 분석에서 출발하고 있다. 이 냉소적인 국가는 지금 우리가 살고 있는 상습적인 거짓말의 중심지인 신 노동당 정부 아래 영국에서 가장 집약적으로 나타나고 있다. 그리고 이어지는 글은 최근 몇 십 년 동안 라틴아메리카에서 벌어진 민주화 경험을 바탕으로 '자본주의적 민주주의'를 비판한다. 여기서 자본주의적 민주주의는 자본주의 국가는 무엇보다 자본주의적이고, 민주주의는 우연적인 것일 뿐이라는 주장을 담고 있는 용어이다.

이어지는 글들은 '업계'라는 가리개 뒤에 감춰진 자본가 계급의 이익, '복지 개혁'과[이를 다룬 글은 한국어판에서 빠졌다. 서문 말미 옮긴이주 참고−옮긴이] '법과 질서'라는 이름 아래 진행되는 계급 전쟁, 이라크 전쟁을 둘러싼 공식적인 거짓말들에 비겁하게도 도전하지 않는 언론 문제에 각각 초점을 맞추고 있다. 바로 이어지는 글은 선진 8개국이 전세계 빈곤의 종식을 외치는 수사를 쓰고 있음에도 세계은행이 세계의 빈곤 정도를 보여주지 못하고 빈곤층의 진짜 요구사항이 뭔지도 드러내지 못하는 통계 수치들을 계속 고집하는 문제를 다룬다. 또 다른 글은, 전세계에서 가장 유명한 자유주의 경제학자인 조지프 스티글리츠가 세계은행에 대한 실망감을 생생하게 표현하면서도 여전히 자신의 불만 사항인 정치권력과 시장 정보의 불평등한 유통 뒤의 구조적인 요소들을 분석할 능력이 없는 학문의 포로임을 보여준다.

수많은 좌파 지식인들이 진실을 말하는 임무를 포기하는 현실은 포스트모더니즘이 미합중국 학계에서 철학이자 '습성'으로 사납게 퍼져가는 지형을 그려내는 글이 개관하고 있다.[이 글은 한국어판에서 빠졌다. 서문 말미 옮긴이주와 같은 저자의 책 『탈근대 군주론』(갈무리, 2005) 참고−옮긴이] 포스트모더니즘은 1990년 판『소셜리스트 레지스터』가 '지식인의 후퇴'라고 지칭한 것의 한 가지 형태인데, 이는 전통적인 좌파의 정치적·지성적 결점의 결과물인 측면도 있다. 폭넓은 내용을 도전적으로 제기하는 또 다른 글의 주제가 바로 이런 결점들 가운데 다른 하나다. 이 글은 1965년 판『소셜리스트 레지스터』에 쓴 글에서 에드워드 파머E. P. 톰슨이 취한 그 유명한 견해를 비판하는 걸로 시작해서, 더 해묵은 후퇴 곧 맑스에서 루소로의 후퇴 문제를 제기한다. 이는 사회주의 기획 초기부터 드러났던, 계급 문제에 얽힌 모호성의 핵심을 차지하는 문제다. 지성인들의 후퇴는, 특히 언론이 공적인 거짓말에 영합해 공모하는 현상과 겹쳐져 나타날 때, 종종 예술가들에게 대신 빈 곳을 채우도록 강요한다. 이런 맥락에서 우리는 이 잡지 사상 처음으로 극장의 정치에 관한 글을 실었다. 이 글은 '진실을 다룸'에 있어서 극장이 맡는 중대한 구실을 특히 오늘날의 맥락에서 검토한다.[이 글도 한국어판에서 빠졌다. 서문 말미 옮긴이주 참고─옮긴이] 그리고 미적인 것과 사회적인 것, 엘리트와 평범한 사람들, 포스트모더니즘과 사회주의가 진실에 접근해가는 데서 빚어내는 긴장 관계를 다룬 글이 마지막을 장식한다. 이 글은 이 책의 목표를 다음과 같이 강조한다. "진실이 가장 절실하게 필요한 이들은 권력이 아니라 권력의 희생자들이다 …… 권력은 여러 가지 점에서 진실과 어울리지 않기 때문에 진실을 알리는 것이 필요하지 않다."

『소셜리스트 레지스터』 서문은 보통 이 대목에 오면 "기고자들은 ……"으로 시작하는 구절이 등장하고, 이어서 기고자들의 성격을 글 게재 순서대로 묘사하곤 했다. 우리는 이 전통을 깨고 1964년 창간호의 방식을 따라서 기고자 명단을 다른 면에 가나다순으로 적었다. 그러나 주의하시라. 늘 쓰는 우리의 알림 사항이 이들 기고자 모두에게도 똑같이 적용된다. 기고자들과 우리 편집진이 이 책 내용 전체에 꼭 동의하는 건 아니라는 사실 말이다. 우리는 기고자들의 소중한 도움에 감사를 표하는 데도 게으름 피우지 않을 것이다. 여기에 더해 우리는 편집 작업에 훌륭한 도움을 준 앨런 주에그와 함께 멀린 프레스의 애드리언 하우와 토니 저브러그에게도 신세를 졌다. 이 잡지를 스페인어와 포르투갈어로 번역하고 출판해 라틴아메리카에 보급하는 데 큰 공을 세운 CLACSO의 아틸리오 보론과 그의 동료들에게도 감사한다. 1964년부터 1999년판까지『소셜리스트 레지스터』 전체를 수록한 인터넷 사이트를 만드는 데 기여한 요크대학교의 프레드릭 피터스와 그의 팀원들인 에이던 콘웨이, 톰 키퍼, 마셀 넬슨에게도 감사한다. 그들 덕분에 www.socialistregister.com 사이트 운용이 가능했다.

전세계에 퍼져있는 객원 편집자들 또한 이 잡지의 성공에 아주 중요하다. 그들 가운데 한 명인 다이앤 엘슨은 은퇴했지만 여전히 지원을 아끼지 않고 있다. 한편 우리는 맑스주의 경제학자이자 라틴아메리카 연구자인 알프레도 사드

필호가 런던에서 일하는 객원 편집자로 합류한 것을 기쁘게 생각한다.

마지막으로 용기 있는 국제주의자로서 거의 40년 동안 전세계 개발에 관한 사상을 구축하는 데 중요한 영향력을 발휘한 인물인 안드레 군더 프랑크가 2005년 4월 숨진 걸 애도한다는 말을 덧붙인다.

리오 파니치·콜린 레이스
2005년 7월

옮긴이주 캐나다에서 나오는 연간 학술지 『소셜리스트 레지스터』 2006년판에는 13개의 글이 실려 있다. 하지만 한국어 번역본에는 9개만 실었다. 빠진 글들은 Frances Fox Piven과 Barbara Ehrenreich의 「복지 개혁에 얽힌 진실」("The truth about welfare reform"), David Miller의 「프로파 간다로 관리되는 민주주의 : 영국과 이라크의 교훈」("Propaganda-managed democracy : the UK and the lessons of Iraq"), Michael Kustow의 「진실을 다루기 : 극장의 정치학」("Playing with the truth : the politics of theatre"), John Sanbonmatsu의 「포스트모더니즘과 학계 지식인들의 부패」 ("Postmodernism and the corruption of the academic intelligentsia")다. 이 글들을 번역하지 않은 것은 기본적으로 번역에 소요되는 시간과 책의 분량에 대한 고려 때문이었다. 선별 과정에서, 첫 번째 글은 한국 독자들이 덜 관심을 갖는 분야일 것으로 판단해서 뺐다. 두 번째 글은 언론 관련 글이 너무 많은 비중을 차지하지 않도록 하기 위해 뺐고, 세 번째 글은 한국에 시사하는 바가 적다 는 점 때문에 뺐다. 마지막 글은 옮긴이가 앞서 번역한 이 저자의 책 『탈근대 군주론』(갈무리, 2005)에서 충분히 논의된 부분이어서 뺐다.

냉소적인 국가

콜린 레이스

"거짓은 우리가 살고 있는 체제다."
(테네시 윌리엄스, 『뜨거운 양철 지붕 위의 고양이』)

정부는 항상 거짓말을 해왔다. 그리고 당연히 이를 부인한다. 심지어 거짓말을 했음이 너무나 분명해지고 난 한참 뒤에도 말이다. 현혹시키는 것들을 마구 흔들고, 불편한 증거들을 물리치고, 자유롭게 드러낼 수 없는 반대 증거들이 있다고 암시하면서 부인하곤 한다. 더는 거짓말을 확실히 부인할 수 없게 될 때는 정당화하려 하는데, 보통 국익에 호소하는 방법을 쓴다. 근대 대리 민주주의 체제의 정부는 독재자들보다 더 쉽게 행태가 폭로될 수 있다고 할지라도, 이 점에 있어선 다를 게 없다. 절반의 진실과 분명한 거짓말을 일상적으로 입에 담는다. 사실은 일상적으로 감춰진다. 문서는 불가사의하게도 분실된다. 테이프는 수수

---

* 이 글의 초안에 대해 상세하고 창조적인 언급을 해준 바버라 해리스화이트에게 매우 고맙게 생각한다.

께끼처럼 지워진다. 민주주의의 견제와 균형은 거의 효과를 발휘하지 못하고 공공 대중의 집단적 기억력은 수명이 짧다.

그렇다고 하더라도 최근 몇 년, 국가의 냉소주의는 새 국면을 개척했다. 영국 정부가 이라크 공격을 의회와 대중에게서 승인 받으려고 군사 정보를 파렴치하게 악용한 일은 본보기가 되는 극적인 사례다. 전쟁이 공식적으로 끝난 직후인 2003년 7월, 영국 정부의 무기 전문가 데이비드 켈리가 자살했다. 군사 정보를 요약한 영국 정부의 조사보고서가 고의로 '매력적으로 보이게 조작됐다는 <비비시BBC 방송> 보도 내용의 취재원이 자신이라는 게 드러난 직후다. 정부는 켈리의 자살을 공개 조사할 인물로 믿음직한 판사인 허튼 경을 지명했다. 조사위원회에 제시된 증거는, 사담 후세인이 영국에 위협을 가한 것처럼 보이려고 총리의 참모가 온 힘을 기울였음을 보여준다. 이런 사안이라면 이라크 침공을 정당화할 만했다. 정부의 정보 '조사서'는 정보기관이 인정하고 제출한 증거보다 훨씬 더 위급한 것처럼 보이게 만들어졌다. 이 조사서는 이라크가 신경가스, 탄저균 포자, 라이신, 보툴리니움균 독소, 이동형 실험실, 핵 물질, 사거리가 확장된 미사일을 갖추고 있다고 주장했다. 이 가운데 어떤 것도 정보기관이 사실이라고 주장했던 것이 아니었고, 나중에 사실로 확인되지도 않았다. 조사서는 몇 번이나 이라크가 '45분 안에 배치할 수 있는' 대량 살상 무기를 지니고 있다고 주장했다. 이 주장은 확인되지 않은 2차 정보원에게서 얻은 모호한 내용이고 단지 '전장에서 쓰는' 무기를 지칭하는 걸로 알려졌는데, 이 또한 전혀 존재하지 않음이 드러났다. 그러나 이 내용은 다른 어떤 잘못된 정보보다 더 결정적으로 이라크 공격에 대한 의회와 대중의 묵인을 받아 내는 데 기여한 것이었다.

국방장관 제프 훈은 허튼 조사위원회에 나와 보고서가 지칭한 것은, '대량 살상 무기'라는 표현이 뜻하는 걸로 많은 사람이 간주한 장거리 미사일이 아니라 전장의 무기임을 알고 있었다고 인정했다. 장거리 미사일로 간주한 언론 보도를 바로잡지 않은 이유를 묻자, 훈 장관은 자신의 경험으로 볼 때 잘못된 보도를 바로잡는 것은 이로울 게 없다고 말했다. 이런 답변을 문제 삼는 일도, 언론 보도가 여론에 끼친 영향에 대해 의견을 말해보라고 압박하는 일도 없었다. 기록을 보면 총리의 참모는 언론 기사의 제목이 최대한 충격적으로 표현되게 만드는 데 열중했음이 드러났는데도 말이다. 증거를 보면, 훈과 블레어와 블레어의 공보담당관 앨리스테어 캠벨은 그 이후에 보고서의 편집에 관해서 또다시 거짓말을 했다. 캠벨은 자신이 보고서에 추가한 것이 없다고 허튼에게 말했다. 증거들은 그가 많은 내용을 써넣었음을 보여준다. 이 가운데 가장 유명해진 얘기라면, 블레어가 하원에 참석해 '45분' 주장을 둘러싸고 정보기관 내부에서 불안해했다는 것은 "완전히 그리고 전적으로 사실과 다른" 것이라고 말한 것이다. 하지만 고위 정보 장교는 조사위원회에 참석해 자신과 자신의 동료들은 걱정을 표현한 서면 보고서를 제출했다고 답했다.[1]

물론 이라크 공격을 지지했던 논평가들은 이 모두를 눈감아줄 용의가 있었다. 그러나 허튼 경마저 이를 죄다 눈감아줬다. 그가 최종 보고서에서 유일하게 비판했던 행위는 이 사건을 터뜨린 <비비시 방송> 기자 앤드루 길리건의 행위 그리고 그를 맹렬히 비난한 총리실에 맞서 그를 옹호한 <비비시 방송> 사장과 회장의 행위뿐이었다. 이들 세 명 모두 사퇴를 강요당한 반면 블레어와 훈은 완전히 면죄부를 받았다. 총리실의 명령에 따라 정보기관의 조사서 원래 초안을 '매력적으로 보이게 조작'하는 데 동의했던 고위 정보 관리, 존 스칼릿은 비밀 정보기관 우두머리로 승진했다.[2] 게다가 허튼 경이 모든 증거자료를 인터

---

1. 블레어의 의회 발언은 고위 관료들이 자신에게 전해준 말에 의존한 것임이 명백하고, 그래서 그가 무심코 진실이 아닌 사실을 말했을 수도 있다. 그러나 전체 사건에서 주목할 만한 측면 한 가지는, 장관들 그리고 적어도 총리가 떠맡았어야 했던 책임이 끊임없이 관료들에게 떠넘겨지는 방식이다. 그런데 책임을 떠맡은 관료들 또한 처벌받지 않았다.

넷을 통해 공개하기로 결정했으면서도 내부 고발자를 비난하고 거짓말쟁이들을 사면한 것은, 의원들과 유권자들에게도 공적인 부정행위에 공모하라고 요구하는 것을 뜻한다. '투명한' 정부란, 의원들과 유권자들이 거짓말을 받아들여야 하고 누구도 거짓말 때문에 처벌받지 않아야 하는 것을 뜻하는 것에 불과한 개념이라고 허튼 경은 말하는 듯했다.

이라크 점령이 길어지면서, 점령 옹호자들의 사실에 대한 무관심은 점점 더 대중의 지력을 모독하는 행위로 변해갔다. 2005년 3월, 평소 차분한 논평가인 개리 영은 전반적인 혐오감을 이렇게 정리했다. "우리는 실체가 …… 그저 공식적이고 낙천적인 선언의 물결에 사소한 방해물일 뿐인 세상에 접어들었다 …… 대서양 양쪽의 반어법을 상습적으로 쓰는 정부부처들이 계속 내놓는 새로운 특보들은, 주장을 펴는 것만으로 진실을 창조할 수 있다고 말한다 ……."3

물론 위장은 전쟁의 한 부분이다. 비록 자국 유권자들에게 거짓말하는 건 민주주의를 부정하는 것이긴 해도 말이다. 그러나 진실에 대한 냉소적인 무관심은 이제 국내 정책에 있어서도 별로 드물지 않다. 예컨대, 노동당 정부는 건강보험을 '시장화하는' 결정에 있어서도 마찬가지로 결함이 있는 증거를 활용하려는 의도를 드러냈다. 권위 있는『브리티시 메디컬 저널』*BMJ*에 실린 어떤 글은, 미합중국의 민간 건강보험 기구HMO인 <카이저 퍼머넌티>Kaiser Permanente가 영국 국립건강보험 제도NHS보다 더 효율적이라고 주장했다. 전세계 의학연구 학계는 즉각 이 연구 결과가 구제 불능일 만큼 결함이 심각하다고 비난했다.4 하지만 정부는 <카이저 퍼머넌티>를 국립건강보험 제도가 따라야 할 모

---

2. '매력적으로 보이게 조작하다'(sexed up)는 표현은 길리건의 기사 취재원인 데이비드 켈리가 쓴 표현이라고 한다. 총리실과 스칼릿이 더 좋아한 표현은 '표현상의 변화'였다.

3. "Never Mind the Truth", *Guardian*, 2005년 3월 21일.

4. Richard G. A. feachem, N. K Sekhri and K. L. White, "Getting More For Their Dollar: A Comparison of the NHS with California's Kaiser Permanente", *BMJ*, 324, 2002, 135~143쪽. 이에 대한 비판은 이 학술지의 인터넷 사이트(www.bmj.com)에 올라있는 '즉각적인 반응들'을 보

형으로 받아들였고, 이와 함께 이 사실을 공식 문서에 명시하고 보건부에 자문을 해 줄 카이저 소속 자문단을 초청했다.[5]

또 다른 사례는 역시 미합중국의 민간 건강보험 기구인 <유나이티드 헬스케어>가 운영하는 '에버케어'라는 프로그램을 도입하기로 한 정부의 결정이다. 이 회사는 에버케어가 노약자들의 응급 입원율을 50% 줄였다고 주장했다. <유나이티드 헬스케어>는 미합중국에서 건강보험 사기로 악명 높은 전과가 있지만, 이 기업 최고경영자가 2004년 부시와 체니의 선거 운동에 150만 달러를 기부했고 부시 행정부의 보건장관은 영국 보건장관에게 이 회사를 추천했다. 2004년 블레어의 고위 건강정책 고문인 사이먼 스티븐스는 이 회사의 유럽 지역 담당 사장으로 취임하려고 사퇴했고, 영국에 에버케어를 도입하기 위한 계약을 따냈다. 하지만 340만 파운드를 투입한 9가지 시범 사업안 연구 결과는 에버케어가 입원율을 1% 이상 줄이기 어려울 것임을 보여줬다. 그럼에도 정부의 일차 의료 '차르[총책임자—옮긴이]'는[6] "이 연구에는 이 전략을 재검토하게 할 만한 내용이 전혀 없다."고 선언했다.

이런 이야기들은 요즘 영국의 거의 모든 공공 정책 분야에서 고스란히 반복될 수 있는데, 이는 새로운 신자유주의 정책 체제의 등장을 예시한다. 이 체제는 그 전보다 훨씬 더 뻔뻔스럽게 사실을 숨기려 하고, 증거에 더 무관심하며, 비판에 대해서는 더 공격적인 동시에 책임감은 두드러질 만큼 덜해서, 거의 무책임한 지경에 달할 정도다. 이 정책 체제는 특히 영국적인 현상이 아니다. 이

라. 이 가운데 선별된 일부는 나중에 이 학술지 같은 호 1332~1335쪽에 실렸다.

5. 카이저 관련 글을 쓴 필자는 비판에 답하기를 거부했고 이 학술지는 이 연구에 대한 체계적인 비판 글 게재를 거부했다. 글 게재 거부 이유는 아직도 모호하다. 의학 기구들이 국립건강보험 제도에 시장 체제를 도입하려는 정부의 결정과 타협하는 경향을 점점 더 강하게 보여준다는 사실을 반영하는 것 같았다.

6. *Guardian*, 2005년 2월 4일. '차르'라는 명칭은 일차 의료, 암 치료, 약물 남용 따위에 관한 정부의 사업 목표 성과를 감독하도록 잇따라 임명된 이들을 흔히 부르는 말이다.

체제로 대체된 과거의 '자유민주주의/사회민주주의' 정책 체제는 두드러지게 영국적인 특징을 띠고 있었다. 새로운 신자유주의 정책 체제는 더욱 표준화한 것이다. 이 체제는 단지 대서양 연안 지역만 장악한 것이 아니라, 핵심 사항에 있어서만큼은 전세계에서 점차 반복되고 있다. 이 체제의 핵심 특징은, 이제 정책이란 근본적으로 국가 경쟁력과 전세계 시장 세력에 대한 대응 문제로 전락하다시피 했다는 점이다. 결정적인 구실을 담당하는 주체는 정당이나 공무원이 아니고, 민간 부문에서 임시로 공공 기관에 배치된 이들, 한 줌의 총리 '특별 고문들', 공인된 시장 친화적인 소수 공무원 집단 그리고 선거·홍보·언론 분야 전문가들이다. 과학적 증거에 여전히 의존하지만 오직 경쟁 정책에 이로울 때만 그렇게 한다. 그렇지 않으면 무비판적으로 과학적 증거를 취급한다. 정부에 이로우면 받아들이고 그렇지 않으면 잊어버리는 것이다. 이 새로운 정책 체제를 제대로 이해하게 되면, 이라크에 얽힌 거짓말들이 더 이상 특별한 사례가 아니라 일상적인 일들의 특별한 차원으로 보이게 된다. 냉소주의가 신자유주의적 민주주의의 필수적인 조건임을 우리는 깨닫게 된다.

자유민주주의/사회민주주의 정책 체제

영국의 과거 자유민주주의/사회민주주의 정책 체제는 19세기 말 자유주의자들의 국가 개혁 요소에 20세기 개입주의 국가에 상응하는 요소를 결합시킨 것이었다. 자유주의자들은 자신들과 같은 사회 계급 구성원들 가운데 가장 똑똑한 이들이자 선출직 장관들과 똑같은 엘리트 사립학교와 대학에서 공부한 이들 가운데 경쟁을 통해 선발한 이들로 고위 공무원 집단을 구성했다. 이 방식에 담겨 있는 구상은, 이런 역량과 출신배경을 지닌 관리들이 선출직 장관들과 공공 영역에서 '암묵적 우애 관계'를 형성하면서 장관들에게 정직한 조언을 하는 한편

'어느 정도는 장관들에게 영향을 끼치는' 위치를 차지한다는 것이다.[7] 여기서 강조점은 사회적·정치적 지위에 있기 때문에 고위 공무원들은 자신들이 모시는 거의 모든 선출직 장관들과 마찬가지로 '만능인들'generalists 곧 기술자, 공중보건 담당 의사, 생물학자 따위 전문직 및 기술직 공무원들의 전문적인 조언에 의존하는 이들이었다. 정치적으로 민감한 거대 쟁점들을 다룰 때 이들 공무원은 왕립 위원회 구성을 추천하곤 한다. 위원회는 연구조사를 위탁하고 전문가의 증언을 요구할 권한을 지닌 저명한 전문가들로 구성된다. (1950년부터 1980년까지 평균적으로 거의 매년 하나씩 위원회가 구성됐다.) 전문적 의견이 필요하긴 해도 상대적으로 덜 중요한 문제를 다룰 때는 부처별 조사위를 구성할 수 있는데, 이 조직 또한 외부인의 의견을 요구할 권한을 지닌다.

노동당이 등장하고 개입주의 국가의 색채가 강한 의제들이 나타나면서 다른 요소들이 섞이게 됐다. 혁신 정당들은 자신들이 선출됐을 때 공무원 사회에 제시할 정책들을 정부 밖에서 따로 개발해야 했다. 노동당은 새로운 정책들의 청사진을 생산할 연구조사 부서를 설립했다. 영국노동조합회의와 대규모 노조들이 하듯이 말이다. 1884년 주류 지배 정당들에 '침투하기'를 목표로 설립된 페이비언협회는 점점 더 노동당과 밀접해졌고 노동당에 꽤 잘 정리된 정책 제안들을 꾸준히 제공했다. 1931년 설립된 <정치경제 계획>PEP과 1938년 설립된 국립경제사회연구소NIESR는 대공황의 산물이었으며 쟁점들에 관한 진지한 연구 결과를 출판함으로써 폭넓은 자유민주주의/사회민주주의 성향의 사회·경제 개혁을 여러 가지 방식으로 추진하려고 했다. 1929년부터 보수당도 연구조사 부서를 운영했다. 크리프스와 윌슨부터 맥밀란과 히스에 이르는 많은 정치 지도자들은 지식인들이었고, 이 가운데 상당수는 학자 출신이자 정책 쟁점에

---

7. 따옴표 친 표현은 글래드스톤이 총리 시절 채택해서 마침내 19세기 말에 전체 공공 영역에 적용된, 저명한 보고서인 노스코트–트레블리언 보고서에 담겨 있는 것이다.

관한 책이나 문건을 자주 내놓은 인물들이었다. 공무원 집단은 이 모든 영역에서 도출해낸 정책 제안에 대해 정부에 조언하고 이 제안을 실제적인 계획과 법으로 만들기 위해 존재했다.

이 정책 체제 안의 정부 부문과 비정부 부문 사이에는 차이와 긴장 관계가 있었지만, 객관성이라는 개념을 전반적으로 존중한다는 생각은 서로 공유했다. 정책 제안은 합리적인 논쟁과 확실한 증거를 바탕으로 평가해야 한다는 인식을 공유했던 것이다. 그들 모두는 자신들이 공익에 봉사하는 '공공' 영역에 속한 전문가들이라고 여겼다.

> 공공 영역은 …… 본질적으로 전문가들의 영역이었다. 전문가로서의 자부심·능력·의무·권위 그리고 적어도 예측할 수 있는 전문가로서의 향후 진로가 핵심을 이루는 것들이다. 전문가들은 성장의 주요 옹호자들이었다. 그들은 대부분의 기구를 관리했고 이 기구들과 이 기구 주변 민간 영역 및 시장 영역의 경계를 규제했다. 무엇보다 공공 영역의 가치는 그들의 가치였다.[8]

1950년대와 1960년대 자유민주주의/사회민주주의 정책 체제 내부의 핵심 갈등은 고위 공무원 사회, 그리고 특히 다른 부처의 정책을 상당히 통제하던 재무부의 엘리트들이 사회민주주의보다는 자유민주주의에 더 기운 탓에 나타났다. 게다가 글래드스톤이 추진한 개혁이 전제로 삼았던 고위 공무원 사회와 장관들 사이의 '암묵적 우애 관계'가 노동당 출신 의원들의 입각과 함께 틈새를 보이기 시작했다. 노동당 출신 장관들은 노동 운동에 뿌리를 둔 노동당의 성격을 반영하는 이념과 목표들을 지니고 있는데다가 주요 사립학교 또는 옥스포드나 캠브리지대학에서 공부한 이들이 압도적인 다수도 아니었다.

---

8. David Marquand, *Decline of the Public : The Hollowing out of Citizenship*, Cambridge : Polity Press, 2004, 53~54쪽.

1960년대 노동당 출신 해럴드 윌슨 총리의 경제 고문이었던 토마스 배로는 고위 공무원 사회의 전형적으로 인문학에 편중된 교육 배경과 전(前) 산업사회적 사회 태도를 '아마추어 예술 숭배'로 비난하면서 이에 대한 점증하는 짜증을 소리 높여 표현했다.9 1966년 윌슨은 경제 성장보다는 재정적 안정을 선호하는 걸로 비친 재무부의 성향을 상쇄하려고 경제부를 신설했고, (한 대학의 부총장이었던) 풀턴 경이 의장을 맡은 재무부 산하 위원회는 기술 관료 중심으로 고위 공무원 사회를 재편하라고 권고했다. 프랑스 국립행정학교를 흉내 낸 공무원대학이 설립됐고, 공무원인사부가 재무부에서 갖고 있던 채용·교육·승진 관리 업무를 넘겨받았다.

이 조처 대부분은 대체로 고위 공무원 집단이 무력화시켰다. 경제부는 설립 3년 뒤인 1969년 없어졌다. 공무원인사부는 좀더 오래 존속했지만 1981년 대처 총리에 의해 폐지됐다. 공무원대학은 살아남았지만, 특권은 사라졌고 그저 단기 교육 과정만 제공한다. 윌슨 시절에 단행한 중요 개혁 조처 가운데 한 가지만은 명맥을 유지하는 데 그친 게 아니라 날로 확대됐는데, 그건 점점 더 활용 폭이 커진 '특별 고문' 제도다. 이는 공무원들의 과도한 조심성 또는 보수주의로 비치는 행태에 맞서 장관들을 뒷받침하려고 외부 인사를 영입하는 것이다. 이 제도 또한 풀턴 보고서가 제안했는데, 이는 '한시직 인사 영입, 단기 직원 교류, 공무원의 더 자유로운 외부 진출'을 포함한 '[공무원 사회와] 다른 직종간 이동 확대' 방안, 정부 업무를 비정부 조직으로 '분리 독립하는 방안'에 대한 심도 깊은 검토 제안과 함께 제시된 방안이다. 이 모든 방안은, 1980년대 이후 신자유주의 정책 체제 아래서 벌어지게 되는 공공 영역과 민간 영역의 경계 붕괴를 예시하는 것이다.

---

9. Thomas Balogh, "The Apotheosis of the Dilettante", in Hugh Thomas 엮음, *The Establishment*, London : Anthony Blond, 1959.

그러나 되돌아보면, 쟁점은 단지 계급 관계 변화 또는 만능인 대 기술관료 문제 따위가 아니라는 걸 쉽게 알 수 있다. 과거 정책 체제 내부의 근본 긴장은 사회민주주의 그 자체의 모순이었다. 진짜 문제는 1960년대 말에 이르러 영국의 노동조합들이 영국 자본주의 문제 해결에 필요한 비용 지불을 꺼리고, 반면에 자본가들은 노조가 강력한 세력으로 남아있는 한 정부가 주도하는 경제 전략에 협력하길 꺼려했다는 점이다. 이는 1970년에 집권한 보수당 출신 에드워드 히스 총리조차 개탄한 바로 그 양상이다. (1973년 그는 '기업 이사 협회' 모임에서 이렇게 말했다. "우리가 입각했을 때 투자 유인책이 충분하지 않다는 말을 들었습니다. 그래서 유인책을 제공했습니다. 그러자 사람들이 재정 균형을 맞추기 어려워서 긴축—팽창이 반복될까 우려한다는 소리가 들렸습니다. 그래서 파운드화 환율 정책을 시세 변동제로 바꿨습니다. 그러자 다시 인플레이션을 걱정하는 말들이 나왔습니다. 그리고 이제 우리는 이 문제에 대처하고 있습니다. 그런데 여전히 여러분은 충분히 투자하지 않고 있습니다!")[10]

1973년과 1974년 사이 위기가 닥쳤다. 광부들이 '준법 투쟁'에 들어가고 온 나라가 연료 절약을 위해 근무일을 한 주에 3일로 제한하게 되자, 행정 서비스부[Civil Service, 사회에 영향을 끼치는 모든 정부 활동에 관여하는 영국 정부부처—옮긴이] 장관 윌리엄 암스트롱이 신경 쇠약에 걸렸다. 자유민주주의/사회민주주의 정책 체제는 붕괴했다. 피터 고언은 시론적인 글에서 이렇게 지적했다. "바로 이 순간부터 보수당 내부에서 한 흐름이 …… 노동계를 정치 영역 내 주요 세력에서 제거하고 정당 체제와 관료를 미합중국화하며 고급 관료들을 해체함으로써 [글래드스톤 방식의 공무원 집단 모델을] …… 불필요한 것으로 만드는 작업을 벌였다."[11]

---

10. Andrew Gamble, *Britain in Decline*, Fourth Edition, London : Macmillan, 1994, 99쪽에서 인용.
11. "The Origins of the Administrative Elite", *New Left Review*, 162, 1987, 34쪽.

노동당이 1974년 다시 집권했으나 위기관리가 최우선 의제가 됐다. 누가 제시한 것이든 모든 국내 정책 제안은, 국제통화기금의 자금 지원에 딸린 조건들을 만족시키는 데 도움이 되지 않는 한 타당성 없는 것이 됐다. 국제통화기금의 자금 지원은 재무부 관리들과 노동당 지도부가 수용하기로 한 것이다. 이들은 노동당 내 좌파가 옹호한 사회주의적 대안을 수용하는 대신 이 방안을 받아들였다. 국제통화기금이 제시한 조건은 케인스주의를 통화주의[화폐공급이 경제의 중요한 결정요인이라고 주장하며 화폐공급 조절을 강조하는 주의 — 옮긴이]로 대체하고, 대처주의와 새로운 신자유주의 정책 체제 구축으로 가는 길을 여는 의미를 담고 있었다.

신자유주의 정책 체제로 이행

새로운 정책 체제를 이해하는 출발점은 1980년대 초반부터 시작된 대처와 레이건의 국경간 자본 이동 통제 폐기 조처에 이어서 모습을 드러내는데, 그건 이 통제 폐기 조처의 귀결일 수밖에 없는 자본 우위 현상이다. 이는 금융시장과 다국적기업한테 각국 정부가 채택할 수 있는 정책에 날로 더 엄격한 제한을 가할 힘을 부여했다.[12] 이런 제한들은 정치적 '위험 부담 할증률'로 표시됐다. 이 할증률은 자본의 수익성을 떨어뜨릴 세금·정부 지출·노동 규제·환경 보호 따위와 관련된 정책들을 채택할 여지가 있어 보이는 정부에 대해 시장이 다른 정부들과 비교해서 부과하는 것이다. 1992년 영국 선거 직전, 노동당이 집권할 경우 부과될 할증률은 2%였다. 이 비율을 (1997년 선거를 앞두고 달성했던 비율인) 0.5%로 낮추려고 새 노동당 지도부는 '시장 친화적이지 않은' 정책 공약 거의 모두를 버렸다. (여전히 공적 소유를 거론하고 있는) 당헌 제4조를 삭제하

---

12. 이 부분은 내 책 *Market Driven Politics : Neoliberal Democracy and the Public Interest*, London: Verso, 2000의 3장에서 논의한 바 있다.

고, (영국 금융 산업의 중심인) 런던의 '시티'[금융계가 모여 있는 런던의 한 지역—옮긴이]가 요구한 새로운 정책들을 채택한 것이다. 새로 채택한 정책들에는 금리 결정 권한을 독립 기구인 영국은행에게 넘기고, 보수당이 제시한 정책인, 거의 모든 신축 공공건물의 건축 비용을 민간 부문에서 끌어오고 소유권도 민간에 넘기는 정책을 수용한 것도 포함된다.

자본의 정치적·사회적 권력은 1979년부터 1997년까지 보수당 주도 아래 더욱더 커졌고, 블레어는 여기에 도전할 의지를 전혀 보이지 않았다. 대기업의 최고경영자들은 장관, 심지어는 총리에게 쉽게 접근하는 특혜를 계속 누렸고 그들로부터 상당히 주목받았다. 이 덕분에 경영자들은 공공의 이익을 보호하려고 설정한 장벽들을 한 영역씩 차례로 넘을 수 있었다. 도시 계획 관련 법률, 유전자 조작 식품, 유전자 소유권, 대학의 과학 연구 의제 따위가 이런 것들이다. 한편 노조는, 토니 블레어가 기꺼이 '전세계 주요 경제 가운데 규제가 가장 적은 노동 시장'이라고 부르는 노사관계 체제를 수용하도록 강요당했다. 이 체제는 거의 전적으로 블레어가 유지시킨 체제다.

꾸준히 커지는 자본의 권력은 사기업 형태가 자연스러운 것처럼 보이게 만들기도 했다. 노동당의 2차 세계대전 이후 국유화 조처가 전력과 가스 부문부터 대중교통에 이르기까지 되돌려졌을 뿐 아니라, 교도소와 공항처럼 그동안 공영으로 운영되던 많은 서비스조차 사영화됐다. 반면 문화와 스포츠 행사(그리고 심지어 경찰병력까지)는 점점 더 기업 후원에 의존해 일상생활의 모든 영역에 기업 로고 딱지가 붙는 지경에 이르렀다.

'새로운' 노동당 전략가들, 이른바 '근대화론자들'은 이 모든 것을 '새로운 현실'로 봤다. 그들의 생각은 단지 새로운 현실을 전적으로 받아들이는 데 그치는 게 아니라, 1979년부터 1994년까지 노동당이 처했던 것처럼 '집권 불능' 상태가 될 처지인 보수당의 영역을 전혀 남기지 않을 만큼 이 현실을 진심으로 받아들임으로써 권력을 장악하고 유지한다는 것이었다. 이 전략은 노동당 지도부를 노조와 노동당원들의 압력에서 벗어나도록 단절시킨다는 뜻을 담고 있다. 그래서 당헌이 고쳐졌고 연례 전당대회는 정책 결정 (또는 정책 토론) 공개 토론장으로 격하됐다. 물론 근대화론자들은 '제3의 길'을 꾀했다. 이 길은 새로운 현실에서 허용된 것들 측면에서 진보적으로 생각되는 정책이라면 무엇이든 추구하려는 길이다. 그러나 이런 정책들이 평당원들의 승인을 받을 수 있을지 확신이 없었고 이를 두고 공개적 논쟁을 벌일 마음도 없었다.[13] 실로 논리적이게도, 당의 정책 연구 능력 또한 약해졌고 결국 없어졌다. 블레어는 당이 이제 '업계의 정당'이 됐다고 선언했고, 이를 근거로 지도부가 수행하기 원하는 어떤 정책 연구든지 업계에 자금 지원을 요청할 수 있다고 선언했다.

하지만 분명하게도, 전보다 훨씬 협소한 범위에 한정됐지만 여전히 정책이 필요했다. 자본이 자유를 회복하면서, 정책 결정의 규칙이 바뀌었다. 여전히 계속 주요 경제 정책이 수립됐지만, 그것들은 다국적기업들과 이 기업들이 지배하는 국제기구와 지역별 기구가 제시하는 전반적인 의제에 따르는 것들이었다. 이런 전세계 시장 [관련] 정책들은 영국 경제와 사회-경제 제도(통화 정책, 산업계 지원, 교육, 훈련, 보건과 안전 그리고 노동시장 규제 따위)를 전세계 시장에서 성공적으로 경쟁할 수 있게 적응시키는 조처에 관한 것들이다. 이런 정책들은 보통 선거용으로는 구미가 당기지 않는 것들이었기에, 런던 정부부처 내부나 유럽연합 집행위원회 또는 세계무역기구처럼 대중의 눈에서 최대한 멀리 떨어진 곳에서 수립됐다. 이런 곳들은 일단 정책이 수립되고 나면 특정 개인과 무관해 보이고, 어쩔 수 없는 시장의 결과물처럼 보이게 만든다. '재무부 통제권' 곧 모든 정부부처의 지출은 재무부의 사전 승인을 받도록 하는 유서 깊은

---

13. Leo Panitch and Colin Leys, *The End of Parliamentary Socialism*, Second Edition, London : Verso, 2001, 10장과 13장을 보라.

원칙이 새로운 중요성을 얻었다. 이제 모든 주요 세출 또한 정부의 전반적인 경쟁 전략에 이바지해야 한다.

이 모든 일은, 21세기로 접어드는 시점에 이르러 사회-문화 조정 정책 영역이 중요한 선택 권한을 쥐고 있다는 의미에서 각국 정부가 정책 수립에 나설 수 있는 유일한 영역이 됐음을 뜻한다. 인적과세人的課稅, 공공 서비스의 범위와 품질, 범죄와 '안전', 이민과 '정체성 정치'가 이런 정책들이 만들어지는 주요 분야다. 여기엔 더 넓은 선택 가능성이 있지만, 이 가능성은 모든 정당이 대체로 똑같이 맞닥뜨리는 한계 안에 있는 게 고작이다. 그리고 이런 정책 결정의 상당 부분은, (연구자들은 논외로 하더라도) 공무원들만큼이나 여론조사 담당자, 홍보 전문가, 정책 홍보 전도사들의 영향 아래 있다. 이들 전문가들은 여론을 관리하고 유권자들로 하여금 전세계 시장 [관련] 정책 결정이 유발하는 필연적인 결과에 적응하게 만들 전문 기술을 지니고 있는 이들로 간주된다. 이 두 종류의 [사회-문화 조정 정책과 전세계 시장 정책-옮긴이] 정책은 물론 서로 연결되어 있고 정치적으로 골치 아픈 딜레마를 만든다. 임금을 낮게 유지하려면 이민자들이 필요하지만, 이민자들은 우익 언론들이 모든 사회적 병폐의 책임을 떠넘길 희생양으로 삼기 좋아하는 집단이기도 하다. 또 사회 복지 서비스는 인기가 있지만, 시장이 고집하는 역진세제는 사회복지 지출이 정치적으로 인기가 없다는 뜻을 담고 있다. 딜레마는 이런 식이다. 그렇다면 이런 조건들이 신자유주의 정책 결정 체제에 부과하는 특성은 무엇인가?

신자유주의 정책 체제

먼저, 공무원 업무가 '새로운 공무 관리' 정책에 발맞춰 사업 방향에 따라 급진적으로 재편됐다. 할 수 있는 최대한도까지 각종 업무 영역을 정부부처에서 '행정청'executive agencies으로 이전했고, 최상층부의 정책 관련 업무만 축소 유지됐다. 축소된 정부부처는 이어서 '효율 절감'을 달성하려고 더 한층 축소됐으며, 점점 더 많은 일상 기능을 사기업에 넘기는 '외주 용역화'를 주문받았다. 이 작업은 청소 업무에서 시작되어 정보 기술, 회계, 부동산 관리, 인사관리 업무 따위로 계속 번져나갔다. 정부 건물은 사기업에 판 뒤 되빌려 쓰게 됐다. 때때로 크고 작은 교도소나 학교, 심지어는 지방 교육청 전체 따위의 개별 공공 업무를 사기업에 맡겨 운영하는 직접 외주 용역화도 벌어진다.

공무원 사회 최상층부에 남은 이들의 구실도 변했다. 대처 정부의 장관들은 냉정한 조언과 세심한 주장 제기가 이젠 종말을 고했다는 것을 분명히 보여줬다. 대처가 집권해서 고위 공무원 업무 촉진에 (총리로서는) 유례가 없을 만큼 관심을 기울이기 시작했을 때, 그녀가 기대한 재능은 그녀 자신의 생각을 정열적으로 실행하는 능력이었다. 일찍부터 대처는 자신의 주관이 뚜렷하지만 아는 것은 거의 없는 영역인 노사 관계를 놓고, 능력 있으며 헌신적인 공무원인 도널드 덕스와 논쟁을 벌였다. 그녀가 논쟁을 계속 이어가자 마침내 덕스는 이렇게 말했다. "총리, 진짜로 사실을 알고 싶으신가요?" 이 말과 함께 덕스의 승진 전망은 순식간에 사라졌다.[14] 데이비드 마퀀드는 이렇게 말했다.

> …… 더는 공무원들에게 권력에 진실을 말하길 기대하지 않게 됐다 ……. 대처 여사가 집권했을 때 행정 서비스부 장관이었던 밴크로프트 경이 만들어낸 말로 하자면, '아첨 지수'가 급격히 상승했다. 비굴하게 굴 마음이 생기지 않은 이들은 번민하며 버티거나 떠났다. 어쩔 수 없이 비굴하게 엎드린 이들은 정부의 새로운 이념과 국정 수완의 핵심 원리를 자기 안에 내면화했다.[15]

---

14. Jim Prior, *A Balance of Power*. Peter Hennessy, *Whitehall*, London : Fontana, 1990, 633~634쪽에서 재인용.

15. Marquand, *Decline*, 109~110쪽. 너무나 솔직해 당황스러울 지경의 비굴함의 예로는, 회계감사

새 노동당은 이를 바꿀 의향을 보이지 않았다. 그들도 공무원들이 최대한 사업가처럼 되길 바랐다. 대처 아래 있던 장관들은 공무원들에게 '우는 소리, 분석 또는 고결함을' 바라지 않는다고 말했다. 또 "당신들은 지시대로만 일하면 되고, 우리에겐 한 손을 뒷짐 지고도 하루아침에 일을 모두 끝낼 수 있는 친구들이 민간 영역에 꽤 여럿 있다."[16]고도 했다. 25년 뒤 블레어도 그들에게 똑같은 소리를 했다. "실적에 대한 엄격함이 군살이 적고 더 효율적인 공무원 업무의 핵심이 되어야 한다 ……. 가능한 모든 관점을 두루 검토하는 작업을 확실히 보장하면서 위원회를 통해 결정을 내리는 문화는 불필요한 업무 지연과 비용 증가를 부른다."[17] 2005년 아주 '노선에 충실한' 행정 서비스부 장관인 앤드루 턴불 경은 한 회의에서 "상층 공무원들이 정책과 관리에 주력하는 쪽에서 목표를 이루고 핵심 서비스를 제공하는 데 적극적인 구실을 맡는 쪽으로 초점을 바꾸도록 밀어붙였다."고 말했다. "그는 '이 일은 과거 어느 때보다도 훨씬 더 최고경영자의 업무에 가깝다'라고 시인했다."[18]

그러나 고위 공무원들이 더는 정책 수립에 최우선 관심을 기울이지 않으면 누가 이 일에 관심을 기울이는가? 왕립 위원회는 분명 아니다. '신념'을 가진 정치인들에겐 '가능한 모든 관점을 두루 검토할 수 있게 보장해주는 행위'는 자신들이 확신하는 국가의 장래 목표 지점에 초점을 맞추지 못하고 벗어나는 것처럼 비치고, 그래서 대처 총리나 메이저 총리는 단 하나의 왕립 위원회도 구성하지 않았다. 블레어는 재임 초기 2년 동안 왕립 위원회 둘을 구성했지만, 그들

원장 존 번 경이 2003년 9월 10일 민관 협력 포럼에서 한 연설을 보라. 이 포럼은 공공 서비스의 재원을 민간에서 충당하게 되면서 새로 형성된 산업 분야를 대변한다. 명목상 존 번 경은 공공 예산을 감독하도록 의회가 임명한 사람이지만, 마치 관련 기업에서 일자리를 얻길 바라는 사람처럼 말했다.

16. Hennessy, *Whitehall*, 633쪽, 익명의 고위 공무원의 말을 인용함.

17. *Guardian*, 2004년 3월 24일.

18. *Guardian*, 2005년 2월 3일.

의 권고안을 모두 거부하고 다시는 새로 위원회를 만들지 않았다.[19] 임기와 업무 절차에 있어서 왕립 위원회보다 훨씬 더 장관의 통제를 받을 여지가 있는, 부처별 조사위원회마저 상대적으로 드물었다.[20] 그리고 당원들이 제기하고 당 내부 토론과 조정을 거쳐 만들어지는 정책은 확실히 지나간 옛날의 것이 됐다.

이런 상황에 부응하는 한 가지 명백한 대체 정책 결정 기관은 '두뇌집단think tanks이고, 두뇌집단들이 스스로 중요한 정책 결정 기능을 담당하고 있다고 여기는 것도 분명 사실이다. 그러나 영국의 두뇌집단은, 미합중국에서 흔히 볼 수 있듯이 거액의 민간 자금을 바탕으로 한 지식 발전소 같은 것이 아니다.[21] 대부분의 영국 두뇌집단은 소수의 인원과 수십만 파운드의 예산으로 운영되며, 기업에서 대부분이 나오는 자금을 따내려는 경쟁이 이들 기관들을 진지한 연구보다는 언론을 타는 데 더 신경 쓰는 쪽으로 내몰기 십상이다. 앤드루 데넘과 마크 가닛이 지적했듯이, '허약한 이념의 겉옷을 입은 두뇌집단'이자 '대강 대강 급진주의' 취향을 지닌 '데모스'(이 기관은 여왕의 권력을 공격하는 책자로 처음 주목 받았다)가 새 노동당 정부한테서 가장 큰 호감을 얻었다. 이 기관의 설립자이자 소장인 제프 멀건은 2003년 '토니 블레어 내각 사무처 전략반'의 책임자가 되는 데까지 진출했다.[22] 이 기관보다 지적인 면에서 좀더 전통

---

19. 정부는 1997년에 구성된 '노령자 보호에 관한 서더랜드 왕립 위원회'에서 친 시장주의자들인 두 명의 위원이 제출한 소수 의견 보고서를 채택했다. 그리고 1999년에 구성된 '상원 개혁에 관한 웨이크햄 왕립 위원회'가 제시한 수정 권고안 처리를 철저히 좌절시켰다.

20. 1970년대에는 모두 47개의 부처별 조사위원회가 구성됐고, 1980년대에는 24개, 1990년대에는 13개가 각각 구성됐다(David Butler and Gareth Butler, *Twentieth-Century British Political Facts*, Basingstoke : Macmillan, 2000).

21. 1990년대 중반 미합중국 랜드연구소는 950명의 인원과 5천만~1억 달러의 예산을 확보하고 있었으며, 다른 네 곳의 연구기관도 예산이 1천만 달러를 넘었다. 영국 최대의 두뇌집단인 정책연구소는 1990년대 말 현재 인원이 54명이고 연간 수입은 650만 달러다. 이는 미합중국에서 다섯 번째로 큰 헤리티지재단의 절반 규모다(Andrew Denham and Mark Garnett, *British Think Tanks and the Climate of Opinion*, London : University College London Press, 1988, 5쪽을 보라).

적인 집단이며 소장인 매튜 테일러가 2003년 총리의 정책 이사회 산하 정책 계획 책임자를 맡기도 했던 공공정책연구소IPPR조차 1930년대 대공황에 대처하려고 설립됐던 두뇌집단과 비교하면 경량급으로 보인다. 대공황기 당시 두뇌집단들은 "적어도 …… 자신들의 연구 결과가 정책 결정자나 대중 가운데 어느 쪽에게든 교육적인 효과를 발휘할 것이라는 기대를 동기로 삼아 활동했다. 관대하게 보더라도, 이런 자극이 (이젠) 결여된 듯하다 ……."23

새로 생긴 두뇌집단들이 한결같이 내세우는 주장의 특징은, '새로운 아이디어'가 필요하다는 것이다. 너무나 많은 중요한 아이디어들이 시장에서 수용될 수 없거나 정치적으로 위험하다는 이유로 배제된 탓에 새로운 아이디어가 진정 필요하긴 하다. 문제는 아직 남아있는 좁은 영역에서 확보할 만한, 쓸모 있는 새 아이디어가 극히 적다는 사실이다. 캐서린 베닛은 2002년에 이 문제를 이렇듯 완벽하게 요약했다.

과거에 퇴짜 맞았던 사상 또는 대충 새로운 사상을 사들이고 재활용하고 아니면 자신에겐 불필요한 정책들과 맞바꿀 수 있는 벼룩시장이 존재하지 않는다면, 누군가 만들어내기 딱 좋은 때다. 새로운 집단이 거의 매일 설립되고, 그들 각각이 수천 가지의 생각과 문건, 논쟁, 대안 성명을 쏟아내고 있으며, 이 모든 것들을 책장에 처박히기 전에 인쇄해서 배포해야 하는 상황에서, 뭔가를 하기는 해야 한다. 쓰레기 처리 전문가들은, 공공정책연구소 하나가 쏟아내는 생각들을 제거하는 데도 (런던 남부 도시) 크로이던만큼의 매립지가 필요할 걸로 추산한다. 정부의 '실적과 혁신반' 너머에 있는 존 버트 전용의 분화구는 우주에서도 보일 지경이라고들 말한다.24

---

22. 같은 책, 244쪽.

23. 같은 책.

24. "Think Tank? No Thanks", *Guardian*, 2002년 7월 18일. 버트는 <비비시 방송> 사장 출신으로 '푸른 하늘 생각하기'를 행하기 위해 총리실에 들어갔는데, 처음에 그의 작업 분야는 그가

흔하게 볼 수 있는 두뇌집단의 영향력 과잉 평가 현상은, 1979년 대처가 집권을 준비하는 동안 우익 두뇌집단이 신보수주의 정책의 중요한 진원지였다는 사실에서 주로 기인한다. 1955년 이후 경제연구소IEA는, 2차 세계대전 이후 사회민주주의와 타협을 거부한 부르주아 사상의 요소를 유지하고 고치면서, 자본주의의 '유기적 지식인들'의 중요한 근거지로 작용했다. 리처드 코킷이 자신의 책『생각할 수 없는 것을 생각하기』에서 보여줬듯이, 전후 타협의 모순이 대처 여사의 1975년 보수당 당권 장악과 1979년의 권력 장악을 가능하게 해주면서 마침내 종말을 고하자, 집권 초기 그녀의 핵심 부관들은 1974년에 설립된 정책연구센터와 1977년에 설립된 아담스미스연구소뿐 아니라 경제연구소의 작업에도 크게 의존했다.[25] 당시 이 세 곳의 두뇌집단이 끼친 뚜렷한 영향은, 노동당 지도부가 야당 시절인 1988년 공공정책연구소를 만들게 자극했고 (같은 야당인) 자민당도 1989년 사회시장재단을 만들게 했다. 새 노동당의 '근대화론자들'이 당권 장악 직전인 1993년에 데모스를 설립하게 만든 것도 이 영향이다. 그리고 이 기관들은 뒤이어 권력의 자문단 내 자리다툼을 벌이는 좌우파 모방꾼 무리가 급격하게 형성되게 만들었다. 다시 베닛의 말을 인용한다.

다른 모든 두뇌집단들, 그러니까 데모스, 시비타스, 정책연구센터, 로칼리스, 정책교류, 리폼, 아담스미스연구소, 엔엘지엔NLGN, 폴리테이아, 외교정책센터, 사회문제 집단, 캐틀리스트, 페이비언협회, 사회시장재단, 기운찬 신생기관인 두 탱크, 그리고 기타 열거하기 벅찬 많은 기관들의 생산물을 모두 합치면, 생각할 수 없는 걸 생각하지 않을 수 없다. 이들이 필요한 사람이 누군가?[26]

전문성이 전혀 없는 교통 분야인 것 같았다.

25. Richard Cockett, *Thinking the Unthinkable : Think Tanks and the Economic Counter-Revolution, 1931-1983*, London: HarperCollins, 1995. Radhika Desai, "Second-Hand Dealers in Ideas : Think-Tanks and Thatcherite Hegemony", *New Left Review*, I/203호, 1994도 보라.
26. Bennett, "Think Tanks?".

진짜 누군가? 대처가 1979년 선거에서 이기기 전 신생 우익 두뇌집단들이 맡았던 구실을 그 이후 다시 반복하는 게 불가능한 일이니 말이다. 신자유주의 세계화가 완성되고 나자, 급진적 정책 결정의 여지는 급속히 좁아졌다. 경제 정책 결정에 관여하는 전세계 시장 세력들에 얽힌 핵심 정보를 은밀히 전달받지 못하는 가운데 자금 확보를 위해 홍보를 극대화하는 데 의존하는 두뇌집단들은 경제 정책 결정에, 특히 집권여당의 정책 결정에 비중 있게 기여할 수 없다. 이 일은 진짜 전문가들이 수행해야 한다. 두뇌집단들은 변화하는 전세계 시장이 요구하는 사회·경제 정책 조정 작업이 계속 되도록 돕는 데도 아주 적합하지는 않다. 여론조사 담당자와 홍보 전문가들이 여기선 성공의 열쇠다.

때때로 정부는 18세 젊은이들을 위한 '시민권 축하 행사'처럼 두뇌집단의 소산물이 분명한 것들을 가지고 놀 것이다. 누구에게나 비웃음을 사면서도 말이다. 정부가 일정 액수를 지원해서 모든 신생아들에게 은행 계좌를 만들어주고 21살이 되면 어느 정도의 현금을 쥐어주는, 공공정책연구소의 애정 어린 기획사업인 '젖먹이 채권'은 2005년 노동당의 선거 직전 예산에 포함됐다. 적어도 득표에는 별 효과를 내지 못했지만 말이다. 두뇌집단들이 주장하는 것과는 정면으로 배치되지만, 두뇌집단을 새 노동당 정부 정책 추진의 중요한 진원지로 신뢰하기는 어렵다.[27] 장관들과 야당 지도자들은 자신들이 일을 주도하면서 호의적인 두뇌집단들로 하여금 연설문을 작성하거나 책자를 제작하게 함으로써 두뇌집단을 자신의 공명판으로 사용하고 있다. 그런데 이는 두뇌집단들이 대중의 정서를 실행 가능한 정책으로 모아내기보다는 시장이 주도하는 정책들을 유권자들의 입맛에 맞게 꾸며내는 데 더 큰 구실을 할지 모른다는 걸 암시한다.

두뇌집단은 유용한 정치적 재능과 야망의 집합소로 작용한다. 1997년 집권하자 노동당 정부는 장관의 '특별 고문'을 38명에서 72명으로 늘렸으며, 이 가

---

27. Stephen Court, "Think or Sink", *Public Finance*, 2002년 10월 11일을 보라.

운데 많은 이들은 웨스트민스터[런던의 행정부 밀집 구역—옮긴이] 주변에 몰려있는 두뇌집단 출신이다. 이들은 외부에서 적합한 전문 기술을 가지고 들어오지도 않았고, 그렇다고 내부에서 지적인 영향력을 발휘하지도 못했다. 이들 대부분이 지니고 있던 것이라곤, 장관이 부닥치는 그 어떤 문제라도 해결할 수 있게 돕겠다는 에너지와 의지였다. 핵심 자질은, 필요하다면 어떤 임무든 돕겠다는 충성심과 일할 마음이다. 토니 블레어의 특별 고문이었던 피터 하이먼은 일부의 고문들만 장관의 생각과 다른 자기 나름의 아이디어를 갖고 있다고 말한다. 그러나 그는 "대다수가 자신을 고용한 장관에게 봉사하려고 자신들이 존재한다는 걸 안다."[28]고 말해 우리를 안심시킨다. 데넘과 가닛도 강조점은 다르지만 이 사실에 동의한다. 그들은 "최악의 경우, 요즘 쇄도하는 이 수뇌부원들은 옛날에 지녔던 이상주의를 포기한 장관들에겐 편리한 덮개 구실을 하는 듯하다."[29]고 말한다.

이런 현상은, 거의 제대로 따져 보지도 않은 채 공인을 받은 두 가지 중요 정책 생산 출처들을 그대로 방치한다. 정책 생산 출처 하나는 총리의 '선임' 정책 고문이다. 대처는 선도적인 백화점 경영자인 데릭 레이너 경, 선도적인 슈퍼마켓 경영자인 로이 그리피스 경 같은 유명 기업인들을 자신의 특별 고문으로 임명했다. 이들은 정책에 정규직 공무원들보다 훨씬 더 강한 영향력을 공공연히 행사했다. 블레어도 이 선례를 따랐고, 블레어 개인 중심의 중앙집중적인 정부 체제에서 선임 정책 고문들의 영향력은 아주 컸다. 이는 때로 재앙과 같은 결과를 불렀는데, 블레어의 고문 발탁이 때때로 개탄할 만큼 형편없었던 탓이다. 앤드루 어도니스의 경우가 그랬다는 건 익히 알려진 사실이다. 교육 담당

---

28. *1 Out of 10*, London: Vintage, 2005, 71쪽.
29. Denham and Garnett, "A 'Hollowed Out' Tradition? British Think Tanks in the Twenty-First Century", in Diane Stone and Mark Garnett 엮음, *Think Tank Traditions: Policy Research and the Politics of Ideas*, Manchester: Manchester University Press, 2004, 232~246쪽.

선임 정책 고문이었던 그는 2005년 선거 뒤 어도니스 경이라는 귀족 신분이 되어 런던 학교 정책을 책임졌다. 어도니스는 블레어 내각의 인물 가운데 가장 널리 경멸당한 편에 속하는데, 총리를 움직여서 재앙과 같은 교육 정책들을 잇따라 채택하게 만든 인물로 평가된다. '토니의 사무실'이 '특성화 학교' 또는 '시립전문학교'에 열중하고 있다는 뜻이 교육부에 전달됐을 텐데, 이는 학교 내 사회적 계급에 관한 책을 쓴 적이 있고 사립 교육에 열중하는 언론인인 어도니스가 만들어낸 정책이다. (교육에 있어서 권위를 널리 인정받는 인물이며 부업으로 코미디 대본작가로도 활동하는 테드 래그는 '토니 조피스'라는 허구적 인물을 창조했다. 이 인물의 무지한 편견을 그 밑의 교육부 장관들은 감내할 수밖에 없었다.)[30]

중요한 사회 정책 영역인 보건 분야에서 벌어진 또 다른 사례는 앞에서 언급했던 사이먼 스티븐스다. 블레어의 선임 보건 정책 고문으로 임명되기 전 그는 중간 규모의 병원 경영자였다. 그는 국립건강보험을 사설 보험업자들에게 개방되는 시장 체제로 대체해야 한다고 강하게 믿었고, 이는 실제로 실현됐다. 이 정책은 유권자 앞에 노동당의 공약으로 제시하지 않은 건 물론이고 심지어 공개적으로 인정된 바도 없으며 장기적으로 재앙과 같은 함의를 담고 있지만, 실제로 실현된 것이다.

또 다른 정책 생산 출처는 민간 분야에서 핵심 고위 공무원으로 임시 파견된 이들이다. 이런 고용 형태는 아마도 신자유주의 정책 체제 아래서 국가 운영에 나타난 가장 중요한 변화일 것이다. 예를 들어 2004년 보건부의 전략 책임자는 경영자문 업체 프라이스워터하우스쿠퍼에서 임시로 파견됐다. 이 경영자문 업체는 공공 서비스, 특히 건강보험의 사영화를 앞장서 옹호한 곳이다. 몇몇

---

30. 어도니스가 선출직이 아닌 장관으로 임명되자, 프랜시스 베켓은 어도니스 개인에게 책임이 있는 재앙과 같은 교육 정책 목록을 길게 작성했다. "The Rise of Tony Zoffis", *Guardian*, 2005년 5월 11일을 보라.

부처에서는 공무원과 사기업간 인력 교류가 흔한 일이 됐고, 공무원들이 정부 내부에서 입수한 정보를 써먹을 여지가 있는 민간기업의 고액 연봉 직위로 옮겨갈 때 적용하는 취업 유예기간 또한 점점 짧아지고 있다. 정부기관과 민간 분야의 이른바 '회전문'은 정부 예산 지출의 큰 비중을 차지하는 국방 분야에서 오래전부터 악명 높았다.[31] 이제 이런 행태는 고위 공무원 사회 전반에서 점점 더 일반적인 일이 되어가고 있다.[32]

지금까지 비판자들은 이에 얽히는 이해 충돌 문제, 특히 고액을 주는 민간 기업에 고용될 것이라는 기대감이 공공의 이익만 따라야 마땅한 고위 공무원들의 의사 결정에 얼마나 영향을 끼치는 지에만 관심을 기울였다. 이는 분명 심각한 문제다.[33] 그러나 오늘날 정부의 정책결정 관련 분야에 파견된 민간 출신 인사들이 맡는 몫은 훨씬 더 폭넓다. 사업가 같은 모습을 보이라는 요구와 기업 친화적인 정책을 추구하라는 요구에 맞닥뜨린 고위 공무원들은 당연히 도움을 받으려고 업계에 접근한다. 그들이 얻은 것은 사실 아마도 대단한 전문 지식이 아니겠지만, 여기엔 언제나 미합중국 경영대학원에서 주입시키고 전세계 경영계와 금융 시장을 통해 퍼지는 전반적인 세계관을 받아들이는 사태가 얽히기 마련이다. 그리고 다른 영역과 확연히 구별되는 공공 영역이라는 개념이 붕괴되면서, 경제를 지배하는 기업들의 집단적 이

---

31. 이런 사실은 <영국 무기거래 반대 캠페인>이 전후 냉전 시대에 만든 기록물, *Who Calls the Shot? How Government Corporate Collusion Drives Arms Exports* (London: 2005년 2월)에 담겨졌다.

32. 피터 오스본은, 국가와 민간 부분의 경계 침식의 결정적인 전환점이 2002년 앤드루 턴불 경을 내각부 장관에 임명하면서 나타났다고 생각한다. 그의 말을 따르자면, 턴불의 전임자는 이 경계를 구별하는 내용의 행정 서비스 법 통과를 위해 열심히 싸웠다. "턴불이 내각부 장관으로 처음 취한 행동 가운데 하나는 행정 서비스 법이 꼭 필요하지 않고 그래서 이 법이 보호하려는 것들 또한 꼭 필요하지 않다는 자신의 믿음을 드러내는 것이었다."(*The Rise of Political Lying*, London: The Free Press, 2005, 189쪽).

33. 이런 결과의 실례로는 Allyson Pollock, *NHS plc: The Privatization of our Healthcare*, London: Verso, 2004, 4~9쪽을 보라.

해와는 분명히 다르고 이보다 훨씬 더 중요한 공공의 이익이라는 분명한 개념 또한 사라지게 된다. 실제로 기업이 제기하는 의제가 국가 안에 자리 잡아 가고 있다. 다르게 표현하자면, 공공 정책 결정 그 자체가 '외주 용역화'하고 있다.

기업가 정신과 증거의 사용

신자유주의 정책 체제의 형성 역사를 죽 훑어보면, 합리적인 베버식 관료를 대체하는 새로운 이상적인 유형이 등장한다. 바로 기업가다. 정치인들이 존중하는 이들이자 정부 기구 상층에 두기 원하는 이 기업가들은 단정적이고 '거대한' 남성들(여성들은 아주 드물다) 곧 조금은 무자비하고, '사업 현장과 목표에 강하게 집착하고, 세세한 것을 참아내지 못하는 이들이다. 이들은 이런 세세한 것들을 그저 아무것도 달성하지 못할 이들인 '난점에 주목하는' 전문직들이 내세우는 상투적인 수단쯤으로 치부한다. 공무원들은 실현 가능성 없는 생각들을 걸러내는, 전통적인 임무를 단념하라는 압박을 강하게 받아왔다. 높은 평가를 받은 것은, 어떤 장애물과 대가를 치르더라도 정부가 달성하려고 제시한 '목표치'는 기필코 달성하겠다는 [관리들의] 의지다. 고위 공무원들이 흉내 낼 모범으로 정치인들이 내세우는 그 많은 '할 수 있다'주의主義 사업가들 곧 제럴드 론슨, 짐 스레이터, 조너선 아이트큰, 로버트 맥스웰, 에이실 네이더, 존 건, 리처드 브루스터, 데이비드 S. 스미스, 존 애슈크로프트 같은 이들이 결국은 극적으로 파산하고, 맡아 처리하던 수많은 이들의 돈을 날림으로써 (아니면 몇몇 경우는 횡령함으로써) 감옥에 가거나 다른 식으로 굴욕을 당한 사실이 정치인들의 존경심을 약하게 만들지는 않는 듯하다.[34]

그 결과는 증거를 대하는 새로운 태도다. 전세계 시장 세력들이 관련되는 정책 결정에 필요한 증거, 예를 들어 생산, 무역, 금융에 관한 통계 증거들은 진지하게 취급된다. 사회-문화 조정 정책에 관한 증거들은 다른 문제다. (물론 예외는 있다. 유권자들이 어떤 생각을 하고 무엇을 느끼는지에 관한 여론 조사 증거는 가장 진지하게 취급된다.) 정부가 헌신적으로 추진하는 구상을 뒷받침하는 것으로 여기는 증거는 무비판적으로 수용되는 경향이 있다. 반면 반대 증거는 무시되는 경향이 있다. 블레어의 측근들 사이에서는 심지어 반대 증거가 있다고 지적하는 행위를 반역에 가까운 일로 취급하는 일까지 벌어진다. "민-관 협력, 법인화 병원(재단 병원)[한국의 공기업 공사화와 비슷한, 사영화 첫 단계의 병원-옮긴이], [대학 수업료를 비판하는 이들은 정책 방향을 둘러싼 합리적인 토론의 참여자가 아니라 노동당의 어두운 시절 유산, 정부의 미래를 위험에 빠뜨리는 미친 좌파 인물로 낙인찍힌다."35 영국 정부 밖에서는, 정치적으로 불편한 증거들을 꾸준히 지적하는 행위가 전문가들 사이에서 주변으로 밀리는 결과를 가져온다. 심지어 사람들이 (이런 지적을) 참기 힘든 지경이 되면 박해를 받는 결과로까지 이어지게 된다. 예를 들어 정부 여당 내에서 말석을 차지하는 충실한 의원 집단은 의회의 권리를 악용해 앨리슨 폴락 교수의 작업을 야비하게 공격했다. 민간 자금을 동원한 병원 건설을 분석한 폴락 교수의 작업은 정부의 정책이 널리 불신 받게 만들었다.36 이외에도, 특히 블레어의

---

34. 이 인물들 목록은 Francis Wheen, *How Mumbo-Jumbo Conquered the World*, London: Harper Perennial, 2004, 59~62쪽에서 발췌한 것이며, 영국의 추락한 업계 영웅들에 한정된 것이다. 엔론의 케네스 레이, 제프 스킬링, 앤드루 패스토, 월드콤의 버니 에버스 같은 미합중국의 추락한 업계 영웅들 목록은 훨씬 더 길 것이다.

35. Anne Perkins, "Regime Change or Climate Change, Tony?", *New Statesman*, 2003년 9월 29일. 중앙 정부의 통제를 벗어나서 민간 병원과 경쟁(또는 협력)하도록 허용된 공공 병원인 재단 병원은 건강보험 시장 도입의 서곡 격이었다. 이른바 '보충'(top-up) 방식의[대학의 비용을 보충해 주기 위해, 정부가 한해 1250파운드였던 대학 등록금 상한선을 3000파운드까지 올려주되, 정부가 학생에게 대출해주는 형식으로 등록금을 대납해주는 방안-옮긴이] 대학생 등록금 제도 도입 또한 시장주도 발상의 한 예다. 이 제도는 여당 내부에서도 아주 반대가 심했다.

실권자 대변인 앨리스테어 캠벨이 자행한 박해뿐 아니라, 다른 이들이 저지른 비판자 박해 사례들이 널려있다.[37]

왕립 위원회를 빗댄 우스개도 나타나곤 했다. 왕립 위원회는, 몇 년 동안 하찮게 쟁점 사안을 심사숙고하는 '위대하고 선한 인물들' 집단을 모아놓음으로써 행정 조처를 무한정 지연시키는 기구쯤으로 취급됐다. 그러나 왕립 위원회는 단지 최고의 전문가들을 초빙해서 서면과 구두로 증거를 제시하게 하는 일만 하는 건 아니다. 위탁 연구도 수행하며 이 모든 연구 결과는 왕립 위원회의 최종 보고서와 함께 발행된다. 위원회의 권고 사항이 이행되지 않아 맥이 빠질 수는 있지만, 발행된 연구 결과와 공개적으로 제시되고 심문한 증거들은 최선의 증거들을 무시하고 정책을 시행하는 걸 막는 중요한 장치가 됐다. 하지만 오늘날 45살 미만의 젊은층은 왕립 위원회가 중요한 부분을 차지하는 정책 문화를 알지 못한다.

왕립 위원회가 만들어내는 자료들 대신에 이제 '출처 불명 문건'들이 나돈다. 출처 불명 문건을 규정하는 대부분의 정의가 강조하는 바는 '출판이 주요 기능이 아닌 공공 기관과 사설 기관이 일반 대중에게 제시하는'[38] 문건이라는 점이다. 그리고 정부가 일상적인 공식 통계조차 자유롭게 접하지 못하게 제한을 가하는데다가, 사유화가 공적인 활동을 점점 더 '상업적으로 기밀에 해당하는' 것으로 변질시켜가자, 출처 불명 문건들은 일종의 신용을 얻고 들어가게 됐다. 학술지와 각종 회의가 여기에 몰두하고 있다. 하지만 진실을 다루는 조사자들에게 충격을 주는 사실은, 출판을 주 업무로 하지 않으면서도 자료를 내는 기관들이 그 자료들의 타당성에 큰 관심을 기울이지 않는다는 점이다. 실화나 정기간행물을 출판하는 출판사 또는 진지한 신문들은 진실을 추구한다는 명성

---

36. 이 사건에 관한 Pollock의 설명은 *NHS plc*, 209~213쪽을 보라.

37. Peter Oborne and Simon Walters, *Alastair Campbell*, London: Aurum Press, 2004를 보라.

38. Michael Quinion, "Grey Literature", in World Wide Words (www.worldwidewords.org).

을 지켜야 하는 반면, 대부분은 아닐지언정 다수의 다른 기관들은 꼭 이 점에 신경 쓰지는 않는다. 출처 불명 문건들을 이용하려고 해본 사람들은 금방 깨닫듯이, 동료 전문가의 검토를 거치거나 다른 식으로 정확성과 신뢰성을 검증하지 않은 자료와 판단은 근거로 삼을 수 없다. 그런데도 출처 불명 문건이 정부 정책을 지지하는 데 점점 더 자주 인용되고 있다.

나쁜 증거를 사용하는 행위가 과학자 공동체의 정통한 비평의 대상이 되는 일도 25년 전에 비해 훨씬 드물다. 자연과학 분야에서 기업 자금을 받아 벌이는 연구의 부패상은 잘 알려져 있는 문제지만, 그럼에도 과학 연구가 날로 더 기업의 돈줄에 의존해가고 있다.[39] 그리고 이와 또 다른 경로를 거치면서, 영국의 대학에 기반을 둔 사회과학 또한 이제는 점점 더 시장 가치와 시장의 관심을 지향하는 모습을 보이고 있다. 미합중국의 사회과학과 달리 영국의 사회과학은 언제나 압도적으로 정부의 자금 지원을 받아왔다. 자유민주주의/사회민주주의 정책 체제 아래서, 사회과학자들이 정부로부터 실질적으로 독립되어 운영하는 연구 심의회를 통해 지원 자금이 나뉘어졌다. 영국 사회과학자들은 미합중국 사회과학을 지배하던 정치 순응을 더욱 심화시킨 우익 자경단원들의 압박도 경험한 바 없다.[40] 영국 사회과학자들이 '친 시장' 성향일 수는 있으나, 이렇게 되도록 하는 명백한 경력 우대책은 없었다.

하지만 대처 치하에서 변화가 나타나기 시작했다. 대학에 대한 일반 정부

---

39. 기업들이 영국 대학의 과학 연구를 장악한 데 대한 논의는 George Monbiot, *Captive State*, Basingstoke: Macmillan, 2000, 9장을 보라.
40. 이런 사례는 단지 매카시 시절뿐만 아니라 미합중국 사회과학 역사를 거치면서 반복되어 나타난다. 최근 두 가지 사례는 친 팔레스타인 성향으로 보이는 교수를 제거하려고 친 이스라엘 단체들이 기울인 노력의 결과로 보인다. 컬럼비아대학의 조지프 마사드 교수 사례와 노트르담 대학에서 강의하려고 입국사증을 신청했으나 거절된 스위스 학자 다리크 라마단 사례가 그렇다. 정치적인 이유로 2005년 예일대학에서 '해고'된 인류학자 데이비드 그래버 사례는 훨씬 전형적이다.

지원금 지급 방식이 시장 지향적인 체제를 갖췄다. 이제 모든 학위 과정은, 학생들이 내는 학비와 교원들이 확보할 것으로 예상되는 연구 기금으로 교원의 인건비를 충당할 수 있음을 보여주는 '사업 계획'을 제시해서 정당성을 확보해야 한다. 결국 '지원 학생이 적은' 학과는 규모를 줄이거나 폐쇄됐다. 대학 '핵심 기금'을 통한 정부의 연구 지원 또한 줄었다. (1984년에 총 연구 기금의 58.8%를 차지했으나 1997년엔 35.1%로 줄었다.) 그리고 이 지원은 이제 선택적으로 배분된다. 1986년에 도입된 주기적 연구 평가 작업RAE 체제에서 연구 실적이 상위로 평가된 학과는 다음번 평가 작업 때까지 평균보다 월등히 많은 자금을 받는다. 반면 평가가 낮게 나온 학과는 극도로 적게 받거나 아예 한 푼도 받지 못한다. 정부부처 또는 기업이 직접 용역을 준 작업에만 써야 하는 연구 자금이 전체에서 차지하는 몫은 1984년과 1997년 사이에 15%에서 20.8%로 늘었다. 같은 기간 정부가 지원하는 연구 심의회에서 나온 자금의 비중은 17.2%에서 24.1%로 늘었다.[41]

　　1985년 대처 정부 아래서 조직 개편을 겪은 경제사회연구위원회의 경우, 연구 지원금의 상당 부분은 국가 경제의 경쟁력 향상에 적합한 연구 주제에 과거보다 훨씬 집중됐다.[42] 개별 연구자들이 여전히 비판적인 연구 작업을 위해 소액의 지원금을 받을 수 있었으나, 5년 동안 수백만 파운드를 확보하는 것도

---

41. Ted Tapper and Brian Salter, "The Politics of Governance in Higher Education: The Case of the Research Assessment Exercise", OxCHEPS Occasional Paper No. 6, Oxford Centre for Higher Education Policy Studies, Oxford, 2002년 5월, 29쪽. 저자들은 이렇게 언급한다. "전세계적 자본의 시대에 …… 시장이 날로 중요한 참가자가 되고 있으며 대학들은 …… 투입량을 통제하는 데 필요한 지배 구조가 무엇인지 결정해야만 할 것이다."(30쪽) 하지만 이들이 보는 관점은, 대학 연구 기능의 향후 전개 양상이 정부에 의해 좌우될 것이라는 점이다.

42. 2001~2002년 경제사회연구위원회는 연구소와 연구 사업에 대한 우선 자금 지원 분야로 7가지를 설정했는데, 이 부분이 특정 연구 사업 지원금의 63%를 차지했다. 이들 특정 연구 사업 분야는 경제 성과와 개발, 사회 안정성과 배제, 일과 조직, 지식과 의사소통과 학습, 통치와 시민권, 환경과 인간 행동이었다(Economic and Social Research Council Annual Report 2001~2002).

드물지 않을 정도로 거액의 자금을 응용 분야 연구 센터나 연구 사업에 지원하는 일이 눈에 띄게 나타났다. 그리고 충분한 자금 지원을 받는 덕분에, 신자유주의 패러다임 안에서 일할 용의가 있는 젊은 연구자들 사이에서 상당한 권한을 휘두르는 새로운 학자 세대도 등장했다.

이 모든 변화가 합쳐지면서 나타난 결과는 패러다임 안에서 이뤄지는 연구는 충분한 자금 지원을 받고, 그래서 대학 관리자들에게 높은 평가를 받는 현상이다. 반면 정부 정책에 대한 유효한 공개 비판은 적어도 적극 장려되지 않았다. 그 결과 연구 주제와 문제제기는 중대한 변화를 겪었다. 연구의 분량은 늘었으나 분석과 비판의 질은 떨어졌다. 이런 현상은 사회과학 분야나 정치과학 분야나 마찬가지겠지만, 정치학 연구에서 특히 분명히 나타난다. 롤로프의 미합중국 정치과학 비판은 대부분 이제 영국에도 해당한다. 하나만 예를 든다.

정치과학자들은 …… 정당과 이익집단을 연구한다. 하지만 이익집단의 형성과 자금 조달 문제는 흔히 소홀히 취급된다. 이익집단, 각종 재단, 기업의 이사진이 서로 연결되어 있다는 것을 보통 무시한다. 직능별 협회, 정부 관리 협의회, 두뇌집단, 사회과학연구협의회와 미합중국학회협의회 같은 통합 조직 따위는 정치과학 연구에서 검증 대상이 거의 되지 않는다. 그래서 미합중국 정부의 교본에 실리는 색인에는 포드, 그의 부인 베티는 등장하지만 포드재단은 빠지는 일이 종종 있다.[43]

영국에서도 같은 주제가 무시되고, 질문이 제기되지 않기는 마찬가지다. 예를 들어, 두뇌집단에 관한 최고의 학계 전문가인 데넘과 가닛은 두뇌집단의 자금원을 분석하고 이 자금원이 두뇌집단에 그리고 그들의 연구 결론에 어떤 영

---

43. Joan Roelofs, *Foundations and Public Policy*, Albany, NY: State University of New York Press, 2003, 32쪽.

향을 끼치는지 분석하려는 노력을 기울이지 않는다. 심지어 정치 연구의 전반
적인 비정치화마저 나타난다.[44] 정통한 정부 정책 공개 비판을 제공하는 학계의
사회과학자들은 멸종 위기 종족이 되었다. 런던정경대학 학장이자 제3의 길('재
림과 4차원 사이 어느 지점')[45] 주창자인 앤서니 기든스 또는 런던정경대학 유
럽 정치이론 담당 교수이자 한 때 대처주의자로 활동하다가 이제는 동양 신비
주의와 동물 해방으로 관심을 옮긴 존 그레이 같은 이들이 특히 눈에 띄게 드러
내는 행위인, 정치적 대가大家 행세 같은 일이 훨씬 보상이 크다.[46]

　　공공 정책을 진지하게 비판하는 사회과학자들이 극소수라는 사실은 유권자
의 비정치화를 재촉한다. 영국은 아직, 1960년대 이후 미합중국 극우파가 해마
다 수백만 달러를 쏟아 부어서 우익 두뇌집단, 잡지, 신문, 출판사, 텔레비전
채널, 라디오 방송국, 심지어 대학 전체를 만들어 내거나 장악함으로써 성공적
으로 이룩한 지식인 접수 행위를 겪지 않았다.[47] 그러나 영국 전국지 신문 발행
부수의 4분의 3은 오래전부터 우익 언론재벌들이 소유·통제하고 있으며, 이
재벌들 가운데는 북아메리카인들도 꽤 있다. 게다가 대중적인 서적들은 노골적
인 거짓말까지는 아닐지언정 극단적인 편향을 보여준다.[48] 그리고 두 주요 정당
이 구성했던 정부들은 줄곧 언론기업의 이익에 굴복함으로써 민영 방송의 영역

---

44. 몇몇 미합중국 대학원생들에게 최근 이 질문을 검토하도록 제안했다. 그들은 아주 흥미 있어
　　했다. 이 문제는 '정치학을 하지' 않는 상황이라면 흥분할 만한 사안이라고 그들은 말했다. 그들
　　은 자신들의 정치학 연구 작업에서는 '행위자 지향적인 이해관계자 분석법'을 사용했고 '좌파
　　음모이론'을 아주 경계했다.
45. Wheen, *Mumbo-Jumbo*, 224~225쪽.
46. 그레이는 대처주의자가 되기 전엔 사회주의자였으며, 대처주의자에서 동물해방론자로 변신하기
　　까지는 전통적인 보수주의자로 행세했다. 그의 개인 홈페이지는 그가 장기 자문 업무에 응할
　　수 있다고 밝히고 있다.
47. 이에 대한 뛰어난 요약정리로는, Lewis Lapham, "Tentacles of Rage: The Republican Propaganda
　　Mill, A Brief History", *Harper's Magazine*, 2004년 9월호, 31~41쪽을 보라.
48. 영국 타블로이드판 대중 신문들의 거친 조작은 일간지 『가디언』의 주간 언론비평 부록에 로이
　　그린슬레이드가 주기적으로 기록하고 있다.

을 꾸준히 넓혀줬고, 공영 방송 처지에서 보면 점점 더 뿔뿔이 나뉘는 시청자 집단을 놓고 경쟁해야 하는 상황을 만들었다.[49] 뉴스와 시사 문제는 날로 더 오락에 자리를 내주고 있다. 기묘하리만치 잘못 붙여진 이름인 '리얼리티 텔레비전' 쇼가 2000년대 초 방송 프로그램을 지배했다는 사실은 시대의 한 가지 징표였다. 심각한 정책 논쟁을 위한 비판적인 환경이 심하게 파괴됐다.

그리고 프랜시스 윈이 『뜻 모를 주문, 멈보점보가 세계를 점령한 방법』에서 유쾌하게 평했듯이, 비합리적인 신념들이 전반적으로 되살아나고 있다. 예를 들어 공영 방송채널 <채널4>는 흰색 코트로 마무리한 매무새의 '임상 영양사'가 진행하는 식품 영양학 프로그램을 방영했는데, 이 영양사가 엉터리임이 드러났는데도 이 방송을 계속했다. (『가디언』 신문의 '엉터리 과학' 감시 기자는 이 영양사의 자격증을 단돈 60달러에, 그것도 자신의 죽은 고양이 명의로 살 수 있었다.)[50] 그리고 정부가 기업과 기업가에게 빠져있다는 사실은, 기업 권위자들의 판에 박고 검증되지 않은 발언들을 공공 서비스 '개혁'의 설계자들이 진지하게 받아들이는 걸 뜻하게 됐다. 이 모두만으로도 충분히 심각하다. 그러나 왕위 계승자가 옹호하고 국립건강보험 관련자들 일부가 대중 정서에 비위를 맞추는 것까지 염두에 두고 채택한 '대안' 의학은 또 어떤가? " '보완적인', '대안적 안'이라는 말은 본질적으로 '돌팔이'라는 말의 완곡어법"이라는 윈의 활기찬 논평은 새 노동당의 깡패들에겐 의심의 여지없이 기껏 '엘리트주의'로 치부될 것이다.[51]

---

49. Leys, *Market Driven Politics*, 5장을 보라.

50. "꼭 사람일 필요는 없다. 살아 있을 필요도 없다. 시험도 없고, 자격 점검도 없고, 실적 평가도 없다."(Ben Goldacre, 자신의 죽은 고양이 헨리에타가 어떻게 미합중국영양상담사협회 정규 회원이 됐는지 보도하면서 한 말, *Guardian Life*, 2004년 8월 19일).

51. Nick Cohen, *Pretty Straight Guys*, London: Faber and Faber, 2003, 28쪽. "회의론자들은 엘리트주의자들이다. 토니 블레어의 당선에 대한 사람들의 진실로 흡족한 심정이나 다이애나 황태자비의 죽음에 대한 진실한 애도를 함께 나누려 하지 않기 때문이다. 업계 비판자들은 엘리트주의

블레어의 미신迷信 맹종은 보통 그의 아내 탓으로 여겨진다. 하지만 셰리 블레어에게 동정적인 작가들은 토니 블레어가 셰리의 색다른 관심에 공감한다고 말한다.[52] 만약 그렇다면, 창조론자들이 장악한 게이츠헤드의 공립 중학교에서 창조론을 가르치는 것을 비난하길 거부한 블레어의 행위를 설명하는 데 도움이 될 것이다. 그는 "더 다양한 학교 체제가 우리 아이들에게 더 나은 결과를 가져다 줄 것이다."[53]고 말했다. 블레어 부부의 정신적 취향이 아마도 비판자들의 회의론보다는 시대정신과 더 잘 어울리는 듯하지만, 그러나 이런 취향이 공공 정책에 아무 영향이 없을 턱이 없다. 『악마의 시』를 쓴 살만 루슈디 처형을 촉구한 아야톨라 호메이니에게 대처가 공개적으로 공감을 표시했듯이, 블레어 내각의 내무장관은 2004년 말 버밍엄에서 시크교도 근본주의자들이 자신들을 공격하는 연극을 폭력을 써서 중단시켰던 일을 비난하길 거부했다. "극장과 항의자 집단 모두 표현의 자유를 누릴 권리가 있다."[54]고 말하면서 말이다. 이와 대조적으로, 정부는 '종교적 증오를 자극하는 행위'를 범죄로 규정하는 법안을 제안했다. (이윤이 큰 의약품이 인체에 해로운 것이었음을 보여주는 증거를 제약 회사들이 감추는 걸 불법화하는 법이나 의회의 전쟁 승인을 받으려고 증거를 꾸며내는 걸 불법화하는 법 따위는 제안하지 않았다.)

이 모든 요소들이 끼친 영향은, 1980년대 이후 정부 정책 문서의 급격한 질 저하 현상에 대한 비판적인 논평이 확연히 줄어드는 걸로 나타난다. 정부 문서의 논증 수준과 증거 이용 수준은 (문서 요약본과 화려한 삽화로 마무리된 기업 보고서 형식으로) 표현되는 발표 양식의 수준과 너무나 자주 반비례하곤

자들이다. 수억 명의 소비자들보다 자신들이 더 잘 안다고 여기기 때문이다 …… 어떤 주제에 식견이 있는 이들은 …… 엘리트주의자들이다. 무지한 이들보다 더 잘 알기 때문에 ……."

52. Francis Beckett and David Hencke, *The Blairs and Their Court*, London: Aurum Press, 2004, 278~279쪽.

53. Jenny Tonge 의원에 대한 의회 답변. Wheen, *Mumbo-Jumbo*, 114쪽에서 인용.

54. Lee Glendinning, *Guardian*, 2004년 12월 27일.

한다. 정부 정책 문서는 절도 있고 의미심장하며 합리적인 것처럼 보이도록 꾸며진다. 실제로 이 문서들이 꾸준히 드러내는 것은 시장의 명령으로 간주되는 것에 정책을 종속시키는 행위인데, 이를 마치 원칙과 실용주의, 전통과 혁신의 균형을 맞추는 것처럼 제시한다. 2003년 고등교육의 미래에 관한 노동당 정부의 백서에 대한 스테펀 콜리니의 분석은 난처할 만큼 많은 부분을 그대로 옮겨놓을 수 있을 만하다. 콜리니는 백서의 서문을 인용하는 걸로 시작한다.

우리는 훈련받은 인력, 연구와 기술 이전에 있어서 경제가 바라는 요구 사항을 충족시켜주는 고등교육 부문을 생각한다. 동시에, 적절한 자격을 갖춘 모든 개인이 지적으로나 개인적으로 자신들의 잠재력을 계발할 수 있게 해줘야 하며, 또 과학과 기술 분야의 필수적인 전문지식의 보고寶庫를 제공하고 우리의 문명과 문화를 규정하는 예술과 인문학도 함께 제공해야 한다.

콜리니는 이렇게 논평한다.

놀라울 것이 없다. 영국 대학들이 민주화됐다는 점은 말이다. 대학의 중요성을 낙천적으로 긍정하려는 의도가 분명한 발언들조차 여러분을 약간 언짢게 느끼도록 만드는 측면이 있다. 이렇게 별로 호감이 가지 않는 문장들 속에 쑤셔 넣은 그 모든 목표들을 성공적으로 달성할 수 있는 기관이 단 하나도 없다는 사실만 그렇게 만드는 것이 아니다 …… 이 짜깁기가 이뤄진 정부부처의 사무실이 떠오르기 때문이기도 하다. 최신의 핵심집단 설문조사에서 드러난 사실들이 개입하면서, 정부 관리는 긍정적인 평가를 얻은 모든 요소들을 잘라내서 직선으로 모두 이어 붙인다. 상당한 양이 이런 식으로 축적되면, 이 관리는 마침표를 찍어 문장이랍시고 제시한다.

저 단락에는 두 문장이 들어있다. 첫째 문장은 아름답다고는 못해도 아주 분명한데, 대학의 주요 목표는 사람과 생각이 돈벌이가 되게 만드는 것이라고 말한다. 두 번째 문장은 아름답지도 분명하지도 못한데, 많은 다른 요소들도 있음을 말해준다. 이 요소들의 연관을 언급하는 게 전통적이라는 점, 이 모두가 제 각각 나름대로 좋은 것들이라는 점, 짜깁기용 풀을 써먹은 관리가 글을 쓴 날 굉장히 바빴다는 점, 마지막 문장에서 동사의 주어가 사라졌다는 점, 그리고 또 다른 종지부를 찍을 때일 거라는 점을 보여준다.[55]

말하자면 담론 차원에서 해결되지 않은 시장과 비시장 목표들 사이의 충돌, 선거의 목표와 공공 이익 관심사의 상호 침투, 연구조사와 증거에 대한 존중(또는 진지한 관심) 상실, 분석 기술의 약화와 기업가의 신격화, 이 모두가 모아져서 결함 있는 논법과 과장된 약속을 만들어낸다. 세심한 논증과 증거의 인용이 '가치', '사업 헌장', '목표치' 따위에 굴복한다.[56]

제국의 중심지인 미합중국에서, 증거에 대한 무관심은 명백히 제국적인 이론적 근거를 부여받아왔다. 2002년 론 서스킨드는 부시의 '선임 정책 고문' 한 명한테서 이런 말을 들었다.

내[서스킨드─옮긴이] 같은 이들은 "우리가 현실에 근거한 공동체라고 부르는 것"에 속한다고 이 공동체를 그[선임 정책 고문─옮긴이]는 "식별할 수 있는 현실을 신중히 연구하면 해결 방법이 나온다고 믿는" 이들로 규정했다. 그는 또 "세상이 더는 진정 이런 식으로 작동하지 않는다. 우리가 이제 제국이고, 우리가 행동할 때 우리의 현실을 창조한다 …… 우리는 역사의 주역들이다 …… 그리고 당신, 당신 모두는 우리가 하는 일을 그저 연구하는 처지가 될 것이다."[57]

---

55. "HiEdBiz", *London Review of Books*, 25(21), 2003년 11월 6일.
56. 보수당 정부가 이론상 내무부의 일상적인 통제에서 벗어나는 '행정청'으로 분리시킨, 형편이 어려운 영국 교도소는 '한 가지 목적 헌장, 한 가지 이상, 다섯 가지 가치, 여섯 가지 목표, 일곱 가지 전략적 우선순위, 여덟 가지 핵심 실적 지표'를 가지고 있다(Wheen, *Mumbo-Jumbo*, 56~57쪽).
57. "Without a Doubt", *New York Times*, 2004년 10월 17일. 헤겔의 법철학과 비교해보라. "철학

이런 종류의 룸펜 헤겔주의식 수사학은 아마도 영국 같은 아류 제국주의 세력의 당 수뇌부원 대부분에겐 너무 멀리 나간 꼴이겠다.[58] 그러나 많은 정책들이 의존하는 원칙이긴 하다.

결론 : 우리 시대의 의존성

지금까지 묘사한 그 어떤 것도 '남쪽' 사람들에게 낯설지 않을 것 같다. 국가 정책이 거의 언제나 대체로 외부 시장 세력에게 휘둘리고 외국 정치·군사 세력의 뒷받침을 받는 지역에 사는 사람들에겐 말이다. '의존성'은 이제 미합중국을 뺀 모든 나라에 영향을 끼친다고 말할 수 있을 것이다. 물론 정도의 차이가 크게 있지만, 영국 같은 주요 후기-산업 국가의 정책 체제도 더는 많은 영국인들이 상상하는 것과 달리 '바나나 공화국'[부패로 얼룩진 가상의 나라를 지칭하는 미합중국 영화 제목-옮긴이]과 근본적으로 다르지 않다. 정부의 핵심 정책결정 부서에 경영 관리 고문을 배치하는 것은 세계은행 관리를 아프리카 나라의 장관에 앉히는 것과 전혀 다른 게 아니다. 구조 조정이 진행되기는 두 쪽이 똑같다.

대처와 블레어 덕분에 영국은 다른 서유럽 국가들에 비해 이 길을 적극적으로 훨씬 더 앞서 나갔고, 문화적 변화는 물질적 변화보다 늦기 마련이기에 현실과 관리들의 수사학 사이의 거리가 다른 나라보다 더 클지 모르겠다. 아마 주권, 민주주의, 공공의 이익에 관해 예로부터 물려받은 생각과 환상이, 다른 비교 대상 국가들에 비하면 훨씬 더 강하게 전세계 시장 세력과 기업 권력이

이 회색에 회색을 칠한다면, 생의 한 형태는 노후한 것으로 되어 있으며 …… 미네르바의 올빼미는 어둑어둑한 황혼에야 비로소 날개를 편다."

58. 그러나 블레어의 오른팔인 피터 맨델슨은 이렇게 말했다고 한다. "우리 임무는 진리를 창조하는 것이다."(Oborne, *The Rise of Political Lying*, 3쪽).

만든 새로운 현실과 부닥칠 것이다.[59] 그러나 모든 나라는 이제 어느 정도로는 영국과 같은 길을 가야하며, 그래야 하는 이유도 같다. 그 이유란, 경제·사회 정책이 이제 자본이 바라는 조건에 맞춰져야 한다는 기초적인 사실을 언제나 정책 결정을 통해 감추려 애써야 한다는 것이다. 유권자들이 이런 말을 들어서는 안 된다. 자본이 요구하는 정책들은 흔히 선거에는 부적절하다. 그래서 가능한 한, 이런 정책들이 몰래 결정되는 일이 잦고 정책의 예상 가능한 결과가 은폐된다.

19세기로부터 물려받은 고위 공무원 조직을 해체하는 것은, 관료제가 도구 측면에서 지니고 있는 합리성을 시장의 합리성으로 대체하는 일에 부합한다. 실제 민간 영역에서 영입한 기업가든 아니면 기업가적인 성질과 시야를 지닌 공무원이든, 아무튼 기업가 선호 현상은 '일을 마무리 짓는 것'에만 집중하고, 정책의 폭넓은 함의에 신경 쓰는 행태(의심할 것 없이 때로는 짜증스런 노블레스 오블리주의 분위기를 띠는 행위인 '모든 관점을 두루 검토하는 작업을 확실히 보장하기')를 보이는 전문적인 관료들에 대한 조급증은 이런 측면에서는 이치에 맞다.[60] 국가는 단지 점점 더 자본에 민감하게 반응할 뿐 아니라 날로 더욱 자본과 통합되어 가고 있다. 그리고 이에 얽힌 위기는, 오늘날 기업 세계에서 벌어지는 일들과 마찬가지로 국가의 새로운 기업가들이 만들어내는 것이 아니라 대중이 만들어낸다.

---

59. 영국 사례에서 일정한 중요성을 지닌 연관 요소 하나는, 1992년 노동당 지도자 닐 키녹의 집권 노력을 망쳐버린 우익 언론매체를 '끝장내겠다'는 블레어와 브라운, 맨델슨의 결의였다. 오스본 이 (『정치적 거짓말의 등장』에서) 이 사태를 적대적으로 보고 있긴 해도, 자신들을 제물로 삼으려는 [우익 언론의] 행태에 대한 이해할 만한 대응으로 시작된 일이 결국 '지배 계급의 유용한 거짓말들'이 되고 말았다는 그의 판단을 반박하기는 어렵다.

60. 바버라 해리스화이트는 "아마 새로운 기업가정신은, 기업가의 행동이 독점 지대로 보상받는 공간인 기업의 상당히 이질적인 '토지관리인의 재능'을 위해 개발된 사회적 관습을 국가에 침투시키는 것이다. 아니면 '지대'가 총체화하는 체제를 강화하기 때문에 자본과 국가가 냉소적으로 이용하는 가면일까?"라고 언급했다(개인적인 의견 교환).

자본주의적 민주주의에 얽힌 진실

아틸리오 A. 보론

얼마 전 마치 민주주의에 관한 모든 소망의 더없는 성과를 이루기라도 한 듯 자본주의적 민주주의를 축하하는 많은 신봉자들이 라틴아메리카에서 등장했다. 라틴아메리카는 보통 더 위대한 인류의 업적에나 어울릴 만한 엄숙한 어조로 이 용어가 입에 오르내리는 곳이다. 그러나 이제 라틴아메리카에서 민주화 회복 과정이 시작된 지 사반세기가 지났으니, 민주화의 결점과 실현되지 않은 약속을 따져보기 적합한 때가 왔다. 자본주의적 민주주의는 그렇게 널리 존경받을 만한 가치가 있는가? 이 글에서 우리는 민주주의의 의미를 탐구하려고 한다.

---

* 이 논문을 준비하는 과정에서 도와준 사브리나 곤잘레스(Sabrina González)에게 감사의 뜻을 표시하고 싶다. 모든 실수와 잘못은 전적으로 저자 책임이라는 건 말할 나위 없다.

또 자본주의 사회에서 민주화의 한계에 대한 몇 가지 반성에 근거해 라틴아메리카에 '현존하는' 민주주의의 협소한 범위와 한계를 따져보려고 외부에 비치는 겉모습의 안쪽을 들여다봄으로써 민주주의의 성과를 점검하려고 한다.

민주주의

링컨의 신조를 기억하는 것으로 시작하자. 민주주의는 인민의, 인민에 의한, 인민을 위한 정부라는 표현을 말이다. 오늘날 이 말은 바뀐 상황에 적응하지 못할 만큼 급진적인 표현으로 보인다. 특히 세계화한 자본주의의 공식 이념으로 신자유주의가 떠오름으로써 나타난 정치적·이념적 위축 측면에서 그렇다. 이보다 한참 전에 민주주의는 이미 인민의 힘은 고사하고 인민이라는 개념 그 자체로부터 완전히 떨어져 나갔다. 링컨의 신조는 옛날에 잃어버려 되돌릴 수 없게 된 상태에 대한 위험한 그리움으로 정리된 지 이미 오래다. 이를 대체한 것은 슘페터의 신조다. 이 신조가 만들어낸 비참한 결과를 아직도 주류 사회과학 분야에서 강하게 느끼고 있다. 그 신조란, 민주주의를 사회 내 분배 정의나 형평성에 관련된 구체적인 내용이라고는 없는 규칙과 절차들로 구성된 걸로 보는 것이다. 민주주의 이념의 윤리적·규범적 내용은 무시되고, 민주주의가 단지 행정적 수단 또는 의사결정 수단이 아니라 '좋은 사회'를 조직하려는 기획의 중대한 구성 요소라는 이념도 소홀히 취급된다. 그래서 슘페터에게 있어서는, 그가 직접 든 예를 인용해 표현하자면 기독교도들을 박해하거나 마녀를 화형에 처하거나 유대인을 학살하는 걸 '민주주의적으로' 결정하는 게 가능해진다. 민주주의는 단지 하나의 방법이 되고, 다른 많은 방법들처럼 "그 자체로 목적일 수 없다."[1] 극단으로 가면 이런 접근법은 민주주의를 목표와 가치에서 동떨어진 별도의 절차들로 만들어버리고 피터 그러커가 성공적인 자본주의적 기업 관리를 위해 제안하는 것과 같은 순수한 의사결정 모형이 되게 한다. 민주주의가 이것을 넘는 어떤 것임을 깨닫는 데는 대단한 지력이 필요하지 않다.

게다가 슘페터의 페러다임은 '실제로 현존하는 민주주의'를 형성한 구체적인 역사 과정을 무시한다. 슘페터는 자신이 민주주의의 '고전적인 이론'이라고 부른 것을 포기하라고 제안하면서, 몇몇 국민국가에서 민주주의 구성에 이르기까지 전개됐던 일련의 역사적 사건들에 관한 바보스러우리만치 낙관적이고 완전히 비현실적인 이미지를 제시했다.[2] 민주 질서를 갖추어 가는 과정의 서사적 성격은, 알렉시스 드 토크빌이 감동적으로 묘사했다. "한 세기, 한 세기 모든 걸림돌을 넘어서고, 제 자신이 만든 폐허 속에서 지금도 전진하고 있는 억누를 수 없는 혁명"[3]이라고 말이다. 이 단언은, 고전주의 전통을 잇는 많은 작가들이 했듯이, 가장 발전하고 다원적이고 너그러운 나라들에서도 민주 질서 정착 과정에서 나타났던 소란스럽고 충격적인 요소들을 포착한다. 역사 속 정치적 민주주의 형성 과정의 피와 진흙이 슘페터적 전통의 공허한 형식주의 안에서 완전히 증발하고 만다. 이 유산의 상속자들인 기예르모 오도넬과 필리페 슈미테가 '민주화 이행론'의 정통적 규범서에서 이렇게 경고한 것도 바로 이런 이유다.

[민주주의로의] 이행을 이런 식으로 그려내는 데 깔린 전제 하나는, 폭력적인 힘 동원과 극적인 단절 없이 정치적 민주주의를 이루는 게 가능하고 이렇게 하는 것이 편리하기도 하다는 것이다. 실은 언제나 폭력 위협이 있고 항의와 파업, 시위도 잦다. 그러나 일단 '혁명의 길'이 채택되거나 폭력이 확산되어 빈발하게 되면, 정치적 민주주의를 밝게 이룰 전망은 철저히 줄어든다.[4]

---

1. Joseph Schumpeter, *Capitalism, Socialism and Democracy*, New York: Harper, 1947, 242쪽.
2. 슘페터는 '고전적인 이론' 아래 다양한 학자들 특히 플라톤, 아리스토텔레스, 마키아벨리, 루소, 토크빌, 맑스의 가르침을 한 덩어리로 합쳤다.
3. Alexis de Tocqueville, *Democracy in America*, Garden City: Doubleday, 1969, 12쪽.
4. Guillermo O'Donnell and Phillippe Schmitter, *Conclusiones Tentativas Sobre las Democracias*

잘못된 만큼이나 우격다짐하듯 하는 전제다. 그 어느 나라에서 민주주의의 획득이 위에서 정한 조건에 맞춰서 이뤄졌는가? 배링턴 무어는 폭력적이고 피를 뿌린 사건인 영국의 '명예혁명', 프랑스혁명, 미합중국 남북전쟁 없이는 이 세 나라에서 민주주의의 존재 자체를 상상하기 아주 어려웠을 거라고 지적했다.[5] 미합중국 남부 노예제 사회 또는 영국과 프랑스의 귀족정치가 민주주의적인 제도를 가져오는 걸 상상할 수 있는가? 세 나라에서 과거와 폭력적으로 단절하지 않고 민주화를 상상할 수 있는가? 그리고 이 저자들의 '밑으로부터의 폭력' 걱정에 대해 언급하자면, 전반적으로 불평등한 사회에 깔려있는 구조적인 폭력은 논외로 하더라도 민주화에 맞서는 '위로부터의 폭력', 체계적인 억압으로 이어지는 바로 그 폭력, 준군사조직 또는 암살단의 손에 즉석에서 처형되고 어디론가 끌려가 사라지는 것, 군사 쿠데타 전파는 문제가 안 되는가? 라틴아메리카에서 폭력을 주로 휘두른 세력이 누군지 자문해볼 때 아닌가? 착취당하고 억압받는 계급, 파업 참가자와 시위대인가 아니면 무슨 대가를 치르더라도 자신들의 특권과 재산을 지키겠다는 결의에 찬 세력인가?

'슘페터적인' 전망은 단지 민주주의의 개념을 왜곡할 뿐 아니라 그에 못지 않게 걱정스러운 수수께끼를 제기한다. 민주주의가 단지 집단적 의사결정을 체계화하는 방법일 뿐이라면, 인류 대다수가 왜 역사 이래 대부분의 시기를 비민주적인 정권 아래서 살았는가? 민주주의가 아주 기초적이고 합리적인 것이라면, 왜 민주주의를 채택하고 실제로 실천하는 일이 그렇게까지 어려웠는가? 국가에 '민주주의적인 형식'을 도입하려는 시도가 전쟁과 내부 투쟁, 혁명과 반혁명, 끝없는 살육을 부른 반면, 자본주의 생산양식이 도입되자마자 자본주의적 기업이나 주식회사 같은 특정한 조직 형태가 큰 저항 없이 채택된 이유는 뭔

Inciertas, Buenos Aires: Paidós, 1988, 26쪽.

5. Barrington Moore, Jr., *Social Origins of Dictatorship and Democracy: Lords and Peasants in the Making of the Modern World*, Boston: Beacon Press, 1996.

가? 마지막으로, 자본주의 생산양식이 500년 됐다면, 자본주의적 민주주의는 왜 최근에 와서야 불안정한 형태로 정착됐는가?

슘페터적인 민주주의 이론을 이용해 민주주의에서 윤리적 측면을 배제하는 행위, 그리고 이 이론이 '현존하는' 민주주의의 형성 과정을 설명하는 데 있어서 극단적일만큼 무기력하다는 사실, 이 두 가지는 대안을 이론화하도록 요구한다.

자본주의적 민주주의 아니면 민주주의적 자본주의?

그러나 여전히 우선 개념을 분명히 하는 게 필요하다. 참으로 '민주주의'라는 단어의 사용이 그 자체로 왜곡되고 모호해 문제가 된다면, '자본주의적 민주주의' 또는 '부르주아 민주주의'라는 표현들도 역시 모순적이고 불만족스럽다. 바로 이런 이유로, '현존하는' 민주주의의 세계를 지칭하는 가장 엄격하고 정확한 방법은 '민주주의적 자본주의'라고 부르는 것이다. 그 이유를 알아보자.

아무런 수식어도 붙이지 않고 '민주주의'를 그냥 말하는 것은, 다음 세 가지의 엄청난 차이점을 간과하는 것이다. (1) 고대 그리스의 정치가 페리클레스가 그 유명한 추도 연설을 통해 불멸의 것으로 만든 고전적인 그리스 민주주의 모형 (2) 르네상스 여명기에 몇몇 이탈리아 북부도시에서 나타난 (그리고 나중에 귀족과 성직자의 반동으로 괴멸된) 초기 민주주의적 구조와 관행들 (3) 20세기 몇몇 자본주의 나라에서 만들어진 다양한 민주주의 모형들. 민주주의는 권력이 발을 딛고 있는 경제·사회 구조와 분리할 수 없는 공적인 공간에 존재하는 사회적 권력 조직 형식이다. 독재적이거나 민주주의적이거나, 다양한 조직 형식 또는 아리스토텔레스가 『정치학』에서 제기한 여섯 가지 고전적인 정치권력 형식은 특정한 생산양식과 사회 구조라는 토양에 뿌리를 두고 있다. 그래서 추가 조건을 붙이지 않고 '민주주의'를 말하는 그 어떤 담론도 필연적으로 아주 부정확하고 혼란스럽기 마련이다. 진정 정치학자들이 민주주의를 말할 때 진짜 지 칭하는 것은 무엇인가? 고대 그리스처럼 노예제에 바탕을 둔 민주주의인가? 아 니면 중세 농노라는 바다에 둘러싸인 도시라는 섬에서 번성했던, 그리고 플로 렌스와 베니스의 소수 귀족계급 아래서 보통 사람들populo minuto이 계략을 꾀하 는 집단 수준을 넘어서는 어떤 세력이 되려고 애쓰던 그곳에서 번성했던 민주 주의인가? 그것도 아니면 여성 참정권은 말할 것도 없고 보편적인 남성 참정권 도 갖춰지지 않았던 1차 세계대전 이전 유럽의 민주주의인가? 또는 T. H. 마셜 이 사회적 시민권이라는 용어로 표현했던 개념의 자취를 간직한 2차 세계대전 이후 '케인스적 민주주의'인가?[6]

'부르주아 민주주의'라는 표현의 이른바 명확한 특성에도 도전하는 이런 당 황스런 모호성에 맞서, 신자유주의 편향을 분명히 드러내는 멕시코 수필가 엔 리케 크라우제는 '형용사 붙지 않는 민주주의'[7]를 옹호하는 정열적인 진술을 편 적이 있다. 하지만 그의 간곡한 권고는 무시당했다. 데이비드 콜리어와 스티브 레비츠키가 최근에 수행한 문헌 분석은, 정치학에서 민주 정권의 운영을 묘사 할 수식어로 사용하는 '형용사'가 (500개를 넘을 만큼) 남발되어, 민주 정권 숫 자보다 이를 분류하는 항목이 더 많은 지경에 이르렀음을 보여줬다.[8] 그렇지만, 민주주의에 수식어를 붙여도, '강력한' 용어를 쓰거나 '자본주의적' 또는 '사회주 의적'처럼 의미가 강하게 담긴 용어를 붙여도, 본질적인 문제를 풀지는 못한다. 도리어 임금님은 벌거숭이라는 사실을 감추지 못하는 초보적인 허리싸개 따위 를 제공하는 격에 그치고 만다.

---

6. T. H. Marshall, *Class, Citizenship and Social Development*, New York: Anchor Books, 1965.

7. Enrique Krauze, *Por una Democracia sin Adjetivos*, Mexico City: Joaquín Moriz/Planeta, 1986, 44~75쪽.

8. David Collier and Steve Levitsky, "Democracy with Adjectives: Conceptual Innovation in Comparative Research", Working Paper #230, Kellogg Institute, University of Notre Dame, 1996년 8월.

급진적인 사상가들뿐 아니라 주류 사회과학자들이 자주 쓰는 '자본주의적 민주주의'라는 표현을 보자. 이는 정확하게 뭘 뜻하는가? 어떤 사람들은 '민주주의'라는 단어에 '자본주의적'이라는 수식어를 붙이는 것으로 문제가 해결된다고 믿는다. 이런 수식어 붙이기는 적어도 자본주의와 민주주의의 관계에 존재하는 광범한 문제를 암시하고, 좀더 구체적으로 말하면 자본주의가 민주주의의 확장을 제약하는 문제를 암시한다. 그렇기는 해도, 이 관점은 본질적으로 틀렸다. 이 관점은, 이런 형태의 정치 체제에서 '자본주의적'이라는 요소가 본질적으로는 민주주의적인 정치 구조의 운영을 어떤 식으로 바꾸고 여기에 색깔을 입히는 경제 제도를 지칭하는 형용사에 불과하다는, 아주 분명히 잘못된 가정에 근거하고 있다. 실제로 '자본주의적 민주주의'라는 문구는 경제, 시민사회, 정치 영역의 적절한 관계를 '헤겔식으로 거꾸로 뒤집는 것'에 해당하며, 자본주의 사회를 섬세하게 변명하는 것에 관여한다. 왜 그런고 하니, 이런 정식화에서는 민주주의가 현재 사회의 본질로 제시되는 탓이다. 이는 스스로를 자신들이 속한 '민주 사회'의 대변인으로 규정하는 조지 W. 부시, 호세 M. 아스나르, 토니 블레어 따위의 수많은 '자유 세계' 지도자들이 일상적으로 거듭 거듭 주장하는 것이다. 그래서 민주주의는 단지 우연적이거나 '부수적인' 특징을 통해 자격을 부여받는다. 단지 자본주의 생산양식이라는 특징을 통해서 말이다! 자본주의는 이렇게 정치 영역 뒤의 신중한 위치로 옮겨가게 되고, 현재 사회의 구조적 기반으로 취급되면서 뒤로 감춰진다. 베르톨트 브레히트가 언젠가 주목했듯이, 자본주의는 제 이름 그대로 불리기를 싫어하는 신사다. 그러나 뭔가 더 있다. 작고한 멕시코 철학자 카를로스 페레이라가 논했듯이, '부르주아 민주주의'라는 표현은 '괴물 같은 개념'이다. 왜냐하면, "현대 역사의 결정적인 상황을 감추기 때문이다. 민주주의는 어느 정도까지는 서로 다른 범위 안에서긴 해도 부르주아 계급에 맞서서 얻어내고 지켜낸 것이다."9

그래서 위에 언급한 형용사의 사용에는 이중의 어려움이 있다. 첫째, 이는 민주주의 쟁취 같은 역사적 성과를 아무 근거 없이 부르주아 계급의 덕분으로 돌린다. 민주주의 쟁취는 정확하게 말하면 첫 번째로 귀족 계급과 군주제에 맞선, 그리고 이어서 자본가들의 지배에 맞선 대중의 몇 세기에 걸친 투쟁의 성과이다. 자본가들은 거짓말과 조작부터 나치 정부가 전형적으로 보여준 체계적 테러까지 상상할 수 있는 온갖 수단에 의지해서 민주주의의 승리를 막거나 늦추려고 애쓴 이들이다. 둘째, '부르주아 민주주의'라는 표현이 받아들여진다면, 구체적으로 '부르주아'라는 것은 우발적이고 우연적인 것이 되고, 민주주의라고 불리는 물신화한 본질과의 관계에서는 장식품과 같은 사항이 된다.

그러니 어떻게 민주주의를 적절히 개념화해야 하는가? 분명한 것은, 이것이 민주주의적 실체로 가정하는 어떤 것에 형용사를 붙일 것이냐 말 것이냐의 문제가 아니라 신헤겔주의적 거꾸로 뒤집기를 포기하는 문제라는 것이다. 다시 말해, '부르주아 민주주의' 같은 용어와 달리 '민주주의적 자본주의' 같은 표현이 민주주의의 진정한 의미를 회복한다.[10] '자유롭고' 주기적인 선거와 개인의 권리와 자유 따위의 구조적 특징과 규정적 측면들이 중요하긴 해도 그래봐야 정치적 형식에 불과하고, 이 형식의 작용과 여기에 고유한 효율성을 통해서는 애초부터 절망적일 만큼 반민주적인 자본주의 사회 구조를 붕괴시키는 건 고사하고 중립화할 수도 없다는 사실을 강조함으로써 말이다. 이 구조 곧 노동자가 생존을 보장받기 위해 시장에서 상품으로 팔 노동력을 끊임없이 재생산하는 걸 중심으로 한 사회관계 체제에 바탕을 둔 구조는 민주주의에 극복할 수 없는 한계를 부과한다. 자신의 노동력을 사면 이윤을 얻을 수 있음을 아는 자본가를 찾으러 시장으로 발길을 돌려야 하는 처지이고, 그러지 못하면 세계의 빈민가

---

9. Carlos Pereyra, *Sobre la Democracia*, México: Cal y Arena, 1990, 33쪽.
10. Atilio A. Boron, *State, Capitalism and Democracy in Latin America*, Boulder and London: Lynne Rienner Publishers, 1995, 33~68쪽.

에서 하찮은 장사꾼이나 쓰레기통 뒤지는 거지 신세로 비참하게 살아야 하는 임금 노동자들로 구성된 이 '노예제도'는 라틴아메리카뿐 아니라 전세계 현존 인류의 압도적 다수를 구조적으로 열등하고 불공평한 신세로 몰아넣는다. 이는 임금 노동자들의 민주주의적 잠재력을 온전히 계발하는 것과 양립할 수 없다. 반면 사회의 극소수 집단 곧 자본가들은 겨룰 상대가 없는 우월한 지위를 확고히 갖추고 온갖 특권을 누린다.

그 결과는 사실상의 자본가 독재이고, 정치 형태가 민주주의든 뭐든 이 아래에서는 자본가의 독재가 대중의 눈에서 감춰진다. 그러므로 자본주의와 민주주의의 추세적인 양립 불가능성이 나타난다. 자본주의는 자본가와 노동자를 나누는 구조적 불평등에 바탕을 둔 사회적·경제적 형식이고, 반면에 민주주의는 형식과 절차 측면에서뿐 아니라 평등이라는 보편적인 조건에 근거한 고전적인 정치이론 전통 안에서 인식되는 체제다. 바로 이런 이유로, 엘런 메익신스 우드가 이론적 시사점이 풍부한 최고의 논문에서, 민주주의가 절차가 아니라 실체로 여겨지는 단계까지 완전히 확장하는 것을 자본주의가 버텨낼 수 있을까라고 질문한 것은 옳다.[11] 분명히 답은 부정적이다.

실질적인 민주주의 개념의 윤곽

포괄적이고 실질적인 민주주의 개념은 사회주의와 민주주의의 관계 문제를 즉각 의제로 제기할 것이 분명하다. 여기서 우리가 이 문제를 끄집어내려 하는

---

11. Ellen Meiksins Wood, *Democracy Against Capitalism: Renewing Historical Materialism*, Cambridge: Cambridge University Press, 1995, 204~237쪽. 이에 대해서는 Arthur MacEwan, *Neoliberalism or Democracy?*, London: Zed Books, 1999, 그리고 Atilio A. Boron, *Tras el Búho de Minerva: Mercado contra Democracia en el Capitalismo de Fin de Siglo*, Buenos Aires: Fondo de Cultura Económica, 2000도 보라.

건 무모할 것이다. 당분간은 '민주주의 없는 사회주의가 없고, 사회주의 없는 민주주의도 없다'[12]는 취지의 민주주의 신조를 포함해 로자 룩셈부르크가 이 문제에 대해 통찰력 있게 심사숙고한 것을 상기하는 것으로 충분하다. 룩셈부르크는 사회주의적 기획을 버리지 않는 민주주의적 자본주의의 가치를 강조했다. 그녀는 동시에 민주주의적 자본주의 사회의 정의롭지 못한 본성도 지적했다. 그녀의 사고는, 민주주의적 자본주의를 거부하느라 결국 민주주의라는 이념 그 자체를 경멸하고 정치적 독재를 정당화하고 마는 천박한 맑스주의, 민주주의적 자본주의를 신비화하다 못해 이를 아무 근거 없이 '민주주의'의 패러다임으로 간주하는 지경에 이르는 '포스트 맑스주의' 그리고 신자유주의적 영감에 찬 최근의 다양한 조류, 그 어느 쪽의 함정에도 빠지지 않는다.

이런 논법을 고려하면, 슘페터의 형식주의와 '절차주의'의 해악을 극복하려는 이론화 작업은 민주주의를 서로 나눌 수 없는 세 가지 차원을 하나의 정식에 묶는 통합으로 봐야한다고 생각한다.

(1) 민주주의는 경제적·사회적·법률적 평등과 역사적으로는 편차가 있으나 상대적으로 보면 높은 수준의 물질적 복지를 특징으로 하는 사회적 조성물을 전제로 한다. 이 조성물은 사회생활의 무수히 다양한 표현뿐 아니라 개인의 소질과 성향을 모두 계발할 수 있게 해준다. 그래서 민주주의는 가난과 궁핍이 널리 퍼져있거나 재산과 수입과 부의 분배가 아주 불공평한 사회에서는 번성할 수 없다. 자본주의 사회에서는 아주 예외적으로만 나타나는 사회 구조 형태를 요구한다. 공식적인 주장과는 정반대이지만, 자본주의 사회는 평등한 게 아니라 심하게 불평등하다. 평등주의는 자본주의 세계의 이념이고 계급 양극화는 현실이다. 정치적 민주주의는 구조적으로 반민주적인 사회에 뿌리를 두고 번성할

---

12. 우리가 여기서 두 번째 부분에 집중하긴 해도, 로자 룩셈부르크의 말 가운데 뒷부분만이 아니라 전체에 동의한다는 건 말할 나위도 없다.

수 없다.

(2) 민주주의는 시민들이 실질적인 자유를 누리는 걸 전제로 한다. 그러나 자유는, 수많은 라틴아메리카 나라들의 헌법에 훌륭하게 담겨있는 것처럼, 적어도 실제 생활에서 누릴 가능성이 없는 '형식적 권리'일 수는 없다. 법률적 차원에서 소중히 여긴다고 선언한 권리들을 온전히 향유하도록 보장하지 않는 민주주의는, 오래 전에 페르난도 H. 카르도소가 말했듯이, 광대극이 되고 만다.[13] 자유는 진짜 존재하는 대안들 가운데 하나를 선택할 여지를 뜻한다. 라틴아메리카에서 우리의 '자유 선거'는 똑같은 정치 지배층에 속하고 지배 계급이 뽑아서 밀어주고 임명한 이들 가운데서 누가 국가를 운영할 책임을 질 것인가를 선택하는 데 그친다.[14] 사람들을 문맹과 비참한 판잣집 신세로 몰아넣고 의료의 도움을 못 받아 일찍 죽게 만들고 일다운 일을 박탈하고 나이 들어 최소한의 사회적 보호도 받지 못하게 하는 자유는 무슨 자유인가? 어떤 일자리, 아무 일자리라도 찾아보려고 밖으로 나가는 데 필요한 돈 몇 푼마저 없는 라틴아메리카의 수백 만 실업자들은 자유로운가?

더욱이, 평등과 자유가 필수적이긴 해도 그 자체만으로 민주 국가 존립을 보장하는 데 충분한 것은 아니다. 세 번째 조건이 필요하다.

(3) 이른바 '대의제' 민주주의의 한계를 극복하고 공통의 의지 형성 과정에서 대중 계급이 주도권을 쥐도록 보장할 법적·제도적 수단을 시민들에게 부여하는, 대중 주권을 보장하게 해주는 복합적인 제도들과 명쾌하고 모호하지 않

---

13. Fernando Henrique Cardoso, "La Democracia en las Sociedades Contemporáneas", *Crítica y Utopía*, 6, 1982 그리고 "La democracia en América Latina", *Punto de Vista*, 1985년 4월 23일.
14. 이런 상황은 세계 대부분의 나라라고 다르지 않다. 참으로, 촘스키가 주목했듯이 미합중국 국민들은 지난번 대통령 선거에서 아주 민주주의적인 메뉴판을 받아들었다. 그들은 집권하고 있는 백만장자를 뽑거나 아니면 상원의원인 백만장자를 뽑을 수 있었다. 그리고 이 두 사람은 모두 또 다른 백만장자들을 부통령 후보로 골랐다. 이것이 바로 주류 사회과학이 세계에서 가장 완벽한 민주주의 발전 모델로 여기는 선택이다.

은 게임 규칙의 존재. 몇몇 학자들은 민주 국가의 핵심 특징 한 가지는 정치적 과정의 결과가 지니고 있는 '상대적으로 불확실한' 특성, 이른바 선거 결과의 불확실성이라고 주장해왔다.[15] 그러나 오늘날 민주주의적 자본주의에서 발견되는 '민주주의적 불확실성'의 실제 수준을 과잉 평가할 위험성을 경고해야 한다. 실제로는 불확실성이 아주 약한데, 가장 발전한 나라들에서도 정치 생활에서 가장 결정적이고 중요한 손들은 지배 계급의 이익을 지속적으로 떠받치는 겉면에 식별 기호가 표시된 카드를 쥐고 움직인다. 반복하자. 모든 손이 아니라, 의사결정 차원뿐 아니라 선거 차원에서 결정적으로 가장 중요한 손들은 완벽하게 예상 가능하고 지배 계급에게 수용될 만한 결과를 충분히 보장하면서 움직인다. 예를 들자면, 서로 경쟁하는 두 정당의 주요 정책 결정과 지향이 거의 똑같고 자본의 지배를 위협하지 않는 몇몇 주변적인 쟁점에서만 차이가 나는 나라인 미합중국이 바로 이렇다. 그러므로 그 어떤 자본주의 국가도 사적 소유권 또는 대중 경제학 또는 국영 기업 가운데 어느 것을 근거로 경제를 구성할지, 라틴아메리카의 예를 들자면 외채 처리 문제, 경제 개방 문제, 금융규제 완화 또는 사유화를 어떻게 처리할지 결정하려고 국민투표를 실시한 적 없다는 건 놀라울 게 없다. 다른 말로 하자면, 불확실성 맞다, 그러나 오직 극도로 한계가 좁고 사소한 범위 안에서만 그렇다. 선거 맞다, 그러나 합법, 불법을 가리지 않고 모든 자원을 이용해 투표를 조작하고 사람들이 '실수해서' 지배 계급의 이익에 반하는 정당을 선택하는 걸 방지하는 한에서 실시된다. 단지 게임이 '겉면에 식별 기호가 표시된 카드'만을 가지고 이뤄지는 게 아니라 다른 게임은 아예 하지도 않고 승자는 언제나 똑같은 이들이다.

요약하면, 대중의 주권을 보장하는 명쾌하고 모호하지 않은 게임의 규칙들

---

15. Adam Przeworski, *Capitalism and Social Democracy*, Cambridge: Cambridge University Press, 1985, 138~145쪽.

은 민주주의의 '정치적·제도적' 조건이다. 그러나 다시 한번, 이는 필수 조건이지 충분조건이 아니다. 민주주의의 뿌리가 민주주의 정신에 대립하거나 적대적인 사회관계, 구조, 이념을 특징으로 하는 사회 형태에 깊게 박혀 있다면, 실질적이거나 포괄적인 민주주의는 오랫동안 지탱하지도 생존하지도 못하기 때문이다. 이 점은 민주주의를 그저 하나의 정치 체제 차원에서 보더라도 마찬가지다. 애덤 셰보르스키는 이렇게 쓴 적이 있다. "민주주의가 작동하는 외연을 이루는 경제를 고려하지 않고 민주주의를 논하는 것은 현실도피의 가치밖에 없는 일이다."16 불행하게도, 현재의 사회과학계는 점점 더 현실도피자들로 채워지는 듯하다. 실재적이고 구체적인 측면에서 민주주의적 자본주의는, 가장 발전한 형태라고 할지라도 요구 사항들의 일부조차 거의 충족시키지 못한다. 제도적 결손들은 잘 알려져 있고, 불평등과 사회적 배제가 심화하는 경향이 명백하게 보이며, 권리와 자유의 실질적인 향유는 여러 계층 사이에서 극도로 불공평한 방식으로 이뤄진다. 로자 룩셈부르크가 옳았다. 사회주의 없는 민주주의는 불가능하다. 우리가 자본주의에 맞서는 결연한 투쟁을 함께 벌이지 않고는 민주주의적인 정치 질서 건설을 기대할 수 없다.

라틴아메리카의 민주주의적 경험

아리스토텔레스가 다시 살아나서 현재 라틴아메리카의 정치 상황을 둘러보고 상황을 지배하고 있는 정치 체제의 성질을 판단하라는 요청을 받았다고 상상해 보자. 확실히 그가 내리는 결론은 우리의 자본주의적 '민주주의'가 전혀 민주주의적이지 않다는 것이리라. 아리스토텔레스의 고전적인 정치 체제 유형학을 따

---

16. Adam Przeworski, *The State and the Economy under Capitalism*, New York: Harwood Academic Publishers, 1990, 102쪽.

라, 그는 '과두정치' 또는 '금권정치'로 볼 것이다. 꼭 부자일 필요는 없지만 부자들을 위해 통치하는 어떤 이가 주도하는 부자의 정부 말이다. 우리의 정치 지형을 보면, 우리의 결함투성이 민주주의는 앞에서 요약한 세 가지를 모두 결여한 시장의, 시장에 의한, 시장을 위한 정부라고 말할 수 있다.

바로 이 때문에, 지난 20년 이상 '민주화'를 거치고도 라틴아메리카의 민주주의적 자본주의의 성과가 그렇게 실망스러운 것이다. 오늘날 우리 사회는 그 전보다 더 불공평하고 부당하며, 인민들은 자유롭지 않고 배고픔과 실업, 문맹에 시달리고 있다. 1945년 이후 몇 십 년 동안 라틴아메리카 사회가 사회적 평등에 있어 상당한 진전을 이뤘고, 몇몇 나라에서 공세적인 '포용' 정책의 밑바탕을 그럭저럭 갖추고, 전통적으로 모든 권리를 박탈당해온 대중 계층 상당수에게 사회적·정치적 '참정권을 부여'하려 한 갖가지 정치 체제 곧 다양한 변종의 대중주의부터 몇몇 형식의 '개발주의'를 경험했다고 할 수 있다. 당시 상황이 이랬다면, 케인스주의의 고갈과 외채 위기로 시작된 그 이후 시기는 정확하게 반대 방향을 향해갔다. 이 지역 나라들이 전세계화한 시장의 냉혹한 명령과 결정적으로 화해한 시기로 칭송되는 이 새로운 국면에서, 오래된 권리들 곧 건강권과 교육받을 권리, 주거와 사회보장 권리 따위는, 많은 인민을 빈곤으로 내몰면서 급작스럽게 '상품화했고' 구할 엄두를 못내는 시장의 물건이 되었다. 불안전한 사회적 연대의 안전망은 '시장의 주인들'과 그들을 대신해 지배하는 정치 계급이 부추긴 사회의 파편화, 주변부화와 보조를 맞춰 무너져 내렸다.

게다가, 옛날엔 대중 계급의 기대와 이익을 대변하고 전달하던 집단적인 행위자들과 사회 세력들 곧 노동조합, 좌파 정당, 온갖 종류의 대중 조직들은 학정에 시달렸고, 이런 집단의 지도자들은 감옥에 갇히고 학살당하고 '사라졌다.' 그 결과 이런 조직들은 해체되고 약화되거나 그저 옆으로 내밀렸다. 이런 방법으로, 우리 민주주의의 시민들은 역설적인 상황에 묶여 있음을 깨닫게 됐다. 새로운 민주주의적 자본주의의 이념적 천국에서는 대중의 주권과 헌법이 거듭 주장하는 광범한 권리들이 찬양되는 반면에, 시장과 시민사회의 지루한 지상에서는 시민들을 경제적 진보의 혜택에서 배제하고 민주주의를 공허한 허상으로 바꿔버리는 사회적·경제적 권리 박탈 과정의 물결을 동원해 바로 그 찬양받는 권리들을 박탈하고 있는 것이다.

이런 모양으로 라틴아메리카에서 진행된 민주화 과정의 결과는 민주주의 욕구의 극적인 약화다. 신자유주의 정책은 우리의 신생 민주주의를 강화시키는 데 도움을 주기는커녕 도리어 약화시켰고, 그 결과를 오늘 분명히 감지할 수 있다. 민주주의는 넬슨 만델라가 종종 이야기했듯이 '빈껍데기'가 되었고, 이 속에서 점점 더 무책임하고 부패한 정치인들이 공통의 선에 완전히 무관심한 채 나라를 이끌고 있다. 상황이 이렇다는 사실은 정치인, 정당, 의회에 대한 대중의 거대한 불신으로 증명된다. 불신은 강도는 서로 달라도 거의 모든 라틴아메리카 나라에서 볼 수 있다. 최근의 몇몇 실증 연구는 이에 대한 흥미 있는 자료를 제시한다.

유엔개발계획의 라틴아메리카 민주주의 보고서 : 대차대조표

유엔개발계획의 『라틴아메리카의 민주주의 : 시민 민주주의를 향하여』는 라틴아메리카에서 실시한 그 어떤 비교 연구조사보다 더 중요하고 포괄적인 것이다.[17] 하지만, 조사를 실시하는 데 필요한 막대한 노력에도 불구하고 이론적 장치와 방법론에 담겨있는 심각한 결함은 이 지역의 민주주의 상황을 온전히 사실적으로 묘사하는 걸 막고 말았다. '정치 평론가'의 환원주의라는 고칠 수 없는

---

17. 유엔개발계획(United Nations Development Program), *Democracy in Latin America: Towards a Citizens' Democracy*, New York: UNDP, 2004.

문제가 이 두꺼운 책의 첫머리부터 분명히 나타난다. 그래서 이 보고서는 민주주의를 "단지 정치 체제만이 아니라 더 광범한 대중의 참여를 허용하고 그럼으로써 대중의 발전에 영향을 끼치는 의사결정에 참여할 우호적인 환경을 사회에 조성하는 통치 체제"[18]로 간주하고 시작한다. 요약하면 민주주의는 유권자, 시민, 통치 유형에만 관련되는 정치적인 것이고, 사회생활의 나머지 부분과는 멋지게 분리되는 것이다. 이것을 출발점으로 삼는 (그리고 프리덤하우스와 헤리티지재단이 현대 민주주의 연구에 기여한 바를 이따금씩, 그러나 아주 중요하게 언급함으로써 이 대목, 저 대목에서 더 나아가지 않고 멈춰서는) 이 연구 사업은 아무리 많은 학자가 참여하고 예산이 아무리 많이 투여되어도 별로 진전할 수 없다.

놀라울 것 없지만 이 보고서는 "오늘날 세계 140개 나라가 민주주의적인 체제 아래 살지만", 그리고 이 사실을 중요한 성과로 보지만, "이 가운데 82개 나라만이 온전한 민주주의 국가다."[19]라고 말한다. (82개 나라가 온전한 민주주의라는) 이 터무니없는 과장은, 저자들이 권위주의적이고 비민주적인 관행들이 민주주의적으로 선출된 정부에도 여전히 남아있다는 걸 독자들에게 경고하고, 이런 관행들의 목록을 설득력 있게 제시함으로써 어느 정도 완화됐다. 그럼에도, 이 보고서에 들어있는 18개 라틴아메리카 나라들이 "민주주의 체제의 기본 조건을 충족했고, 25년 전에는 이 가운데 세 나라만 민주주의 체제 아래 살았었다."[20]고 주장하는 것까지 막지는 못했다.

확실히 이 보고서는 "라틴아메리카 인민들이 제 정치적 권리를 강화"하긴 했으나 "극심한 빈곤에 시달리고 있고 세계에서 가장 심한 불평등에 고통 받고 있다."는 걸 지적하지 못하진 않았다. 이 모순은 보고서 저자들로 하여금 조금

---

18. 같은 책, 25~26쪽.
19. 같은 책, 25쪽.
20. 같은 책, 26쪽. 여기서 3개 민주주의 국가는 콜롬비아, 코스타리카, 베네수엘라였다.

불가사의하긴 하지만 "민주주의 심화와 경제 사이에 심한 긴장이 조성되어 있다."는 결론을 내게 했다. 그래서 보고서는 라틴아메리카 민주화의 주요 성과를 높이 사면서 불평등과 빈곤을 주요한 약점으로 지적하지 않고 넘어가지는 않는다. 여기에 더해 보고서는 "시민들이 온전히 참여하는 민주주의를 촉진할" 정책을 채택하라고 촉구한다. 또 이렇게 지적한다. "시민들의 완전한 참여는 오늘날의 시민들이 시민권, 사회적·경제적·문화적 권리를 쉽게 얻을 수 있는 걸 뜻하고 이 모든 권리가 뭉쳐져 나눌 수 없고 서로 연결되는 총체를 형성하는 걸 뜻한다."[21] 불행하게도, 보고서 저자들은 모든 자본주의 국가가 서류상으로 허용하는 이 모든 권리가 신자유주의 세상에서 점점 더 사문화하고 있는 이유를 묻는 데까지 나아가지 못한다. 자본주의 사회에서 이 모든 권리의 획득이 언제나 그렇게도 제한되었던 이유가 뭔가? 우연인가 체제의 계급 요소 때문인가?

보고서는 자본주의와 민주주의의 모순의 특성을 따지지 않기 때문에 이런 질문들에 답을 못한다. 284쪽짜리 영문판 보고서에서 '자본주의' 또는 '자본가'라는 말은 딱 12번 나온다. 첫 번째 언급은 51쪽에 가야 나오는데, 놀랍게도 자본주의 이론가로서는 주목받지 못하는 조지 소로스 같은 이의 말을 인용한 대목이다. 실제로 12번 가운데 9번은 인용문 또는 보고서의 참고자료 목록에 나온다. 본문에는 단 세 번만 등장한다. 물론, 자본주의에 대해 말하기를 극도로 꺼려하는 점이 전체 보고서에 심각한 이론적 죽음의 종소리 구실을 한다. 왜 그런고 하니, 자본주의라는 말조차 입에 담기 꺼려하면서 오늘날 세상의 민주주의에 대해 어떻게 말할 수 있단 말인가? 익히 인식된 "민주주의 심화와 경제 사이의 긴장"을 어떻게 이해해야 하는가? 경제의 어떤 특성을 이것의 원인으로 탓해야 하는가? 기술적 바탕, 아니면 천부적 기질, 아니면 시장의 크기, 아니면 산업 구조, 그것도 아니면 무엇인가?

---

21. 같은 책, 26쪽.

문제는 '경제'가 아니라 '자본주의 경제'이고 그것을 규정하는 특성 곧 잉여가치의 추출과 사적인 전유, 그 결과로 나타나는 피할 길 없는 사회적 양극화다. 이 긴장은 형이상학적인 두 개의 실체 곧 '민주주의'와 '경제' 사이의 긴장이 아니라 구체적인 두 개의 역사적 산물 곧 대중의 민주주의 희구와 자본주의적 축적의 강철 같은 법칙 사이의 긴장이다. 그리고 후자는 우리가 지금 주변에서 보고 있는, 가치가 아주 없어진 '자유 민주주의'라는 형태를 빼고는 그 어떤 존립 공간도 민주주의에 줄 수 없기 때문에 모순이 존재하고 또 지속되는 것이다. 자본주의를 입에 담기 싫어하는 사람은 민주주의에 대해 말하는 걸 삼가야 한다.

대중의 민주주의 인식

유엔개발계획 보고서에서 가장 유용한 요소 한 가지는 이 지역 18개 나라 1만 8643명을 대상으로 라티노바로메트로가 실시한 비교 여론조사다. 개괄적으로 보면, 조사 결과는 이렇게 요약할 수 있다.

- 시민들의 민주주의 선호도는 상대적으로 낮다.
- 많은 라틴아메리카 사람들이 개발을 민주주의보다 우선시하고 민주 정부가 경제 문제를 풀 능력이 없는 것으로 드러나면 지지를 철회할 수 있다.
- '민주주의 비옹호자'는 일반적으로 교육을 덜 받은 집단에 속하고, 그들의 사회화는 주로 권위주의 시대에 이뤄졌으며 사회적 신분 이동의 기대감이 적고 민주주의적인 제도와 정치인들을 아주 심하게 불신한다.
- '민주주의 옹호자'들이 다양한 집단에 존재하지만, 불평등이 덜 심한 나라 시민들이 민주주의를 더 지지하는 경향이 있다. 하지만 이들이 정치적 조직을

통해 자신들의 의사를 표현하지는 않는다.[22]

이런 결과들은 놀랍지 않다. 놀랍기는커녕, 대부분의 라틴아메리카 사람들의 고도의 정치적 각성과 합리성, 우리의 이른바 '민주주의적인' 정부들의 부족함과 지키지 않은 약속들을 정확하게 평가하고 있음을 말해준다. 이런 분석 방향을 조금 더 밀고 나가서 라티노바로메트로가 2004년에 실시한 가장 최근의 국제 여론조사 결과를 따져보자.[23] 기대했던 대로, 경험적 확인 결과는 이들 나라에서 민주주의적인 정부의 성과에 대한 심한 불만을 보여준다. 1997년에는 이 지역 조사 대상자의 41%가 민주주의에 만족한다고 밝힌 반면 2001년에는 이 비율이 25%로 떨어졌고 2004년에는 다시 29%로 약간 늘어났다. 그래서 1997년부터 2004년까지 기간을 보면 라틴아메리카에서 민주주의 만족도가 12%포인트 줄었다. 이 수치의 중요성은 비교의 시작 지점인 1997년에도 민주주의에 만족하지 않는 이들이 거의 60%에 달했기에 처음에도 별로 고무적이지 않았다는 것 때문에 더 크다. 만족도가 떨어지는 추세와 다른 양상을 보인 나라는 오직 세 나라였다. 첫째, 얄궂게도 미합중국 백악관이 '민주주의적' 십자군 공격의 대상으로 선호하는 나라인 베네수엘라가 있다. 이 나라는 민주주의 체제에 만족한다는 응답자가 7%포인트 늘어났다. 또 브라질과 칠레가 있다. 두 나라에서는 이 비율이 각각 5%포인트, 3%포인트 늘었다. 민주주의 만족도가 가장 급격하게 떨어진 나라들로는 멕시코와 니카라과가 있는데, 두 나라 정부는 미합중국과 아주 긴밀한 관계를 맺고 있었으며 '워싱턴 컨센서스'의 충실한 추종자들이다. 이런 나라에서 민주주의 만족도가 거의 30%포인트나 떨어졌다.

---

22. 같은 책, 29쪽.

23. www.latinbarometro.org를 참조하라. 이 연구에 포함된 나라들은 아르헨티나, 볼리비아, 브라질, 칠레, 콜롬비아, 코스타리카, 에콰도르, 엘살바도르, 과테말라, 온두라스, 멕시코, 니카라과, 파나마, 파라과이, 페루, 도미니카공화국, 우루과이, 베네수엘라다.

또 다른 관점에서 보자. 1997년 국민 절반 이상이 민주주의가 실제로 작동하는 데 만족을 표시한 나라는 단 두 나라였다. 이렇게 상당한 대중적 지지를 받은 나라는 68%를 기록한 코스타리카와 64%였던 우루과이다. 하지만 2004년에는 어느 나라도 지지도가 50%를 넘지 못했다. 우리의 '현존하는 민주주의'에 대한 환멸이 지지율을 50% 아래로 떨어뜨렸다. 우루과이에서는 지지율이 45%에 그쳤고 코스타리카에서는 48%로 떨어졌다. 국민행동당의 승리가 전면적인 민주화를 가져올 모험적인 '체제 변화'로 가는 문을 열 것이라고 순진하게 믿은 좌파 지식인층 사이에서 민주주의에 대한 희망이 고조됐던, 폭스 대통령의 멕시코에서는 조사대상자의 17%만이 2004년에 이런 장밋빛 기대감을 품고 있었다. 이어서 라고스가 이끄는 칠레는 전통 이론의 곤란한 역설을 드러내 보였다. 높이 평가받은 스페인의 프랑코 이후 민주주의로의 전환을 본뜬, 성공적인 민주주의 체제로의 전환 모형으로 평가받는 이 나라에, 사회과학 전문가들의 칭찬 그리고 이를 재확인하는 국제 금융기구들의 환호성에 공감하지 않는, 고마움을 모르는 시민들이 아주 많다는 게 드러났다. 그러니까 1997년 칠레인 37%만이 민주주의적이고 합리적이며 책임감 있는 '중도좌파' 연합Concertacion 정부에 만족한다고 답했다. 경제가 하강곡선을 그리는 걸 걱정하는 가운데 2001년 이 비율이 갑자기 23%로 떨어진 이후 2004년엔 40%로 상당히 상승했으나, 그럼에도 이 수치는 건전한 걸로 보기 어렵다.

라틴아메리카 민주주의 이론의 옹호자인 페르난두 H. 카르도주가 이끄는 브라질에서는 만족도가 카르도주의 집권 2기 동안 자랑할 만하지 못한 수준인 20~27% 사이에서 오르락내리락했다. 룰라 정부가 들어선 지 2년 뒤 이 비율은 28% 정도에서 유지됐다. (국제통화기금 장미셸 캉드쉬 총재의 공인된 축복 메시지인) 이른바 '경제 기적'에 취한 분위기였던 1998년 아르헨티나에서는, 일반인이 아직 임박한 재앙을 인식하지 못하는 가운데 민주주의 만족률이 사상 최고인 49%에 달했다. 위기가 3년째 계속됐으나 아직 최악 상황에 도달하지 않던 때인 2001년 이 비율은 20%로 떨어졌고, 2002년 은행 계좌 동결과 '중도좌파'인 데 라 루아 정부를 몰아낸 대규모 거리 시위 뒤엔 사상 최저인 8%까지 떨어졌다.

라틴아메리카 민주 정부의 성과에 대한 이런 실망이 존재하는 상황에서, 민주 정부의 구체적인 실적에 대한 만족도와는 다른 개념인 민주주의적 체제라는 사상에 대한 지지도 또한 1997년과 2004년을 비교할 때 줄어들었다는 걸 알게 된다고 해서 놀랄 게 없다. 1997년에는 62%가 민주주의를 다른 정치 체제보다 선호한 반면, 2004년에는 이 비율이 53%로 떨어졌다. 그리고 다른 질문 항목에 대해서 조사 대상의 55%나 되는 이들이, 나라를 압박하고 있는 경제 문제를 해결할 능력이 증명된다면 비민주적인 정부를 받아들일 용의가 있다고 답했다. 민주주의적이라고 여겼던 정부들의 실망스런 성과로 촉발된 민주주의 정당성의 퇴조가 나타나는 이런 구조에서 다시 한번 두드러진 예외 사례를 강조해야 하겠다. 베네수엘라가 그렇다. 이 나라의 민주주의 체제 지지도는 1997년 64%에서 2004년 74%로 상승했다. 민주주의 체제 지지도에 있어서 이 나라는 이제 라틴아메리카에서 최상위에 있다. 이는 전통적인 민주화 이론가들에게 또 다른 고민스런 역설을 제기한다. 워싱턴이 제도적 약점과 차베스 정부의 정당성 없음 그리고 기타 부적합성을 내세워 유독 누누이 지적하는 나라인 베네수엘라가 이 지역에서 어떻게 민주주의 지지도가 가장 높을 수 있는가?

이제부터 답을 찾아보려고 한다. 그러나 먼저 요약하자면, 이 지역에 팽배한 민주주의에 대한 환멸이 군사독재 체제와 온갖 종류의 개인 독재를 좋아하는 사회의 두드러진 권위주의적 특성 탓일 수는 없다. 이는 라틴아메리카의 역사적 경험을 통해 가난하고 억압받는 사람보다 부자와 권력자의 복지를 더 신경 쓴다는 걸 입증하는 수많은 증거를 드러낸 정치 체제에 대한 합리적인 반응이다. 조사 대상자들에게 시장 경제의 기능에 대한 만족도를 물었을 때, 긍정적인 대답은 19%에 불과했다. 개별 국가별로 봐도 긍정적인 대답이 전체의 절반을 넘는 나라는 없었다. 물론 그 이유에 관심이 아주 많은 라틴아메리카 정부는 거의 없다. 이 문제를 공개적으로 논의하자고 제의하는 정부가 없는 건 말할 것도 없고 말이다. 또 민주주의 정치 체제의 주권자로 간주되는 국민들의 압도적인 의견과 달리 이렇게 인기 없는 경제 체제를 계속 옹호할 가치가 있느냐 없느냐를 놓고 국민투표를 벌이자고 제안하는 것에 일말의 관심조차 없음은 물론이다. 이런 제안이야말로 유일하게 민주주의적인 반응이겠지만, 우리의 '민주주의적인' 정부들은 이런 위험한 제안을 생각하는 건 꿈도 꾸지 않는다.

시장 경제에 만족하는 사람이 더 많은 나라, 곧 우연이 아니라 신자유주의 바이러스로 가장 철저히 세뇌당한 탓에 시장 경제 만족도가 높은 나라인 칠레에서도 만족도는 가까스로 36%에 도달했다. 이는 대안 체제를 지지하는 이들과 비교하면 분명히 소수다. 라틴아메리카 민주주의 국가들이 지상 목표 하나를 정치 체제의 '지배 능력' 보장으로 삼는 한, 다시 말해 시장의 선호에 따라 통치하는 걸 목표로 삼는 한, 이런 결과를 놀라운 일로 받아들일 사람은 없다. 시장 경제에 대한 불만은 조만간 민주주의 체제에 대한 불만으로 번져갈 것이다. 이는, 지배자들이 선거 공약을 지키지 않으며 이 사실은 선거에서 이기려고 거짓말을 했거나 '체제'가 공약을 지키지 못하게 하기 때문이라는, 일반 대중 사이에 널리 퍼진 여론에 요약되어 있다. 그러나 대중은 진짜 권력자가 이미 아는 것을 깨닫게 되는 것뿐이다. 라틴아메리카 지역의 지도자 231명을 대상으로 한 설문조사에서 (이들 가운데는 전직 대통령, 장관, 고위 정부 관리, 기업 대표 등이 포함되었다) 진짜 권력을 휘두르는 이들이 누구냐는 질문에 응답자의 80%가 대기업과 금융계라고 답했고, 65%는 신문과 거대 미디어를 지목했다. 이에 견주어 보면, 오직 36%만이 대통령을 진정으로 권력을 휘두를 능력이 있는 인물로 지목했고 응답자의 23%는 미합중국 대사관이 지역 문제에 있어 권력을 휘두르는 주요 세력이라고 답했다.[24] 이제 라틴아메리카의 진짜 권력 구조를 따져보도록 하자.

자유선거?

전통적인 사회과학은 '자유선거'가 민주주의의 근본 구성요소라고 논한다. 유엔개발계획 보고서는 '자유' 선거를 유권자들이 법률적 제약 또는 '실질적인 힘의 문제'로 작용하는 제약들에 얽매이지 않고 다양한 선택지를 가지는 것으로 규정한다.[25] 이와 똑같은 기조에서, 보수적인 두뇌집단인 프리덤하우스가 내놓은 보고서 『2003년 세계의 자유』는 이렇게 주장한다. 선거가 자유롭다고 인정될 때는 "유권자들이 정부가 지명하지 않은 집단과 개인 가운데서 정부 당국의 지도자를 자유롭게 선택할 수 있을 때다. 또 유권자들이 후보자 정보와 그들의 정강정책을 접할 수 있을 때, 유권자들이 당국의 부당한 압력을 받지 않고 투표할 때, 후보자들이 위협을 받지 않고 선거운동을 할 수 있을 때다."[26]

이 두 가지 정의 모두 많은 문제를 안고 있다. 우선 먼저, '실질적인 힘'를 구성하는 것은 무엇인가? 유엔개발계획 보고서 저자들에게, 이는 선거 과정에 특정 정당들의 정치적 참여를 제한하는 특정한 조처를 뜻한다. 이런 논의는 소극적인 자유론에 동의하는 고전적인 자유주의의 전제에서 도출된다. 소극적인 자유론에 따르자면 자유는 외부적 제약, 정부의 제약이 없는 한도에서만 존재

---

24. 유엔개발계획, *Democracy*, 155쪽. 복수 응답이 가능했기 때문에 수치의 합계가 100을 넘는다.
25. 같은 책, 79쪽.
26. 프리덤하우스(Freedom House), *Freedom in the World 2003: Survey Methodology*, www. freedomhouse.org/ratings/, 7쪽을 참조하라.

한다. 자유론이 전개될 밑바탕이 되는 이념적 구조에 두 가지 서로 구별되는 영역이 있다. 하나는 시민 사회와 시장을 구성하고 자유를 육성하는 영역이고, 두 번째는 억압과 제약의 근거지인 국가 안에서 형성되는 영역이다. 그래서 시민의 자유 의지를 '강제적으로' 제한하는 것은 오직 국가에서만 나올 수 있는 조처다. 따라서 '강제적인' 방해의 실례로는 아르헨티나의 페론당 불법화, 페루의 아메리카 혁명 인민동맹APRA 불법화, 1940년대 중반부터 1980년대 초까지 라틴아메리카에서 벌어진 공산당 금지 따위가 꼽힌다. 그러나 이런 식의 이론화는 경제를 내세운 협박, 투자 거부, 자본 도피 위협 따위를 통해 시장 세력이 만드는 효과적이고 치명적인 제약을 보지 못한다. 이는 유엔개발계획 보고서에서 아예 거론되지도 않지만 주권을 지닌 인민들의 결정 권한 행사 범위를 결정적으로 제한한다. 이런 제약과 조건들은 유권자의 의지에 '강제적으로' 제한을 가하는 것으로 해석되지 않고 대신 다원주의와 자유의 건전한 표현으로 해석된다.

내부 갈등과 경기 침체 때문에 국민의 3분의 1이 이민을 갈 수밖에 없었던 엘살바도르 같은 작은 나라의 구체적인 예를 검토해보자. 대규모 이민의 결과 엘살바도르는 이민자들이 보내주는 송금과 미합중국계가 대부분인 외국인 투자에 심하게 의존하고 있다. 2004년 대통령 선거 몇 달 전 엘살바도르에서 사업하는 주요 미합중국 기업들이, 선두주자인 파라분도마르티 인민해방전선FMLN의 후보가 당선되면 즉각 투자를 회수하고 노동자들을 해고할 계획을 이미 세워놨다고 선언하고 나섰다. 이 선언은 그렇지 않아도 동요하고 있던 엘살바도르 사회에 대혼란을 촉발했다. 그리고 미합중국 정부의 공식 대변인이 이런 사태가 벌어질 때 위협받을 미합중국 기업의 이익을 지키려고 백악관이 개입할 수 있고 확실히 엘살바도르에 대한 송금을 금지시키게 될 거라고 경고하자, 혼란은 더 극심해졌다. 시민들의 대선 후보 지지도가 급격히 바뀌는 데는 채 두 주도 걸리지 않았다. 파라분도마르티 인민해방전선의 후보가 지배층의 지지를 받는 후보에게 한참 밀리는 2위로 떨어진 것이다. 이 선언 이후, 지배층이 지지하는 후보는 '잘못된' 후보의 승리 뒤에 확실히 나타날 혼란을 막을 유일한 인물로 비쳤다. 물론 이 이야기는 전통적인 정치학의 자기 확신을 흔들어놓지도, 그렇다고 프리덤하우스가 작성한 세계의 '자유 국가' 명단에서 엘살바도르를 빼게 만들지도 못하는 사소한 일화일 뿐이다.

이 뿐 아니다. 선거가 '자유롭다'는 것은 유권자들에게 진짜 대안, 다시 말해 일반 대중에게 정책 선택권 차원에서 진짜 대안이 존재하는 걸 뜻해야 한다. 이른바 라틴아메리카 '중도좌파' 정당들이 채택하는 꽤 널리 퍼진 수법은 '대안 없는 정권 교체'다. 이 말은 다른 인물이나 정치 세력이 이끄는 정부로 평화롭게 교체하되, 바람직하지 않은 탈 신자유주의 노선을 지향하는 무책임한 정치적 모험으로 낙인찍힐 대안적 정책 의제를 추진하지 않는 것을 뜻한다. 페르난두 카르도주 브라질 전 대통령은 "세계화 안에서는 대안이 없고, 세계화 밖에서는 구원이 없다."고 말하곤 했다. 어느 경우든 자유선거는 거의 의미가 없다.

선거운동의 천박함과 그 방식에서 이미 알 수 있는 라틴아메리카 정치의 '북미화' 상황에서, 정당들의 경쟁은 미인 대회나 치약 광고와 다름없는 것이 되고 말았다. 후보의 '이미지'가 이념보다 훨씬 더 중요하다. 다른 한편, 각 정당이 이념적 지형에서 '중앙'으로 추정되는 위치를 차지하려 집착하고 겉치레에 치중하는 앞뒤가 맞지 않는 연설과 복잡한 광고 형식으로 치장된 탁월한 영상 정치가 넘쳐나면서, 시장 논리가 이미 부추겨놓은 대중의 정치 불신, 무관심, 냉담함이 더 심해지고 있다. 이는 오래전부터 미합중국 공공 생활의 전형적인 모습이었다. 그리고 이는, '낮은 계급'의 과도한 공무 수행 참여를 단념시키거나 막는 게 바람직하다는 주장을 종종 제기했던 미합중국 헌법의 아버지들이 의식적으로 만든 결과라고 말할 수도 있다.

그러나 라틴아메리카의 선거 자유에 얽힌 더 심각한 문제들이 있다. 이 문제는 인민들이 대통령으로 뽑은 행정 담당자의 실제 권력과 관련된 것이다. 민주주의의 주권자들은 누군가를 선출하면서 그에게 실제적인 명령 권한을 부여하는가? 주류 사회과학에서 지배적인 기준인 프리덤하우스의 기준을 따르자면 꾸준히 민주주의 국가로 평가되는 온두라스 사례를 보자. 역사학자 라몬 오켈리는 1980년대 중반에 이렇게 통렬하게 꿰뚫어봤다.

> 부정 행위가 개입됐건 아니건, 대통령 선거의 중요성은 상대적이다. 온두라스에 영향을 끼치는 결정들은 먼저 워싱턴에서 내려지고, 이어서 파나마에 있는 미군 사령부(남부사령부)에서 내려진다. 그 뒤 온두라스 팔메롤라에 위치한 미군 기지 지휘부에서 내려지자마자 테구시갈파의 미합중국 대사관에서 결정을 내린다. 다섯 번째 결정은 온두라스 군 참모총장에게서 나오고, 공화국 대통령은 여섯 번째나 되어야 등장한다. 그러니 우리는 결정 권한 측면에서 여섯 번째 순위에 있는 관리를 투표로 뽑는다. 대통령의 기능은 난국을 관리하고 미합중국에서 빚을 얻는 데 한정된다.[27]

1980년대 온두라스 사례가 특별한 것이었나? 전혀 아니다. 온두라스를 쿠바와 베네수엘라를 뺀 거의 대부분의 라틴아메리카 국가로 대체해보라. 거의 비슷한 그림이 그려질 것이다. 콜롬비아 같은 몇몇 사례나 아이티 같은 극단적인 사례에서는, 국내 분쟁 탓에 대통령의 중요성이 더욱 낮아지고 군대가 의사결정 과정에서 핵심 구실을 한다. 이는 니카라과, 엘살바도르, 과테말라에서 게릴라전이 최고조에 달했던 1970년대와 1980년대 상황과 같다. 당시 이 세 나라는 모두 민주주의적으로 선출된 대통령이 있었다. 그러나 미합중국의 이해에

---

27. Agustín Cueva, "Problemas y Perspectivas de la teoría de la Dependencia", in *Teoría social y procesos políticos en América Latina*, Mexico: Editorial Edicol Línea Crítica, 1986, 50쪽에서 인용.

적대적인 군사 위협이 없는 나라의 경우, 미합중국 재무부와 국제통화기금이 핵심 기능을 맡고 이런 때에 해당 국가 대통령은 의사결정의 사다리를 한 칸 또는 최대 두 칸까지 올라갈 수 있다.

예컨대, 중앙아메리카 국가들, 도미니카공화국, 미합중국이 참여한 중앙아메리카 자유무역협정 채택 결정은 우선 미 제국의 지배 계급과 주변부의 하위 동맹세력이 내린다. 이어 이 결정은 워싱턴 곧 백악관, 재무부와 국무부, 국방부를 중심으로 한 미합중국 정부의 없어서는 안 될 중재를 거쳐서 시행할 수 있는 정책으로 변모한다.[28] 이렇게 된 뒤에야 비로소 이를 넘겨받는 곳이 국제 금융기구들, 곧 종속 국가들이 정책을 이행하게 만드는 장치인 '(이행)조건'과 전문가 분석·조사 임무 그리고 '점잖은' 강요라는 레퍼토리로 무장한 국제 자본주의의 '경비견'들이다. 바로 이 국면에서 제국 식민지의 서울에 있는 미합중국대사관, 경제신문, 기타 언론에 바글바글 몰려있는 현지 경제 전문가들이 이런 신자유주의 정책을 채택하도록 몰아가는 데 중요한 구실을 한다. 이 정책은 유일하게 현명하며 합리적인 행동 방침이라고 추켜세워지고 다른 대안들은 사회주의적이라거나 대중주의라거나 무책임한 것으로 무시된다. 이러고 나면 결정은 네 번째 단계로 넘어간다. 경제부 장관 집무실과 (지난 수십 년 동안 워싱턴 컨센서스가 적극적으로 '독립성' 확보를 촉진한 기구인) 중앙은행 총재 집무실이다. 이런 기관의 수장과 주변의 고문들은 보통 극도로 보수적인 미합중국 대학의 경제학과에서 교육을 받았고 자신들이 때때로 일하곤 하는 거대 기업이나 국제금융기구에 충성할 의무를 지는 인물들이다. 이 기관들은 이어서 결정 사항을 일반적으로 '행정부 수장'이라고들 믿는 인물 곧 대통령과 의논한다. 대통령의 몫이라고는 자신보다 한참 상위의 권한을 지닌 이들이 이미 결정한 것

---

28. 미합중국 정부가 발휘하는 이런 핵심적인 구실은 Leo Panitch and Sam Gindin, "Global Capitalism and American Empire", *Socialist Register 2004: The New Imperial Challenge*에 힘 있게 묘사되어 있다.

에 그저 서명하는 것이다. 그리고 서명은 민주주의적인 절차라고는 한 치도 닮지 않은 방식으로 이뤄진다. 그래서 그렇게들 칭찬하는 우리의 민주주의는 정말로 특정한 방식의 정치적·행정적 장치에 불과하다. 이 장치 안에서 시민들은 기껏해야 핵심 의사결정 구조의 다섯 번째 자리를 차지하는 관리 한 명을 뽑으라는 제안을 받게 된다. 상원의원과 하원의원은 대중의 의지를 표현하는 지위라는 점에서는 더욱 거리가 멀다. 관련 당사국이 예컨대 콜롬비아처럼 내부 갈등과 게릴라전으로 벌집과 같은 꼴이라면, (미합중국 남부사령부, 현지 미군기지, 현지 군부 같은) 역시 전적으로 비민주적인 세력인 군사 권력이 대통령의 업무 관련성을 더 줄이려고 개입한다.

물론 이 일반적인 경제 의사결정 모형에 약간씩의 변형이 존재한다. 변형을 설명하는 요소는 기본적으로 세 가지가 있다.

(ㄱ) 주변부 국가의 상대적 힘과 일관성, 그리고 노동계급과 대중 조직의 능력. 국가 해체 또는 파괴 과정이 너무 많이 진행되지 않은 곳 그리고 대중 조직이 신자유주의의 침식에 저항할 수 있는 곳에서는, 꼭대기에서 내린 결정이 언제나 고스란히 이행될 수 없다.

(ㄴ) 국제 자본가 연합 지배 세력의 이익과 충돌하는 경우에 국한되는, 현지 부르주아 계급의 이익. (라틴아메리카에 더는 존재하지 않는, 고전적인 의미에서 국가 부르주아 계급이 아니라) 현지 부르주아 계급이 자국 안에서 강력한 이해관계에 얽혀있고 정치적 의사표현을 분명히 할 능력을 갖추고 버티는 곳에서는, 위에서 설명한 방식으로 이뤄지는 의사결정이 이행 과정에서 심각한 걸림돌에 부닥치게 된다. 바로 오늘날 브라질에서 벌어지는 것처럼 말이다.

(ㄷ) 채택되는 결정의 특성. 예컨대 제3세계에서 워싱턴 컨센서스의 의제가 우격다짐으로 집행되는 것은 '월가와 다보스의 압력집단과 선진 7개국이 공동으로 결정한 것이다. 다시 말해 핵심 자본주의 국가들의 국제 지배 계급과 그들

의 정치 대리인들의 결정이다. 지구 (전체가 아니라) 절반에 좀더 분명히 얽혀 있는 문제에 있어서는 제국주의 3강 가운데 유럽과 일본의 몫이 훨씬 덜 중요해지고 쟁점은 주로 미합중국 지배 계급이 결정한다. 게다가 자본주의적 축적 전반의 과정에 영향을 끼치지 않는 일부 주변적인 결정 사항들은 거의 전적으로 각 지역 권력이 자체적으로 결정한다.

요약하자면, 민주주의적으로 선출된 라틴아메리카의 대통령은 비참한 일들을 관리하는 것을 빼면 거의 기능이 없다. 비참한 일을 관리하는 것은 널리 인정되듯이 매우 중요한 임무인데, 이 임무는 한편으로는 계속 늘어나는 외채를 상환하기 위해 끊임없이 새로운 차관을 구걸하는 것을 포함한다. 또 다른 한편으로는 노엄 촘스키의 생생한 표현을 동원하자면 “군중들을 억제하는 것”을 포함한다. 다시 말해 다수의 복종을 보장하고 자본가들의 착취가 예상 가능한 방향을 따라 진행되는 걸 보장하려고 국가의 이념 장치와 억압 장치를 조종하는 일이다. 이런 임무가 수행되려면 노동 계급이 옮겨 다니지 못해야 하고 정치적으로는 뿔뿔이 흩어져야 한다. 반면 자본이 속박 받지 않고 자유롭게 이동하는 건 어떤 대가를 치르더라도 보장되어야 한다.

라틴아메리카 민주주의의 ‘행정부 수장’의 축소된 기능은 매일 매일의 국가 경영에서 아주 분명히 드러난다. (요즘의) 새로운 행정부 수장이 도전장을 던지는 것처럼 보이는데, 라틴아메리카에서는 이런 매일 매일의 국가 경영에 경제부 장관들과 중앙은행 총재들이 지닌 강력한 거부권한이 작용하고 있다. 그래서 우리의 ‘민주주의적으로 선출된 대통령들’은 핵심 의사결정 영역에서 장식에 불과한 기능만 맡게 된다. 예컨대 브라질의 룰라 대통령은 기근 퇴치 프로그램이 빈곤과 사회적 배제에 맞서 싸우는 가장 중요한 정책 도구라고 거듭해서 말했다. 이 목표를 이루려고 그는 오랜 친구인 가톨릭 신부 프레이 베투를 책임자로 하는 대통령 직속 부서를 만들었다. 하지만 프레이 베투는 (완고한 트로츠키주의자였다가 지금은 극단적인 정통 신자유주의자로 변신한) 경제부 장관 안토니우 팔로치에게서 이 프로그램을 실행하는 데 필요한 자금을 얻으려고 2년 동안 헛고생을 한 끝에 사퇴할 수밖에 없었다. 왜 팔로치는 필요한 재정 지원을 하지 않았는가? 대통령의 요구가 국제 자본과 국제 자본의 경비견들의 명령은 물론이고 심지어 그들의 권고 사항만큼의 무게도 갖고 있지 않다는 단순한 이유 때문이다. 국제 자본에게 결정적으로 중요한 사안은 외채의 즉각 상환을 가능하게 해줄 큰 규모의 재정 흑자를 보장하는 것, 그리고 아마 브라질로 외국 자본이 들어오게 해줄, 탐나는 '투자 등급'을 획득하는 것이다. 사회 지출에 관한 결정은 예산 항목의 우선순위 목록에서 결코 맨 위에 오를 수 없다. 민주주의 국가의 '행정부 수장'이 결정한다고 할지라도 말이다. 요약하면, 룰라 대통령이 요구하는 것과 정확히 정반대의 것을 경제부 장관이 결정하고 이 결정이 지배한다. 경제부 장관이 국제 금융계로부터 무엇에도 굴하지 않고 재정 억제에 전념했다고 찬사를 받는 동안 룰라의 친구는 정부를 떠나야 했다. 비슷하게, 미겔 호제투 농업개혁장관도 룰라 대통령과 이미 합의한 예산이 다시 한번 대통령의 결정을 뒤집은 팔로치 장관의 칙령에 따라 절반 이상 삭감되는 일을 겪었다.

아르헨티나에서도 이와 비슷하게 네스토르 키르치네르 대통령은 국제통화기금에 대해, 그리고 좀더 일반적으로는 국제 금융자본과 신자유주의에 대해 선명하게 반대하는 연설을 하는 반면 로베르토 라바냐 경제부 장관은 대통령의 선동적인 문구가 실제 정책으로 실현되지 않고 국내용에 그칠 운명의 수사학이 되게 확실히 조처한다. 결과적으로, 다른 내용을 제시하는 과장된 공식적 수사학에도 불구하고 키르치네르 정부는 실제로 아르헨티나 전체 역사에서 국제통화기금에 가장 많은 돈을 지불한 정부라는 꺼림칙한 명예를 얻고 있다.

대중의 반발

그러나 룰라가 애초 했던 약속과 키르치네르의 책략은 그럼에도 어떤 의미를 지니고 있다. 이는 단지 민주주의적 자본주의의 한계가 날로 라틴아메리카 인민들에게 분명하게 드러난다는 점뿐만 아니라 인민들이 이 문제에 대해 어떤 조처가 이뤄지기를 기대하게 된다는 점도 보여준다. 최근 볼리비아, 에콰도르, 우루과이에서 펼쳐진 상황은 이런 측면에서 볼 필요가 있다.

이런 상황 전개는, 안데스산맥 인근 국가에 국한된 것은 아니더라도 이 지역에서 특히 두드러지는데, 라틴아메리카 '민주주의'의 법률적·제도적 틀이 기존 헌법 절차 안에서 사회적·정치적 위기를 해결할 능력이 전혀 없다는 것을 보여준다. 이렇게 우리에게 적법성이라는 것이 사회 구성의 내부 특성에 상응하지 않는 비현실적인 것인 탓에 [여기에 근거한 법률 현실은 정당성을 잃고 만다. 에콰도르에서 대중의 봉기가 1997년, 2000년, 2005년 거듭 반동적인 정부를 전복시켰고, 볼리비아에서는 농민과 원주민, 도시 빈민의 거대한 물결이 2003년과 2005년 우익 정부를 무너뜨렸다. 페루에서 알베르토 후지모리의 '헌법에 기초한' 독재는 2000년에 강력한 대중 봉기로 무너졌고, 그 이듬해엔 신자유주의 정책을 곧장 확실히 포기하겠다는 선거 공약을 배신한 아르헨티나의 '중도좌파' 페라난도 데 라 루아 대통령이 적어도 서른세 명의 목숨을 앗아간 이례적인 대중 폭동으로 권좌에서 거칠게 쫓겨났다.

그러나 이런 대중의 반란은, 긴장 관계, 불화, 배제 그리고 높은 수준의 착취와 사회생활 악화를 동반한 오랜 기간의 신자유주의 지배가 라틴아메리카 사회의 많은 부분을 정치적으로 집결하게 하는 객관적 조건을 만들어냈다는 걸 증명하기도 한다. 위에서 거론한 평민들의 반란은 대중 전반의 분노 분출과 연결되지 않은 그저 고립된 사건들인가 아니면 훨씬 더 깊고 복잡한 역사 변증법을 반영하는 사건들인가? 1980년대 시작된 민주화 시기의 역사를 진지하게 들여다보면, 이 지역에서 대중 계급의 결집이 점점 늘어나는 것과 아주 많은 민주 정부의 소란스런 최후에는 우연이 전혀 없음이 드러난다. 적어도 16명의 대통령이 대중 반란 때문에 법률에 보장된 임기를 채우지 못하고 쫓겨났는데, 이들 대부분은 워싱턴에 순종하는 부하들이었다. 몇 명은 1980년대 말에 권좌에서 쫓겨났다. 사회 불안, 대중 반란, 엄청난 인플레이션이 겹치면서 도저히 버티기 어렵게 된 탓에 예정보다 6개월 앞서 후임 대통령 당선자에게 권력을 넘겨줘야 했던 아르헨티나의 알폰신 같은 이가 여기에 속한다. 그는 제 임기를 마치지 못하고 1985년 조기 대통령 선거를 실시할 수밖에 없었던 볼리비아의 실레스 수아소의 전철을 밟았다. 브라질의 페르난두 콜로르 지 멜루는 1992년, 그리고 베네수엘라의 카를로스 안드레스 페레스는 1993년 대중의 항의 물결 속에 부패 혐의로 탄핵당해 쫓겨났다. 나머지 대통령들은 심각한 사회·경제 위기 와중에 내쫓겼다. 게다가 국영 기업 또는 공공 서비스의 사유화를 법제화하려고 실시된 국민투표는 언제나 신자유주의자들의 예상을 깼다. (상수도와 항만시설에 대해 국민투표를 실시했던) 우루과이와 (수자원에 대해 국민투표를 실시했던) 볼리비아, 페루 사례가 그렇다. 여기에 더해 볼리비아에서는 석유와 가스를 국유화하자고 요구하는, 인상적인 사회 봉기가 발생했다. 또 에콰도르에서는 석유 사유화에 반대하는 봉기가, 코스타리카에서는 전화회사 사유화 반대 봉기가, 그리고 몇몇 나라에서는 보건 체계 사유화 반대 봉기가 벌어졌다. 이밖에 아르헨티나에서는 외국 은행의 약탈을 끝장내려는 봉기가, 볼리비아와 페루에서는 코카인 재배 근절 계획을 중단시키려는 봉기가 터졌다.[29]

이 모든 정치적 경험에서 두 가지 교훈을 얻을 수 있다. 먼저, 라틴아메리카 대중이 대중에 반하는 정부를 몰아내고 강한 엘리트 편향(정치는 엘리트들의

---

29. James Petras, "Relaciones EU-AL: Hegemonía, Globalización e Imperialismo", *La Jornada*, Mexico, 2005년 7월 10일. 2000년부터 라틴아메리카의 사회 갈등과 항의 운동을 심도 깊게 보도해온 CLACSO의 간행물 OSAL 곧 '라틴아메리카 사회전망대'도 보라.

일이고 대중은 책임을 맡는 신사 무리에 가담해서는 안 된다)이 단지 우연이 아닌 기존 헌법 기구들을 무너뜨릴 참신한 능력을 얻었다는 사실이다. 그러나 다른 한편 두 번째 교훈은, 대중의 건강한 활성화가 신자유주의를 극복하고 넘어서는 국면을 이끌 진정한 정치적 대안을 건설하는 데는 미치지 못했다는 것이다. 하위 계급의 이런 영웅적인 봉기는 치명적인 아킬레스건을 지니고 있었다. 일상적인 정치 개입 형태로 자리잡은 자발성이 압도적으로 우세하다는 사실로 표현되는 조직적 취약성이 그것이다. 대중 조직과 정치 투쟁의 전술·전략 문제에 대한 자살행위와도 같은 무관심은 이 모든 봉기의 성과가 제한적인 이유를 설명하는 핵심 요소가 됐다. 진정, 신자유주의 정부가 대체되긴 했으나 대체한 정부 또한 신자유주의적이긴 매한가지였다. 똑같은 신자유주의 원칙에 충실하되 다만 신자유주의의 수사학을 덜 쓰는 경향을 보였을 뿐이다. 대중의 충동적인 결집은, 지배자 위치에 있는 세력 상호관계를 진보적인 방향으로 개조하는 데 필요한 자원을 갖춘 새로운 정치 주체를 창출하지 못한 채 단지 대통령만 바꾼 이후 곧 사라지고 말았다. 이런 불행한 결과와 무관하지 않은 것이 바로 정치 활동가들 사이에서 놀라울 만큼 인기를 얻은 새로운 정치적 낭만주의 표현들이다. 형태 없는 다중의 미덕에 대한 하트와 네그리의 찬양이나 20세기 사회 혁명의 고통스런 교훈을 배우려고 하지 않은 채 여전히 정치권력 정복의 중요성을 주장한다는 평가를 듣는 정당과 운동세력에 대한 홀로웨이의 통렬한 비판 따위가 이런 것들이다.[30]

---

30. Michael Hardt and Antonio Negri, *Empire*, Cambridge: Harvard University Press, 2000; John Holloway, *Change the World Without Taking Power*, London: Pluto, 2000. 우리는 이런 문제점들을 다음의 문헌들에서 상세히 검토했다. Atilio A. Boron, *Empire and Imperialism: A Critical Reading of Michael Hardt and Antonio Negri* [2001], Jessica Casiro 옮김, London and New York: Zed Books, 2005; "Civil Society and Democracy: The Zapatista Experience", *Development*, Society for International Development, 48(2), 2005; "Der Urwald und die Polis: Fragen an die politische Theorie des Zapatismus", *Das Argument*, 253, 2003.

　　신자유주의에 대한 환멸은 몇 년 전 까지만도 지배적이던 민주화에 관한 낙관론의 퇴조를 재촉하는 데 기여했다. 그럼에도 대안을 형성할 시점에 드러나는 대중적 추진력의 허약성은 ‘초헌법적’ 권력 이양 기간에만 두드러지게 보이는 것이 아님을 기억해야 한다. 신자유주의가 경제 측면에서 무너져 내린 뒤의 ‘민주주의적 이행’ 과정에서 슘페터를 따르는 전문가의 처방에 따라 뽑힌 정부의 경우에서도 이는 분명히 두드러져 보인다. 아르헨티나의 키르치네르, 우루과이의 바스케스 그리고 특히 브라질 룰라 정부의 사례는, 신자유주의를 넘어서는 의제 설정을 지상 목표로 부여한 대중의 손으로 선출된 정부 아래에서조차 하위 계급이 이 목표를 강제하는 데 무기력하다는 걸 분명하게 보여준다. 정치적 혼란기에 대중이 정부를 몰아내고는 흩어져 물러난다면, 헌법에 따라 정부를 교체하는 때의 정치 논리도 이와 놀라울 정도로 비슷했다고 할 수 있다. 대중은 투표한 뒤 집으로 돌아감으로써, 나라 운영과 경제 관리 방법을 ‘안다’고 평가받는 이들이 일을 도맡는 걸 방관한다. 대중이 반란을 통해 대통령을 교체한 때와 마찬가지로, 결과는 더 이상 실망스러울 수 없는 수준이 되고 만다.

　　이 모든 결함에도, 전례를 찾을 수 없는 라틴아메리카 대중의 반민중 정부 축출 능력은 정치 현장에 완전히 새로운 요소를 추가했다. 라틴아메리카 전역에 걸쳐 강력하게 다시 살아난 쿠바 혁명과 그 지도자 피델 카스트로의 인기, 우고 차베스와 그의 볼리바르 혁명이 새롭게 얻은 명성, 대통령에게 ‘행정부 수장’의 특권을 되찾아주는 대중적 정당성을 확인시키려 국민투표와 선거에 꾸준히 의존하는 차베스의 통치 방식, 라틴아메리카의 공론장에서 사라졌던 대담한 발언 곧 이 지역의 해악을 해결하는 방법은 자본주의가 아니라 사회주의에서만 찾을 수 있다는 차베스의 지속적인 주장, 이 모든 것은 이 지역에서 대중의 정서가 바뀌고 있음을 보여주는 분명한 표시다.

　　게다가 차베스는 참여 민주주의를 강력하게 지지하고 총선거나 헌법 개정,

국민투표 따위의 대중 의견 수렴 작업을 지속적으로 전개함으로써, 라틴아메리카 다른 나라들을 지배하고 있는 '대리 민주주의'라는 공허한 형식주의보다 월등한 새로운 형태의 민주주의 탐색 가능성을 카라카스의 정치 발의권에서 찾는 많은 노동계급 집단이 새로운 정치의식을 형성하도록 부추기고 있다. 오늘날 베네수엘라의 정치를 형성하는 급진 민주주의적 영감을 다른 곳에서도 본받을지 여부를 말하는 건 너무 이르고, 볼리바르식 실험이 민주주의적 자본주의의 편협한 한계를 극복하고 다른 이들도 같은 길을 따르게 자극하는 데 마침내 성공할지 여부를 말하는 것도 아직 너무 이르다. 그러나 이 실험이 지금까지 베네수엘라 국내외에 끼친 전반적인 충격을 과대 평가하기도 어려운 일이다. 이를 잘 보여주는 징표는, 베네수엘라의 정치 진전 상황에 쏠리는 미합중국 워싱턴의 과도한 관심, 이 상황을 '수정하려고' 쏟아 붓는 막대한 시간, 인력, 자금이다.

차베스가 아직 맞닥뜨리고 있는 만만찮은 걸림돌 곧 미합중국이 국내외에서 펼치고 있는 노골적인 공격, 쿠데타 시도, 국제 사회의 단죄 행위, 경제적 파괴 공작, 언론 조작 따위, 그리고 오늘날 다른 라틴아메리카에서 시도되는 급진 민주주의 기획들이 직면할 걸림돌들 곧 국제통화기금과 세계은행의 잔인한 '조건들'부터 온갖 경제적·외교적 압력과 협박에 이르는 다양한 압박들 또한 과소평가해서는 안 된다. 라틴아메리카에서는 민주화 진행 과정의 진전이 비록 온건하게 진행되더라도 피의 학살을 부를 여지가 있다. 우리 역사는 소심한 개량주의 기획들이 사나운 반혁명에 길을 내줬음을 보여준다. 이제는 달라질까?

민주주의적인 자본주의의 한계

모든 것을 고려할 때, 라틴아메리카 민주주의의 손익 계산서는 민주주의적 자본주의의 심각하고 해결 불가능한 한계점들을 드러내는 한편 민주주의 기획의 전면적인 발전 과정에서 표면에 떠오르는 만만찮은 걸림돌들을 확인시켜준다.

국제 정치 현장을 세심하게 조사해보면, 자본주의 사회 형성 과정에서 감지할 수 있는 민주주의 발전 단계는 네 가지가 있음을 알 수 있다. 가장 기본적이고 초보적인 첫 번째 단계는 '선거 민주주의'라고 부를 수 있다. 이는 핵심 행정 관직과 사법 기관의 대표를 뽑는 유일한 장치로서 선거가 주기적으로 실시되는 정치 체제다. 민주주의 발전의 첫 번째이자 가장 초보적인 이 단계는 허깨비, 의미 있는 내용이 결여된 공허한 형식 절차에 불과한 면이 있다. 확실히 '정당 간 경쟁'이 있긴 하다. 후보들이 강력한 선거운동을 전개할 수 있고, 선거가 치열한 경쟁 속에 진행될 수도 있고, 선거운동 시기부터 선거일까지 대중의 열기가 고조될 수도 있다. 하지만 이는 서로 단절된 의사표시에 불과한데, 이 과정의 결과는 공공 정책, 시민의 권리, 공공 이익의 증진이라는 측면에서는 아무것도 바꾸지 못하기 때문이다. 이는 민주주의 발전 단계의 '0도', 가장 기초적인 출발점 이외의 아무것도 아니다. 조지 소로스가 룰라의 당선 전에 경고했듯이, 브라질 사람들은 2년에 한 번씩 마음대로 투표할 수 있지만 시장은 매일 매일 투표하며, 새로 취임하는 대통령은 그 누가 됐든 이를 분명히 인식하게 될 것이다. 소로스는 한 인터뷰에서 이렇게 지적했다. "시장은 정부로 하여금 인기는 없지만 절대 필요한 결정을 하도록 강요한다. 확실히, 오늘날 국가의 진정한 의미는 시장에 달려있다."[31] 민주주의적 자본주의의 해결할 길 없는 불행이 그의 말 속에 냉정하게 표현되어 있다. 시장이 진짜이고 민주주의는 그저 편리한 장식물일 뿐이다.

두 번째 단계는 '정치 민주주의'라고 부를 수 있다. 이 단계는 어느 정도 유효한 정치적 대표권, 진정한 권력 분산, 국민투표와 대중 의견 수렴을 통한

---

31. George Soros, "Entrevista", *La República*, Rome, 1995년 1월 28일.

대중 참여 제도의 개선, 입법 기구의 권한 확보, 행정 조직을 통제할 특별 기관 설립, 정보에 대한 대중의 유효한 접근 권한, 정치 활동의 공적 자금지원, 로비 활동과 개별 이익집단의 기능을 최소화하는 제도적 장치 따위를 허용하는 정치 체제 확립을 통해서 선거 민주주의보다 한 단계 진전한 것을 의미한다. 말할 것도 없이, 이 두 번째 종류의 정치 체제 곧 일종의 '참여 민주주의'는 라틴아메리카 자본주의에서 결코 존재하지 않았다. 우리의 최대 성과는 오직 첫 단계를 이룬 것이다.

세 번째 단계는 '사회 민주주의'라고 부를 수 있다. 이 단계는 앞의 두 단계에 사회적 시민권을 결합시킨 것이다. 다시 말해, 생활수준 측면에서 그리고 교육과 주택, 보건에 대한 보편적인 접근 측면에서 다양한 권리를 부여한 것이다. 괴스타 에스핑-안데르센이 주목했듯이, 한 나라에서 사회 정의와 유효한 시민권 수준을 보여주는 좋은 지표는 남녀의 기본 인간적 욕구를 만족시키는 데 필요한 기본 재화와 용역 공급에 있어서 '비非 상품화'가 이뤄진 정도다. 다른 말로 하면, '비 상품화'는 사람이 시장의 변덕스런 움직임에 의존하지 않고 생존할 수 있다는 것을 뜻한다. 에스핑-안데르센이 지적했듯이, 이는 "노동자를 강하게 만들고, 고용주의 절대 권력을 약화시킨다. 이점이야말로 고용주들이 언제나 여기에[비 상품화에−옮긴이] 반대하는 이유다."32

가장 공통적인 요소만 예를 들자면, 교육·보건·주택을 제공하고 여가활동과 사회적 안정감을 주는 데 있어서 시장이 유발하는 일부 계층 배제 경향이 없는 곳에서는, 공평한 사회가 구축되고 강력한 민주주의가 꽃피는 걸 아마 목격하게 될 것이다. '상품화'의 다른 얼굴은 배제시키기다. 왜냐하면 이는 돈이 충분한 사람들만 시민의 조건에 본래 포함되는 재화와 용역을 얻을 수 있음을

---

32. Gösta Esping-Andersen, *The Three Worlds of Welfare Capitalism*, Princeton: Princeton University Press, 1990, 22쪽.

뜻하기 때문이다.[33] 그래서 아주 공평하게 필수 재화와 용역 접근 권리를 제공하지 못하는 '민주주의', 다시 말해 필수 재화와 용역을 보편적인 시민의 권리로 여기지 않는 '민주주의'는 알맹이 있는 민주주의 이론의 전제들을 실현하지 못한다. 여기서 알맹이 있는 이론이란, 슘페터적인 전통에서 바라보는 공식적인 절차로 민주주의를 이해하는 것이 아니라 좋은 사회 건설을 향해 나아가는 분명한 단계로 민주주의를 이해한다. 루소가 이렇게 제대로 언급했듯이 말이다.

> 굳건하고 영속하는 국가를 갖추게 된다면, 극단적인 재산 상태가 없어지는 걸 보게 될 것이다. 백만장자도, 거지도 없어야 한다. 이 둘은 서로 뗄 수 없는 관계이며, 둘 다 공통의 선에 치명적이다. 백만장자와 거지가 있는 곳에서는 공공의 자유가 물물교환용 상품이 된다. 부자가 사고, 가난한 이들이 판다.[34]

라틴아메리카 상황은 루소가 '공통의 선에 치명적인' 특성의 표본으로 본 것과 정확하게 맞아떨어지는데, 이는 불특정 사회 세력의 행동 결과가 아니라 국내 지배 계급과 국제 자본의 사악한 연합에서 비롯된 신자유주의적 자본주의 강화 전략의 결과다. 최근까지도, 스칸디나비아 국가들과 라틴아메리카는 정반대의 특징을 보여줬다. 스칸디나비아에서 정치적으로 힘이 있는 시민은 필수 재화와 용역에 대한 보편적인 접근권을 지키는 데 결연히 헌신했고, 이 접근권은 북유럽 국가의 근본을 이루는 '사회 협약(그리고 좀더 약한 방식으로, 유럽 사회 구성 협약 전반)에 포함됐다. 이는 결국 '시민의 임금' 곧 사회적 배제에 맞서는 보편적인 보호 장치에 도달하게 됐다. 왜냐하면 이것이야말

---

33. 영국에서 공중 보건과 공공 방송 분야에서 진행된 상품화 과정과 이 과정이 민주주의에 끼친 해악을 섬세하게 분석한 작업은 Colin Leys, *Market-Driven Politics*, London: Verso, 2001에서 찾아볼 수 있다.

34. Jean-Jacques Rousseau, *The Social Contract and Discourse on the Origin of Inequality*, New York: Washington Square Press, 1967, 217쪽.

로 '시장과 무관한' 정치적·제도적 통로를 통해 특정한 재화와 용역을 향유하는 걸 보장하기 때문이다. 이 보호 장치가 없으면, 시장을 통하되 수입이 충분해 여력이 있는 이들만 이걸 확보할 수 있다.[35] 이와 아주 대조적으로 라틴아메리카의 민주주의적 자본주의는, 날로 커져가는 경제적·사회적 시민권 박탈 현상과 공존하는 정치적 참정권이라는 사소한 정치적 절차를 가미한 채, 속빈 형식 곧 미래 전제 정치의 확실한 원천이 되는 추상적인 절차주의가 되어버렸다. 이렇게, 여러 해 동안의 '민주화 이행기'를 거친 뒤 우리는 시민 없는 민주주의를 갖게 됐다. 최고의 목표를 대중의 사회 복지가 아니라 지배 계급의 이익 보장에 두는 자유로운 시장-민주주의를 말이다.

민주주의 발전에서 가장 높은, 네 번째 단계는 '경제 민주주의'이다. 이 모형의 기반은, 국가가 민주화하면 민주화 욕구의 대상에 사기업을 포함시키지 않을 이유가 없다는 믿음이다. 로버트 달처럼 자유주의 전통에 속하는 작가조차, "국가 관리에 있어서 민주주의적인 절차가 실제로는 상당히 불완전함에도 우리가 이를 지지하듯이, 우리의 예상대로 실제로 불완전함이 존재함에도 우리는 기업 관리에 있어서 민주주의적인 절차를 지지한다."[36]고 논함으로써 자유주의 전통에 어울리는 정치적 환원주의와 단절했다. 우리는 한걸음 더 나아가서, 부르주아 국가에서 법의 힘으로 기존의 재산 관계를 떠받치고 있는 법률 차원에서만 근대의 사기업은 '사적인' 것이라고 주장할 수 있고 또 그래야 한다. 사기업의 사적인 특성은 딱 여기까지다. 정치적·이념적 영역뿐 아니라 경제에 있어서도 사기업들이 발휘하는 무시무시한 힘은 사기업을 진정으로 공적인 행위자, 민주

---

35. Samuel Bowles and Herbert Gintis, "The Crisis of Liberal Democratic Capitalism: The Case of the United States", *Politics and Society*, 2(1), 1982.

36. Robert A. Dahl, *A Preface to Economic Democracy*, Los Angeles: University of California Press, 1986, 135쪽. Carnoy Martin and Dereck Shearer, *Economic Democracy: The Challenge of the 1980s*, Armonk: M. E. Sharpe Inc., 1980, 86~124, 233~276쪽도 보라.

주의 기획에서 빼놓고 생각해서는 안 되는 공적인 행위자가 되게 한다.

공공 영역과 사적인 영역을 자의적이고 계급 편향적으로 구별 짓는 것에 대한 그람시의 언급이 다시 한번 전면에 등장해야 한다. 경제 민주주의는, 공적인 결정이건 사적인 결정이건 그리고 이 결정이 누구에게 영향을 끼치건 상관없이 사회생활에 영향을 끼치는 중요한 경제적 결정을 좌우하는 실제 권한이 민주주의적으로 구성된 주권자에게 있다는 걸 뜻한다. 자유주의 이론이 견지하는 것과 반대로, 만약 사회생활에서 다른 것보다 더 정치적인 것이 하나 있다면 그건 경제다. 가장 깊은 뜻에서 정치적인, 곧 전체 인구의 생활 기회life chances를 조건지으면서 사회생활에 총체적으로 영향을 끼칠 힘을 지니고 있다는 것이다. 그 어떤 것도 경제보다 더 정치적일 수는 없다. 경제는, 극소수의 사람들에게 온갖 풍요로움을 부여하는 한편 많은 이들을 불쌍하거나 비참한 존재로 몰아가면서 희소한 자원을 서로 다른 여러 계급과 주민 계층에게 분배하는 일이 벌어지는 영역이다. 레닌이 옳았다. 정치는 경제가 농축된 것이다. 중앙은행의 '독립성'을 논하는 신자유주의적 논의와 경제 정책이 일반인의 능력 범위를 벗어나는 '기술적인' 문제라는 주장을 근거로, 경제 정책을 공공 영역에서 논하기 꺼려하는 좀더 일반적인 신자유주의 경향은 민주주의가 경제적 의사결정 과정에 개입하는 걸 막으려는 이념적 연막에 불과하다.

결론

엄청난 양의 피를 뿌리는 데 연루된 독재의 시대가 지나고, 대중의 사회 투쟁이 라틴아메리카에 민주주의 발전의 첫 번째이자 가장 기본적인 단계를 사상 처음으로 불러왔거나 다시 되찾아왔다. 그러나 이런 아주 온건한 성과조차, 권력과 부에 대한 특권적인 접근권한을 포기할 의향이 없는 반대 세력들에게 지속적으로 공격당했다. 자본주의 사회가 꾸준히 유지될 민주 정치 질서를 건설할 바탕치고는 아주 제한되고 불안정한 지형이라는 사실이 만천하에서 증명됐다면, 라틴아메리카의 종속적이고 주변적인 자본주의는 민주주의의 굳건한 기반을 제공하기에 훨씬 더 불안정하다는 것 또한 증명됐다. 그리고 대중의 정치 참여와 자치정부 구성을 향한 새롭고 거대한 길을 열려고 하며 결국 완전한 민주주의 실현을 이끌어낼 수도 있는, 오늘날 분명히 보이는 대중의 강력한 욕구와 압력에 라틴아메리카 자본주의가 아주 심하게 저항한다는 것 또한 증명됐다. 브라질 포르투 알레그리에서 노동자당 지도부가 처음 시도한 '참여 예산'이나 베네수엘라의 지속적인 국민투표 실시, 일터와 생활터전에서의 높은 수준의 정치 개입과 참여에 바탕을 둔 쿠바의 '풀뿌리' 민주주의 같은 경험들이 이 흐름에서 중요한 발걸음이 된다. 전통 '자유 민주주의' 모형은 피할 수 없이 소멸 위기에 직면하고 있다. 자유 민주주의의 결함은 주변부뿐 아니라 선진 자본주의 국가에서도 눈덩이처럼 커졌고, 불만세력도 아주 커졌다. 새로운 민주주의 모형이 시급히 필요하다. 그렇다. 대체 과정은 아직 진행 중이지만, 대안 체제의 도래를 알리는 첫 번째 신호를 이미 분명히 감지할 수 있다.[37]

많은 논평자들이 주장하는 바와 반대로, 라틴아메리카 민주화 기획의 위기는 '정치 체제'의 불완전함을 이미 훨씬 넘어선 상황이다. 그리고 위기의 뿌리는, 임금 노동자를 단지 생존을 보장받기 위해 노동력을 살 사람을 찾아야 하는 처지로 내몰기 때문에 원래 독재적이고 비민주적인 생산양식과 모든 시민의 본래적인 평등을 전제로 한 정치 공간의 조직 및 작동 양식 사이에서 나타나는 해결할 수 없는 모순이다. 이 모순은 주변부에서 더욱 증폭된다. 라틴아메리카의 형식적 민주주의는 진정한 사회 반개혁 수준에 도달했고 자본의 고삐 풀린

---

37. 보아벤투라 데 소우사 산토스의 최근 저작들이 민주주의 '재창출'에 얽힌 영감에 찬 전망을 제시하고 있다. 그가 확인한 주요 사항의 요약본은 Boaventura de Sousa Santos, *Reinventar la Democracia: Reinventar el Estado*, Buenos Aires: CLACSO, 2005에 담겨있다.

지배를 재생산하고 강화하려 극단으로 치닫는 신자유주의 정책의 공격에 시달리고 있다. '시장 주도' 정치는 민주 정치가 될 수 없다.[38] 이런 정책은 사람에게 고통을 주고 목숨을 앗아가는 아주 값비싼 대가를 치르고 얻은 민주주의 체제를 점진적으로 고갈시키는 원인이 된다. 민주주의를 구성하는 모든 의미 있는 내용을 빼앗음으로써 민주주의를 그저 순수한 형식에 불과한 것, 민주주의의 이상이라는 주기적으로 반복되는 허깨비로 만들어 버리는 것이다. 이 와중에 온갖 비정상적이고 변칙적인 상황으로 향하는 문이 열리면서 사회생활은 홉스의 만인에 대한 만인의 투쟁과 흡사한 것으로 후퇴한다.

그러나 이는 단지 자본주의 체제의 주변부에 있는 '저강도' 민주주의만의 질병은 아니다. 이 체제의 꼭대기에 있는 나라에서도, 콜린 크라우치가 목격했듯이 "우리는 20세기 중반 어느 시점에 민주주의의 순간을 맞았"으나 지금은 여기서 멀리 떨어진 '민주주의 이후' 시대에 살고 있다. 이제 "강력한 소수의 이익이 평범한 다수에 비해 훨씬 더 영향력 있는 것이 됐고 …… 정치 엘리트들은 대중의 요구를 관리하고 조작하는 법을 배웠으며 …… 사람들은 상명하달식 대중 선거운동에 따라 투표하도록 설득당하고 있으며" 전세계적인 기업들은 민주주의적인 자본주의에서 도전을 받지 않는 핵심 행위자가 됐다.[39]

이런 지적은, 외부 정치 세력과 경제 세력이 국내 의사결정에 끼치는 무게감이 날로 늘어나 한 국가의 자결권을 무자비하게 약화시킴으로써 '독립국가'라는 표현보다는 '새로운 식민지'라는 표현이 더 적합한 지경에 이른 나라에서 특히 맞는 말이다. 바로 이런 사례인 라틴아메리카에서는 다음과 같은 질문이 점점 더 자주 제기된다. 국가 주권 없는 대중의 주권을 어디까지 말할 수 있는가? 도대체 무엇을 위한 대중의 주권인가? 제국주의의 지배 아래 있는 인민이 자율

---

38. Leys, *Market-Driven Politics*.

39. Colin Crouch, *Post-democracy*, Cambridge: Polity Press, 2004, 7, 18~19쪽.

적인 시민이 될 수 있는가? 이런 아주 불리한 조건 아래서는 아주 초보적인 민주주의 모형만이 남아날 수 있다. 이렇게 라틴아메리카에서 민주주의 투쟁, 말하자면 평등과 정의와 자유와 시민의 참여 쟁취는 전세계적인 자본의 독재에 맞서는 결연한 투쟁과 분리할 수 없다. 더 많은 민주주의는 불가피하게 더 적은 자본주의를 암시한다. 라틴아메리카가 '민주화' 시기에 얻은 것은 정확하게 이와 반대이고, 이 지역 전역에서 인민들이 날로 자주 들고 일어나서 맞서 싸우는 대상 또한 바로 이것이다.

'재계 공동체'

더그 헨우드

미합중국에는 거의 3억 개의 고립된 단자들이 모여 살고 있을 텐데, 우리는 어떻든 '공동체'라는 단어를 사랑한다.[1] 좌파들 사이에서는 결코 '흑인들' 또는 '유대인들'이 아니고 '흑인 공동체', '유대인 공동체'다. 추정컨대, 단순한 단음절 단어에는 무뚝뚝하고 거의 무례하기까지 한 뭔가가 있어서, 라틴어 계열의 몇 음절을 덧붙이면 충격이 완화된다. 그러나 단어 사용이 마치 소원의 충족, 곧 홀로는 실제 존재하지 않는 공동체가 이름을 부르는 행위를 통해 만들어질 수 있으리라는 희망처럼 느껴지게 하는 습관이 있다.

그러나 좌파 밖에서도 마찬가지여서, 미합중국 주류가 하는 발언에도 한 가

---

1. 이 글은 거의 전적으로 미합중국 재계 공동체에 관한 것이다. 이는 난처할 만큼 특정 지역에 한정된 것인데, 더 세계적인 현상에 대해 쓰는 건 너무 야심에 찬 시도일 것이다. 미합중국 부르주아 상류층이 실질적으로 국제화한 것은 사실이지만, 그들의 정치적 개입은 심하게 국내에 집중되어 있다.

지 인기 있는 표현이 있다. 내가 몇 년 동안 수집한 예들로는, 리얼리티 텔레비전 공동체, 군대 공동체, 비행기납치 공동체, 집 담보대출 공동체, 알츠하이머병 공동체, 사이버중독cybernerd 공동체, 피시Phish[미합중국 록 밴드—옮긴이] 팬 공동체, 저작권 공동체 따위가 있다. 이 책 독자들이 특히 흥미 있어 할, 좀더 흔하게 쓰는 용어 하나는 아마도 '재계 공동체'일 것이다.

재계 공동체가 대체 뭔가? 언론은 이를 중심가의 소상점 주인들부터 『포천』이 선정한 500대 기업 최고경영자까지, 심지어 매년 1월 스위스 다보스의 세계경제포럼에 모이는 전세계적인 명사들까지 포함하는 뜻으로 쓸 수 있다. 그러나 기호내용[기의]의 모호성이 어떻든, 기호로 지칭되는 것들 내부가 어떻게 나뉘든 상관없이, 나로선 자본과 자본가의 완곡 표현인 재계 공동체라는 말이 위에 열거한 다른 많은 추상적 공동체들에 비해 훨씬 더 강한 일관성과 힘을 보여준다.

레이먼드 윌리엄스는 공동체가 의사소통을 통해 형성된다고 말했다. 거대 기업의 소유자들과 최고경영자들보다 더 조밀한 의사소통 조직망을 갖춘 사회 조직은 거의 없다. 그들은 <비즈니스 라운드테이블>이나 세계경제포럼 같은 '최상위 단체'에서 뭉치고, 워싱턴에 몰려있는 수많은 동업자 조합과 로비 집단 속에서 뭉친다. 이 가운데 일부는 브루킹스연구소처럼 상대적으로 중도를 표방하는 두뇌집단부터 <성장을 위한 클럽>처럼 공세적인 이념집단의 모습을 띤 두뇌집단까지 다양한 두뇌집단을 적극 지원한다. 재계는 일간지, 주간지, 케이블 방송채널 같은 언론을 소유하고 있으며, 이런 언론은 자신들의 취재 대상인 최고경영자의 후한 임금에는 많이 못 미치는 임금을 받는 충실한 고용인들이 운영한다. 재계 공동체는 국가와 생산적으로 관련되어 있다. 자주 사람을 교류하고 정치 의제를 밀어붙이면서 말이다. 사이버중독 공동체는 이런 일을 거의 하지 않는다.

모든 공동체에 그렇듯이, 구성원 가운데에는 변종이 있다. 폭넓게 정의하자면, 특정 무리의 좌파에는 '계몽된' 존재들이 있다. 그들은 말하자면 사회적으로 책임 있는 행동 같은 선한 일을 함으로써 착하게 보이고 싶어 한다. 좋은 예를, 석유로 번 돈에 절대적으로 의존하는 엘리트 환경 단체인 <기후 변화에 관한 퓨 센터>의 인터넷 사이트에서 볼 수 있다. 이 사이트는 지구 온난화에 대처하려고 '재계 공동체'가 애쓰는 것을 알린다.[2] 제목 아래를 죽 읽어보면, 녹색(환경—옮긴이) 의식을 지닌 기업체들은 <재계 환경 지도력 협의회>에 속해 있는 곳들이라는 것을, 그리고 이 협의회에는 브리티시 페트롤리엄, 듀폰, 로열더치셸, 도요타, (제지업체) 웨어하우저가 포함되어 있음을 알 수 있다. 이 가운데 어느 기업일지라도 좀더 지속 가능한 경제생활 형태로 우리를 이끌어가리라고 상상하는 건 아주 어렵다. 그들은 재생하는 것보다 훨씬 많이 파괴하는 엄격한 규율 아래 움직인다. 그러나 퓨 센터가 쓰는 '재계 공동체'라는 말은 더 고상한 선을 위해서 자신들의 기본 경제적 이해관계를 극복한 고상한 기업 시민의 따뜻함을 상기시킨다. 이는 광고지 정치가 아니다.

이념에 있어서 가장 오른쪽에 있는 밀턴 프리드먼은 재계 공동체에 존재하는 '자살 충동'을 감지한다.[3] (공립학교 사립화 대신) 공립학교 체제를 지지하고, (시장이 알아서 하도록 두기 보다는) 마이크로소프트를 반독점 혐의로 기소하라고 부추기고, 환경 단체에 기부하는 것이 선한 일처럼 느껴지겠지만, 정부의 규제를 불러들일 심각한 위험을 무릅쓰는 행위라는 것이다. (사실은 이런 행동이 아주 흔한 건 아니다. 예컨대 월마트는 학교 사립화 시도에 아주 공세적으로 자금을 지원해 왔다.) 프리드먼은 이런 이상한 충동의 이유 몇 가지를 곰곰이

---

2. Pew Center on Climate Change 웹사이트 www.pewclimate.org/what_s_being_done/in_the_business_community/, 검색 날짜 2005년 4월 24일.

3. Milton Friedman, "The Business Community's Suicidal Impulse", Cato Policy Report, 1999년 3/4월, www.cato.org/pubs/policy_report/v21n2/friedman.html

생각한다. 그는 기업이 사회주의적, 곧 관료적 문화를 키운다는 슘페터의 이론을 물리친다. 그는 재계 인사들이 자신의 의무를 진짜 모르는 정치의 문외한일 가능성을 검토한다. 마침내 그는 제대로 설명할 수 없다고 고백하지만 케이토[우익 자유주의 두뇌집단—옮긴이] 공동체로 하여금 이 문제를 평가하라고 촉구한다. 재계 공동체는 프리드먼 자신처럼 맨체스터식 자유주의에 넋을 잃는 그런 곳이 아니라는 데까지 프리드먼의 생각이 미치지는 않는 듯하다. 실제 세계에서 움직이는 자본가들은 국가가 자신들의 명령을 따르기를 원한다.

기업이 선한 일을 하거나 적어도 그래 보여야 한다고 요구하는 문제와 관련해 프리드먼이 지닌 맹점은 학계에 있는 경제학자들의 특징인 역사적 기억 상실증과 사회적 고립을 보여준다. 롤랜드 마천트의 『기업 정신 창출하기』 같은 책을 들여다보면, 이런 욕구가 근대적인 거대 기업들이 형성되기 시작한 20세기 초 노사 불안과 정치적 위협에 맞서 싸울 필요에 뿌리를 두고 있다는 것에 대해 많이 알게 된다.[4]

유럽의 전화회사들이 공공의 소유라는 점을 위협 요인으로 느끼고 아주 나쁜 대중적 이미지 때문에 어려움을 겪은 (미합중국 전화회사) 에이티앤드티 AT&T는 홍보 역사에 있어서 첫 번째 시도로 기록되는 이미지 형성 캠페인을 전개했다. 몇 십 년 동안 이 회사는 서비스를 팔기 위해서만 공격적으로 광고 공세를 편 게 아니라 전화의 사기업 독점 필요성을 퍼뜨리고 심지어는 이 회사를 '사랑스러운' 회사로 만들려고 야심 차게 광고 공세를 펼쳤다. 나중에 이 회사를 지칭하는 말이 된 '엄마 벨'Ma Bell이라는 저의가 담긴 표현을 부정직하게 활용한 초기 과정에서, 이 회사는 전화가 단지 공학의 경이로운 업적이 아니라 미합중국의 넓은 영역을 하나의 '공동체' 또는 '이웃'으로 변모시킬 수 있는 장

---

4. Roland Marchand, *Creating the Corporate Soul: The Rise of Public Relations and Corporate Imagery in American Big Business*, Berkeley: University of California Press, 1998.

치로 자리 잡게 하려 했다. 이 점을 언급하면서, 클로드 피셔는 이 회사가 "가치가 개입된 이런 용어들을 그 밑바탕에 깔린 의미를 비켜가는 방식으로"5 조작했다고 지적했다. 그러나 이 작업은 거의 먹혀들었다. 이 회사는 국유화를 성공적으로 저지했고, 1984년 마침내 회사가 나뉠 때까지 반독점 단속관들의 조사를 견뎌낼 수 있었다. 이 회사가 나뉜 지 20년이 훨씬 지난 지금도 여전히 옛날의 전화 회사 시절에 향수를 느끼는 이들이 아마 있을 것이다.

노조 결성, 독점 단속, 국유화 같은 옛날의 위협이 거의 사라졌지만, 기업 홍보는 여전히 널리 퍼져있다. 오늘날 광고는 우리 마음mindscape의 너무나 많은 부분을 차지하고 있어서 많은 사람들은 아예 주목하지도 않거나 아니면 그저 매끈한 헛소리로 치부하지만, 이미지 광고, 로고, 기업 개성의 혁신을 동원한 끝없는 공세는 이런 노조 결성, 독점 단속, 국유화의 위협들이 힘을 못 쓰게 하는 데 아마도 분명히 기여하고 있을 것이다. 하나의 광고물 또는 하나의 광고 캠페인이 발휘하는 효과를 측정할 수 없다고 할지라도, 끝없이 전개되는 상표 만들기 공세는 의심의 여지없이 누적된 효과를 지닌다. 초기의 이미지 광고주들은 기업의 크기를 묘사하길 좋아했다. 필스버리는 세계 최대 제분소를, 에이티앤드티는 대륙에 걸친 통신망을, 메트로폴리탄 생명보험은 선구적인 초고층 빌딩을 내세웠다. 그러나 오늘날 온 땅에 퍼져있는 이미지 만들기는 공손한 경외심을 자극하는 자본주의적 숭고함 같은 걸 불러일으킨다.

그러나 물리적 현실은 엄청나게 바뀌었다. 밴더빌트19세기 미합중국 재벌—옮긴이가 "빌어먹을 공익"이라고 내뱉은 것 같은 19세기 악덕 자본가들의 거만함이 아직 생생히 기억되던 때에는, 영혼이 깃든 기업을 창조하는 것이 핵심 목적인 이익 창출을 숨기고 서비스의 윤리성을 내세우는 걸 뜻했다. 이 흔적은 분명 아직도 찾을 수 있다. 휼릿패커드는 자신들이 공학 기술자들을 행복하게 해주

---

5. 같은 책 74쪽에서 인용.

고 고객들의 생산성을 높여주려고 존재한다고 믿어주기를 바랄 것이다. 그러나 기업의 유일한 책임은 이윤을 내는 것이라는 밀턴 프리드먼의 한때는 혁명적이던 생각이 많은 미합중국 국민들 사이에서 상식적인 지혜가 됐다. (이 복음을 미합중국 국경 너머로 퍼뜨리려는 노력은 아직 완전히 성공하지 못했다.) 경영자들은 아마도 1930년대나 1960년대라면 공개적으로 말하지 못하던 것들을 이제 공개적으로 말한다. 몇 십 년 동안 석유 시장이 빡빡하게 돌아가고 석유값이 최고 가격까지 치솟았지만, 석유 회사들은 유전 개발에 많은 돈을 쓰는 걸 꺼려 했었다. 왜일까? 아주 간결한 대답이 엑손모빌 사장 렉스 틸러슨의 입에서 나왔다. 그는 『월스트리트 저널』에 이렇게 말했다. "기름을 더 생산하는 것과 돈을 더 버는 것 가운데 선택하라고 하면 나는 언제나 돈을 더 버는 걸 선택할 것이다."6

초기 기업 정신 창조자들은 여가를 위한 소풍, 고용인 주거 제공 같은 기업의 가족주의에 열을 올렸다. 이것이 노동 규율 또는 심리적 저항선을 위협하지 않는 한에서 말이다. 이제는 그렇지 않다. 오늘날의 기업은 솔직히 이런 노력을 하지 않고 주주의 가치를 극대화할 필요성을 터놓고 말한다. 하지만 기적적이게도, 한 세기 전에 홍보 활동을 시작하게 만들었던 노동계 또는 정부로부터의 위협이 다시 나타나지 않고 있다.

이보다 더 주목할 만한 것은, 2000년부터 2002년까지 주식시장 침체, 이와 함께 잇따라 터진 기업 비리 사건이 기업 권력에 대한 반발을 거의 유발하지 않았다는 점이다. 1990년대 주식시장 호황은 엄청나게 값비싼 속임수를 통해 만들어졌다. 닷컴들의 선전선동, 은행 동료들이 인수하는 주식을 홍보하려고 꽃술을 흔들어대는 월가 주식 분석가들의 응원, 상표[브랜드]의 정체성을 만들어

---

6. Bhushan Bahree and Jeffrey Ball, "Oil Giants Face new Competition for Future Supplies", *Wall Street Journal*, 2005년 4월 19일, A1면.

내는 데 투여된 엄청난 노력 따위가 이런 속임수들이다. 1990년대 말 호황기에는 상표를 '새로운 종교', '정신적 측면'을 지닌 '의미'의 원천이라고 부르는 게 유행이 됐다. 광고기획사 영앤드루비캠을 따르자면, 이런 일에서 특히 두드러진 것이 캘빈클라인, 엠티브이MTV, 게토레이다.7 유명 회계 이론가인 바루크 레브는 상표(그리고 '사업 방식' 같은 다른 형태의 무형물)에 돈의 가치를 부여하는 데 혁혁한 진전을 이뤘고, 그래서 이런 가치가 새 시대의 대차대조표에 등장할 수 있었다.8 1990년대 유명세를 탄 급진 경제학 책이 나오미 클라인의 『노 로고』였다는 것도 주목할 만하다. 기업 권력 비판자들조차 상표 정체성을 처음 개입해 들어가는 지점으로 삼았다.

그러나 기업은 눈길을 *끄는* 그래픽 디자인과 정신적 의미의 보급에 관련된 기관이 결코 아니다. 기업은 궁극적으로 계급 권력의 기관이다. (<기업>이라는 영화에서 제기된 대중주의적 비판은 기업이라는 기관의 법적인 형태를 맹목적으로 숭배함으로써 이 핵심을 피해갔다.) 이윤은 궁극적으로 법률 소설이 아니라 사람에게 돌아간다.

이것이 정확히 어떻게 작동하는가? 『누가 미합중국을 지배하는가』의 1983년도 판에서 윌리엄 돔호프는, 『소셜 레지스터』(『소셜리스트 레지스터』와는 무관한 매체다)에 실리는 상위 계급의 앵글로색슨계 백인 신교도 명단이 미합중국 지배 계급의 핵심이며, 기업 최고위층 가운데 일부가 실력에 따라 이 대열에 합류한다고 논했다. 이 최고의 지위는 기업 주식 보유를 통해 획득됐고, 그들의 권력은 (이사회 인맥을 통해) 엘리트 두뇌집단을 지배하고 (선거자금 기부를 통

<hr>

7. Richard Tomkins, "Brands Are the New Religion, Says Ad Agency", *Financial Times*, 2001년 3월 1일, 4면, 그리고 Rochelle Burbury, "Mind Games", *The Fin* (Australian Financial Review 주말 부록), 2001년 7월 21~22일, 5쪽.
8. 레브에 관한 논의는, Doug Henwood, *After the New Economy*, New York: New Press, 2005, 1장을 보라.

해) 정치 절차를 지배함으로써 행사됐다. 분명히 이 가운데 상당 부분은 여전히 진실이다. 정치인들은 자신들을 대신해 생각하는 전문가들이 없이는 선거에서 이기지 못할 것이고, 다양한 자본의 화신들이 꾸준히 보내주는 수표가 없이는 파산할 것이다.

그러나 앵글로색슨계 백인 신교도 지배 계급이 이제는 흩어져 없어진 것처럼 보인다. 이들의 재산은 여러 세대를 거치면서 시가총액 규모가 거의 12조 달러에 달하는 미합중국 주식시장에서 각자 의미 있는 세력으로 자리 잡은 아주 많은 부분으로 나뉘어 분산됐다. 『소셜 레지스터』는 이 옛 존재의 껍데기이고, 이제는 아주 새로운 조직인 포브스가 그 명단을 발행한다.9 도서관을 빼고는, 명단에 실린 사람들만 125달러에 이 책을 구해 볼 수 있다. 2005년판에는 2만5천 가구만 실려 있는데 이는 1990년대 중반 3만 가구보다 줄어든 것이다. 별스럽게 장식된 지역별 분포도도 담겨 있는데, 27%는 뉴욕 지역에 살고 11%는 펜실베이니아 지역에, 10%는 매사추세츠 지역에, 그리고 단지 8%만이 캘리포니아 지역에 살고 있다. 포브스 미디어의 광고 효과 예상표를 따르자면, 이들 가운데 절반이 아이비리그 대학을[동부 지역에 있는 8개 유명 사립대학-옮긴이] 나왔고 77%는 여러 채의 집을 갖고 있으며 (25%는 세 채 이상 소유하고 있으며) 요트를 갖고 있는 이들은 400 가구에 불과하다. (세계를 요트 중심으로 보는 독자들을 위해 요트 지표가 실려 있고, 메이플라워호를 타고 미합중국에 온 이들의 후손을 보여주는 지표도 있다. 또 독립선언문 서명자 후손 지표, 펜실베이니아의 사냥 클럽인 <스카이 캐슬 프렌치 하운드> 회원 후손 지표도 있다.)10 광

---

9. 『소셜 레지스터』의 최근 운명에 대해서는, Cecil Adams, "How do you get listed in the Social Register?", www.straightdope.com/classics/a5_032.html, Shelley Emling, "Social Register less influential in egalitarian times: Directory's 'days not numbered', Forbes insists", *Atlanta Journal-Constitution*, 2002년 6월 21일, 2E면, Ruth La Ferla, "Courting Park Avenue, One Socialite at a Time", *New York Times*, 2005년 2월 6일, 9섹션 1면을 보라.
10. 『소셜 레지스터』의 광고단가 표는 http://www.forbesmedia.com/pdf/SOCREGISTERTOOLKIT

고는 한 페이지당 1만1500달러이고, "미합중국 권력과 부의 최상층"을 찾아가고 "미합중국 최고의 호화 상표들과 어깨를 나란히 할 기회"를 약속한다. 돔호프가 말한 핵심 지배 계급이 단지 틈새시장으로 전락한 듯 보인다. 다만 확실히 잘 선택된 틈새지만 과거만한 위치는 아니다.[11]

돔호프가 말한 지배 계급을 제도적으로 표현하는 다른 수단들은 이보다 더 나은 모습을 띠고 있다. 예컨대 외교협회는 번성하고 있다. 뉴욕 맨해튼 파크애비뉴에 있는 인상적인 본부 건물을 비롯해 2억500만 달러어치의 자산을 갖고 있다. (빚은 900만 달러에 불과하다.)[12] 이 협회의 신중한 방식이 부시 시절에는 낡은 것이 됐다. 확실히 이 협회는 몇몇 우익 인사를 자기들 영역 안에 받아들였다. 미합중국의 제국주의적 임무를 열광적으로 찬양하고 새로운 미합중국의 세기 선언문을 위한 기획에 서명했으며 『위클리 스탠더드』의 객원 편집인인 맥스 부트가 이 협회의 국가안보 담당 연구원이다. 이렇게 적응하려 하고 있지만 이 협회가 더는 외교정책 결정의 중심이 아니다. 이 협회는 언젠가 이 구실을 되찾을 수 있을 텐데, 특히 이라크 점령이 돌이킬 수 없는 재앙이 될 때 그렇게 될 것이다.

앵글로색슨계 백인 신교도 엘리트는 레이건 이전 시대 공화당, 곧 태프트와 록펠러의 공화당에서 자신들의 정치적인 표현 수단을 찾곤 했다. 이제 남은 이들이라곤 링컨 채피 같은 애처로운 잔류자들뿐이다. 좌파 작가들은 민주당의

SHEET.PDF에 있다.

11. 나 개인의 일화 한 가지. 볼티모어 상류층 앵글로색슨계 백인 신교도 집안 출신인 내 장모는 자신의 어머니가 『소셜 레지스터』를 진지하게 여겼으며 내 장모에게 명단에 분명히 오르도록 신상 카드를 꼭 기입하라고 재촉했다고 말했다. 내 장모는 이 모든 것이 과거의 유물과 웃음거리의 중간쯤에 해당하는 것이라고 여겨서 신상 카드 작성을 거부했다.

12. Council on Foreign Relations, 2004 연차 보고서, 74쪽. 잡지 『포린 어패어스』 하나의 운영 예산만도 2004년 520만 달러였다. 그러나 이 잡지는 13만4천부 발행해 660만 달러의 매출을 올리니 상당히 수익성이 높다. 이와 대조적으로 부시 행정부를 위해 전략을 생각하는 잡지인 『위클리 스탠더드』는 소유주 루퍼트 머독의 지원금으로 가까스로 유지한다.

우경화에 초점을 맞추길 좋아하지만, 공화당의 변신이 훨씬 더 심하다.[13] 제프리 M. 스톤캐시가 『미합중국 정치에서 계급과 당』에서 보여줬듯이, 1950년대와 1960년대 두 당은 놀랍게도 비슷했다. 두 당 모두 자유주의 진영과 보수주의 진영, 그리고 그 중간에 있는 상당수의 당원으로 구성되어 있었다. 북부 지역 선거구에서는 당 충성도와 수입의 상관 관계가 오늘날보다는 덜 밀접했다. 예외는 남부인데, 가난한 지역구는 압도적으로 민주당 지지가 높았다. 그러나 이는 특별한 이유 때문에 생긴 특별한 경우다. 흑인들은 투표할 수 없었고 가난한 백인들은 유권자 등록을 하지 않았기 때문에 당의 지역적 기반은 보수적이고 잘사는 백인들이었다.[14] 시간이 지나면서 남부 백인 민주당원들이 공화당원으로 바뀌어 갔고, 이 변화는 공화당 내 우파의 비중을 높인 반면 민주당 내 우파의 비중을 줄였다. 그렇다, 민주당원들은 어떤 면에서 우파 쪽으로 옮겨갔다. 하지만 오늘날 어떤 민주당원도 시민권법을 방해하지 않을 것이다. 대조적으로 내 흑인 친구가 언젠가 말했듯이, 대부분의 아프리카계 미합중국 국민들은 공화당원들을 보면 큐클럭스클랜KKK 단원의 홑이불을 떠올린다.

그러나 2차 세계대전 직후 이래로 공화당은 전세계에서 가장 우경화한 주류 정당의 하나로 변모했고 지지 기반은 이제 남부와 서부다. 이는 1930년대와 1940년대에 약해졌다가 1950년대 중반부터 나타난 우파의 부활을 반영했다. 물론 몇몇 업계의 이해관계 집단, 특히 소규모 기업의 이해관계 집단은 뉴딜정책을 결코 수용하지 않았지만, 월가와 『포천』이 선정한 500대 기업들은 대체로

---

13. 민주당의 우경화를 논하는 이야기들은 민주당에서 업계의 이익이 끼치는 영향을 과소평가하곤 한다. 『우향우』에서 퍼거슨과 로저스는 자본집약적이고 국제 무대에서 활동하는 업계의 이익이 뉴딜정책에 있어서 얼마나 중요한지 강조한다. 루스벨트에 대한 반대는 주로 노조와 최저임금법을 싫어하는 저임금, 저수익 사업 분야에서 제기됐다. 케네디와 존슨 행정부는 재계 공동체와 밀접하게 연결됐다. 해리먼과 딜론 같은 성씨는 투자은행과 1960년대 민주당 내각 구성원들에서 동시에 찾아 볼 수 있는 것들이었다.

14. Jeffrey M. Stonecash, *Class and Party in American Politics*, Boulder: Westview, 2000, 45쪽.

이 정책과 화해했다.

이 타협에 맞서는 반란은 애초에는 심하게 주변부로 밀려난 우파들에 국한된 현상이었다. 이들은 소 부르주아지의 일부분과 (1955년 창간된) 윌리엄 버클리의 『내셔널 리뷰』를 중심으로 모인 새로운 보수 지식인들이다. 버클리가 유명한 정식화를 통해 표현했듯이, 이 잡지와 운동의 의제는 역사 흐름을 가로막고 서서 '중단'이라고 외치는 것이다. 이 운동은 배리 골드워터가 1964년 대통령 선거에 나서면서 힘을 얻었다. 선거운동 결과는 재앙과 같았지만 공화당 내부에서 우파가 점차 힘을 얻어가는 것을 상징했다. 1971년부터 72년까지 예일대학에서 우파 정당원으로 활동한 내 개인 경험에 비춰 말하자면, 당시만 해도 엘리트 집단 사이에서 심각한 보수주의자가 되는 건 심하게 별난 일이었다. 이 운동에는 어떤 운명론의 기운이 있었다. 우리는 모두 "서구 문명의 좌초를 막자고 말하는 건 게으른 짓이다. 이미 내부에서부터 좌초하고 있다."[15]는 위태커 챔버스의 말에서 영감을 얻었다. 잠행하는 사회주의[은근슬쩍 파고 들어온 사회주의]는 마지막 징발자가 징발당할 때까지 제 길을 계속 갈 것이다. 비록 우리가 바로 이런 식으로 표현하지는 않았겠지만 말이다.

하지만 1970년대가 점차 흘러가면서, 엘리트 집단 안에서 우파가 되는 것이 점점 덜 별난 일이 되어 갔다. 토머스 퍼거슨과 조엘 로저스가 『우향우』에서 보여줬듯이, 대중이 범죄와 복지 같은 몇몇 사안에서 우경화하긴 했지만 로널

---

15. 그의 말 전문은 놀라우리만치 흥분시키는 것이다. "서구 문명의 좌초를 막자고 말하는 건 게으른 짓이다. 이미 내부에서부터 좌초하고 있다. 난파선에서 성인의 손톱을 낚아채거나 장작더미에서 한줌의 재를 움켜쥐어서는, 미래에 소수의 사람이 과거 어느 때 무언가 생각할 수 있는 것이 존재했었다고 감히 다시 믿게 되어 그 것을 증명해줄 증거가 필요하고, 거대한 밤이 찾아올 때 희망과 진리의 상징을 보존하자는 충성스런 생각을 했던 이들이 존재했다는 걸 확증시켜줄 지식이 필요할 때를 대비해, 꽃병에 몰래 묻는 행위 이상의 것을 할 이유가 여기에 있다." 이념적 분위기 변화의 한 지표로써, 이 인용문은 요즘 조지아 주 공화당원인 존 린더 하원의원의 개인 홈페이지에 올라있다. http://linder.house.gov

드 레이건이 1981년 집권한 뒤 마침내 외친 지배 계급의 공세 요구 같은 것은 분명 당시에는 존재하지 않았다. 이를 추진한 힘은 기업 엘리트 세력들 내부의 우경화였다. 이 세력은, 황금기에 기록했던 최고 수준의 기업 수익성이 1970년 대 침체기에 들어서면서 무너져 내리는 통에 어려움을 겪었다. 이들은 부르주 아의 권력이 전반적으로 허물어지는 어려움도 직면했는데, 권력 붕괴는 경제 측면에서는 계속 심해지는 인플레이션, 증권과 채권시장 침체로 표현됐다. 정치 측면에서는 비공식 파업과 작업장 내 태업으로 표현됐으며, 제3세계의 새로운 재분배 지향 세계 경제 질서 요구로도 나타났다.

계급 전쟁의 중요한 몫은 공화당과 레이건, 제너럴 일렉트릭이라는 업계의 오래된 앞잡이 그리고 남부 캘리포니아 기업인 집단이 수행했다. (그렇지만 흥 미롭게도, 교통과 통신 같은 핵심 산업분야의 규제 완화는 레이건의 전임자인 민주당 소속 지미 카터 시절부터 시작됐다. 이 작업에는 신념이 굳은 자유주의 자인 테드 케네디 상원의원실에서 비롯된 지적 에너지가 작용했다.) 1980년 공 화당에 표를 던진 레이건 지지 민주당원들은 인종적 특권과 남성적 강인함을 주장하는 허깨비와 같은 존재들인데, 그들은 1981년과 82년의 심한 경기 침체 를 예상하지 못했고 파업 항공 관제사 대량 해고로 시작된 노조 파괴 의제도 예상하지 못했다. 하지만 어쨌든 받아들였다. 이 의제는 1979년 미합중국의 생 활수준이 떨어져야 한다고 선언하며 연방준비제도이사회 의장으로 취임한 폴 볼커가 마련한 고금리 정책의 도움을 많이 봤다. 볼커는 카터가 임명한 인물인 데, 그의 임명은 1970년대 말과 80년대 초 강경 정책에 있어서 민주, 공화 두 당의 제휴를 더욱 심화시켰다. 그러나 민주당 출신 대통령이 노조를 파괴하고 부자들의 세금을 아주 큰 폭으로 낮춰주거나 레이건이 했듯이 국내 재정지출을 심하게 줄일 가능성은 거의 없다.

볼커의 금리 압박은 '재계 공동체'의 광범한 지지를 얻었다. 대중주의자들이 때때로 주장하듯 단지 금융계의 이해관계 당사자들에게만 지지를 받은 건 아니다. 업계 세력이 정부 정책을 자신들에게 유리하게 몰아가는 데 동원하는 수단 하나가 중앙은행인데, 중앙은행은 민주주의적 책임 대부분을 지지 않는 기관이고 대중이 제대로 이해하지도 못하는 기관이다. 그런데 1980년대 금융시장에서는 계급 관계를 크게 바꿔버린 많은 변화가 나타났다.

교통 규제 철폐처럼, 금융계 변혁은 1970년대에 그 뿌리를 두고 있다. 획기적 사건은 월가의 메이데이, 곧 1975년 5월 1일의 위탁매매 수수료 규제 철폐다. 이 형식상의 변화가 월가에 새로운 체제가 도래하는 걸 뒷받침했다. 제휴관계가 거래에 자리를 내준 것이다. 그 이전 월가를 지배하는 것은 제휴관계였다. 곧 제조업체들은 언제나 똑같은 은행가와 거래했고, 은행가는 사립 고등학교 학맥 따위의 사회 관계에 근거해서 채용됐다. 가격 경쟁이 제한되는 가운데 고정 수수료가 이 합의를 안정화시켰다. 하지만 고정 수수료의 폐지는 월가의 사교적인 세계에 경쟁을 불러들였다. 자본주의의 영원한 혁명적 원칙인 경쟁이 재계 공동체를 변혁시켰다.

지배 계급의 재계 부문에서 무슨 일이 벌어졌는지 따져보는 한 가지 방법은, 지난 30년 동안 월가에 나타난 변화(고정 수수료 폐지와 함께 시작된 변화)에 종종 적용되는 공식 곧 거래가 관계를 대체했다는 사실을 사회 구조에까지 확장해 적용하는 것이다. 존 케네스 갤브레이스가 『새로운 산업 국가』에서 묘사한 낡은 모형 곧 안전하고 평범한 체제를 주로 희망하는 전문 경영자들이 거대 기업을 운영하고 대부분 흔적만 남은 주주 집단들은 수동적으로 그들에게 동의하는 체제가 훨씬 더 격렬하고 요구가 거센 이익 극대화 체제에 자리를 내줬다.

에이돌프 발리와 가디너 민스가 1932년에 쓴 고전적인 작품 『근대 기업과 사유 재산』에서 맨 처음 개략한 경영자 자본주의의 고전적인 형태에서는, 주주가 기업 경영에 영향을 끼칠 능력이 거의 없다. 그들의 불만은 진정 가슴이 찢어지는 듯한 것이다. 관리자들이 고임금, 많은 직원 고용, 과도한 품질 유지에 재원을 낭비할 수 있고, 이를 통해서 주주들을 속여 돈을 우려낼 수 있다는 것이 그들의 불만이다. 주식 소유가 아주 부유한 계층에 고도로 집중되어 있다고 해도, 한 목소리를 내기에는 주주들이 너무 많았다. 30년 뒤, 갤브레이스는 이윤 극대화가 옛날의 것이라고 선언하면서 이 모형을 전개했다. 기업이 더는 자본가들에 의해 운영되지 않고, 전문 경영자와 공학자들의 기술구조에 의해 운영된다는 것이다. 1967년 『근대 기업과 사유 재산』을 재발행하면서 벌은 서문에서 이 체제를 '집단적 자본주의'의 하나로 묘사했다. 결코 사회주의는 아니지만 한 때 이해하던 모습의 사기업도 아니다. 케인스의 목표 곧 임차인 안락사시키기가 거의 달성된 셈이다.

이것이 과장임은 의심의 여지가 없다. '영혼이 깃든 기업'을 창조한 기업 홍보가 자유주의적 부르주아 계급과 그들의 지식인들을 끌어들인 것이다. 여전히 여기에 뭔가가 있긴 했다. 월가는 상대적으로 고요했고, '재계 공동체'는 산업계 거인들의 선임 경영자들이 지배했다.

이 모든 것이 1970년대에 산산조각 났다. 이윤율이 추락했고, 인플레이션이 치솟고, 제1세계 노동계급과 제3세계 상품 수출업자들이 동시에 공개적으로 세계를 지배하는 권력 계통에 저항했다. 1970년대 말에 들어 이에 놀란, 자유주의 신화창조의 주역이던 퇴화한 주주들이 경영자들의 자족적인 평범함을 두고 볼 인내심을 모두 잃어버리면서 무기를 들고 일어났다. 1980년대 들어서면서는 고삐 풀린 차입 투기 열풍과 새로운 주주 권리 시대 선언이 터져 나왔다. 1980년대 상당 기간 동안, 앨런 그린스펀이 언젠가 '소속이 없는 기업 구조조정자들'이라고 부른 세력이 이윤이 충분치 않다고 간주되는 기존 기업들에 공격을 가했다. 빌린 돈 수십억 달러를 활용하는 칼 아이칸 같은 인물들과 콜버그

크래비스 로버츠 같은 공동 경영집단이 주가가 낮은 기업 주식을 사들이거나 통째로 인수했다.[16] 이익 극대화라는 순전히 금전적인 이해관계에서 비롯된 외부 압력에 직면한 기업들은 규모를 줄이고 외주 용역을 활용하는 한편 이윤이 나지 않는 사업을 매각하거나 폐지함으로써, 다시 말해 과거 갤브레이스의 패러다임을 산산조각 냄으로써 비용을 줄였다. 이런 전략에는 흔히 많은 빚이 얽히게 되는데, 이런 전략의 선동자들은 이 작업을 비용을 줄이고 자산을 매각하게 하는 강력한 자극제로 묘사하지만, 1989년 호황이 끝났을 때 남은 것은 허약해진 주식회사 미합중국이었다.

월가는 1990년대에 들어 부채에서 주주 행동주의로 눈을 돌림으로써 실물 영역이라고 부르는 분야를 계속 흔들어댔다. 이 일은 <캘리포니아 공무원 퇴직 시스템>CALPERS 같은 공공 연금 기금이 주도했는데, 이들은 흔들리는 저격 대상 기업 목록을 만들어서 실적을 개선하라고 압력을 넣었다. 이런 접근법은 1980년대와는 다른 것이었지만 기대치는 똑같았다. 비용 삭감, 이윤 증대 그리고 주가 부양이었던 것이다. 핵심을 압박하려고 최고경영자들에게는 직접 임금을 지급하기보다 스톡옵션을 주는 일이 늘어났고 이는 경영자들로 하여금 주주처럼 생각하고 행동하게 만들려는 것이었다.

이 모두가 어느 정도 먹혀들었다. 주주 반란은 1980년 초 이후에 나타난 경제 활동의 증대와 전세계 노동계급에 대한 점증하는 압력의 주된 이유였다. 이 일이 경영자 특권에 대한 월가의 공격에서 시작됐지만, 자본가 가족집단의 두 부문인 금융가와 경영자는 결국 비용을 낮은 수준에 묶어두고 이윤을 높여야 한다는 필요성에 합의하게 됐다. 1997년부터 2001년 사이에 기업 이윤이 급격하게 준 뒤, 경영자들은 비용을 쥐어짜 줄이고 이윤을 다시 회복할 수 있게

---

16. 1980년대 초반, 대형 투자자들은 차입 투기 기술자들을 위험하고 적절하지 못하다고 보고 기피했다. 그러나 시간이 지나면서, 공공 연금 기금과 보험회사들은 기꺼이 기업 인수와 구조조정 펀드에 투자했다.

됐는데, 이는 주로 임금과 고용 수준을 낮게 유지한 덕분이다. 2005년 중반 미합중국의 전체 고용 규모는, 회복과 확장이 역사적 평균치에 수렴한다고 가정할 때 달성하게 될 규모보다 1000만개 정도 적은 수준이었다.[17] 경기의 바닥에서부터 2005년 1분기에 이르기까지 기업 이윤은 피고용자 보수의 상승률보다 다섯 배나 많이 늘었다. 반면 과거 경기 순환기에는 이 차이의 평균치가 두 배에도 못 미쳤다.

2000년 초 거품 붕괴가 보여줬듯이, 경영자들은 여전히 강력한 임기응변술을 보유하고 있었다. 그들은 이윤을 올리고 주가를 높이려고 자주 거짓말을 했는데, 때로는 엄청난 거짓말도 서슴지 않았다. 월가는 자신들이 바라는 것이 진짜라고 종종 믿기 때문에, 주식 매수자들은 뻥튀긴 수익 보고서를 믿을 갖가지 동기가 있기 때문에, 경영자들은 몇 년 동안 무사했다. 그러나 눈에 띄게도, 거품 붕괴 이후 개혁은 최소한에 그쳤고 개혁의 법률적 장식품은 사베인-옥슬리 법이다. 이 법은 본질상 경영자들에게 회계 보고서가 진실하다고 맹세할 것을 요구하는 내용이다. 이 법이 규정한 성가시고 비용이 많이 드는 이행 요구에 대한 불만들이 2004년과 2005년 경제 신문들을 가득 메웠다. 2005년 5월 부시는 증권거래위원회 위원장 윌리엄 도널드슨을 해임했는데, 본질적인 해임 이유는 금융 시장 규율에 과도한 열성을 보인다는 점이었다. 대신 우익 공화당 의원 크리스토퍼 콕스를 임명했다. 도널드슨은 최상급 투자은행인 <도널드슨 루프킨 젠리트>의 공동 설립자였고, 부시가 속했던 유명한 예일대학 비밀 모임 <스컬 앤드 본스>의 회원이었다. 이런 기득권층 태생임에도 그는 뮤추얼펀드와 헤지펀드의 고삐를 바짝 쥠으로써 적을 만들었다. 콕스는 1995년 (클린턴의

---

17. 꽤 놀라운 1000만개 일자리 감소는 최근의 역사(2001년 11월부터 2005년 5월까지)를 2차 세계대전 이후 회복, 확장기의 9차례 경기 순환 기간 평균과 비교해 나온 것이다. 바닥(2005년 5월도 바닥에 해당한다)을 친 뒤 42달 동안 평균 고용 증가율이 9.8%인데, 2005년 5월까지는 단지 1.9%에 불과했다. 이를 숫자로 환산하면, 차이는 1030만개가 된다.

거부권을 재의결로 무력화시키면서 제정된) 법률[증권소송개혁법 - 옮긴이]을 발의한 인물인데, 이 법률은 변호사와 주주의 기업 고소를 훨씬 어렵게 만드는 내용이다. 이는 특히 기업 전문 변호사들과 활동가형 연금 기금들을 희생시키면서 첨단 기술 기업에게 준 선물인 셈이었다.[18]

이것이 재계 공동체 내부 움직임에 대해 말하는 내용은 무엇인가? 도널드슨을 콕스로 바꾼 것이 경영계 쪽에 기울고 월가에 등을 돌린 것처럼 보이지만, 월가조차 도널드슨의 감독을 달가워하지 않았고 그가 물러나는 것에 대한 불평도 많지 않았다. 월가는 믿고 싶어 하는 것을 다시 믿게 됐다. 경영자의 수익 전망을 경제 현실과 비교해서 메릴린치가 작성한 '수익 품질' 지표는 사상 최저 수준이다. 지금보다 낮은 경우는 거품이 꺼지던 2년 동안 뿐이다.[19] 2005년 6월 현재 이 지표는 점점 나빠지고 있다. 재계 공동체에는 예절이 있다. 미합중국의 금융 안정성 또는 국제 지위에 대해 좀처럼 공공연히 걱정하지 않는 것이다.

앵글로색슨계 백인 신교도 지배층이 1970년대 이후 약해지면서, 무엇이 그 자리를 대신 차지해가고 있는가? 확실히, 오랜 기간 지적되어온 것처럼 과거의 북동부 지역 앵글로색슨계 백인 신교도 지배층은 적어도 표면적으로는 그들에 대해 때때로 적대적인 남부와 서부의 세력을 흡수해 충원했다. 조지 W. 부시는 고위 양키 집단 출신임에도 예일대학과 거리를 유지하면서 자신의 텍사스 신분을 내세웠다. 그의 아버지의 후견인은 대통령이 돼지 껍질로 간단히 식사하는 걸 좋아한다고 널리 알렸다. 이는 대통령이 대중들의 사람이라고 유권자들을 설득하려는 고단수의 홍보 행위였다. '인슈어런스(보험)'를 맨 앞에 강세를 둬서

---

18. 변호사와 공공 연금 기금 관리자들은 민주당 성향이어서, 콕스가 제안한 법안과 이에 대한 클린턴의 거부권 행사는 당파 간 전쟁의 일부였다.

19. Merrill Lynch, "'GAAP Gap' Update - EPS Quality Deteriorates Slightly More", *U. S. Strategy Update*, 2005년 6월 13일.

발음하고 '비히클(차량)'은 두 번째 음절을 강하게 발음하는 그의 아들은 이런 홍보 행위가 필요 없어 보인다. 이 발음 습관을 앤도버[부시가 다닌 사립고교가 있는 매사추세츠주의 도시—옮긴이]나 예일 또는 하버드에서 배웠다고 믿기는 어렵지만 말이다.

그러나 이는 단지 상징만은 아니다. 그가 텍사스에서 전국 무대로 부상한 배경에는 진짜 이해관계가 존재한다. 텍사스에서 그를 지지한 주요 세력은 그가 1980년대에 탄화수소 탐사로 먹고 살려다가 실패한 때부터 그를 알던 석유 기업인들이다. 포트 워스를 근거지로 하는 억만장자이자 <배스 브러더스>의 투자 관리자였던 리처드 레인워터도 그 중 한 명이다. 부시는 당시 술 마시는 걸 빼면 별 재능을 보여주지 못했지만, 그의 후원자들은 그가 부통령 아들이라는 사실에 매혹되었고 1990년대 중반엔 이미 그가 텍사스 주지사로 나서는 걸 후원한 바 있다. 주지사로 있으면서 부시는 레인워터와 그의 사업을 돕는 몇 번의 혜택을 줬다. 레인워터는 영리 병원 체인인 <컬럼비아/에이치시에이>HCA의 설립자였고, 부시는 1995년 이 회사가 격렬하게 반대한 환자보호법안[민간 의료보험 회사의 횡포를 막고 환자의 의사 선택권을 보호하는 내용의 법안—옮긴이]에 거부권을 행사했다. 1997년 부시는, 레인워터가 영리 정신건강 관리 회사를 세우느라 바쁘게 움직이는 동안, 텍사스 주립 정신병원 사유화를 제안했다. 부시를 지원한 중요한 업계 인사들 가운데는 탁월한 주식매집 전문 기업인 <힉스, 뮤즈 앤드 퍼스트>의 회장이자 에너지 기업 엔론의 최고경영자인 토머스 힉스도 있었다.[20] 이제 조지 W. 부시가 대통령이고, 채굴 산업과 군수 산업은 행정부의 중심에 특별한 위치를 차지하고 있는 듯하다. 석유 연줄은 명백하다. 체니가 에너지 관련 고문들의 명단을 비밀로 하려는 이유는 그들이 모두 업계 출신이기

---

20. 부시의 텍사스 출신 지지자들의 배경은, Center for Public Integrity, "How George W. Bush Scored Big With The Texas Rangers", 2000년 1월 18일 그리고 Center for Public Integrity, "The Buying of the President 2000", 2000년 1월 5일 자료에서 인용한 것이다.

때문이다.

그런데 이상하게도, 석유 업계는 이라크와 전쟁을 벌이는 데 열광하지 않는 듯하다.[21] 그러나 전쟁 덕분인 석유 가격의 급격한 상승은 에너지 업계의 이윤에 기적 같은 일을 일으켰다.[22] 그리고 환경 규제를 풀려는 행정부의 무자비한 노력은 석유 업계 경영자들과 주주들만 심히 기쁘게 해준 게 아니라 광산업과 벌목업 같은 다른 탐욕스러운 업계도 기쁘게 만들었다. 부시는 제약업계가 중요한 지원 세력으로 돕는 가운데 사설 의료산업의 복합적인 이익도 진전시켜 나갔다. 케리가 집권했더라도 전국민 의료보험 같은 걸 제안하는 일은 결코 없었겠지만, 민주당원들은 일반적으로 조제 의약품 값을 통제하고 캐나다의 값싼 약품 수입을 허용하려 할 여지가 더 크다. 이 두 가지 사안은 거대 제약업체들을 광분하게 할 사안이다. 국방장관이 되기 전 도널드 럼스펠드는 거대 제약회사 설Searle의 최고경영자였다.

부시는 월가에서도 많은 친구를 사귀었다. 놀랍게도, 투자 은행들은 역사적으로 업계에서 중요한 민주당 지지 세력을 형성해왔다. 하지만 더는 그렇지 않다. 월가는 2004년 선거에서 공화당 후원회 쪽으로 대거 몰렸다. 상원에서 가장 자유주의적인 의원인 뉴저지주 민주당원 존 커지니뿐 아니라 클린턴 행정부의 재무부 장관을 지낸 로버트 루빈을 배출한 골드만삭스는 이제 공화당원인 행크 폴슨이 이끌고 있다. 주된 이유는 금융업계 친화적인 부시의 세금 감면인

---

21. 워싱턴시에 있는 자문업체인 <피에프시(PFC) 에너지>의 라드 알카디리는 내가 진행하는 라디오 프로그램인 WBAI의 'Behind the News' 2003년 4월 3일 인터뷰에서 석유 업계가 전쟁을 지지하지 않는다고 말했다. 이 프로그램은 www.leftbusinessobserver.com/Radio_1.html#030403에서 다시 들을 수 있다.

22. 누구도 확실히 모르긴 하지만, 석유 가격 급상승은 아마도 여러 요소가 결합된 결과일 것이다. 전쟁에 대한 두려움, 중동 지역에 관한 일반적인 정치적 우려, 중국과 인도 그리고 미합중국의 강한 수요 증가, (현금을 주주들에게 배당하라는 월가의 압력 때문에 유지된) 낮은 수준의 유전 개발 예산 덕분이기도 한 제한된 석유 공급이 이 요소들이다.

것 같다.[23] 대조적으로, 케리는 재계 공동체에서 훨씬 미약한 지지를 얻었다. 그가 확보한 거액의 지원금은 주로 기업한테 피해를 본 시민들이 소송을 제기하는 걸 어렵게 만들려고 하는 공화당을 혐오하는 변호사들에게서 나왔다. 또 민주당 행정부와 역사적으로 유대가 깊은 로비스트들, 공화당원들의 청교도주의를 싫어하는 할리우드에서도 거액의 지원금이 모였다. 2004년 대통령 선거에서 재계 공동체의 이해관계는 거시 정책보다는 특정 부문의 이해관계와 개인적 이해관계가 유발한 것처럼 보인다.

부시 정부 아래서는 오랜 투쟁 끝에 재계의 이해관계가 중요한 승리를 거둔 사건이 있었다. 미합중국 파산법의 비중 있는 '개혁'이 그것이다. 미합중국은 상당 기간동안 채무자에게 우호적인 체제를 유지했다. 1980년대와 1990년대 소비자 신용(대출)이 폭발적으로 늘어나면서 파산을 신청하는 미합중국 국민이 급격하게 늘어났다. 1980년대 초에는 한해에 30만 명이던 것이 1996년에는 100만 명에 달했다. 대부 업계는 지급 불능 확산으로 점점 동요했다. 그들은 상황을 이렇게 만드는 데 자신들의 공격적인 판촉과 높은 이자율이 기여한 바를 반성하는 대신, 관대한 법률 체계와 도덕성 붕괴를 탓했고, 법률을 엄격하게 만들려고 맹렬하게 로비를 펴기 시작했다. 개혁 법안이 2000년 의회를 통과하긴 했지만, 클린턴은 자신의 임기 마지막 주에 이 법안을 거부했다. 그러나 2004년 본질적으로는 이 법안과 비슷한 법률안 곧 사상 처음으로 빚 탕감을 받으려는 이들에게 소득 심사를 받게 하는 법률안에 부시가 서명했다.

금융 산업은 자신들이 오랫동안 집착했던 또 다른 사안인 사회보장 체계의 사기업화만큼은 잘 처리하지 못했다. 부시의 두 번째 임기 첫해에는 한동안 사기업화가 부드럽게 진행되는 듯했지만, 갑작스런 대중의 반대에 직면했다. 사

---

23. 이는 꽤 민감한 부분이지만, 월가에서 민주당 지지의 많은 비중은 유대인들이 차지한다. 이들은 민주당의 문화적 자유주의를 가깝게 느끼고 역사적으로는 오래전부터 공화당 성향이 강했던 앵글로색슨계 백인 신도교들에게 냉대를 받았다고 느낀다.

기업화 문제가 점점 더 정치적으로 일파만파 퍼져나가자, 몇몇 증권회사들이 로비 시도를 포기했다. 업계의 이해관계가 대중의 목에 아무것이나 밀어 넣을 수 없다는 걸 목격하게 된 것은 다행이다.

다른 측면에서 본다면, 월가가 부시의 계획 일부와 마찰을 일으킬 수 있다고 생각할 것이다. 재정 정책은 재앙이었다. 의회 예산국 추정치를 따르자면, 워싱턴은 국내총생산의 1.6%에 이르는 구조적 흑자에서 (즉 경제 순환 단계에 맞춰 예산을 조정하는 것에서) 2004년엔 국내총생산의 3.0%에 달하는 적자로 반전했다. 4.6%포인트가 변한 것인데, 이는 레이건 정부 시절의 적자 증가보다 훨씬 큰 규모다. (레이건 당시는 소규모 적자에서 대규모 적자로 상황이 나빠진 경우였다.) 재정 상황이 개선될 희망은 거의 없고, 행정부와 의회가 세금 추가 감면 욕구에 빠진다면 더 나빠질 수도 있다.

여러분은 진지한 부르주아 계급이라면 이렇게 부채가 쌓이는 것을 걱정할 거라고 생각할지 모르겠다. 아직 상환되지 않은 미합중국 재무부 채권을 4조 달러어치나 갖고 있는 투자자들이, 사회보장 위탁 펀드가 보유하고 있는 재무부 채권은 단지 휴지조각이라고 대통령이 말하는 걸 들으면 안절부절 못할 수도 있겠다고 생각할지 모르겠다. 대통령의 이런 말은, 행정부의 일방주의자들이 심각한 달러 위기를 맞는다면 그냥 파산을 선언하고 마는 게 아닐까 의심하게 할 정도의 것이다. 그러나 안달하는 일은 벌어지지 않았다. 미합중국 다국적기업들은 부시의 외교 정책이 부수적인 경제적 타격을 입힐 수 있다고 불안해할지 모른다고 생각할 수도 있겠다. (사실 이 부분은 런던의 『파이낸셜 타임스』가 부지런히 보도한 내용인데, 미합중국 신문들은 거의 언급하지 않았다.) 외국 학생들을 괴롭히는 조처는 미합중국 유학 욕구를 떨어뜨리고 있다. 그들은 보통 수입 면이나 지식 생활을 풍부하게 하는 면에서나 미합중국 대학에 이롭게 작용한다. 입국사증 제한은 숙련 기술자의 유입에 타격을 입히고 있으며, 몇몇 중국 기업들은 미합중국이 입국사증을 내주지 않을 계획이어서 라스베이거스에서 매년 열리는 소비자가전쇼 참여를 철회했다. 이 일은 시애틀에서 열리는 경제 회의에 참석하려고 입국사증을 신청한 중국인 가운데 3분의 1이 사증을 받지 못한 지 한 달 뒤에 벌어졌다. 이 가운데 어느 것도 전통적인 의미에서 통상에 이로울 수 없고, 문화에도 마찬가지로 이로워 보이지 않는다.

그리고 미합중국 다국적기업들 또한 세계, 특히 구대륙 유럽에서 미합중국의 국가 이미지가 떨어진 탓에 어려움을 겪는 듯하다. 코카콜라, 맥도널드, 지엠, 디즈니, 월마트, 갭 같은 미합중국 기업들이 2004년이 흘러가면서 유럽 내 판매 실적 감소를 공개했다. 가장 큰 타격을 받은 기업 가운데는 외로운 카우보이와 밀접하게 연결되어 있는 상징적인 상품인 말보로가 포함된다. 기업들은 이 문제를 실업, 세금, 규제 같은 '비정치적인' 요인 탓으로 돌리기 좋아하지만 (마치 실업 같은 문제가 비정치적인 것인 양 말이다), 감소 폭은 우연의 일치 이상의 것처럼 보인다. 광고업계 거물기업인 <디디비DDB 월드와이드>의 회장인 키스 라인하드는,『파이낸셜 타임스』에 "외교 정책에 대한 분노와 적개심이 미합중국 고유의 것들로 옮겨가는 걸 목격하고 있다."는 느낌이라고 말했다. 여론조사 전문가 존 조그비는 "미합중국 제품에 대한 점증하는 반감"을 감지한다.

부시가 군사력과 정치적 힘에 초점을 두면서 전세계 경제에는 상대적으로 관심을 기울이지 않자, 라틴아메리카의 상당수 국가가 신자유주의 경로에서 벗어나는 사태도 나타났다. 아르헨티나는 아무런 보복도 당하지 않으면서 민간 채권보유자들에게 지불하는 상환금 액수를 성공적으로 줄였다. 베네수엘라에서 우고 차베스는 자신의 힘을 빼놓으려는 미합중국의 시도에 맞서 버텼고, 미주 기구는 차베스 정부를 고립시키려는 미합중국에 저항했다. 에콰도르와 볼리비아에서 벌어진 봉기는 신자유주의 정부를 전복시켰다. 외국 금융 시장과 상품 시장을 개방시키려는 클린턴 정부의 지칠 줄 모르는 조직적 활동 같은 것을 부시는 시도하지 않고 있다. 그의 경제 관료 임명은 거의 모두 평범하거나 끔찍한 것 사이 어느 지점에 해당했다.

미합중국 부르주아 계급 또는 최소한 미합중국 기업가 계급들은 이것 가운데 어느 것과도 마찰이 없는 듯하다. 그들은 부시의 재선 운동 뒤에 굳건히 버티고 있었다. 2004년 10월 선거를 주제로 한 외교협회 행사에서 질문을 받자, 제이피모건스탠리의 수석 경제학자 존 립스키는 2기 부시 행정부가 적자 문제 해결을 위해 꼭 필요한 지출 삭감 조처를 할 수 있을 테니까 적자 문제를 걱정하지 않는다고 말했다.[24] 이는 기만적인 말이다. 이런 일이 벌어지는 건 정치적으로 불가능하고, 수학적으로도 거의 불가능하다. 립스키 같이 세련됐다고 여겨지는 사람이 이렇게까지 몰상식한 말을 하는 걸 듣는 건 꽤 충격적이다. 군사비를 뺀 연방정부 예산에서 이만큼 재량권을 발휘할 여지라고는 없다. 그러나 2005년 중반에 이르자, 월가는 미합중국 재정 적자에 대해 뚜렷하게 낙관하게됐다. (경상 적자에 대해서도 마찬가지였는데, 이건 또 다른 문제다.)

왜 그랬나? 월가는 재정에 관한 부시의 무모한 행동을 걱정해야 하는 것이 아닌가? 중기적으로만 보면, 금융 기업들은 미합중국 재무부 채권이 늘어나는게 이롭다. 거래할 물량이 늘어나고 창조적으로 상품을 재포장할 물량도 늘어난다. 그러나 장기적으로 보면, 꿈 많은 후기 케인스주의자들을 빼면 어떤 경제학파 추종자라 할지라도 만성 적자를 경제 건전성에 위험한 것으로 본다. (심지어 정치 안정에도 마찬가지로 위험한 것으로 본다.)

잠정적인 답변은 '재계 공동체'와 지배 계급간 구별이 거의 사라졌다는 점, 정책은 이제 다음 몇 분기의 이윤을 극대화하려는 월가의 렌즈를 통해 만들어

---

24. 정식 발표 뒤의 질문과 답변 순서에 나온 말이다. 정식 발표문은 외교협회 사이트 http://cfr.org/pub7466/daniel_k_tarullo_john_p_lipsky_stephen_roach_peter_hooper/world_economic_update.php에 올라있지만, 질문과 답변 내용은 없다. 내가 직접 참석해서 듣고 적은 것이다.

진다는 점, 장기적인 문제는 스스로 해결될 수 있다는 생각에 있다고 할 수 있다. 잠정적이라고 말한 것은 사물이 바뀔 수 있기 때문이고, 사회주의자들은 자신들이 자본가들보다 더 나은 자본주의 운영 전략을 제시할 수 있다는 생각을 경계해야 하기 때문이다. 자본가들이 장수하며 성공을 거둔다는 걸 인정해야 한다. 그러나 무엇도, 누구도 완벽하지 못하기에, 이 문제를 생각해볼 가치가 있다.

앨런 그린스펀이 이끈 연방준비제도이사회를 들여다보자. 이 기구는 가장 뛰어난 부르주아 계급의 집행 위원회 기구로 평가된다.[25] 그린스펀의 명성은 월가에서 성자 후보로 오르내릴 정도다. 놀라울 것이 없다. 그의 재임 기간은 은행 합병과 투기 열풍에 지독히 빠져들던 시절이었고, 일이 잘못되면 즉각 구제금융을 실시하던 때이다. 1987년 주식시장이 붕괴한 뒤 그린스펀의 공격적인 지원책은 그 자체로 이해할 만한 것이었는데, 1980년대 차입 투기 열풍의 시대를 마무리 하는 마지막 두해에 녹색 신호등을 비춰주었다. 1980년대는 파산을 앞둔 저축대부조합이 즐긴 마지막 쾌락인 막대한 신규 자금 대출에 힘입어, 주주들에게 현금을 공급한 대규모의 무의미한 적대적 인수합병과 대차대조표 '구조개혁'의 시대였다. 이 열풍이 1990년대 초반의 장기 침체와 최초의 '일자리 없는 회복'을 유발하면서 궤도를 벗어나자, 그린스펀은 금리를 급격하게 낮추고 이 저금리 상태를 유지했다. 이 또한 이해할 만하지만, 1990년대 말 장기적인 투기 열풍의 기초를 다지는 것이기도 했다. 그린스펀은 1996년 12월 '불합리한 풍요'를 공개적으로 걱정했다. 그는 이 말을 중앙은행에 관한 지루한 연설 도중 왜곡된 질문 속에 파묻었다. 엄청난 압력을 받은 뒤 그는 몇 달 동안 시장에 대해 공개적으로 말하지 않았다. 그가 시장에 대해 다시 말하기 시작했을 때는,

---

25. 뉴욕 연방준비은행에서 경제분석가로 일했던 크리스토퍼 루드는 연방준비제도이사회 안에서는, 정치인과 은행가들이야 왔다가 가는 존재들이지만 중앙은행 사람들은 이 계급을 위해 장기적으로 사고해야 하는 이들이라는 인식이 있다고 내게 말한 적 있다.

거품 우려를 물리치고 신 경제가 이룩한 생산성 기적을 찬양하는 내용이 주를 이뤘다.[26]

거품 경제 시절에 깨어있던 사람이라면 '그린스펀 풋', 다시 말해 연방준비제도이사회가 주식 가격에 최저선을 설정해 투자자들을 보호할 것이라는 널리 퍼져있던 믿음을 잘 기억할 것이다.[27] 그리고 이 광기가 정도를 벗어났을 때, 그린스펀은 다시 이자율을 많이 내려 오랫동안 유지했다. 낮은 이자율은 경제가 내부에서 무너지는 걸 막는 데 도움을 줬으나, 거품의 잔유물(과잉 투자, 특히 첨단 기기의 과잉 투자, 유린된 대차대조표, 그리고 심하게 손상된 야성적 충동)은 회복에 심하게 거치적거리는 존재가 됐다. 경제의 공급 측면이 침체되어, 2차 세계대전 이후 열 번의 순환기 가운데 두 번째로 실적이 나쁜 국내총생산 성장률과 가장 나쁜 일자리 증가율을 기록했음에도, 낮은 이자율은 또 다른 광기에 불을 붙였다. 그건 주택 투기였다. 인기 있는 도시 지역 주택 가격이 폭발했고, 미합중국 소비자들은 2000년부터 2004년까지 뛰어오르는 집 가격에 대응하려고 2조2000억 달러를 빌렸다.[28] 집값 하락이나 큰 폭의 이자율 상승이 수백만 가구를 재정적 곤란 지경으로 내몰 수 있었지만, 다시 한번 그린스펀은 주택 거품을 부인했다.

1987년, 1990년, 2000년의 공황 상태 이후 그린스펀에겐 영합하는 것 외

---

26. '불합리한 풍요'를 거론한 연설문은 www.federalreserve.gov/boarddocs/speeches/1996/19961205.htm에 있다. 거품에 관한 그린스펀의 전형적인 언급은, www.federalreserve.gov/boarddocs/testimony/1999/19990617.htm 그리고 www.federalreserve.gov/boarddocs/speeches/1999/19990827.htm을 보라.

27. '풋'은 특정한 때에 특정한 가격으로 주식 따위를 팔 수 있는 선택권이다. 예를 들어, '아이비엠 4월 70 풋'은 지금부터 돌아오는 4월 사이에 아이비엠 주식을 70달러에 팔 권리를 부여하는 것이다. 풋의 가장 단순한 용도는, 주식 가격 하락 위험을 상쇄하려고 권리를 사는 것이다. 훨씬 복잡한 사용법도 가능하다.

28. 주택용 대출 추정치는 Goldman Sachs, *Daily Economic Commentary*, 2004년 3월 14일치에서 인용한 것이다.

에 선택의 여지가 거의 없었다고 주장할 수 있지만, 하이먼 민스키가 말하곤 했듯이 안정성은 약화되고 있다. 모든 긴급 자금지원은 그 다음 상승기동안 투기꾼들을 대담하게 만들어준다. 17년 재임 기간동안 그린스펀은 정책 또는 연설 (또는 심지어 개인적인 설득을 통해서조차) 투기를 약화시키려는 노력을 거의 하지 않았다. 이런 영합은 중앙은행가의 특성에서 완전히 벗어나는 것이다. 1960년대 당시 연방준비제도이사회 의장 윌리엄 맥체스니 마틴은, 자신의 임무는 연회가 진행되는 바로 그 상황에서 펀치 그릇을 치우는 것이라는 발언으로 유명한 인물인데, 이곳저곳에서 새 시대를 말하는 것은 투기가 위험하리만치 통제를 벗어나고 있다는 신호라는 생각을 견지했다. 그린스펀은 새 시대를 환호했다. 승자라면 아주 즐거운 일이다. 그러나 중앙은행가가, 펀치 그릇에 술을 부어주고 흥청대며 술을 마신 이들이 다음날 아침 약간 불안해하면 해장술을 또 주는 것을 자신의 일로 여길 때 무언가 변화가 나타났다.

이 말은, 침체기 또는 침체기로 향할 때조차 유럽 대륙 절반의 경제가 인플레이션에 빠지지 않게 감시하는 유럽 중앙은행의 행동 방식인, 전통적인 가학적 통화주의sado-monetarism를 지지하는 것이 아니다. 이는, 분기 단위가 아니라 10년 단위로 움직인다고 하는 미합중국 지배 계급이 재계 공동체와 구별되는 경계가 거의 허물어졌다는 걸 암시한다.

이 가설을 뒷받침하는 또 다른 증거는 부시의 세금 감면에 대한 반응이다. 1990년대 말 한 노조 소속 경제분석가는 『포천』이 선정한 500대 기업 최고경영자 두 명을 만나 나눈 대화를 자세히 이야기했다. 그는 1960년대 이후 수익성이 사상 최고치에 달했고, 주식 시장은 겉보기에 끝없는 호황을 보이고 있으며 정치 환경이 기업의 이익에 극도로 유리하다는 걸 상기시킨 뒤, 왜 그렇게 클린턴을 혐오하느냐고 물었다. 그들의 답은 단순했다. "그는 우리 세금을 올렸다." 실제로 그랬다. 의회 예산국 추정치를 따르자면, 소득 상위 1%의 평균 유효세율은 1986년 25.5%에서 1996년 36.0%로 올라, 돈으로 환산하면 대략 10만 달러가 늘었다. 부시의 세금감면은 부자들의 유효세율을 다시 1986년 수준으로 떨어뜨렸다. (2004년은 26.7%다.)[29] 이들에 비해 소득이 꽤 떨어지는, 10만 달러에서 수십만 달러를 버는 이들의 세금 감면액은 이보다는 덜 했지만, 그래도 소소한 것은 아니었다. 평균 수입 18만3천 달러인 5분위 계층의 평균 감면액이 거의 7700달러정도였다. 이 조처는, 부시에 대한 '재계 공동체'의 강력한 지지와 부유층 유권자들의 지지율 상승을 동시에 설명해준다. 2000년 선거에서 부시는 가구 소득이 10만 달러 이상인 유권자에게서 (상대 후보보다) 11%포인트 더 득표했고, 2004년엔 17%포인트 더 득표했다.

세금 감면과 규제 풀기는 미합중국 업계 계층과 자본 투자 수익으로 사는 가구에게 그동안 마약과 같은 것이었다. 그러나 경제 모형을 보면 이 일이 지속 불가능하다. 미합중국의 순 외채는 2005년 1분기에 국내총생산의 34%였다. 2000년에는 이 수치가 기껏 18%였고, 1990년에는 10%였으며, 1980년에는 거의 0%였다. 1969년에 순 채권이 국내총생산의 3%였던 것과는 아주 대조적이다.[30] 미합중국은 막대한 재정 적자와 경상 적자를 영원히 유지할 수 없는 처지다. 많은 좌파인사들(과 하이예크주의자들)이 주장하듯이 미합중국이 일종의 심각한 파산을 향해 나아가고 있다고 말하는 것은 아니다. 그러나 현재의 재계 공동체와 이들의 정치 체제로서는 생각할 수도 없고, 이들이 시도할 가능성은 더 적은 삭감 조처 곧 일종의 자생적인 구조조정 프로그램의 필요성을 이야기하는 것이다. 사회보장 사기업화에 대한 (대중의) 반응은 순탄한 정치적 행보가 거의 보장되지 않는다는 걸 암시한다. 아마도, 전직 기업 변호사이자 월마

---

29. 상위 1%의 평균 수입은 2001년 105만 달러였다.
30. 이 추정치는 연방준비제도이사회의 펀드 자금 흐름에서 인용한 것이다. www.federalreserve.gov/releases/z1/의 표 L1. 외국 직접 투자액과 외국 주식 보유액을 계산에 넣으면 적자의 깊이는 어느 정도 줄지만, 본질적인 악화 추세를 완화하지는 못한다.

트 이사였던 힐러리 클린턴의 역사적 임무는 긴축 프로그램이 전개될 때 물결
을 잔잔히 유지하는 것이 될 것이다.

새로운 법과 질서 억견의 '학구적인 신화'

로이크 와캉

선진 사회의 통합을 위협한다고 간주해 형사 조처를 엄격히 취하라고들 하는 '거리 폭력', '비행 청소년'과 관련해서, 날로 심해지는 유럽 곳곳의 도덕적 공황 상태가 2002년 프랑스 대통령 선거 이후 법과 질서에 관한 외설물로 확실히 바뀌었다. 이 외설물에서는 일상의 '불안전' 사건이 언론이 펼치는 으스스한 구경거리이자 영원한 도덕성의 현장으로 탈바꿈한다. 말하자면, 범죄가 최종 분석 단계에 이르러 단지 길거리의 비행으로 그리고 저급한 계급의 타락한 행동으로

---

* 이 글은 로이크 와캉의 *Punishing the Poor: The New Government of Social Insecurity*, Durham and London: Duke University Press의 8장을 요약해서 손본 것이다.

국한된 뒤부터, 철저히 범죄적 의미로 해석되는 '안전'security, sécurité, Sicherheit, seguridad 문제는 정부의 능력을 쉽게 재확인하는 척도로 작용한다.[1] 공직자들(또는 공직 진입을 꾀하는 이들)이 신자유주의의 도그마를 포용한 채 경제·사회 문제에 대해 정부의 무능을 한 목소리로 질타하는 순간에 말이다. '안전을 확보할 권리'의 신성시는 일할 권리의 포기와 상관관계에 있는데, 이 권리의 포기를 은폐하는 도구로도 작용한다. 일할 권리는 프랑스 헌법에 명시되어 있지만 매일 매일 모욕당한다. 한편으로 국가는 번영하는데도 대량 실업이 이어지는 것을 통해, 다른 한편으로는 비정규 임금 노동자들이 날로 늘면서 이런 처지에 있는 이들의 생활 안정이 존중받지 못하는 것을 통해 모욕당하는 것이다.

2002년 초 대통령 선거전이 시작되자 프랑스의 모든 주류 언론과 정당은, 그 해에 거리 범죄가 줄었는데도, 여전히 늘어난다고 추정되는 '불안전'에 집착하기로 마음먹었다. 상업적 경쟁 논리와 선거 경합 논리에 휘둘려, <국립 경제와 통계 연구소>INSEE의 자료로 견고하게 뒷받침된 각종 보고서에 약간의 관심을 기울일 가치도 없다고 누구나 생각했다. 이 보고서들은, 비정규직 노동이 변함없이 늘어나고 도시 주변부에서 대량 실업이 끈질기게 지속되며, 미합중국에서 갓 수입한 딱지붙이기식 표현인 '일하는 빈곤층'이 광범한 분야에서 확대되고 있음을 보여준다. 이런 현상을 지속시키는 공업 포기 정책과 경제 규제 철폐 정책과 더불어서 말이다. '민감한 도시 지역 : 1990년부터 1999년까지의 급격한 실업 증가'라는 차분한 제목을 달고 나온, 거의 주목받지 않은 조사 결과를 보자. 보고서는 이 기간에 경제가 새롭게 성장세를 보여줬고 전국적으로

---

1. Loïc Wacquant, "The Penalisation of Poverty and the Rise of Neoliberalism", *European Journal of Criminal Policy and Research*, special issue 'Criminal Justice and Social Policy', 9(4), 2001년 겨울, 401~412쪽, and the issue of *Déviance et société* on the theme of 'Urban Disorders: Sociological Perspectives,' 2000년 12월, 24~4쪽. [원문 쪽 표시에 오류가 있음. 2000년도 4호인 이 간행물은 327쪽부터 시작함. ─옮긴이]

는 공식 통계상 실업자가 감소했음에도 일자리의 불안정과 사회 불안이 흔해지는 동시에 집중적으로 나타났음을 보여준다.[2] 그리하여 정부 지원을 받는 일자리 또는 정부가 후원하는 훈련 프로그램을 통해 임시직의 단기 계약으로 고용되는, 불안전 노동자의 비중이 1990년 열한 명에 한 명꼴(198만 명)에서 일곱 명에 한 명꼴(330만 명)로 늘었다. 1996년의 도시 재건 협약에 따라 '민감한 도시 지역'으로 지정된 750곳에 사는, 프랑스 전체 주민의 13분의 1인 470만 명 가운데 불안전 노동자의 비중은 20%에 가까웠다.

프랑스 내부 유배지에 사는 공식 학력 증명이 없는 젊은이들에게는, 불안전 임금 노동이 더는 비정상적이고 임시적이며 변칙적인 고용이 아니고 임시직과 제한 없는 유연성이라는 유령이 출몰하는 노동 세계로 들어가는 양식화한 경로라고 말할 수 있다.[3] 이는 임금을 받는 일자리라는 '특권을 지닌' 이들에 한정한 이야기다. 이런 지역에서는 불안전 노동 확산과 동시에 15살부터 24살까지의 실업이 계속 증가하는 까닭이다. 1990년과 1999년 사이에 일자리를 찾다가 실패한 젊은이들의 비중은 전국적으로 19.9%에서 25.6%로 늘었다. 그리고 부끄러운 듯 조용히 '민감한'이라는 딱지를 붙인 지역에 사는 동년배들에겐 실업률이 훨씬 급격하게 늘어나서, 28.5%에서 거의 40%를 육박하는 데까지 높아졌다. 불안전 노동자와 실업자를 더하면, 1990년에는 권리를 빼앗긴 이런 지역 젊은이의 42%가 주변부로 내밀렸고, 이 수치는 실업이 또다시 상승세를 타서 훨씬 늘어나기 전인 1999년에 이미 거의 60%에 육박했다. 이른바 좌파 정부 아래서 나타난 사회 불안정의 은밀한 보편화를 증명하는 이런 통계에 비춰볼

---

2. Jean-Luc Le Toqueux and Jacques Moreau, "Les zones urbaines sensibles: Forte progression du chômage entre 1990 et 1999", INSEE Première, 2000년 10월, 334쪽.

3. '떠도는' 노동력의 일상적인 초착취 상황에 관한 눈길을 끄는 설명으로는, Daniel Martinez, *Carnets d'un intérimaire*, Marseilles: Agone, 2002를 보라. 또 이런 비숙련 노동력, 청년 그리고 요즘 자주 쟁점이 되는 이주민의 집결 시도를 고용주들이 억압하는 것과 관련해서는 Abdel Mabrouki and Thomas Lebègue, *Génération précaire*, Paris: Le Cherche-Midi, 2004를 보라.

때, 사회당 후보들이 노동자 계급에게서 한심한 수준의 지지를 얻은 배경을 더 잘 이해할 수 있다. 선거 운동 집회에서 사회당 후보들은 실업이라는 괴물을 물리쳤다고 자랑했고 자신들의 재임 기간에 (하위)프롤레타리아 계급의 생활조건이 극적으로 악화된 것을 무시한 채 다음 임기 말까지는 '완전 고용'을 즉각 달성할 것이라고 약속했다. 그런데 이 약속은 임금 노동의 비사회화가 만연한 현실을 두 세대에 걸쳐 경험한 대규모 주택단지 거주자들에게는 진정 지겨운 구호였다.[4]

주요 텔레비전 채널의 8시 뉴스는, 전국에 갑자기 퍼져 모두를 위협하는 듯 보이는 평범한 범죄들의 기록물로 바뀌었다. 여기서 소아 성애증 학교 교사가 등장하고, 저기서는 어린이가 살해되고, 또 어딘가에서 시내버스에 돌을 던지거나 노점 담배장수가 봉변을 당한다. '당신에게도 일어날 수 있다'는 식의 이야기를 전하는 특별 프로그램이 황금시간대에 자꾸 늘어난다. 이런 프로그램들에서는, '학교 폭력'이라는 항목 아래 초등학교 운동장에서 벌어진 소동 때문에 자살한 어린이의 비극적인 이야기가 펼쳐진다. 이런 사건은 전적으로 예외적이지만, 시청률을 높이려고 즉각 전형적인 사건으로 묘사된다. 잡지들도 비행에 얽힌 '진짜 모습', '감춰진 사실'을 다룬 특집 기사와 갖가지 '폭발적인 보고서'로 가득하다. 이런 기사에서는 선정주의가 교훈과 경쟁을 벌이고 주기적으로 무서운 '출입금지 구역' 지도가 등장하며, 온 땅에 번져 있으며 다양한 모습을 지녔다고 선포된 위험에 대처할 핵심적인 '실제적 조언'이 제시된다.[5]

어느 곳에서든지, 정부 기관의 게으름과 사법 체제의 부적절함을 탓하는 강

---

4. 정부 내 좌파와 노동계급 유권자 사이 간격 확대의 사회적·정치적 바탕에 대해서는 Olivier Masclet, *La Gauche et le cités: Enquête sur un rendez-vous manaqué*, Paris: La Dispute, 2003을 보라.

5. Annie Collovald, *Violence et délinquance dans la presse: Politisation d'un malaise social et technicisation de son traitement*, Paris: Editions de la DIV, 2000, and Serge Halimi, "L'insécurité' des média", in Gilles Sainati and Laurent Bonelli 엮음, *La Machine à punir*, Paris: L'Esprit frappeur, 2001, 203~234쪽.

박 관념에 사로잡힌 한탄과 보통 사람들의 공포에 질리거나 격분에 찬 불만 제기를 듣게 된다. 2002년 새해 벽두, 여러 좌파 세력으로 구성된 정부는 억압적인 양태를 보여주는 확실한 조처들을 다양하게 펼쳤는데, 감각이 가장 무딘 이들조차 인식하지 못하긴 어려운 조처였지만, 이런 조처들이 대상으로 상정한 문제 가운데 어떤 것에 대해서도 견인력을 발휘하지 못했다. 풍자만화에 가까운 사례 하나는, 전체 헌병과 경찰관의 90% 이상이 전체 복무 기간에 단 한 번도 무장 괴한을 만나지 않고 업무 중에 순직한 법집행관 숫자가 10년 동안 절반으로 줄어든 상황에서 헌병과 경찰관 전원에게 지급하려고 방탄 조끼를 쓸데없이 구입한 조처다. 이 측면에서는 우파 야당세력을 압도할 수 없는데, 그들은 정부의 모든 조처를 정확히 똑같이 하되 훨씬 더 신속하고 강하며 거칠게 할 것을 공약했다. 연정에 참여하지 않은 좌파 세력과 녹색당만이 예외이고, 나머지 모든 공직선거 출마자들은 이렇게 '안전'을 공적인 행동의 절대 우선순위에 뒀고 서둘러 똑같은 내용의 원시적인 처벌 위주 해법을 제시했다. 해법은, 경찰 활동을 강화하고 '젊은이들'(곧 노동계급 젊은이와 이주민 젊은이)에 초점을 맞추고, '재범자들'과 외곽의 교외 지역을 뒤덮고 있는 이른바 핵심 범죄자들에게 집중하며(이는 사무직의 범죄와 공직 부패를 편리하게 배제하는 것이다), 사법 절차를 신속히 처리하며, 판결 수위를 더 높이고, 투옥이 명백히 재범을 유발한다는 사실이 거듭 드러났음에도 소년 범죄자를 포함해 구금 대상자를 확대하는 것이었다. 그리고 이 모든 걸 가능하게 하려고, 그들은 법에 의한 사회 질서 강제 집행에 전념하는 조처들을 한목소리로 요구했다. 정부 수반이자 20년 동안 파리시장을 하면서 공공 자금 수백만 프랑을 조직적으로 횡령한 책임이 있는 누범자인 자크 시라크는 수치심이라고는 전혀 느끼지 못한 채 권리를 박탈당한 지역에서 저질러지는 사소한 범죄의 '처벌 면제 금지'를 감히 촉구했다. 권리를 박탈당한 지역의 주민들은 시라크가 연루된 갖가지 스캔들을 지칭하면

서 그를 말 그대로 '거물 도둑'Supervoleur이라고 부른다.6

　　그러나 모든 유럽 주요 국가에서 가장 반동적인 우파들과 정권을 쥔 좌파들을 결속시켜주는, '안전'이라는 이 새로운 정치적이고 종잡을 수 없는 형상은 장클로드 쉐스네가 자신의 책 『1800년부터 오늘날까지의 서구사회 범죄사』에서 묘사한 근대 사회의 '오래 지속되고 깨뜨릴 수 없는 신화'를 그저 반복하는 데 만족하지 않는다. 이 책은 범죄를 오랜 기간 진화해서 생긴 현상이지만 동시에 언제나 전혀 예측 불가능하고, 갑자기 나타나며, 본래 도시적인 현상으로 반복 묘사한다.7 (한편) 최근에 나타나는 현상의 독창성은, 과학과 미합중국이라는 우리 시대의 두 가지 상징 권력에서, 심지어 미합중국 현실에 적용되는 미합중국적 과학이라는 이 두 상징 권력의 교배에서 설득력의 대부분을 끌어온다는 데 있다.

　　경제학 분야의 신자유주의적 상상력이 노벨경제학상을 독점하다시피 하는 나라인 '미합중국에서 생산된' 정통 경제학이 만들어낸 동적인 균형 모형에 의존하듯이, 20세기 말의 법과 질서 결정판도 순전히 효율과 능률만 고려했기에 이념 중립적이고 궁극적으로 부정할 수 없는 걸로 취급되는 대단히 '합리적인' 정책에 봉사하는 가장 선진적인 '범죄 이론'을 적용한 학술 담론을 자처한다. 그리고 일반화한 시장 종속 원칙과 마찬가지로 안전이라는 새로운 억견[근거 없는 생각이나 의견-옮긴이]도 미합중국에서 직접 나온 것이다. 그런데 미합중국은 소련 제국의 갑작스런 붕괴 이후 모든 인간성의 등불과 같은 나라가 됐다. 또 자국의 역사적 특수성을 역사를 넘나드는 이상理想으로 변화시키고, 자신의 모습에 따

---

6. [영문 역자주] Supervoleur라는 단어는 Supermenteur(거물 거짓말쟁이)에서 변형되어 나온 말이다. 거물 거짓말쟁이는 (주요 케이블 방송인 <카날플뤼스>에서 매일 밤 8시에 방송하는) 일일 정치 인형극 '뉴스의 인형극'(Les Guignols de l'Info)에 등장하는 상습적인 거짓말쟁이인데 시라크를 흉내 낸 마스크와 짧은 망토로 꾸미고 나온다.

7. Jean-Claude Chesnais, *Histoire de la violence en Occident de 1800 à nos jours*, Paris: Pluriel, 1981, 431쪽.

라 온 땅의 현실을 변화시킴으로써 이 이상을 구현할 수 있는 물질적·상징적 수단을 모두 지닌 역사상 유일한 사회가 됐다.[8]

그래서 지난 몇 년 동안 (영국, 이탈리아, 스페인, 독일의 동료들과 마찬가지로) 프랑스의 우파와 좌파 정치인들이 거리의 범죄를 처벌할 회초리를 휘두르겠다는 새로운 결의를 표명하고, 이를 위해 미합중국 당국이 도입한 개념과 조처들을 주창하려고, 성지처럼 여행한 곳이 바로 뉴욕이다. 미합중국에서 입증된 과학과 '범죄 통제' 정책이 뒷받침하는, 새로운 단선적인 '안전 사고思考'가 이제 제1세계 대부분의 지역과 제2세계 많은 지역을 지배하고 있으며, 이 사고는 '학구적인 신화'가 연결된 형태로 제시된다. 다시 말해 "일관성의 두 가지 원칙, 다시 말해 과학적임을 보여주는 표시들을 외부로 퍼뜨림으로써 내세운 과학적인 겉모습을 통해 표현되는 공언된 일관성 그리고 신화적인 원칙을 지닌 감춰진 일관성"[9]이 서로 섞인 주장들의 그물망으로 제시되고 있다. 이 그물망의 구성을 점검해서 그 장치를 네 단계로 나눌 수 있다.

'초범죄국' 미합중국이 평정되고 프랑스의 추종을 받게 된 방법

첫 번째 언론-정치권의 신화를 따르자면, 얼마전까지 미합중국은 천문학적인 수준의 범죄로 황폐해졌으나, 뉴욕시가 도입한 방식을 따라 치안과 처벌에 엄격한 혁신을 가한 덕분에 범죄의 방정식을 '풀었다'고 한다. 같은 기간에, 낡은 유럽 국가들은 느슨함 때문에 '도시 폭력'의 치명적인 소용돌이에 휘말려들었고, 이 폭력은 유럽 국가들이 미합중국식으로 마구 퍼져나가는 범죄에 시달리

---

8. 'L'exception américanie'(미합중국의 예외)에 집중한 *Actes de la recherche en sciences sociales* 두 권을 보라(2001년 6월과 9월의 138호, 139호).

9. Pierre Bourdieu, *Ce que parler veut dire*, Paris: Fayard, 1982, 228쪽.

는 원인이라고 한다. 그러므로 '안전 자문' 기업 <알랭 바우어>의 최고경영자이고 프랑스 사회당 각료들의 영향력 있는 고문이자 (프랑스식 프리메이슨 집단인) 비밀 결사체의 우두머리가 된 알랭 바우어 같은 자칭 '전문가'들은 주요 일간지를 통해 팡파르를 울리면서 "프랑스가 미합중국보다 더 범죄가 많다."[10]고 선언할 수 있었다. 이 선언은 2000년 미합중국과 프랑스의 범죄 통계를 기록한 '역사적인 범죄 추세 곡선의 역전'에 뒤이어 나온 것이다.

(<아에프페통신>, <프랑스인포>, 주요 상업방송 채널 <테에프1> 등) 모든 주류 언론이 즉각 널리 퍼뜨린 이 놀라운 '폭로'는, 당대의 파멸적이고 억압적인 문구를 따라서 읊기만 하면 누구든지 '불안전' 문제에 대해 아무 말이나 해도 되고, 무슨 말을 하든 진지하게 받아들여진다는 걸 보여준다. 실제로는, 국제 범죄 피해 조사[ICVS][11] 덕분에 미합중국의 범죄율이 아주 평범한 수준이라는 사실이 분명히 확립된 게 적어도 10년 이상 전 일이다. 이 조사에서는 범죄율을 범죄 신고 통계 대신 범죄 피해의 확산 정도를 기준으로 산출한다. 범죄 신고 통계는 모든 나라에서 똑같은 기준으로 수집되고 비교되는 수치가 아닌데다가, 이름값 하는 '전문가'라면 누구나 알듯이, 범죄인보다는 경찰의 활동 수준을 더 잘 보여주는 지표일 뿐이다. 미합중국의 범죄율은 오랫동안 다른 많은 선진국

---

10. 2001년 6월 18일치 『르피가로』 신문에 실린 기사의 제목은 모두 인용할 가치가 있다. "프랑스 내무부와 미합중국 연방수사국의 범죄 통계를 비교한 놀라운 결과 : 프랑스가 미합중국보다 더 범죄가 많다." 실로 놀라운데, 그건 이 비교가 타당성을 결여하고 있는 탓이다. 바우어가 "통계의 설계가 무작위인 데다가, 상대적이고, 부분적이며, 파편적인 동시에 한쪽에 치우쳤다."고 시인함으로써 스스로도 은연중에 인정한 사실이다! 새로운 유형의 안전 관련 컨설턴트 겸 고문, 거짓 연구자들, 진짜 선전선동꾼과 장사꾼의 등장에 대해서는, Pierre Rimbert, "Les nouveaux managers de l'insécurité: production et circulation d'un discours sécuritaire", in *La Machine à punir*, 앞에서 인용한 부분과 161~202쪽을 보라.

11. (정부 안의 선도적인 범죄 전문가들처럼 알랭 바우어도 존재 자체를 전혀 인식하지 못하는 듯한) 국제 범죄 피해 조사는 네덜란드 법무부와 (로마에 있는) <국제연합 지역간 범죄 정의 연구소>의 후원을 받아 레이덴 대학 범죄학자들이 1989년부터 4년마다 한 번씩 실시하는 가구 대상 조사다. 이 조사는 15개 선진국의 범죄 피해 정도, 발생률, 변화율을 측정해 비교한다.

과 비교되는 수준이었고, 심지어 전반적으로 낮은 수준이기도 하다. 단지 살인만 예외인데, 이유를 쉽게 설명할 수 있다.[12] 예컨대, '얄짤없음'(무관용) 정책이 전면적으로 시행되기 전인 1995년 국제 범죄 피해 조사에 포함된 후기산업 국가 열 한곳 가운데서, 미합중국은 심각한 신체 상해, 차량 절도와 강도에서 영국에 이어 두 번째를 기록했다. 또 주거 침입은 프랑스와 함께 세 번째였으며 캐나다와 영국에 비해서는 훨씬 적었다. 성 범죄는 스위스, 오스트리아, 네덜란드 등에 이어 일곱 번째였고, 단순 절도는 거의 밑바닥 수준(아홉 번째)이었는데 수치로는 네덜란드의 절반에 불과했다. 전체 열한 가지 범죄 유형을 종합한 피해 지수를 볼 때 1995년 미합중국은 일곱 번째였다. (그 전 해 한 해 동안 미합중국 주민의 24.2%가 한 가지 또는 그 이상의 범죄에 시달렸다.) 이는 네덜란드(31.5%)와 영국(30.9%)에 비해 많이 낮으며, 스위스와 캐나다 그리고 프랑스(모두 25.3%)보다도 낮은 것이다.[13] 당시 '범죄 빈도'가 가장 낮은 편에 속한 나라는, 다른 나라들과 큰 차이를 보인 아일랜드(16.9%)와 오스트리아(18.9%)였다. 하지만 더블린이나 빈이 아니라 바로 뉴욕이, 유럽 전역의 정치인들과 새로운 범죄 전문가들이 안전의 성배를 찾아 몰려든 도시였다.

엄청난 살인 발생 비율만이 미합중국을 서유럽 국가들과 구별하는 요소인데, 1990년대 초 살인 발생 빈도는 인구 10만 명당 10건이었고, 2002년에는 10만 명당 6건이었다. 이는 프랑스, 독일, 영국보다 다섯 배 이상 높은 수치다. 바로 이 때문에 법학자들인 프랭클린 짐링, 고든 호킨스가 미합중국 범죄

---

12. Leena Kurki, "International Crime Survey: American Rates About Average", *Overcrowded Times*, 8(5), 1997, 4~7쪽과 Michael Tonry and Richard S. Frase 엮음, *Sentencing and Sanctions in Western Countries*, New York: Oxford University Press, 2001, 12~14쪽이 이 점을 강조하고 있다.

13. John van Kesteren, Pat Mayhew and Paul Nieuwbeerta, *Criminal Victimisation in Seventeen Industrialized Countries: Key Findings from the 2000 International Crime Victims Survey*, The Hague: WODC, Ministry of Justice, 2000.

에 관한 권위 있는 책으로 인정받는 저서 제목을 '범죄는 문제가 아니다 : 미합중국의 치명적 폭력'이라고 붙였던 것이다.[14] 미합중국은 화기에 의한 치명적인 폭력이라는 아주 특정한 문제를 지니고 있으며, 이는 도시 빈민가에 매우 집중되는 문제이다. 이는 한편으로 2억 개에 달하는 총기의 자유로운 소유·유통(400만 명이 매일 총기 하나씩을 지니고 다니며 전체 가구의 절반이 집에 하나씩을 갖고 있다)과 관련되어 있으며 다른 한편으로는 허약한 사회복지 체제, 심한 인종 차별, 주요 도시 빈민 지역의 뿌리 깊은 불법 길거리 경제와 관련되어 있다.[15]

미합중국이 흔히 믿듯이 '과도한 범죄' 사회가 아니라면, 프랑스 그리고 좀 더 일반적으로 유럽의 폭력 범죄 추세선이 치명적인 폭력이 지배하는 미합중국의 범죄 추세선과 비슷해지고 말고 할 것도 없다. 실제로 프랑스의 살인율과 살인 시도 비율을 합친 수치는 지난 10년 동안 5분의 1 정도 떨어졌다. 1990년에는 10만 명당 4.5건이었으나 2000년에는 3.6건으로 줄었다. '폭력을 동반한 절도'(대체로 강도와 폭행에 해당함) 사건이 이 기간에 눈에 띄게 늘어난 것은 사실이지만, 언론이 주입시키려 하듯이 '모든 사람과 모든 곳'에 발생하는 것과는 거리가 멀다. 사람에 대한 공격은 드물다. (어느 해나 마찬가지로 대략 인구의 2% 정도가 이런 일을 겪는다.) 그리고 도시 외곽에 사는 젊은 노동계급 인구 사이에서 주로 발생한다. 또 대체로 상대적으로 온건한 양상을 띠며, 정부

---

14. Franklin E. Zimring and Gordon Hawkins, *Crime is Not the Problem: Lethal Violence in America*, New York: Oxford University Press, 1997.

15. Douglas Massey, "Getting Away with Murder: Segregation and Violent Crime in Urban America", *University of Pennsylvania Law Review*, 143(5), 1995년 5월, 1203~1232쪽. Lauren Krivo and Ruth D. Peterson, "Extremely Disadvantaged Neighborhoods and Urban Crime", *Social Forces*, 75(2), 1996년 12월, 619~650쪽. Garen Wintenmute, "Guns and Gun Violence", Alfred Blumstein and Joel Wallman 엮음, *The Crime Drop in America*, New York: Cambridge University Press, 2000, 45~96쪽.

당국에 신고된 '폭행'은 절반 정도가 단지 언어 폭력이다. 이런 일 네 건 가운데 한 건만 부상이 뒤따른다. (입원하거나 휴가를 내야 할 정도의 사건은 스무 건에 한 건밖에 안 된다.) 차량을 동원한 도둑질이나 차량 절도는 사람에 대한 공격보다 훨씬 더 흔하지만, 발생 빈도는 1993년 이후 점점 줄고 있다.[16]

프랑스 공식 통계로 드러나는 이런 추세는 국제 범죄 피해 조사로도 확인된다. 1996년부터 2000년 사이에, 다시 말해 범죄의 '폭발'에 관한 파멸적인 논의가 프랑스 정치와 언론에 차고 넘칠 지경이 됐던 시기에, 열 가지 범죄 유형의 사건 누계는 인구 10만 명당[100명당의 오류―옮긴이] 43건에서 34건으로 줄었다. 이는 미합중국(47건에서 40건으로 떨어짐)보다 5분의 1이 더 떨어진 것이다.[17] 감소 현상은, 우리가 이미 봤듯이 명칭이 암시하는 것보다 전형적으로 훨씬 덜 심각한데다가 비교적 드문 범죄인 폭행을 뺀 나머지 모든 범죄에서 똑같이 나타났다. (차량 절도 건수는 100명당 1.8건에 불과한데, 이는 강도보다 여섯 배 많은 것이다.) 이렇게, 2000년에 100명당 34건이 발생함으로써 프랑스의 전반적인 희생 비율은 덴마크(35%), 벨기에(33%)와 비슷하며, 미합중국과 캐나다(39%)보다 낮고, 네덜란드(48%)와 영국(54%)에 비해서는 많이 낮았다.

그래서 미합중국이 '과도한 범죄' 국가였으나 '얄짤없음' 정책 이후는 그렇지 않게 된 반면 프랑스는 범죄가 만연하다(시급히 이 정책을 수입했어야 마땅했는데, 그렇지 않은 탓이라고 이해하면 된다)는 주장은 범죄학에 따른 주장이 아니라 이념적 허풍이다. 이런 사실은, 알랭 바우어가 존경스럽게 그의 말을 경

---

16. Laurent Mucchielli, *Violences et insécurité: Fantasmes et réalités dans le débat français*, Paris: La Découverte, 2001, 67, 61쪽.

17. van Kesteren, Mayhew and Nieuwbeerta, *Criminal Victimisation in Seventeen Industrialized Countries*, 표2, 180~181쪽을 보라. [원문 www.unicri.it/wwd/analysis/icvs/pdf_files/key2000i/index.htm 에서 볼 수 있다.―옮긴이] 발생 건수는 인구 10만 명당[100명당의 오류―옮긴이] 총 피해 건수로 표시되며, 이는 범죄가 퍼져 있는 정도(한번이라도 범죄의 대상이 됐던 인구의 비율)보다 나은 지표다. 한 사람이 한해에 여러 번의 범죄 피해를 볼 수도 있는 까닭이다.

청하는 (2000년 3월 28일에 열린 범죄에 관한 상원 정보위원회에서 그가 증언한 것에서 확인된다) 프랑스 당국한테 '방법론'을 강의하는 걸 막지는 못한다. 또는 (정기적으로 그의 말을 권위 있는 것처럼 인용하는 『르몽드』 신문 같은) 신뢰할 만하다고들 여기는 언론인들 사이에서 그가 엄격한 '범죄학자'(농담하자는 것이 아니다)의 명성을 누리는 것 또는 최근 내무장관 니콜라 사르코지[2007년 대통령이 됐다─옮긴이]가 만든 국립 범죄 관측 감시위원회 위원장이 되는 것도 막지 못한다.

경찰이야말로 범죄가 없어지게 만드는 집단이다

거리에서 벌이는 '계급 청소'의 주요 주창자이자 가난을 처벌하는 전세계적인 캠페인의 신경 중추인 맨해튼연구소가[18] 최근 내놓은 보고서는 이를[경찰 활동의 중요성을─옮긴이] 강조하고 있다. 지난 1990년대 미합중국에서 범죄 통계치가 지속적으로 떨어진 것은, 법 집행 세력이 마침내 그동안 자신들을 억압하던 이념적 금기와 법률적 제약에서 해방된 이후 정열적이고 혁신적인 활동을 벌인 덕분이라는 것이다. 이런 일의 모범 사례는, 경찰총장 윌리엄 브래튼과 윌리엄 사피어[하워드 사피어의 착각이다─옮긴이]의 지도력 아래 공화당 소속인 루돌프 줄리아니 시장이 뉴욕시에서 이룩한 극적인 반전을 통해 제시된다.[19] 그러나 여기엔 결함이 있다. 다시 한번 사실이 이념보다 훨씬 확고하며, 모든 과학적인 연구결과들

---

18. (마가렛 대처의 스승인) 앤서니 피셔가 세운 이 신보수주의 연구기관이 바로 '깨진 창문 이론'과 '얄짤없음' 정책을 신성시하고 1980년대 내내 공적 지원 해체를 (성공적으로) 선전한 뒤 자신들의 전문가들을 유럽과 라틴아메리카로 마구 내보낸 기관이다(Loïc Wacquant, *Les Prisons de la misère*, Paris: Raisons d'agir Éditions, 1999, 14~22쪽).

19. George L. Kelling and William H. Souza, *Does the Police Matter? An Analysis of the Impact of NYC's Police Reforms*, New York: Manhattan Institute, Civic Report 22호, 2001년 12월.

은 경찰이 결정적인 구실을 하지 않았다고 결론을 짓는 방향으로 모아진다. 형사 처벌 중심의 사회 불안 관리를 옹호하는 이들은 증명해야 할 것을 미리 전제하는 오류petitio principii를 범하며 경찰에 결정적인 구실을 부여해 주지만, 연구결과는 이와 거리가 멀다.

첫 번째 증명은, 뉴욕에서 범죄 폭력이 감소하기 시작한 것은 줄리아니가 1993년 말 취임하기 3년 전이며 그가 취임한 이후에도 계속 같은 수준을 유지했다는 사실이다. 게다가, 총기를 사용하지 않은 살인 건수는 1979년부터 느린 속도지만 꾸준히 줄고 있다. 다만 총기를 사용한 살인은 코카인 거래가 확산된 탓에 1985년부터 1990년 사이에 급격히 늘었다가 1990년 이후 빠르게 줄었다. 이 두 가지 범죄의 추이 곡선은 줄리아니 시장 시절에 어떤 특별한 변화도 보이지 않는다.[20] 두 번째 증명은, 범죄 폭력의 감소가 뉴욕시의 '얄짤없음' 정책을 채택하지 않은 도시들에서도 똑같이 나타난다는 사실이다. 이런 도시들에는 보스턴, 샌프란시스코, 샌디에이고처럼 정반대 정책을 선택한 도시들도 포함된다. 이 도시들은 전면적인 처벌이라는 억압을 통해 사후에 대응하기보다 이른바 문제해결 치안을 통해 범죄 예방의 대상이 되는 주민들과 꾸준한 관계를 맺으려고 시도한 곳들이다.[21] 샌프란시스코에서는 비행 청소년들을 직업훈련 프로그램으로 '눈을 돌리게' 하는 체계적인 정책, 상담, 사회 복지적 대처와 의학적 치

---

20. Jeffrey Fagan, Franklin Zimring and June Kim, "Declining Homicide in New York City: A Tale of Two Trends", *Journal of Criminal Law and Criminology*, 88(4), 1998년 여름, 1277~1324쪽. Alfred Blumstein and Richard Rosenfeld, "Explaining Recent Trends in U. S. Homicide Rates", 같은 정간물, 1175~1216쪽.

21. Judith A. Greene, "Zero Tolerance: A Case Study of Police Policies and Practices in New York City", *Crime and Delinquency*, 45(2), 1999년 4월, 171~187쪽. Khaled Taqi-Eddin and Dan Macallair, *Shattering 'Broken Windows': An Analysis of San Francisco's Liberal Crime Policies*, Washington: Justice Policy Institute, 1999. Loïc Wacquant, "Mister Bratton Goes to Buenos Aires: Prefacio à la edición para América latina", in *Las Cárceles de la miseria*, Buenos Aires: Ediciones Manantial, 2000, 11~17쪽.

료 덕분에 1995년부터 1999년까지 범죄 폭력이 33% 준 동시에 투옥자 숫자가 절반 이상 줄었다. (같은 기간 투옥자 숫자가 3분의 1 늘어나고 범죄는 26% 감소한 뉴욕과 대비된다.) 그리고 세 번째 증명은, 1984년부터 1987년까지 뉴욕시장 데이비드 딘킨스가, 1993년 이후 시행된 정책과 비슷한 공격적이고 지속적인 법집행 정책을 '작전 압력점'이란 이름 아래 이미 시행한 바 있다는 사실이다. 이 정책을 뒤따른 것은 범죄 폭력, 특히 살인의 급격한 증가였다.[22] '브래튼 모형'을 주창하는 이들과 이를 수입한 이들의 주장과 반대로, 1990년대에 뉴욕시가 도입한 치안 전략은 이 거대도시의 범죄 감소를 설명하는 데 필요하지도 충분하지도 않다는 점이 이로부터 제기된다.

비슷한 경제적·정치적 구조와 인구 구성을 물려받았고 (미합중국보다 3배 적은 살인 사건만 유독 예외이고) 전반적인 범죄의 수준은 실제 거의 똑같은 나라인 캐나다와 비교해보면, 이런 결론이 입증된다. 실제로, 몇몇 드문 예외를 제외하고 보면 1991년부터 2002년 사이 캐나다 모든 지역에서 살인, 무장 강도, 가택침입 사건이 미합중국과 같은 규모로 뚜렷이 감소했다. 감소 현상은, 법집행 기관의 행태, 사법 예산, 인신 구속 활용 정도가 전혀 변하지 않았는데도 나타났다. 실제로 재정적 제약 탓에 캐나다에서 (전체 인구 대비 경찰의 숫자로 표시한) 경찰의 감시 비율이 9% 줄었고 투옥률은 7% 떨어졌으나, 같은 기간 미합중국에서는 이 수치가 각각 10%와 47% 늘었다. 범죄학자 마르크 위메는 이렇게 지적한다. "한 나라의 여러 지역에서 그리고 서로 다른 두 나라에서, 여러 가지 범죄의 추세가 이렇게 비슷한 것은, 감소 추세에 대한 일반적인 설명을 수용하는 게 타당하다는 걸 뒷받침한다."[23] 그리고 그는 미합중국과 캐

---

22. Benjamin Bowling, "The Rise and Fall of New York Murder: Zero Tolerance or Crack's Decline?", *British Journal of Criminology*, 39(4), 1999 가을, 531~554쪽. Robert Panzarella, "Bratton Reinvents 'Harassment Model' of Policing", *Law Enforcement News*, 1998년 6월 15~30일, 13~15쪽.

나다가 이렇게 두드러지게 비슷한 모습을 띠게 만드는 두 가지 외부적 힘을 지적한다. 두 나라 모두 20살부터 34살까지 인구가 5분의 1 줄었다는 점과 두 나라 모두 실업률이 뚜렷하게 감소했다는 점이다. 실업률 감소는 비숙련 하류 계급 젊은이들이 일자리를 찾게 해주고 따라서 그들이 불법 경제 활동에서 빠져나오게 유도한다.

사실은 경찰 활동, 사법 체계와 무관한 여섯 가지 요소들이 결합해서 1990년대 미합중국 대도시의 폭력 범죄 발생을 급격히 줄였다. 첫째 요소는 활짝 펼쳐진 경제 성장이다. 규모나 지속 기간에서 역사상 유례가 없는 경제 성장이 지금까지 게으름에 빠져있거나 불법 거래에 손을 대던 수백만 명의 젊은이들에게 실제로 일자리를 제공해주고 수입을 보장해줬다. 이는 실업이 눈에 띌 만큼 줄어든 빈민가와 라틴계 거주지역을 포함한 이야기다.[24] 그럼에도 호황이 미합중국 대도시의 차별받는 이웃들 특유의 빈곤을 완화시키지는 못했는데, 대부분의 새 일자리는 임시직이거나 저임금 일자리였기 때문이다. 뉴욕시의 공식 빈곤율은 1990년대 내내 20%에서 변함없었다. 사실, 비숙련 노동시장 상황 개선의 직접 혜택을 본 이들은 결국 젊은 라틴계 사람들이었다. 흑인들에겐 행복한 경제 여건이 간접적으로만 영향을 끼쳤다. 미래의 신분 상승 희망을 더 갖게 만들고 점점 더 많은 10대가 상급학교 진학을 꾀하게 유도하며, 폭력적인 거리 범죄에 희생자 또는 가해자로 얽혀 들어갈 가능성을 크게 줄여준 것이다.[25] 그럼

---

23. Marc Ouimet, "Oh, Canada! La baisse de la criminalité au Canada et aux États-Unis entre 1991 et 2002", *Champ pénal*, 1(1), 2004년 1월 (http://champpenal.revues.org/document11. html)

24. Richard B. Freeman, "Does the Booming Economy Help Explain the Drop in Crime?", in *Perspectives on Crime and Justice: 1999-2000 Lectures Series*, Washington: US Department of Justice, 2000.

25. Andrew Karmen, *New York Murder Mystery: The True Story Behind the Crime Crash of the 1990s*, New York: New York University Press, 2001, 209~213쪽.

에도 불안전 고용이 지속되고 서비스 산업의 임금 수준이 극도로 낮았기 때문에, 전체 실업률의 급격한 하락이 직접적·간접적으로 끼친 영향은 전국 범죄율 하락의 30% 정도일 것이라고 정밀 통계 연구 결과들은 제시한다.[26]

두 번째 요소는 마약 경제의 이중적인 변화다. 우선, 빈곤에 찌든 동네의 코카인 소매 거래는 구조가 잡히고 안정됐는데, 그래서 서로 다투는 갱단들이 경쟁 문제를 해결하려고 폭력에 의존하는 일이 급격히 줄었다.[27] 1980년대 말에는, 코카인 거래가 폭발적으로 성장했고, 진입 장벽은 사실상 없었으며, 보통 젊고 홀로 활동하기 마련인 신참 거래상들이 지속적으로 목숨을 건 영역 쟁탈전에 휘말리게 됐다. 1991년 뉴욕시에서 발생한 2161건의 살인 사건 가운데 670건이 마약 거래와 관련됐다. 10년 뒤, 마약 수요는 줄었고 이 사업은 '과점 상태'로 바뀌었다. 그래서 마약 거래상 숫자도 줄었고 거래상끼리의 관계는 그전보다 덜 대립적인 양상이 됐다. 이는 마약 관련 살인 사건의 급격한 감소로 이어졌다. 1998년엔 100건 아래로 줄었다. 거리 폭력 범죄 가운데 많은 부분이 범죄자간 폭력이었기 때문이다.[28] 그 다음으로, 소비자들이 다시 ('대마초 담배' 형태로 이용하는) 마리화나, 헤로인, 메탐페타민 같은 다른 마약으로 눈을 돌리면서 코카인 선호 현상이 사라졌다. 이런 마약들은 이익이 훨씬 더 적은데, 공공장소에서 모르는 사람들끼리 거래하기보다는 서로 잘 아는 이들의 내부 관계망에서 활동하는 소매상들이 거래를 주도하는 까닭이다.[29]

---

26. Jared Bernstein and Ellen Houston, *Crime and Work: What We Can Learn from the Low-Wage Labor Market*, Washington: EPI Books, 2000.

27. 동부 할렘에서 매일 벌어지는 마약 거래를 생생히 묘사한 것은 Philippe Bourgois, *In Search of Respect: Selling Crack in El Barrio*, New York: Cambridge UP, 1995에서, 그리고 이 문제를 경찰 관점에서 묘사한 것은 Robert Jackall, *Wild Cowboys: Urban Marauders and the Forces of Order*, Cambridge: Harvard UP, 1997에서 찾아볼 수 있다.

28. Bruce A. Jacobs, *Robbing Drug Dealers: Violence Beyond the Law*, New York: Aldine de Gruyter, 2000.

29. Daniel Cork, "Examining Space-Time Interaction in City-Level Homicide Data: Crack

그리고 이어, 앞에서 지적했듯이 젊은이들 숫자(특히 18살에서 24살 계층)가 줄었고, 이는 거의 기계적으로 거리 범죄 감소로 나타났다. 언제 어디서나 마찬가지지만 이 또래는 폭력적인 법 위반에 빠져드는 경향이 가장 강하기 때문이다. 이런 인구 구성의 변화 하나만으로도 이 기간동안 사람을 상대로 한 범죄 감소의 10분의 1은 적어도 설명할 수 있다.[30] 꼭 덧붙여야 할 것은, 뉴욕시의 경우 범죄를 저지를 후보자들이 사라졌음을 보여주는 엽기적인 통계 수치다. 헤로인 복용자 가운데 에이즈 감염자들이 숨져갔고(1987년부터 1997년 사이에 1만9천 명이 숨졌다), 마약 과다 복용으로 죽고(1만4천 명), 동료에게 살해당하고(4150명) 또는 교도소로 들어가거나 국외로 추방됐고(5250명), 이를 모두 합치면 10년 동안 4만3천 명에 이르는 '말썽쟁이들'이 제거된 것이다. 이 수치는 잘못을 속죄하라고 매년 이 도시에서 뉴욕주 북부에 흩어져 있는 교도소로 보내지는 사람 숫자와 같다.[31] 젊은이와 범죄 인구의 감소가 끼친 침체 효과는 게다가 현저한 이민자 유입, 특히 도미니카 공화국과 중국, 러시아에서 오는 대부분 여성인 이민자 유입에 의해 더 커졌다. 1990년대에 이런 나라에서 뉴욕으로 들어온 이민자들은 지역 경제 참여를 수월하게 해주는 '인종적 틈새'를 이용했고, 그 결과 그들은 상업 활동과 소비를 통해서 거대한 흑인 빈민가 주변의 쇠퇴해가는 지역에 활력을 넣었다. 이는 지역 거주자들에게 "공공 공간을 되찾고 밖에서의 범죄 활동을 억제할"[32] 수 있게 해주는 것이었다.

Markets and the Diffusion of Guns Among Youth", *Journal of Quantitative Criminology*, 15, 1999, 379~406쪽. Benjamin Bowling, "The Rise and Fall of New York Murder", 같은 정간물. Bruce D. Johnson, Andrew Golub and Eloise Dunlap, "The Rise and Decline of Hard Drugs, Drug Markets, and Violence in Inner-City New York", in Blumstein and Wallman, *The Crime Drop in America*, 164~206쪽.

30. James Alan Fox, "Demographics and U. S. Homicide", in Blumstein and Wallman, *The Crime Drop in America*, 288~317쪽.

31. Karmen, *New York Murder Mystery*, 242~243쪽.

32. 같은 책, 225쪽. "121개 언어를 쓰는 사람들을 하나로 묶는 거의 무계획적인 다문화주의 사회

그러나 경제적 원인과 인구 구성적 원인이 유일하게 작동한 것은 아니고, 학습효과도 미합중국에서 범죄를 줄인 힘에 포함시켜야 할 것이다. 이는 범죄학자들이 '남동생 증후군'이라고 이름 붙인 것인데, 이 효과 덕분에 1975년에서 1980년 사이에 태어난 세대는 1980년대 말 '길거리 전쟁'의 최전선에 휘말려든 자신의 큰 형, 사촌, 어릴 적 친구들이 직면한 무시무시한 운명을 지켜보면서 그 운명을 극복하려고 독한 마약과 위험한 생활 방식에서 의도적으로 멀어졌다. 그 무시무시한 운명이란, 통제되지 않는 마약 중독, 평생 감옥살이, 폭력적이고 때 이른 죽음이다.[33] 1990년대 초 로스앤젤레스, 시카고, 디트로이트, 보스턴의 빈민가를 통제한 갱단들의 '휴전'과 '평화협정'을 보라. 이는 젊고 가난한 남성들의 살인을 크게 줄였다. 미합중국 대도시 낙후 지역 내부에 자리 잡고 있는 교회, 학교, 각종 단체, 동네 클럽, 길거리 살인에 희생된 아이들의 어머니 모임(시카고의 <마약에 맞서는 어머니들>MAD, 로스앤젤레스의 <우리 아이들을 갱생의 길로 이끄는 어머니들>Mothers ROC 따위의 모임)[34] 같은 조직들도 나름대로 힘이 닿는 한도에서 비공식적인 사회 통제 능력을 동원하고 발휘했다. (뉴욕시 흑인 경찰 협회인) <후견인 대★협의회>가 조직한 '우리 공동체를 되찾기' 운동 같은 자각과 예방 운동들이 뒤를 이어 젊은이들이 거리의 약탈 경제에서 자발적으로 빠져나오게 유도했다. 이 대목에서 벤저민 볼링의 견해에 동조

실험이 아주 잘 작동한 듯하다. 소용돌이치듯 늘어나는 범죄율에 제동을 걸고 이 흐름을 바꾸는 데 기여했다는 뜻에서 말이다."

33. Richard Curtis, "The Improbable Transformation of Inner-City Neighborhoods: Crime, Violence, Drugs, and Youth in the 1990s", *Journal of Criminal Law and Criminology*, 88(4), 1998년 여름, 1233~1276쪽. Johnson, Golub and Dunlap, "The Rise and Decline of Hard Drugs, Drug Markets, and Violence in Inner-City New York", 같은 정간물.

34. Mary Pattillo, "Sweet Mothers and Gangbangers: Managing Crime in a Black Middle-Class Neighborhood", *Social Forces*, 76(3), 1998년 3월, 747~774쪽. Ruth Wilson Gilmore, "You Have Dislodged a Boulder: Mothers and Prisoners in the Post-Keynesian California Landscape", *Transforming Anthropology*, 8(1/2), 1999, 12~38쪽.

하면서 한 가지를 강조해야 한다. 경제 상황 개선처럼 가난한 동네 주민들의 자발적 집단 움직임은 범죄 감소를 논하는 미합중국 주류 담론에서 완전히 배제됐고 심지어 루돌프 줄리아니와 윌리엄 브래튼은 이런 움직임을 신랄히 헐뜯기까지 했다는 사실 말이다.[35]

마지막으로, 1990년대 초 미합중국에서 기록된 범죄 폭력의 수위는 비정상적으로 높았기에, 중간 수준으로 수렴하도록 압박하는 통계의 법칙 덕분에 이 수치가 다시 하락할 가능성이 아주 농후했다. 수치가 평균치 밖으로 급격히 뛰어오르게 자극한 요소들(코카인 거래 초기의 폭발적 기세 같은 것들)이 지속될 수 없는 한, 이 가능성은 농후한 것이다. 이 기간을 20세기의 긴 기간에 위치지어 봄으로써, 역사학자 에릭 몬코넨은 1975년부터 1990년까지의 기간이 뉴욕시 폭력 범죄의 기본 흐름과 다른 변칙적인 시기였음을 보여줬다. 1900년부터 1960년까지 미합중국의 상징적인 수도인 이 도시의 살인율은 전국 평균보다 약간 낮았고, 1960년대 인종 폭동 이후 이 추세에서 벗어나 전국 평균 수치의 세배에 이르게 됐다. 이는 무장 대결로 통제되는 마약 경제의 눈부신 발전 탓이었다. 1990년대의 급속한 퇴조는 단지 25년 전의 전국 평균 정도의 위치로 되돌려 놓은 것일 뿐이다.[36]

이 여섯 가지 요소의 결합은 지난 십여 년 동안 미합중국에서 나타난 폭력 범죄의 감소를 설명하기에 충분하다. 그러나 오랜 기간 천천히 진행되는 과학적 분석 추세는 정치와 언론의 급속하고 격정적인 속도와 다르다. 그리고 줄리아니의 선전선동 기계는, 위험한 계급의 타고난 경솔함을 해결할 유일한 대책으로 찾아낸 경찰의 억압 정책의 효율성에 관한 미리 짜맞춰진 담론을 동원해서 (과학적) 설명이 제시될 때까지 비어있는 간격을 대신 메우려고 범죄 연구에

---

35. Bowling, "The Rise and Fall of New York Murder", 같은 정간물.

36. Eric Monkkonen, *Murder in New York City*, Berkeley: University of California Press, 2001.

불가피한 시간 지체를 공략하고 나섰다. '책임감'이라는 상투 어구 속에 틀 지워진 채 사람들을 유혹하는 이 담론은, 대서양 양쪽에서 이제 맹위를 떨치는 신자유주의 이념이 제기하는 개인주의적이고 실용적인 주제들과 공명하고 있다. 그러나 논쟁을 위해서, 경찰이 실제로 뉴욕시에서 범죄에 뚜렷한 영향을 끼쳤다고 인정해보자. 총체적인 질문은 어떻게 이런 결과를 가져왔는지 아는 것이다.

'얄짤없음'의 배후, 관료조직의 재조직화

신자유주의 성향 두뇌집단들과 정치 및 언론 영역에 있는 그들의 연합세력이 퍼뜨리는 전세계적인 신화를 따르자면, 뉴욕시 경찰은 공공 영역에서 벌어지는 가장 사소한 법 위반까지도 빠짐없이 또는 봐주지 않고 추적하겠다고 고백하는 '얄짤없음'이라는 아주 특이한 정책을 수행함으로써 범죄라는 괴물을 때려눕혔다. 따라서 1993년 이후로는, 길거리에서 구걸하거나 어슬렁거리거나 차의 음악소리를 너무 크게 틀어놓거나 빈병을 내버리거나 거리에 낙서를 하거나 심지어 단지 지자체 조례를 위반하더라도 자동적으로 체포되어 즉각 유치장에 들어가게 되어 있다. "더는 소환장D.A.T[범죄 혐의를 제기하게 될 지역 경찰서로 나중에 출두할 것을 요구하는 수사계 출석 요구서]이라곤 없다. 거리에서 오줌을 누면 유치장에 갈 것이다. 우리는 깨진 유리창을 수리할 것이다. [다시 말해 밖으로 드러난 가장 사소한 무질서의 징후도 처벌한다.] 그리고 누구도 다시 창문을 부수지 못하게 할 것이다." 이 전략은 "미합중국내 어느 도시에서나 먹혀들 것"이고 "세계의 어느 도시에서도"[37] 마찬가지로 먹혀들 것이라고 이 전략의

---

37. William W. Bratton and Peter Knobler, *Turnaround: How America's Top Cop Reversed the Crime Epidemic*, New York: Random House, 1998, 229, 309쪽. 이 책은 브래튼이 유명 정치인이나 운동선수의 장밋빛 전기 작성을 전문으로 하는 언론인의 도움을 받아서 자신의 삶을 찬송한 '자

기안자 윌리엄 브래튼은 주장했다.

현실에 있어서 '얄짤없음'이라는 이 치안 표어가 미합중국에서는 보수 정치인들조차 불쾌하게 여기는 탓에 법집행 전략으로 더는 거의 사용되지 않고 뉴욕에서 공직자들은 훨씬 공손한 표현인 '삶의 질 치안'이라는 표현을 쓰는 시점에 역설적이게도 '얄짤없음'이라는 표어가 전세계를 돌아 퍼져나갔다. 그런데 '얄짤없음'이라는 이 표어는 매일 매일의 법집행 과정에서 동시에 발생하지만 서로 분명히 구별되는 변화들을 하나로 합침으로써 그 변화상들을 은폐한다는 점에서, 케네스 버크가 '유명론적 가림막'이라고 부른 것에 해당한다.[38] 실제로 뉴욕 경찰국은 병렬적으로 나타나는 네 가지 변화상을 겪었다.

(1) 맹렬히 휘몰아치는 관료조직의 재조직화, 이를 뒤따르는 서비스의 탈집중화, 위계 구조의 평준화, 고위직 4명 가운데 3명을 즉석에서 해고함으로써 달성된 관리직의 세대 교체, 그리고 범죄 '건수' 제출 실적이 보수와 승진에 부분적으로 영향을 끼치는 직위인 지역 관할 경감에게 직접 책임을 위임하는 변화. (실적을 반영하는 방식은 예컨대 체포 건수를 뻥튀기하는 것 같은 통계 조작 압력을 심하게 만들어낸다.)

(2) 인적·재정적 자원의 엄청난 확장. 제복 입은 경관의 숫자가 1993년 2

서전'이다. 이 일을 도와준 언론인은 37만5천 달러라는 상당한 돈을 선불로 받았다. (자신의 경찰국장이 누리는 인기가 자신의 인기에 비해서 과도하다고 생각한) 루돌프 줄리아니가 그를 약식으로 해임한 뒤, 브래튼은 자신의 기술을 전세계 구석구석에 더 잘 팔아먹으려고 국제적인 '도시 안전 문제 자문역'으로 변신했다. 그는 범죄와 전쟁을 벌이겠다는 의지를 공개적으로 표시하려고 안달하는 정치인들의 부름을 받고 전세계를 돌아다녔다. 2002년 그는 로스앤젤레스 경찰국장으로 임명됐으나 기묘하게도 여기서 그가 벌인 치안 재조직화 작업에는 '얄짤없음'이 보이지 않는다.

38. E. B. Silverman and P. O'Connell, "Organizational Change and Decision Making in the New York City Police Department", *International Journal of Public Administration*, 22(2), 1998, 217~259쪽. Karmen, *New York Murder Mystery*, 3장.

만7천 명에서 2001년 4만1천 명으로 폭발적으로 늘었다. 인구 800만 명밖에 안 되는 도시에 프랑스 전체 경찰의 절반에 해당하는 경찰이 있는 것이다! 인력 증가는 단지 5년 동안에 경찰 예산이 50% 늘어 2000년 30억 달러를 넘어선 덕분에 가능했다. 지역 정부 예산은 크게 삭제됐음에도 이런 일이 벌어졌다. (같은 기간 이 도시의 사회 서비스 기금은 30%나 삭감됐다.)[39]

(3) 명성을 얻은 ('컴퓨터 통계'라는 진부한 의미를 담고 있는, 과학적인 듯 들리는 약자 모음인) 컴프스태트Compstat 프로그램을 포함한 새로운 정보기술 도입. 이는 경찰 병력을 빠르게 사건 발생 지역에 배치하려고 실시간으로 범죄 사건의 진전과 분포 현황을 추적하게 해주는 전자 정보, 데이타 공유 시스템이다. 그리고 마지막으로

(4) '기업 구조조정' 관련 고문들이 만들어낸 도식과 총기 소유, 공공장소에서의 마약 거래, 가정폭력, 교통 위반 따위에 초점을 맞춘 특정한 '행동 계획들' 이행에 맞춘 모든 서비스의 목표와 절차에 대한 철저한 재검토.

전반적으로 봐서, 악명 높게 부패했으며 범죄 피해자가 직접 와서 불만을 제기하기를 그저 기다리는 습관에 빠져있고, 언론이나 재판정에서 파문을 가장 적게 일으키는 것에 항상 신경을 쓰면서 피해자의 불만을 그저 기록하는 데 만족할 뿐 아니라, 비겁하고 우쭐대며 수동적인 행태에 딱 어울리는 명성을 얻고 있는 관료 체제, 이 관료 체제가 열정적인 '안전 관리 업체'와도 같다는 직유법 표현이 딱 어울리는 대상으로 바뀌었다. 거대한 인적 자원과 물적 자원을 갖추

---

39. Citizens Budget Commission, New York City and New York State Finances, 1999-2000 회계 연도, New York: Five-Year Pocket Summary, CBC, 2000. 예를 들어 루돌프 줄리아니는 자신의 두 번째 임기 중에 경찰들에게 매주 하루씩 초과 근무를 하게 하는 '작전 콘도르'라는 프로그램에 8000만 달러를 배정했다. 반면 시 도서관들은 예산이 (전체 예산의 6분의 1에 해당하는) 4000만 달러 부족해 운영시간을 줄이고 제공하는 서비스를 축소했다.

고 공격적인 태도까지 겸비한 채 말이다. 여기까지는 논란 없이 인정할 수 있다. 그러나 이 관료적 변화가 범죄에 뚜렷한 영향을 끼쳤다면, 물론 아직까지 누구도 어떤 영향을 끼쳤는지 제시하지 못하고 있지만,[40] 그 영향은 현장 차원에서 경찰이 도입한 특정 치안 전술과는 아무 관련이 없을 것이다.

'깨진 창문'에서 '불알 깨기'로

미합중국에서 비롯돼 전세계적으로 번진 마지막 네 번째 안전 신화는 그전의 세 가지 신화만큼이나 우스꽝스럽다. [세가지 신화는 미국이 높은 범죄율을 효과적으로 낮췄다, 이 일의 주역은 경찰이다, 경찰 대책의 핵심은 '얄짤없음'이라는 것이다. ─옮긴이] 네 번째 신화는 뉴욕시의 치안 승리를 가져온 걸로 여겨지는 '얄짤없음' 정책이 과학적으로 입증된 범죄학 이론 곧 유명한 '깨진 창문 이론'에 바탕을 두고 있다는 생각에 따라 나온 관념이다. 깨진 창문 이론은 가장 사소한 거리의 법 위반이나 방해 행위라도 즉각 단호하게 제압하면, 기준을 재천명하고 법 존중 정신을 극적으로 표현함으로써 건전한 질서 의식 풍토를 (재)구축하고 이를 통해 심각한 범죄 발생을 억제하게 된다고 주장한다. 이는 '달걀 도둑이 소 도둑 된다'는 널리 알려진 프랑스 속담을 기묘하게 묘사한 격이다. 그런데 이 이른바 '이론'은, 20년 전에 극보수 정치학자 제임스 Q. 윌슨과 그의 조수 조지 켈링(맨해튼 연구소 선임연구원으로 변신하기까지 캔자스시티 경찰청장이었던 인물)이 9쪽짜리 짧은 글의 형태로 정식화한 것인 한에서는 전혀 과학적이지 않다. 이 글은 능력

---

40. 확보할 수 있는 모든 경찰 기록과 재판 기록을 애써서 점검한 결과를 근거로, 예컨대 카멘은 시 관리들의 주장과 반대로 줄리아니 재임 기간에 도입된 경찰의 새로운 전술이 총기 소지자 검거를 늘리지 못했고 범죄 불만 제기 해소율을 높이지도 못했음을 밝혀냈다. 경찰의 범죄 예방 또는 억제 효율을 나타내는 데 공통적으로 쓰이는 다른 지표 상으로도 별 성과를 보이지 못했다 (Karmen, *New York Murder Mystery*, 263~264쪽).

있는 연구자들이 대등한 위치에서 내용을 검토하는 범죄학 학술지가 아니라 문화 잡지인 『애틀랜틱 먼슬리』에 실렸다. (이런 잡지에 실렸다는 사실이 1999년 프랑스 <국내 안전 고등 연구소>의 공식 학술지에 번역되어 실리는 걸 막지는 못했다.)[41] 그리고 그 이후 경험적 검증이 시도된 적이 한 번도 없었다.

'깨진 창문 이론' 옹호자들은 거의 기계적으로 1990년 시카고의 정치학자 웨슬리 스코건이 쓴 책 『무질서와 쇠퇴』를 인용한다. 이 책은 미합중국의 여섯 개 도시 내 마흔 개 지역에서 실시한 조사를 바탕으로 도시 지역의 사회적·생태적 혼란의 원인을 추적하고 해결 방법을 평가하는 내용이다. 이 책을 꼼꼼히 읽어보면, 도시지역 범죄율을 결정하는 가장 강력한 요인은 '도시 무질서' 분위기가 아니라 가난과 인종 차별임을 알 수 있다. 게다가, 이 책의 통계 분석 결론은 측정 오차와 자료 미비가 쌓인 탓에 무의미해졌고, 저자 자신은 유명한 '깨진 창문 이론'에 대해 단순한 '은유'라는 평가를 내린다.[42] 실제로, 캘리포니아주 오클랜드에서 앨버트 라이스가 수행한 조사와 워싱턴시에서 로런스 셔먼이 실시한 조사처럼 이 이론이 주장하는 '단속효과'(사소한 위반을 억제하면 주요한 법 위반의 발생을 제한할 수 있다는 주장)를 검증하려한 연구 가운데 어느 것도 증거를 찾아내지 못했다. 인터뷰와 매일 찍은 비디오를 바탕으로 시카고의 196개 지역에서 수집한 체계적인 자료를 비교 분석한 결과는 심지어 특정한

---

41. James Q. Wilson and George Kelling, "Broken Windows: The Police and Neighborhood Safety", *Atlantic Monthly*, 249, 1982년 3월, 29~38쪽.

42. Loïc Wacquant, "Désordre dans la ville", *Actes de la recherche en sciences sociales*, 99, 1993년 9월, 79~82쪽 (Wesley Skogan의 비판적인 논문인 *Disorder and Decline*, New York: Free Press, 1990). Bernard E. Harcourt, "Reflecting on the Subject: A Critique of the Social Influence Conception of Deterrence, the Broken Windows Theory, and Order-Maintenance Policing New-York Style", *Michigan Law Review*, 97(2), 1998년 11월, 291~389쪽. Wesley G. Skogan, "Review of George Kelling and Catherine M. Coles, Fixing Broken Windows: Restoring Order and Reducing Crime in Our Communities (1996)", *American Journal of Sociology*, 103(2), 1997년 9월, 510~512쪽.

지역에서 확인된 '무질서'의 징후와 그 지역의 범죄율 사이에는 어떤 통계적 상관관계도 없음을 결론적으로 보여준다. (가택 침입의 경우만 예외적으로 상관관계의 가능성이 부분적으로 나타났다.)[43]

결국, 이 문제에 대한 고된 검토 끝에 법학자 버나드 하코트는, 뉴욕 경찰국이 범죄 감소에 기여했다면 그건 예의를 재정립하고 처벌받지 않고 넘어가는 일을 단호히 거부한다는 의지를 공표함으로써가 아니라 감시 강도를 크게 강화했다는 단순한 사실 때문일 것이라고 주장하기에 이른다. 실제로, 1990년 뉴욕시는 주민 10만 명당 38명의 경찰을 보유하고 있었는데, 10년 뒤에는 두 배로 늘었고 그들의 활동은 가난한 주민들과 빈민 지역에 심히 집중됐다.[44] 한마디로, 여전히 가설에 불과하지만 치안이 중요한 구실을 한 지역에서 경찰 효율성의 원인은, 윌슨과 켈링이 제시한 이른바 이론이 주장했듯이 기준을 회복하는 도덕 체계가 아니라 경찰과 형벌을 동원한 억압의 강조와 집중이다.

그러나 이 이야기에는 더 우스운 측면이 있다. 뉴욕시가 공적인 공간에서 경찰을 동원해 가난한 이들을 지속적으로 괴롭히는 정책을 채택한 것은 이 정책을 고안한 사람들이 시인하듯이 그 어떤 범죄학 이론과도 무관한 것이었다. 실제로는 유명한 '깨진 창문 이론'을 정책 도입 뒤에 관리들이 발견해서 끌어들였다. (대부분이 백인이자 부르주아들인) 유권자들에게서 인기를 얻었지만 원칙에 있어서나 실제 적용에 있어서 근본적으로 차별적인 성격의 조처에 합리적인 겉모습

---

43. Albert J. Reiss, Jr., *Policing a City's Central District: The Oakland Story*, Washington: National Institute of Justice Research Report, 1985년 4월. Lawrence Sherman, "Police Crackdowns: Initial and Residual Deterrence", *Crime and Justice: A Review of Research*, 12, 1990, 1~48쪽. Robert J. Sampson and Stephen W. Raudenbush, "Systematic Social Observation of Public Spaces: A New Look at Disorder in Urban Neighborhoods", *American Journal of Sociology*, 105(3), 1999년 11월, 603~651쪽.
44. Bernard Harcourt, *Illusions of Order: The False Promise of Broken Windows Policing*, Cambridge: Harvard University Press, 2001.

을 씌우고, 주기적으로 도입되고 유행하는 낡은 수단으로 되돌아간 데 불과한 조처에 혁신적인 느낌을 주는 조작을 가하기 위해서 말이다. '범죄에 맞서는 전쟁의 천재'[45]이자 브래튼의 오른팔이며, '삶의 질 치안'이 거리에 확대 적용되기 전에 이 정책을 먼저 지하철에 도입한 인물인 잭 메이플은 1999년 카우보이식 제목의 자서전 『범죄에 맞서는 전사』에서 이렇게 노골적으로 말한다. " '깨진 창문'은 단지 우리가 '불알 깨기' 이론이라고 부르곤 하던 것을 확장한 것이다." 이 이론은 경찰의 일반 통념에서 비롯된 것인데, 경찰관들이 악명 높은 범죄자의 가벼운 죄를 계속 추적하면, 범죄자는 평화와 평온을 위해 그 지역을 떠나 다른 곳에 가서 범죄를 저지르게 될 것이며 그래서 그 지역에서는 범죄가 줄어들 것이라고 규정한다. 메이플이 이룬 혁신은 이 개념을 (본인의 표현대로 하자면) '불알 깨기 플러스'로 '현대화'한 것이다. 현대화는 범죄를 저지르려는 악당이나 보호관찰 또는 가석방 조처에 따라 이미 감시 받고 있는 악당 가운데 가능하면 많은 악당을 체포하려고 신분 확인과 범죄 기록 데이터베이스를 서로 연결한 것을 말한다.[46]

줄리아니의 치안 이론을 맡은 이 설계자는 '가벼운 질서 교란 행위와 더 심각한 범죄 사이의 신비한 연결고리'가 있다고 믿는 이들을 공개적으로 비웃는다. 경찰이 무례한 행위를 엄격히 단속함으로써 폭력 범죄를 줄일 수 있다는 생각은 그가 보기엔 그저 '안타까운' 것 같다. 그리고 그는 뉴욕과 뉴올리언스에서 자신이 직접 겪은 업무 경험에서, 이 불합리한 생각이 거짓임을 보여주는 많은 예들을 제시한다. 그는 이런 치안 전술을 채택하는 시장을 '암 환자에게 얼굴 성형술을 해주는' 의사 또는 '상어 대신 돌고래'를 잡는 잠수 낚시꾼에 비

---

45. 시에서 거행한 잭 메이플 공식 장례식에서 루돌프 줄리아니 시장이 부여한 호칭이다. "Master Crime Fighter Given Eulogy to Match his Success", *New York Times*, 2001년 8월 10일.

46. Jack Maple and Chris Mitchell, *The Crime Fighter: How You Can Make Your Community Crime-Free*, New York: Broadway Books, 1999, 152~153쪽.

교하기까지 한다. 그리고 어떤 모호함도 피하려고 메이플은 요점의 급소를 찌른다. " '삶의 질 플러스'는 '얄짤없음'이 아니다." 정반대로, 이것이 암시하는 바는 한정된 시간과 법집행 인력 자원의 낭비를 피하려고 범죄의 길에 있다고 추정되는 사회 집단 부류에 경찰 활동을 정확하게 맞추는 것이다.[47]

메이플은 자신의 책에서 이렇게 말한다.

[뉴욕시] 폭력 범죄가 급격히 떨어졌다는 보고서[를 추종해서], 많은 사람은 악당들이 예의바른 분위기가 지배하는 것에 주목했기 때문에 갑자기 품행이 단행해졌다는 '깨진 창문' 개념을 신뢰했다. 일이 진행되는 건 이런 식이 아니다. 강간범과 살인자들이 지하철에 낙서가 사라진 것을 보고 다른 도시로 떠나는 게 아니다. 보통의 길거리 차 유리 닦새들이[거리에 서있는 차를 무작정 닦고 돈을 요구하는 이들-옮긴이] 닦새질을 관대하게 넘기는 분위기가 강해지면 언제라도 청부 살인을 맡기 시작하는 게 아니다. 구걸이 동네를 살인 천지로 바꿔놓는 게 아니다 ……. 삶의 질 법집행은, 적군의 비행기가 아직 땅에 있을 때 폭격해 부수듯이 악한들이 일을 쉬고 있을 때 경찰이 그들을 체포할 수 있게 하기 때문에 범죄를 줄인다.[48]

잭 메이플은 아주 공식적인 기구인 프랑스 <국내 안전 고등 연구소>의 '전문가들'이 초안을 잡은 '31번째 메모'의 다음 구절을 읽는다면 분명 깜짝 놀랄 것이다. 이 기구는 프랑스 내무부에 딸린 사이비 연구소인데, 여러 좌파 세력들로 구성된 정부의 처벌 위주 정책 전환을 정당화하는 연구 책임을 맡고 있다. 이 기구의 메모는 시장들이 '지역 안전 계약'을 정교하게 다듬는 데 지침을

---

47. "삶의 질 법률을 집행하는 부대를 [범죄 기록 통계 분포] 지도에 범죄와 범죄자가 집중되는 걸로 표시되는 지역에 보내야 하고, 검문에 관한 규칙은 돌고래가 아니라 상어를 잡는 데 맞게 만들어야 한다."(Maple and Mitchell, *Crime Fighter*, 154~155쪽).
48. 같은 책, 154~155쪽.

제시하면서 이렇게 쓰고 있다.

미합중국의 연구 결과들은 무례한 행동이 번지는 것은 다름 아니라 범죄의 전
반적인 증가를 경고하는 신호임을 보여줬다. 아무리 사소하더라도 최초의 탈선
행위가 일반적으로 퍼지게 되는 한, 동네에 낙인을 찍고 다른 형태의 탈선행위
를 끌어들이고, 사회의 일상적인 평화가 끝났음을 알린다. 내리막길의 나선이
나타나고, 폭력이 뿌리를 내리며, 이와 함께 모든 다른 범죄들, 협박, 가택 침
입, 마약거래 등도 뿌리내린다. (J. 윌슨과 T. 켈링의 '깨진 창문 이론'을 보라.)
이 연구 결과를 바탕으로 뉴욕 경찰국장은 무례한 행위를 하는 자들에 대한
'얄짤없음'이라는 전투 전략을 확립했는데, 이는 이 도시에서 범죄가 아주 두드
러지게 줄어든 원인들 가운데 하나인 듯하다.[49]

대서양 양쪽의 엉터리 이야기는 말할 것도 없고 이렇게 쏟아져 나오는 거
짓들과 이 거짓이 드러내 보여주는 창피한 경솔함을 보면서 밀려오는 불신감을
억제하기 힘들다. 뉴욕시가 시행한 경찰의 지속적인 길거리 빈민 학대 전술은,
경찰의 직업적 상식을 바탕으로 한 소박한 '이론들'을 체계적이고도 착실하게
적용한 것일 뿐이다. 이는 잭 메이플이 말하듯이 '악당학'crookology에 속하는 것
이지 '범죄학'criminology에 속하는 것이 아니다. (메이플은 스스로를 '악당학 전문
가'로 부르길 좋아했다.) 그러나 정확히, 이런 상식은 이번 경우에 있어선 별로
이치에 맞지 않다. 미합중국의 최고 전문가에 속하는 두 사람이 지난 20년 동
안 미합중국에서 범죄에 맞서는 경찰의 효율성을 검사하려고 실시한 과학적 조
사들을 엄격하고 철저하게 평가한 결과, 이렇게 온건하게 결론을 냈다. 범죄와

---

49. Institut des Hautes Études de la Sécurité Intérieure, *Guide pratique pour les contrats locaux de
   sécurité*, Paris: La Documentation française, 1997, 133~134쪽. '지역 안전 계약'은 특정 지역과
   동네에서 범죄 예방과 억제 전략을 공조하려고 시 정부가 중앙 정부와 맺는 계약이다.

전쟁에 투입된 경찰관 규모도, (공동체 치안 도입과 같은) 법집행 기관들의 내부 조직과 문화 변화도, (마약 거래를 뺀 나머지만 목표로 했다는 점에서 '예외를 둘 가능성이 있고 편파적으로 예외를 적용한 것'인) 범죄 성향이 강한 지역과 집단을 목표로 한 전략도, 그 자체만으로 범죄의 변천에 어떤 영향을 끼치지 못했다는 것이다.[50] 두 사람이 많은 경찰 전술을 검토하면서 보여준 마지막 아이러니는, 두 사람이 '컴스태트'와 '얄짤없음'을 미합중국 도시 지역에서 "폭력 범죄를 줄이는 데 기여했을 가능성이 가장 적은 것"들로 부각시켰다는 사실이다. 이들은 이렇게 결론 맺는다. "신화 한 가지가 있다. 경찰이 나라의 범죄율에 실질적이고 폭넓은 영향을 독자적으로 끼쳤다는 생각이다."[51]

러시아 인형처럼, 대서양 저편에서 온 네 가지 학구적 신화들은 삼단논법 같은 느낌을 주는 일종의 논리적 연결고리를 형성하려고 서로 차곡차곡 포개져 있다. 이는 도시 거리에서 '계급 청소'를 벌이는 공격적인 정책의 채택을 아무런 저항 없이 정당화할 수 있게 한다. 이런 정책은 근본적으로 차별적이다. 규범을 벗어난 행동과 불법 행위를 동일시하는 걸 바탕으로 삼고, 절차에 따라 유죄 판정을 받지 않았더라도 도덕이 결여됐다고, 아니 사실은 경범죄 혐의가 있다고 미리부터 의심 받는 지역과 사람들을 목표로 삼는다. 오랫동안 '과도한 범죄' 사회였던 미합중국이 다른 나라가 범죄의 '폭발'로 휘청거리는 시점에 경찰의 행동으로 평화로워진 것이 진짜 사실이라면, 새로운 치안 종교의 성지 뉴욕시

---

50. John E. Eck and Edward R. Maguire, "Have Changes in Policing Reduced Violent Crime?", in Blumstein and Wallman, *The Crime Drop in America*, 207~265쪽. 두 사람은 이렇게 주장한다. "가장 그럴듯한 가설은 경찰의 이런 행동이 (구속 조처 같은) 다른 사법 정책들, (주민의 노령화 또는 옥외 마약 소매 시장의 쇠락 같은) 사회적 요소들과 상호 작용을 일으켰다는 것이다 ……. 치안의 변화가 폭력 범죄 감소에 유일하게 또는 가장 중요하게 기여했다는 주장보다는 어떤 형태의 상호작용이 그렇게 작용했다는 주장이 더 그럴듯하다."(245쪽과 248쪽).
51. 같은 책, 249쪽.

가 '얄짤없음' 정책 덕분에 폭력 범죄를 무찌른 것이 진짜 사실이라면, 이런 정책이 건전한 범죄학 이론('깨진 창문')에 따라 형성된 것이 진짜 사실이라면, 어떻게 이런 개념들을 수입하려 몰려가지 않고, 이 개념들이 합리적인 근거를 제공하는 듯 보이는 조처들을 권장하지 않을 수 있겠는가? 실제에 있어서, 새로운 '미합중국산' 안전 성경의 네 가지 핵심 명제는 어떤 과학적 정당성도 결여하고 있으며, 이 명제들의 실천적인 유효성은 현실에 기반을 두지 않은 집단적인 믿음을 근거로 삼는다. 그러나 서로 서로 연결된 이 네 가지 명제는 경찰의 소탕 작전에 사이비 학문적 근거를 제공하고 국가의 사회적·경제적 개입 책임 방기로 빚어진 온 땅의 사회 불안을 형법으로 관리하는 정책 전환을 합리화하는 데 크게 기여함으로써 지적인 속임수와 정치 사기 행위의 전세계적 발사대 구실을 하고 있다.

결정적인 순간에 진실을 말하기
미합중국 뉴스 매체와 이라크 침공, 점령

로버트 W. 맥체스니

대중이 정보를 얻지 못하거나 정보 획득 수단이 없는 상황에서 대중의 정부는 단지 광대극 또는 비극의 발단이거나 아마도 둘 모두다. 지식은 영원히 무지를 지배할 것이고, 제 스스로를 통치하려는 사람은 지식이 부여하는 힘으로 무장해야 한다. (제임스 매디슨)[1]

자유 언론이라는 개념, 권력을 지닌 이들과 권력을 쥐길 바라는 이들을 감시하는 기관이라는 개념, 거짓에서 진실을 탐색하고 대중이 우리 시대의 긴급한 쟁점에 관심을 기울이게 만드는 기관이라는 개념은 자유민주주의 이론의 기초다. 실제로는, 자유민주주의적 자본주의 사회에서 언론 체계가 이 훌륭한 목표를 결코 완성하지 못했다. 일부가, 흔히 진보적인 행동주의와 개혁을 통해서 다른 것들에 비해 좀더 가까이 가긴 했지만 말이다. 그동안 자유 언론의 존립을 가로막은 주된 내부 요인은, 언론 매체의 사적 소유 그리고 보통 광고 판매를 통해

---

1. Letter to W. T. Barry, 1822년 8월 4일, in Philip R. Fendall 엮음, *Letters and Other Writings of James Madison*, Volume III, Philadelphia: Lippincott, 1865, 276쪽.

실현되는 이윤의 극대화 충동이었다. 주된 외부 장벽은, 엘리트들이 언론으로 하여금 자신들의 목표를 지지하라고 직접적·간접적으로 계속 가하는 압력과, 계급으로 나뉜 사회에서 참여 민주주의 정치 문화를 촉진하기 어렵다는 점을 꼽을 수 있다. 맑스의 작품에서 가장 확실하게 시작된 급진적인 언론 비판은 그동안 결코 매디슨의 자유 언론 개념을 거부하지 않았다.[2] 도리어, 급진적인 언론 비판의 요점은 바로 자유 언론의 이상이 자본주의 사회와 결코 화해할 수 없는 성질을 지녔음을 강조하는 것이었다.

언론 체계의 최대 시험은 정부의 전쟁 수행 권한을 감시할 힘을 어떻게 시민들에게 부여하느냐에 있다. 전쟁은 조직적으로 용인된 폭력으로서, 국가 권력의 가장 심각한 사용에 해당하며, 이 권력이 얼마나 잘 시민들의 감시·통제 아래 놓이게 만드느냐는 언론뿐 아니라 사회 전반을 평가할 리트머스시험지라고 할 수 있다. 권력을 쥔 이들, 전쟁과 제국에서 이익을 취하는 이들은 거의 틀림없이 언론을 가장 중요한 전선으로 본다. 언론은 동의를 조작해내고 반대자를 주변화시키는 자리이기 때문이다. 언론 체계에 있어서, 전쟁은 결정적인 순간이다.

미합중국에 관해서 말하면, 건국의 아버지들이 정부의 전쟁 수행 권한을 제한하고 특히 대통령을 의회의 엄격한 통제 아래 두려고 얼마나 신경 썼는지는 과장해서 말하기 힘들다. 미합중국 건설자들은 평등주의나 민주주의의 친구들이 아니었지만, 전제정치는 결연히 반대했다. 그들 모두는 몽테스키외에게서 배움을 얻었다. 그리스, 로마부터 근대까지의 역사는, 비밀주의, 위계질서로 규정되는 군사 제국이 자치 공화국 정부와 양립할 수 없음을 반복적으로 보여줬다는 사실을 말이다. 그리고 그들은, 존립 가능한 자유 언론은 시민들에게 통치자

---

2. Saul K. Padover 번역하고 엮음, Karl Marx, *On Freedom of the Press and Censorship*, New York: McGraw-Hill, 1974.

들이 가장 흔히 주지 않으려 하는 소중한 것 곧 제 나라 아이들을 멀리 떨어진 전장으로 보내 죽게 할 권한을 지닌 이들을 통제하는 데 꼭 필요한 정보를 줄 수 있는 유일한 기구라는 사실을 이해했다.

그래서 언론이야 말로 군대의 민간 통제를 유지하고 제국이 날뛰는 걸 막을 책임을 홀로 지는 기구이다. 미합중국 연방 대법원이 1971년 국방부 비밀 보고서 보도 사건을 다루면서 언론 자유의 의미를 숙고하던 당시, 포터 스튜어트 판사는 이렇게 썼다. "우리 국가 생활의 다른 영역에서 정부 견제와 균형이 없는 지금, 국가 방위와 국제 관계에서 행정부의 정책과 권력을 실질적으로 견제하는 유일한 억제력은 계몽된 시민들 손에, 민주 정부의 가치를 홀로 지켜낼 수 있는 견문 넓고 비판적인 여론에 있을 것이다." 이런 위대한 말들과 정서가 존재하지만, 지난 세기에 미합중국이 외국에서 벌인 전쟁과 전세계에서 미합중국이 맡았던 더 폭넓은 구실에 관한 미합중국 언론의 보도 기록은 지독히 형편없다. 이 나라의 언론 체계는 되풀이해서 거짓말과 절반의 진실을 퍼뜨렸고 실제로 정당성이 증명된 반대 목소리를 대개 뭉개버렸다. 미합중국에서 정직한 반성은 언제나 뒤늦게 이뤄진다. 이 반성은, 우리가 역사에서 배운다는 생각 그리고 언론의 문제점들은 이미 사라졌다는 생각을 전제로 한 것이다. 이 글은, 이런 양태를 역사적 관점에서 놓고 본 뒤에 2003년부터 2005년까지 미합중국의 이라크 침공과 점령에 관한 언론 보도를 분석할 것이다. 이제부터 보게 되겠지만, 자유 언론이 맞이한 바로 이 결정적인 순간에 그 어느 곳에서도 진실을 거의 찾아볼 수 없었다.

전쟁 동의를 조작하기

1898년 스페인-미합중국 전쟁으로 시작해서, 미합중국은 수많은 외국 내 군사 작전과 미군을 투입한 주요 전쟁을 벌였다. 거의 모든 주요 전쟁, 곧 스페인-미합중국 전쟁, 1차 세계대전, 2차 세계대전, 한국 전쟁, 베트남 전쟁, 1980년대 중앙아메리카 대리전쟁, 그리고 1차 걸프 전쟁에서 분명한 유형이 나타났다. 미합중국 국민은 상당히 심하게 유보적인 태도를 보인 반면 대통령은 전쟁을 바란 것이다. 거의 모든 사례에서 백악관은 대중의 참전 지지를 얻어내려고 선전선동 활동을 벌였다. 이 활동은, 목표(전쟁)가 수단(거짓말)을 정당화한다는 시각에 따라 진실을 왜곡한 것이었다. 이 모든 전쟁이 당연히 부적절했다는 말은 아니다. 예를 들어 2차 세계대전의 미합중국 참전은 강력히 옹호할 수 있다. 그러나 이 경우에도 루스벨트 대통령은 증거가 아무리 분명해도 모든 미합중국 국민이 똑같이 행동하지 않을지 모른다고 걱정했다. 그래서 속담에 있듯이, 그는 우리를 전쟁으로 '기만을 통해 몰아갔다.'

뉴스 매체들은 이 모든 전쟁을 맞아 반복되는 딜레마에 직면했다. 행정부는 대중의 전쟁 지지를 얻어내려고 공격적인 선전선동 공세를 펼쳤고, 핵심 전쟁터는 우호적인 언론 보도를 얻어내는 지점이었다. 이 모든 전쟁에서 뉴스 매체들은, 정부의 전쟁 찬성 노선에 도전하고 주장을 뒷받침할 확실한 근거를 요구하고 사건의 전모가 미합중국 국민들에게 드러나게 하려고 깊이 파고들 것인가, 아니면 다소간 전쟁 찬성 노선을 따라갈 것인가, 딜레마에 빠졌다. 원칙적으로 믿을 수 있는 언론은 국가 지배자들과 그들의 적들을 똑같은 기준에 놓고 근거를 따져야 한다. 거의 모든 경우 뉴스 매체들이 두 번째를 선택했다는 사실을 지적하는 건 즐거운 일이 아니다. 국방부의 보고서와 존슨 대통령 집무실의 발언 녹음 기록이 정부의 뻔뻔한 이중성을 그대로 보여준 베트남 전쟁의 경우, 뉴스 매체가 정부의 거짓말을 기꺼이 앵무새처럼 반복한 것은 자유 언론의 요건을 철저하게 내팽개친 사건이었고 그 결과는 수백만 명의 목숨을 앗아간 끔찍한 재앙이었다. 언론대학에서, 이런 사례들은 미합중국 언론 역사에서 당혹스런 순간으로 취급되고 교과 과정에서 꼼꼼히 검토되지 않는다. 꼼꼼히 검토하는 사안은, 거짓말이 저질러지고 목숨이 희생된 몇 년 뒤에 언론에 실리는, 공식적인 허구에 도전하는 보도 내용들이다.

뉴스 매체들이 1917년, 1941년, 1950년, 1964년, 2003년에 전쟁을 할지 말지 결정을 고심하는 미합중국 국민들에게 기본 사실들을 제시해주지 않은 이유를 밝히는 것은 심층적인 문제다. 애국적 충동이 지배한 나머지, 어떤 언론도, 누군가의 표현대로 '우리 편을 성원하는' 경향이 강할 것이라고 주장할 수 있을 것이다. 그러나 이런 분석은, 왜 애국적 충동이 상황에 따라 다른 형태로 존재하는지, 왜 사회 구성원 가운데 일부는 다른 이들보다 더 열렬하게 이를 표현하는지, 이 충동이 언론 매체와 직업적 관행을 통해 어떻게 드러나는지, 예외를 어떻게 설명할 수 있는지 묻는 질문의 논점을 회피한다. 짧게 말해서, 애국적 충동으로 해명하는 것은 답보다는 더 많은 질문을 만든다.

미합중국이 벌인 전쟁에 대한 재앙과 같은 보도 행태를 설명하려면 내가 다른 책에서 길게 분석한 언론의 더 폭넓은 위기를 파고들어가 봐야 한다.[3] 20세기 초 이후, 주요 뉴스 매체들은 거의 상업 조직들이 되었고 그래서 보수적인 성향을 보였다. 언론 기업들을 소유하고 경영한 이들은 사회 구조의 꼭대기에 있는 이들의 세계관에 만족하는 성향을 띠었다. 자신들 또한 똑같은 위치에 있었고 정부 정책이 자신들의 이익을 증진하는 걸로 이해해서 지지했기 때문이다. 게다가 대부분의 언론 사주들은 애국적이지 않다거나 반역적이라고 비난받기 싫어했다. 체제는 그들을 잘 대해줬다. 구조적 또는 사회적 관점에서 보면, 상업 뉴스 매체 조직이 강력한 전쟁 찬성 홍보 활동에 중대한 도전을 제기하기를 기대할 수 없다.

---

3. Robert W. McChesney, *The Problem of the Media*, New York: Monthly Review Press, 2004, 2장을 보라.

그러나 뉴스를 작성하고 편집하는 편집인들과 일선 기자들은 어떤가? 그들 몇몇은 자랑스럽게도 노동계급 출신이다. 확실히 그들은 엘리트들의 정책 명령에 사주들과 비슷하게 충성하지 않는다. 언론 사주들이 지닌 암묵적이고 노골적인 제도적 특권의 범위 밖에서 편집인들과 기자들이 일정한 자율권을 발휘하는 한, 언론 보도의 성향은 훨씬 더 불확실해진다. 이 때 우리는 권력자에 대한 집요한 추궁조차 기대할 수 있다. 유감이지만 이런 경우는 아주 예외적일 뿐이다. 주요 문제는 '전문 언론'이라는 것의 등장인데, 미합중국이 세계적인 군사 강대국으로 등장하던 때 함께 나타났다. 1940년대 미합중국의 편집국을 확고히 지배하게 된 전문 언론이라는 형식의 모든 한계들이, 다시 말해 공식 취재원에 의존하고 전후 맥락 파악을 두려워하고 '저기 말고 여기를 파헤치라'는 무언의 명령이 작동하는 것 따위가, 전쟁의 북소리가 점점 커져가던 때 서로 결합해 작용하면서 언론을 감시견이 아니라 애완견으로 만들어 갔다.

이 점에 대해 대부분의 학자들이 강조하는 요소는 전문 언론의 공식 취재원 의존 현상이다. 만약 권력자가 어떤 쟁점을 논하면, 언론인들은 뒤지고 찾아낼 여지를 일정하게 확보하게 된다. 만약 권력자가 어떤 쟁점에 동의해 그걸 전제로 삼거나 진지하게 논하지 않으면, 언론인이 당파적이며 이념적인 의제를 제기한다는 비난을 듣지 않으면서 이 쟁점을 제기하는 것은 거의 불가능하다. 그래서 이런 문제제기는 거의 드물고, 제기하더라도 나쁜 언론이라고 매도당한다.

공식 취재원이 정당한 논쟁의 범위를 결정할 힘을 쥔다는 것은 대부분의 정치 이야기에서 나타나는 유감스런 경향이다. 그러나 이 경향은 전세계에서 미합중국이 맡고 있는 구실에 관한 보도 측면에서 보면 거의 재앙이나 다름없는 것이다. 일반 시민은 국내 정치에 비하면 이 분야에서 훨씬 더 언론에 의존하게 된다. 정치에 관해서는 시민들의 일상 경험이 왜곡된 언론보도를 일정 부분 바로 잡을 수 있게 해준다. 게다가 '공식 취재원들' 사이에는 미합중국이 세계에서 자비로운 임무를 수행한다는 공감대가 그 어떤 문제보다 일반적으로 더 크다. 아마도 (이보다 더 큰) 유일한 예외가 있다면, 그들이 유일하게 정당한 경제 구성 방식으로 생각하는 미합중국식 자본주의의 위대성에 대한 공감대일 것이다.

미합중국 외교 정책을 이끄는 두 가지 근본 전제가 있다. 사실은 전제라기보다 신조지만 말이다. 이 두 가지는 미합중국 양대 정당의 '공식 취재원'들이 모두 수용하는 것이며, 미합중국 언론에서 의문시되는 일이 거의 없다. 첫 번째 전제는, 미합중국이 이 세계에서 자비로운 세력이고, 이렇게 규정함에 따라 미합중국이 하는 일은 무엇이든 궁극적으로 이 세계를 좀더 정의롭고 민주주의적인 곳으로 만들려는 일이라는 생각이다. 이는 즐거운 전제이며, 상대적으로 덜 이타적일지 모르는 목표들을 감추는 데 꼭 필요한 위장막을 치는 구실을 한다. 이 전제는 또한 세계에서 미합중국이 실제 맡고 있는 기능을 둘러싼 논쟁이나 토론을 거의 불가능하게 만든다. 많은 미합중국 국민들은 미합중국이 자비로운 거인이며 강력한 악인들에게 사방에서 공격받고 있다는 공식적인 이야기를 받아들인다. 미합중국이 전세계 군비 지출의 거의 절반을 차지한다는 사실, 미군이 세계에서 두 번째로 예산이 많은 나라의 여덟 배에 달하는 예산을 씀으로써 이 두 번째 군사 대국을 왜소하게 만든다는 사실, 미합중국이 문자 그대로 다수의 나라에 수백 개의 군사 기지를 보유하고 있다는 사실, 이 모든 사실은 거의 거론되지 않고 미합중국 국민들에게 거의 알려져 있지 않다. 그저 지나친다. 그리고 대부분의 미합중국 국민들에게는, 미합중국이 나머지 세계에서 어떻게 인식되고 있는지 파악할 단서가 거의 제공되지 않는다.

미합중국 언론이 전반적으로 의문을 제기하지 않는 두 번째 신조는, 원하면 어느 나라도 침공할 '007'식 권리가 미합중국에게만 있다는 생각이다. 미합중국은 원하면 침공을 대신 수행할 연합세력을 '대리자로 임명할' 권리도 보유하고 있다. 위임받지 않으면 어떤 나라도 침공에 개입하는 것이 허용되지 않는다. 이 생각은 정치 엘리트들과 뉴스 매체에게 사소한 문제 하나를 제기한다. 어찌 되었건, 국제연합 헌장과 기타 미합중국이 서명한 많은 조약들은 무장 공격을 받지 않는 한 어떤 나라가 다른 나라를 침공하는 걸 금지하고 있다. 게다가 미합중국 헌법은 국제 조약을 자국 내 최상위의 법률과 같은 것으로 성격 규정하고 있으며, 그래서 헌법은 미합중국이 국제법을 어기면 논의의 여지는 있으나 대통령 탄핵을 정당한 권리로 인정할 것이다. 마무리 하자면, 미합중국은 대중적인 논의 수준에서는 자국이 법의 지배를 지지한다고 자랑스럽게 내세우며, 모든 적들에 대해 제기하는 핵심 주장은 예외 없이 그 적들이 스스로 서명한 조약을 무시한다는 내용이다. 사실 이 핵심 주장은 때때로 미합중국의 침공을 정당화하는 수단으로 활용된다.

미합중국 외교 정책에 대한 아주 만족스럽고 질 높은 보도가 없다고 말하는 것이 아니다. 다만 이런 보도들이 공식 취재원들이 합당하다고 여기는 범위 안에 한정되는 경향이 있다는 것이다. I. F. 스톤과 시모어 허시 같은 사람들의 정말 위대한 보도 활동은 용감하게 이 한계를 넘어섰다. (그리고 놀랄 일도 아니지만 세계에서 미합중국이 하고 있는 일에 대한 가장 훌륭한 보도 활동 가운데 일부는 미합중국 밖에서 활동하는 미합중국 기자들에게서 나온다. 미합중국 밖에서는 미합중국의 공식 취재원들을 뉴스와 의견의 정당한 출처로 삼는 의존 현상이 훨씬 제한적이다.)

전문 언론의 한계, 사주의 영향력, 언론 기관과 사회 권력 구조의 연관성, 내재화한 엘리트들의 전제가 서로 결합해서, 미합중국이 세계에서 벌이는 행위 보도의 명백한 이중 잣대를 특징으로 하는 현상을 만들어낸다. 그 누구도 에드워드 S. 허먼과 노엄 촘스키가 『여론조작』에서 보여준 것만큼 이 사실을 설득력 있게 보여주지 못했다.[4] 미합중국 정책결정자들의 목표를 지지하는 이야기들은 아낌없이 호의적인 대접을 받고, 미합중국의 정책 목표를 약화시키되 앞의 것과 비슷하거나 더 큰 진실성과 중요성을 지닌 이야기들은 짤막하고 호의적이지 않게 언급하는 정도의 대접을 받는다. 하워드 프릴과 리처드 포크가 연구를 통해 보여줬듯이, 뉴욕타임스처럼 가장 존경받는 신문들을 포함해 미합중국 뉴스 매체들은 적들의 국제법 위반을 강조함에 있어서는 어떤 가책도 느끼지 않는 반면 미합중국의 위반은 못 본 체 한다. 언론 보도가 이보다 더 무원칙하기도 거의 불가능할 것이다.[5]

요즘 언론의 위기

위에서 묘사한 미합중국 언론 보도의 문제점들은 1960년대부터 1980년대까지, 이른바 전문 언론의 황금기에 명백해졌다. 언론 보도는, 편집국에 상대적으로 자원이 넘쳐나고 그 어느 때 못지않은 자율성을 확보했던 때에도 심각한 결함을 드러냈다. 전문 언론을 갉아먹은 지난 20년에 걸친 언론계의 주요 상황 진전 곧 기업 합병과 '자유주의 언론'에 대한 우익의 조직적 공격은 상황을 단지 더 악화시켰을 뿐이다.

기업 규모 축소와 감원 바람은 특히 국제 뉴스 보도 부문에서 강하게 나타났다. 미합중국 언론을 위해 일하는 해외 특파원의 급격한 감축은 지난 20년 동안 익숙한 이야기였다. 특파원은 비용이 많이 들고 담당 관리자가 보기에는 기업 손익계산서에 흑자를 가져다주지 않는 것 같은 자리다. 게다가 관리자들

---

4. Edward S. Herman and Noam Chomsky, *Manufacturing Consent: The Political Economy of the News Media*, New York: Pantheon, 1988.
5. Howard Friel and Richard A. Falk, *The Paper of Record: How the New York Times Misreports U. S. Foreign Policy*, New York: Verso, 2004.

은 국제 보도가 줄거나 국제 보도에 있어서 정치보다 보도하기 쉬운 자연 재해나 비행기 추락 같은 것의 비중이 더 커져도 사람들이 신경 쓰지 않는 듯하다고 주장한다. 그래서 기업의 세계관에서 보면, 이런 일자리를 줄이는 것은 간단한 일이다.

자신이 맡는 지역의 언어, 역사, 풍습에 익숙한 특파원을 많이 두지 않는 데서 비롯된 문제점은 지난 15년 동안 고통스러우리만치 분명해졌다. 발칸반도, 아프리카, 남아시아 등지에서 분쟁이 터졌을 때, 미합중국 뉴스 매체들은 사건의 맥락을 제시할 소양을 지닌 기자를 보유하더라도 아주 극소수만 확보한 상태였다. 이 사실은, 기자들이 워싱턴에서 제시하는 공식적인 이야기와 균형을 맞출 내용을 제시할 능력이 옛날에 비해 못하다는 것을 뜻한다. 이 가운데 최악은, 국제 보도 활동이 유명 기자와 앵커가 위기에 빠진 지역에 공중 투하되어 미합중국 정부 관리의 안내를 받는 일이 되고만 것이다. 이는 독립 언론이 취할 방법이 아니다.

'자유주의적인' 언론에 대한 우익의 비판도 상황 개선에 도움이 안 됐다. 드물기는 했지만 민주당의 전쟁 수행자들에 대한 우파의 반전 성향 비판은 극도로 국가주의적인 용어에 맞춰질 때만 용납됐다. 이처럼, 숀 해니티는 극단적인 용어를 동원해 클린턴의 코소보 전쟁을 공격했는데, 그는 나중에 다른 이들이 같은 용어를 동원해 부시 대통령의 이라크 전쟁을 비판하자 반역적이라고 규정했다. '자유주의적인' 뉴스 매체에 대한 우익의 비판에서 계속 이어진 주제는, 충분히 애국적이지 않다는 것이었다. 이 비판은 언론인들이 자신의 국가주의 성향을 증명하는 데 극도로 민감해지게 만들었다. 다시 한번, 이는 외국에서 벌어지는 전쟁의 비판적인 분석에 도움이 되지 않았다.

전문 언론에 대한 상업주의적 공격과 보수적 공격이 결합한 결과는 중립적이고 당파적이지 않은 자세에 대한 형식적인 집착을 약화시키는 것이다. 주류 언론이 노골적으로 좌파의 당파성을 드러내게 됐다는 뜻이 아니다. 이런 일은 그 어느 때보다 더 생각하기 어렵다. 더 많은 뉴스 매체들이 정치적 중립성을 지키겠다는 공식적인 서약을 포기했다는 뜻도 아니다. 당파적인 친 공화당 성향의 정치적 의제를 추구하는 언론이 점점 늘어난다는 뜻이다. 이런 일은 종종 '공정하고 균형 잡혀' 있다는 얄팍한 겉치레 아래서 진행됐다. 그래서 <폭스뉴스>채널, <싱클레어 방송>, 『뉴욕포스트』, 『워싱턴타임스』 그리고 『월스트리트저널』의 의견면과 대부분의 라디오는 공화당 우파의 기수 임무를 맡고 있다. 이런 매체들은 우익 정책을 공격적으로 보급하고 방해가 되는 민주당원들을 마구 공격한다. 이런 태도는 공화당이 벌이는 전쟁을 보도할 때는 공격적인 전쟁 지지 태도와 전쟁에 반대하는 비판을 반애국적이거나 반역적이라고 싸잡아 맹렬히 공격하는 것으로 나타난다. 나머지 매체들은 이에 비해 소심한 태도를 보였기 때문에 이들 우익 집단들은 자신들의 규모에 걸맞지 않은 비중으로 언론 논조에 영향을 끼친다. 그리고 나머지 매체들은 점점 더 정부의 노선 반박을 주저하게 된다.

이 모든 요소가 2001년 9월 11일의 테러 공격과 그 뒤 아프가니스탄 침공 및 점령 보도에 결합돼 나타났다. 뉴스 매체들이 이 사안에 엄청난 관심을 쏟았지만, 아마도 지난 50년 동안 미합중국 뉴스 가운데 가장 큰 사건이었을 텐데, 보도 내용은 선전선동적인 성향이 아주 심했다. 공격을 사전에 막지 못한 행정부의 직무 수행에 대해 기초적인 의문도 제기되지 않았다. 부시 행정부, 미합중국 정부, 알카에다, 중동의 다른 정부 사이의 관계에 대한 날카로운 관찰도 거의 존재하지 않았다. 심지어 이 테러리스트들은 '우리의 자유 때문에' 우리를 미워하는 정신 나간 인물들이라는 생각에 어떤 합리적인 설명이 존재하기라도 하는 양, 왜 그들이 미합중국을 공격했느냐는 질문을 제기하는 것조차 이 공격과 대량 살상을 암묵적으로 눈감아주는 것으로 치부됐다.

9-11 공격 직후 몇 시간 안에 부시 행정부와 '공식 취재원'들의 안내에 따라서, 이들 테러리스트들의 행동은 인류에 대한 사악한 범죄, 테러 범죄 행위에서 전쟁 행위로 바뀌어 버렸다. 테러리즘과의 전쟁은 사회의 광범한 군사화 압박 그리고 9월 11일 미합중국을 공격하지도 않은 아프가니스탄에 대한 즉각적인 폭격과 침공을 불렀다.

9-11의 진실은 여전히 대부분 알려지지 않고 있다. 그러나 드러난 조각들은 대체로 주변적인 것들이고 주류 언론의 강한 압박 속에 드러난 것도 아니지만, 9월 11일 공격 이후 몇 달 동안 당연한 것으로 받아들여진 것 대부분이 앞뒤가 맞지 않는 건 아니라 할지라도 부정확한 것임을 암시한다. 9-11 위원회의 보고서와 리처드 클라크의 증언은 행정부가 테러 공격을 사전에 막지 못했거나 사후에 적절히 대처하지 못함으로써 부주의했음을 강조한다. <폭스뉴스>, 『월스트리트저널』 의견면, 라디오 대담프로그램들, 『뉴욕포스트』의 선동에 휘말린 주류 언론이 비슷한 상황에 처한 고어 대통령 또는 클린턴 대통령에게라면 어떤 일을 했을지는 그저 상상할 수 있을 뿐이다. 9-11 공격 직후, 숨가쁜 언론 덕분에 부시 대통령은 에이브러험 링컨과 윈스턴 처칠을 섞어놓은 인물로 다시 탄생했다.

언론은 부시 행정부가 제공하는 것을 그대로 따랐다. 언론이 진정으로 현대 전쟁에서 가장 중요한 전선을 형성한다면, 그 별들은(언론이라는 장군들―옮긴이) 부시의 주요 외교정책 고문들이 몇 년 동안 희망사항 목록 맨 위에 올려두고 있었지만 막상 수행하기엔 너무나 정치적으로 논란이 큰 사안이라고 한 때 생각했던 대담한 침공, 다시 말해 이라크 침공을 위해 정렬했다.

이라크 침공을 향한 결집

바로 이런 환경에서, 미합중국은 전적으로 조작된 근거를 내세워 이라크 침공과 점령에 나설 수 있었다. 부시 행정부가 대중의 전쟁 지지를 얻어내려고 명시적으로, 암시적으로 제시한 세 가지 주요 정당성은, 1) 이라크가 불법적으로 대량 살상 무기를 보유하고 있으며 가까운 미래에 이 무기를 미합중국을 상대로 사용할 준비를 하고 있다는 것, 2) 이라크는 어떻게든지 9-11 공격과 연결되어 있고, 그래서 사담 후세인을 추적하는 것은 빈 라덴을 상대로 한 작전의 합리적인 후속 조처라는 것, 3) 이라크는 9-11 사태에도 불구하고 여전히 테러리즘을 주도하는 나라이고 그래서 테러와의 전쟁은 바그다드를 가로질러 나아가야 한다는 것이다.

두 번째와 세 번째 주장은 액면 그 자체로 입증되지 않았으며, 터무니없는 내용이다. 부시 행정부는 공식 무대에서 이런 주장을 펴는 걸 조심했지만, 후방에서 지지를 얻으려고 이런 주장에 의존하는 것을 전혀 부끄러워할 줄 몰랐다. '선제적인' 이라크 침공을 위해 미합중국이 제기한 법률적인 주장은, 이라크가 미합중국에 대해 사용할 수 있는 대량 살상 무기를 보유하고 있다는 문제였다. 이 주장은 국내의 청중이나 전세계의 지지를 얻어내려고 꽤 요란스럽게 제기됐지만, 이 주장의 신뢰성을 약화시키는 중요한 증거가 있었다. 이제는 전혀 의심을 받지 않고 분명히 굳어진 사실이지만, 이라크에는 대량 살상 무기가 없었고 부시 행정부는 증거를 별로 신경 쓰지 않은 채 이 주장을 밀어붙였으며 뉴스 매체들은 이 사기극에 무서울 만큼 깊이 참여했다. (미합중국이 이라크 침공을 정당화하려고 정보를 어떻게 꾸며냈는지 꼼짝달싹 못하게 보여주는 증거를 담고 있는 이라크 침공 전 작성된 영국 다우닝가 메모, 이른바 '결정적 증거 메모'가 2005년 5월 공개됨으로써 이미 거의 닫힌 관에 마지막 못을 박았다.) 이 이야기는 상세히 규명됐으며 이제 미합중국 언론 전체 역사에서 가장 어두운 순간으로 받아들여진다.

언론 보도에 또 하나 빠진 것은 미합중국의 이라크 침공이 국제법 위반이라는 피할 수 없는 사실이다.

언론 기관들 자체가 호전적이었다. 『컬럼비아 언론 리뷰』는 나중에 『뉴욕타임스』, 『워싱턴포스트』, 『월스트리트저널』, 『유에스에이투데이』 등 여론에 영향을 많이 끼치는 상위 여섯 개 일간 신문의 사설면을 검토해서, 이들이 부시 행정부를 적정한 기준으로 검증하지 않았다고 규정했다. 『편집자와 출판인』 잡지는 전국의 상위 50개 신문 가운데 단 하나도 사설면에서 강한 '전쟁 반대'를 표현하지 않았다고 규정했다.

논쟁의 틀을 정하고 의제를 설정하는 데 공식 취재원에 의존한 것이 부시 행정부의 거짓말을 제대로 보도하지 못한 수치스러운 행위의 주요 원인이다. 조너선 머민이 『세계 정책 저널』에 실은 눈부신 글에서 언급했듯이, 틀에 박힌 언론은 "미합중국 외교 정책에 관한 견해 가운데 워싱턴에서 진행되는 공식 논쟁 과정에서 처음 제기되거나 명확히 표현되지 않은 것에 집중하는 데 기자들이 줄곧 무능력하게" 만든다. 여기서 지적해야 할 중요한 점은, 대부분의 민주당 지도자들이 전쟁에 반대하지 않았다는 것, 그래서 공직자들이 이에 대응하는 틀을 제시하는 일이 드물다는 사실이다. 머민은 엘리트들의 의견 일치가 언론의 무비판적인 정부 주장 되풀이를 정당화해준다는 생각을 비웃는다. "민주당 정치인들 가운데 공화당의 군사 개입 반대 목소리가 없다는 것은 정책이 건전하다는 것을, 또는 심지어 정보에 밝고 사려 깊은 걸로 간주되는 사람들이 이를 건전하다고 믿는다는 것을 뒷받침하는 설득력 있는 증거가 되지 못한다." 이것이 의미하는 바는, 미합중국 수정 헌법 1조의 정신과 취지에 분명히 모순되는 것인데, "정부가 말하지 않으면, 우리는 보도하지 않는다."[6]는 것이다.

---

6. Jonathan Mermin, "The Media's Independence Problem", *World Policy Journal*, 21(3), 2004년

미합중국 국민 상당수가 침공에 반대하던 때인 침공 직전 몇 주 동안 텔레비전 뉴스가 인용한 취재원을 폭넓게 분석한 결과, 방송에 등장한 취재원의 3%만이 전쟁에 반대했고 70% 이상은 단호하게 전쟁에 찬성했음이 드러났다. 언론비판단체 <보도 공정성과 정확성>FAIR이 침공 개시 이후 3주 동안 <엔비시>, <에이비시>, <시비에스>, <피비에스>, <시엔엔>, <폭스>의 저녁 뉴스를 조사한 결과, 취재원 가운데 전쟁 찬성론자와 반대론자의 비율은 25 대 1이었다. 게다가 텔레비전 뉴스가 의존하는 방송용 전문가들은 일반적으로 '체제'쪽 인물이었고 그래서 당연히 체제에 무비판적이었다.[7]

언론 보도는 침공 바로 전에 나락까지 떨어졌다. 2003년 2월 콜린 파월은 유엔에서 이라크 침공을 확실히 옹호했다. 파월은 자신의 터무니없는 주장을 입증할 만한 증거를 거의 제시하지 않았다. 여섯 달 뒤 <에이피통신> 기자 찰스 J. 핸리는 파월의 연설이 사실인지 점검했고 『편집자와 출판인』 잡지의 표현을 빌리면 "연설을 철저히 뒤집었다."[8] 유감스럽게도 가장 뛰어난 언론은 너무나 자주 사후 검토에 치중하는 경향이 있다. 이 때는 정치적 결과가 사소해진 때이다. 파월이 연설하던 당시, 평화의 운명이 중대한 국면에 처해 있고 독립적인 전문가들이 그의 주장 대부분을 물리치고 있던 당시, 뉴스 매체들은 파월의 주장을 되뇌기만 했고 스탈린의 앞잡이도 능가할 수 없을 만큼 심하게 그의 주장을 칭찬했다. 『데 모인스 레지스터』에서 일했던 길버트 크랜버그는 파월의 연설에 관한 언론 보도 내용을 종합적으로 연구한 내용을 책으로 펴냈다. 주요 미합중국 신문들이 파월의 주장이 지닌 장점을 묘사하는 데 동원한 용어

가을, 69쪽.

7. Steve Rendall and Tara Broughel, "Amplifying Officials, Squelching Dissent: FAIR Study Finds Democracy Poorly Served by War Coverage", *Extra!*, 2003년 5-6월, http://www.fair.org/extra/0305/warstudy.html.

8. "Watchdogs of War", *Editor & Publisher*, 2003년 9월 8일. Greg Mitchell, "Why We Are in Iraq", *Editor & Publisher*, 같은 날.

들 가운데는 이런 것들이 있었다. "충실한 증거 나열", "침착한 사실 진술", "압도적인 진술", "준열한 공세 …… 아직 설득할 여지가 있는 이들에 대한 설득력 있는 진술", "견고한 진술 …… 명백한 증거", "고통스럽게 수집해서 분석한 증거의 축적", "간결하고 꼼짝 못하게 만드는 증거 …… 사건은 종결됐다."9

베트남 전쟁 같은 옛날의 전쟁에서 잘 속아 넘어갔던 언론 보도를 옹호한 이들은 존슨 행정부가 거짓말을 하는지 그리고 통킹만 사건이 계략인지 언론으로서는 알 길이 없었다고 주장할 수 있었다. 이런 주장은 이라크에는 해당하지 않는다. 매 단계마다 국제 언론들과 인터넷에는 부시 행정부가 주장하는 것과 모순 되는 자료들이 인상적일 만큼 많았다. (예를 들어, 캠브리지대학의 글렌 랑갈라가 파월의 유엔 연설을 즉각 강력하게 반박한 것을 생각해보라.)10 이 모두는 그저 무시됐다. 이라크 현장에서 몇 년 동안 지낸 해병대 출신이자 공화당원인 무기 사찰단원 스콧 리터는 부시 행정부의 주장 모두를 조심스럽게 부인했고,11 그 결과 그는 인격 살인 공세의 제물이 됐다. 그래서 언론들이 마치 믿을 만한 전문가라도 되는 양, 컨트리 음악 가수 리 그린우드, 폭력 영화 배우 척 노리스 또는 미식축구선수 출신의 마이크 디트카 같은 유명인사들에게로 눈길을 돌리는 게 더 쉬워졌다. 언론인이 공식적인 이야기에 뭔가 수상한 것이 있음을 보려면 꼭 I. F. 스턴 같은 뛰어난 언론인이 되어야 하는 건 아니다. 해야 할 일은 그냥 눈을 크게 뜨고 비판적인 능력을 작동시키는 것이다.

게다가 베트남 전쟁과 달리, 이라크 침공은 총알을 쏟아 붓기 전에 이미 미합중국에서 대규모 반전 시위에 직면했다. 수십만 명의 미합중국 국민들이 이

---

9. Eric Alterman, "'Case Closed'", *The Nation*, 2005년 4월 25일에서 인용.

10. Glen Rangwala, "Claims in Secretary of State Colin Powell's UN Presentation Concerning Iraq, 5th Feb 2003", http://middleeastreference.org.uk/powell030205. html.

11. 예를 들어 Scott Ritter, "Is Iraq a True Threat to the US?", *Boston Globe*, 2002년 7월 20일, http://www.commondreams.org/views02/0721-02.htm.

라크 침공 계획에 항의하려고 2003년 2월 거리로 나왔다. 익숙하게 봐 온 반대 의견 처리 방식에 따라서 언론 보도 분량은 최소한에 그쳤고 내용도 부정적이었다.

전쟁 중에 후방 관리하기

아마도 언론의 침공과 전쟁 보도에 있어서 가장 충격적인 사태 진전은 군부대에 언론인을 '배속시켜' 전쟁이 어떻게 전개되는지 바로 볼 수 있게 하는 정책일 것이다. 이 정책 제안자들은 이 방식이 언론인들을 적의 무기로부터 보호하고 이 방식이 아니면 취재할 수 없는 이야기들을 접할 수 있게 해준다고 주장했다.

미합중국 텔레비전 뉴스의 맹렬하고 호전적인 애국주의와 결합된 군부대 배속 취재는 기자들이 비판적으로 작업하는 걸 어렵게 했다. "언론이 입막음 당했다고 생각하고, 언론이 스스로 입을 막았다고 생각한다."고 아마도 미합중국 텔레비전에서 가장 존경받는 해외 특파원이라고 할 수 있는 <시엔엔>의 크리스틴 아만포가 몇 달 뒤에 말했다. 그녀는 이렇게 말을 이었다. "이렇게 말하긴 유감스럽지만, 분명 텔레비전들 그리고 아마도 내가 속한 방송까지도 행정부와 <폭스뉴스>의 보병들[호전적인 우익 기자들-옮긴이]에게 겁을 먹었다. 그리고 사실 내가 보기에, 이 점은 우리의 방송 일에 공포 분위기와 자기 검열을 유발했다."12

이런 문제점들은, 이라크 해방 기간 동안에 사담 후세인의 군대를 공식적으로 무찌르고 난 뒤에도, 곧 이라크 점령으로 바로 이어진 뒤에도 변함없었다.

---

12. Antonia Zerbisias, "The Press Self-muzzled Its Coverage of Iraq War", *Toronto Star*, 2003년 9월 16일.

미합중국 뉴스 매체들은 완전히 충격에 사로잡혔다. 사실, '점령'이라는 용어는 침공 전에는 전혀 쓰인 적이 없다. 머민은 이 말을 쓰지 않은 것을 옹호한 <피비에스>의 짐 레러의 말을 인용하고 있다. "점령이라는 단어는······ 전쟁 준비 단계에서는 결코 언급되지 않았다. 해방이라고 했다. 이는 해방 전쟁이라고 워싱턴에서 언급했지, 점령 전쟁이 아니었다. 그 결과 언론계의 우리들은 결코 점령 문제에 주목하지 않았다."[13]

동시에 부시 행정부에게 있어서 시급한 일은, 특히 선거를 앞두고 있기에, 가능한 빠르게 전쟁을 진행하고 미합중국에서 이 전쟁이 성공으로 간주되게 하는 것이었다. 부시 행정부가 확보한 큰 이점 한 가지는, 보여주고 싶은 모습을 그려낼 이야기들을 강하게 밀어붙일 권력이 수중에 있었다는 점 그리고 전개되길 바라지 않는 이야기에 대해서는 침묵으로 일관함으로써 찬물을 끼얹을 수 있었다는 점이다. 영국 정보부의 '다우닝가 메모'처럼 부시 행정부가 전쟁을 정당화한 근거를 믿을 수 없게 만드는 정보들이 계속 등장하고 '해방'의 성격이 드러나자, 백악관은 입을 다물었고 민주당원들은 온순하게 따랐으며 기자들은 할 일이 별로 없었다. 그 결과, 언론의 큰 사건은 하찮은 것으로 전락하는 신세가 됐다.

반대로, 바그다드에서 사담 후세인의 동상을 무너뜨린 사건, 부시 대통령이 비행사 복장을 하고 '임무 완수'라고 쓰인 거대한 펼침막 아래 등장한 일, 제시카 린치 '구출', 사담 후세인 체포와 2005년 초 이라크 총선 따위의 이야기들은 주목을 받아야 할 때에 딱 맞춰 아낌없는 주목을 받았다. 이 모두는 중대한 시점, 다시 말해 흐름이 바뀌고 부시 행정부의 정책들이 '옳다'고 증명되는 순간으로 떠받들어졌다. 그러나 이 각각의 사건은, 흐름이 바뀐 게 아니고 부시 행정부의 접근 방식이 여전히 불행한 운명에 처해있다는 걸 단 몇 일 또는 몇 주

---

13. Mermin, "The Media's Independence Problem", 67쪽.

만에 드러내는 걸로 끝맺게 되어 있었다.

아부 그라이브 감옥의 수감자 고문 사건을 생각해보자. 상을 받은 <에이피 통신> 기자 찰스 핸리는 2003년 가을 미합중국의 고문 사실을 폭로하는 기사를 썼지만, 머민이 지적하듯이 이 사건은 "주요 미합중국 신문들에게 무시당했다." 핸리는 머민에게 자신의 기사는 "공식 취재원의 공식 발표문과 함께 시작하는 공식적으로 인정된 이야기가 아니었다."고 설명했다. 그는 동시에 "거의 모든 기타 취재원의 발언은 무시하면서 미합중국 공식 성명에는 신뢰성을 부여하려는 아주 강한 편견"[14]을 지적했다. 핸리의 기사는 이라크인들이 아부 그라이브에서 개인적으로 경험한 것을 상세히 털어놓은 내용을 담고 있다. 이 기사는 부시가 교도소장 복장을 하고 아부 그라이브 감옥 앞에서 사진을 찍을 기회를 주는 것도, 관심을 끌면서 공식 자료를 꾸준히 쏟아낼 기회를 주는 것도 아니다. 마침내 탐사보도 전문 기자 시모어 허시와 미합중국의 <시비에스> 방송 뉴스가 사진 증거와 함께 사건을 터뜨리자, 이 이야기는 많은 언론을 통해 보도됐다. 그러나 이 사건은, 탐사 흐름이 낮은 수준에 멈추고 전반적인 정책을 책임지는 이들이 무죄 결정을 받는 걸로 끝나는 전형적인 사례였다. 사건을 밀어붙이는 공식 취재원이 없는 가운데 이야기는 사그라들고 말았다. 사실 이 사건은 2004년 대통령 선거 토론에서 거론되지도 않고 넘어갔다.

아부 그라이브 사건이 터져 나온 지 한 해 뒤, 시모어 허시는 미합중국의 전쟁 범죄, 특히 자신이 기록을 남긴 범죄들이 (정부에 의해) 광범하고 끈질기게 은폐된 점, 그리고 이 과정에서 미합중국 언론이 했던 일들을 되짚었다. 허시는 이렇게 썼다. "우울한 유형을 반복한다. 보고서와 후속 상원 청문회가 때때로 사설면에서 비판을 받는다. 상원 또는 하원이 주도하는 진정으로 독립적인 진상조사 요구가 나온다. 그리고 아무런 공식적인 움직임이 없이 몇 달이

---

14. 같은 글.

지나고, 이 쟁점은 또 다른 폭로가 쟁점을 되살릴 때까지 차츰 사그라져간다." 아부 그라이브에 대해서는 열 차례의 군 공식 조사가 벌어졌지만, 이 모든 조사는 "엉터리 질문만 묻고 있다……결코 제대로 된 답변을 듣지 못하는 질문은 바로 이것이다. 아부 그라이브 사건에 대해 보고를 받고 대통령은 무엇을 했는가?"[15]

가능하면 장밋빛 그림을 그리고 싶어 하는 부시 행정부의 바람과 이라크에서 벌어진 일을 좀더 정확하게 묘사해 보여줘야 하는 기자들의 책임이 충돌해 긴장을 일으키는 주요 영역은, 전쟁으로 목숨을 잃은 사람에 대한 보도 영역이다. 미합중국 정부는 전쟁으로 인한 이라크인과 미군의 희생을 대중이 최소한도로만 의식하길 바란다. 베트남 전쟁 식의 이미지를 경계하는 부시 행정부는 관련 정보가 대중의 시선에서 전적으로 벗어나 있게 하려고 싸웠다. 이라크 희생자들은 기록되지 않았고 기자들은 대부분의 희생자가 발생한 곳이 어딘지 알 수 없었다. 그 결과, 마이클 매싱이 지적하듯이, 언론인들은 추산하는 것을 '극도로 조심하게' 됐다.[16] 극소수 미합중국 기자들이 이 주제에 관심을 기울이는 동안, 영국의 저명한 의학 학술지 『랜싯』은 2004년 10월에, 희생자 대다수가 미군의 작전 때문에 발생한 사건인 두 번째 팔루자 맹공 전까지 희생된 이라크 민간인 숫자가 10만 명 정도로 추산된다는 미합중국 존스홉킨스대학 학자들의 연구 결과를 보도했다.[17] 이 보도는 하루 또는 이틀 동안 격렬한 반응

---

15. Seymour Hersh, "The Unknown Unknowns of the Abu Ghraib Scandal", *Guardian*, 2005년 5월 21일.

16. Michael Massing, "Iraq, the Press and the Election", *New York Review of Books*, 2004년 12월 16일.

17. L. Roberts 외, "Mortality Before and After the 2003 Invasion of Iraq: Cluster Sample Survey", *The Lancet*, 364(9448), 1857~1864쪽. 10만 명이라는 숫자는 논란거리였음을 지적해야만 하겠다. 이 수치는 표본이 되는 이라크 지역의 전쟁 이전 사망률과 전쟁 동안의 사망률을 비교해서 추정한 것이다. 이에 대한 비판은 Fred Kaplan, "100,000 Dead - or 8,000. How Many Iraqi Civilians have Died as a Result of the War?", 2004년 10월 29일, http://slate.msn.com/id/

을 불렀다. 사망자 추정치가 미합중국 뉴스 매체들이 받아들여왔던 것보다 일곱 내지 여덟 배가 많았기 때문이다. 그러나 이 문제는 금세 사그라졌다. 미합중국의 공식 취재원 누구도 이 문제에 매달리고 싶어 하지 않았기 때문이다. 이라크 민간인 희생자 숫자를 정확하게 계산하는 데 무관심한 태도는 이 전쟁이 이라크인들의 복지에 대한 지대한 관심에서 비롯됐다는 공식 주장의 설득력을 약화시키기 쉽다.

언론의 결정적 순간

비록 미합중국 언론이, 특히 전쟁 보도에 있어서, 패거리 행태를 보이기는 하지만 그렇다고 한 덩어리는 아니다. 최악의 경우에조차 이 점을 증명하는 예외는 흔히 있다. 게다가, 기자 부류 가운데는 고도로 훈련된 용감한 기자들이 많이 있으며, 이들은 권력자들의 통로 구실을 하기 위해서가 아니라 시민을 대신하여 권력자들을 드러내 보여주려고 이 직업을 택한 이들이다. 백악관이 제시하고 주로 언론을 통해 그대로 되뇌어지는 공식적인 이야기와 실제 이라크 현장의 끔찍한 이야기 사이의 불일치가 점점 커져가자, 많은 언론인들이 언론 보도 행태와 언론의 현 상태를 심각하게 따져보게 됐다. 2003년 말에 이르러 『컬럼비아 언론 리뷰』, 『편집자와 출판인』 그리고 기타 언론 비평 매체들이 언론의 전쟁 보도를 정밀 비판하게 된다. 언론비판 기관 <보도 공정성과 정확성>[FAIR] 같은 단체와 『뉴욕 북 리뷰』, 『더 네이션』 같은 매체의 뛰어난 비평 작업은 굳

2108887을 보라. 이라크 사망자 숫자 세기 작업에 참여한 영국과 미합중국의 연구자들은 군사적 침공과 점령 때문에 발생한 이라크 민간인 사망자를 언론 보도에 근거해 데이터베이스로 만들어 유지하고 있다. http:// www.countthecasualties.org.uk/ 이 데이터베이스는 2003년 1월부터 2005년 6월까지 희생자 숫자를 2만2248명에서 2만5229명으로 추정한다.

이 거론하지 않더라도 말이다.

2004년 초『뉴욕타임스』는 대량 살상 무기 논란에 대한 자사의 결함투성이 보도에 대해 잘못을 인정하는 전례가 없는 태도를 보였다. 한편『워싱턴포스트』도 자사의 언론 담당 기자 하워드 커츠가 자사의 보도를 광범하게 비판하는 기사를 쓰도록 허용했다.[18] 두 신문은 자신들이 거짓 근거를 바탕으로 나라를 전쟁으로 내모는 데 일조했음을 암묵적으로 인정했지만, 분명하게 책임을 지지는 않았다. 이런 고백은 갈팡질팡하고 열정이 없는 것이긴 했지만, 근본적인 잘못을 인정하는 것을 마치 진통제 없이 치아 뿌리 수술을 받는 것만큼이나 달갑지 않게 여기는 집단이 언론이기에 전국의 언론에 강력한 경고를 보내는 효과가 있었다. 이 일은 본질적으로 전쟁에 반대하는 정책을 내세운 하워드 딘이 민주당 대선 경쟁에서 선두로 나선 직후 벌어졌으며, 이 때는 논평자들이 미합중국의 이라크 점령을 '수렁'과 같은 말들로 표현하기 시작한 때이기도 했다. 이런 변명들은 언론이라는 빙산의 일각에 불과했다. 많은 기자들은 전쟁에 얼이 빠졌고, 뉴스 매체들의 형편없는 성과에 자존심이 상했으며, 부시 행정부의 사기 행위에 좌절했다. 몇몇 비판자들은 언론들이 이라크에 대한 수치스러운 보도 현실을 자각해 각성하고 11월 선거를 앞두고 부시에게 분노해 등을 돌릴 것이라고 예측했다. 미합중국의 이라크 전쟁에 대해 더 독자적이고 비판적으로 보도할 능력이 생기게 된다면, 2004년 초의 언론 편집국 조건은 그 어느 때보다 더 무르익은 상태였다.

안타깝게도 이런 일은 실현되지 않을 운명이었다. 언론의 자기 비판 충동은 금세 사그라졌다. 대중이 필요 이상으로 자동차 보닛을 열어 두도록 부추김으로써 그들이 엔진을 조사할 수 있게 하는 것은 건전하지 못하다는 아주 뿌리

---

18. Howard Kurtz, "Paint by Numbers: How Repeated Reportage Colors Perceptions" (Media Notes), *The Washington Post*, 2004년 7월 12일.

깊은 조직적 깨달음 때문이다. 다른 언론 가운데는 이 문제를 붙잡고 어떻게 언론이 파괴적이고 부당한 전쟁을 후원함으로써 공모자가 됐는지 추적한 곳이 거의 없었다. 주류 언론이 피해 관리 차원으로 이라크 전쟁 보도에 대해 약간 양보한 격이라는 대니 쉑터의 결론을 피해 가기는 어려웠다. 언론은 전체 진실을 드러내는 데 관심이 없었다.[19]

『뉴욕타임스』는 확실히 가능한 빨리 이 사건을 백미러 속에 쳐 넣고 싶어 했다. 이 신문은 재빨리 (2003년에 극도로 의심스런 취재원을 무비판적이고 극단적으로 의존한 탓에 이라크가 대량 살상 무기를 갖고 있다는 부시 행정부의 거짓말에 중대한 정당성을 부여해준) 주디스 밀러 기자의 담당을 바꿨지만, 공식적으로 그녀를 비판하지는 않았다. 밀러 자신은 반성할 줄 몰랐다. 머민은 그녀가 이렇게 말했다고 인용하고 있다. "내 일은 정부쪽 정보를 평가하고 스스로 독립적인 정보 분석가가 되는 것이 아니다. 내 일은 『뉴욕타임스』 독자들에게 정부가 이라크의 무기에 대해 생각하는 것을 전달하는 것이다."[20]

언론인들이 이라크 점령 보도 환경에 적응한 방식은 진실을 말하지 않고 어떤 결과가 되든 상관하지 않는 것이다. 미합중국의 어떤 큰 신문사 바그다드 특파원이 2004년 10월 매싱에게 말했듯이, "이라크 상황은 재앙이었고" 이런 생각은 동료 기자들 "거의 대부분이" 마찬가지로 느끼는 것이었다. 그해 9월 『월스트리트저널』의 바그다드 특파원 파나스 파시히가 작성해 널리 퍼진 전자우편은 미합중국이 벌인 전쟁을 "앞으로 몇 십 년 동안 미합중국을 따라다니며 괴롭힐 외교 정책 실패"라고 통렬하게 비판하고 있다. 파시히는 이렇게 결론지었다. "테러, 혼돈, 파괴라는 도깨비가 미합중국의 실수 때문에 이 나라에서 판치고 있으며 이 도깨비를 다시 병 속에 가둘 수 없다." 매싱은 바그다드에 있는

---

19. Danny Schechter, "Is Our Media Covering Its Errors or Covering Them Up?", CommonDreams.org, 2004년 8월 16일, www.commondreams.org/view04/0816-04.htm.
20. Mermin, "The Media's Independence Problem", 67~68쪽.

다른 특파원들이 파시히의 전자우편에 쏠린 관심에 깜짝 놀랐다고 지적한다. "이 정보가 미합중국 대중에게 놀라움으로 받아들여진다면 우리가 도대체 무슨 잘못을 저지른 거냐고 모두들 놀라서 묻고 있다."고 한 기자가 매싱에게 털어놓았다고 한다.[21]

이라크 상황에 대한 이렇게 솔직한 시각은 직업 언론의 변화하는 관행을 기준으로 하면 당파적이고 전문적이지 않고 객관적이지 않은 것으로 취급됐다. 사실이냐 아니냐는 상관없다. 이는 부시 행정부의 견해를 철저하게 거부하는 것이기 때문이다. 이는 균형 잡힌 것이 아니다. 증거를 기준으로 보는 대신 권력의 이해관계에 대한 순응을 기준으로 보자면 말이다. 이 점을 아무리 강조해도 지나치지 않다. 편집자들이 취하는 균형은 증거와 무관했다. 이 균형은 순전히 부시 행정부와 정치적 우파들을 괴롭히지 않기 위한 것이다. 이라크에 있는 한 미합중국 신문 특파원은 매싱에게 이렇게 말했다. "이라크에서 나오는 모든 이야기는 당연히 상황이 좋은지 나쁜지를 평가하는 내용이다. 편집자들은 이쪽이든 저쪽이든 한쪽으로 치우쳐 보이지 않으려고 극도로 예민하게 반응한다."[22] (전쟁 문제에 있어서 지나치게 행정부 편을 드는 걸로 비치는 것이 편집자들을 공포에 떨게 만들었다는 증거는 거의 없다.) 파시히의 전자우편이 인터넷에 번지고 나자, 『월스트리트저널』은 그녀가 더는 '객관적인' 태도를 견지한다고 받아들여질 수 없기 때문에 철수시켜야 한다는 압력을 받았다. 그녀는 즉각 11월 대선 때까지 휴가를 가도록 조처됐다. 비록 이 신문은 이 일이 전자우편과 무관하다고 밝히긴 했지만 말이다.

에드워드 워서먼은 『마이애미해럴드』에 실린 글에서 이 수수께끼를 회고했다. "나는 담당 편집자들의 현재 심리 상태를 그저 상상할 수 있을 뿐이다. 이런

---

21. Massing, "Iraq, the Press and the Election",에서 인용된 성명서. Michael Massing, "Now They Tell Us", *New York Review of Books*, 2004년 2월 26일도 보라.

22. Massing, "Iraq, the Press and the Election".

것이리라. 우리가 이라크의 대량 살상 이야기를 눈에 띄게 처리하면 행정부에 반대하는 편향적인 태도라고 비난받을까? 그래서 해병대가 이라크 청소년들에게 소프트볼을 가르쳐주는 고무적인 이야기 같은 곁가지 이야기들을 독자들에게 제공하기도 해야 하는 걸까? 이 부분이 재미있는 대목이다.” 이렇게 균형에 대한 집착에 순응하면서 언론 보도는 이라크 현지의 실상에 대한 혼란스럽고 왜곡된 모습을 제시한다. 그리고 이는, 이 모든 혼란의 원인이 도대체 무엇인가 따위의 현실적인 보도 태도에서라면 자연스럽게 제기되는 논리적으로 확실한 질문들이 ‘균형 잡힌’ 보도들이 제공하는 모순 되고 일관성 없는 모습 속에서 실종되는 걸 의미한다.[23] ‘균형’은 많은 양질의 보도 내용이 독자에게 전달될 수 없었다는 걸 뜻했다. 특히 인쇄 매체에서 그랬다. 11월 선거 전 몇 달 동안, 주류 언론에 미합중국 점령의 실패를 분석한 일급 보도가 몇 건 있었다. 그러나 텔레비전 뉴스는 이보다 훨씬 더 전쟁 옹호적이었고, 보통 거추장스럽기 만한 사실들을 거들떠보지 않거나 무시했다. 이런 행태에 있어서 모범은 <폭스뉴스>가 보였지만, 이 매체만 유독 애국주의적 분위기에 빠져있었던 것은 전혀 아니다.

존 케리와 주요 민주당원들이 전쟁 그 자체를 반대하지 않고 다만 전쟁 수행 방식만 문제 삼은 것도 도움이 안 되는 요소였다. 케리는 전쟁에 반대하는 후보가 아니었고, 놀라고도 남을 일이지만 전쟁은 2004년 대선 운동을 규정하는 쟁점이 아니었다. 이는, 비판적인 보도를 포착하고 유권자의 관심을 이 쪽으로 끌어들이며, 기자들이 더 파헤치도록 부추길 ‘공식적인’ 반전 취재원이 존재하지 않았다는 걸 의미한다. 놀라울 것도 없지만, 2004년 가을 여론조사 결과는, 대부분 부시 지지자인 상당수의 미합중국 국민들이 여전히 이라크가 대량 살상 무기를 갖고 있다고 믿으며 사담 후세인이 알카에다의 주요 후원자였고

---

23. Edward Wasserman, “Cowardice in the Newsrooms”, *Miami Herald*, 2004년 9월 6일.

그래서 9-11 공격의 배후에 있는 인물로 받아들여진다는 걸 보여줬다. 이런 문제에 있어서 언론 보도가 얼마나 기여했느냐는 관점에서 보자면, 언론을 이보다 더 철저히 배척할 만한 이유를 상상하기 힘들 지경이다. (만약 1944년 여론조사에서 미합중국 국민 다수가 진주만 공격의 책임은 중국에게 있다고 생각하는 것으로 나타난다면, 사람들은 미합중국 언론 체제에 대해 무슨 생각을 하게 될까?)

변함없이 지배하는 민주주의

핵심 신조가 여전히 미합중국 언론과 정치에서 불가침 영역으로 남아있기 때문에, 미합중국의 대외 전쟁 보도는 사회 상류층의 생각에 일치하는 관점을 제공하는 쪽으로 가차 없이 빠져들게 마련이다. 부시 행정부가 이라크를 침공하고 점령해야 할 이유라고 제시한 공식적인 근거가 하나도 남김없이 모두 설득력을 잃었음에도, 기자들은 이런 큰 전쟁이 벌어지게 만든 더 그럴듯한 설명을 찾아내려는 노력을 거의 하지 않았다. 탐사 보도를 하는 기자들이 다음에 열거할 요소들을 논할 수 있는 진지한 전문가들을 찾아내는 데는 그리 오랜 시간이 걸리지 않았다. 그 요소들이란, 대규모 군산복합체가 존재함으로써 촉발되는 제국주의적 욕구, 중동의 중심지에 영구 군사기지를 두고 미합중국에 종속된 정권과 우방국을 확보하는 데서 나오는 지정학적·경제적 이익, 대통령이 대중을 전시 특유의 열광에 빠지게 함으로써 얻는 국내 정치적 이점, 미합중국의 가까운 우방인 이스라엘의 안보 필요성, 그리고 물론 석유다. 이런 설명은 엘리트를 대상으로 하는 잡지, 경제 관련 매체, 정보 보고서, 학계 연구 결과에서 찾아볼 수 있다. 역사를 더듬어보면 이런 접근법은 다른 나라에서는 대중을 위한 전쟁 동기 분석 글 따위에도 적용되지만, 미합중국 정치와 주류 언론에서는 금지 대상이었고 지금도 그렇다. 미합중국을 이끄는 정치인들과 언론인들에게 미합중국은 언제나 민주주의 촉진이라는 궁극적인 목표를 위해 애쓰는 자비로운 나라이다.

미합중국이 마침내 1월 30일 이라크에서 총선거를 실시했을 때, 이 사실은 워싱턴이 주도하는 대규모 선전 활동을 통해 널리 퍼졌고 언론은 유순하게 호응했다. 언론에서 선거는 놀라운 민주주의의 순간으로 취급됐고 무비판적으로 받아들여졌다. 마침내 전쟁에서 승리한 것이다! 그리고 또한 마침내, 미합중국이 이라크를 침공하고 점령한 진짜 이유도 분명해졌다. 중동 전체에 민주주의를 가져다주고, 물론 여성들도 해방시키려는 것이었다! 이런 설명은 세계에서 미합중국의 구실에 관한 핵심 전제와 이어지면서 정치권 전반에서 그대로 수용됐다. 그러나 경험적 사실을 들어 민주주의를 위한 전쟁이었다는 주장을 지지하는 목소리가, 2005년 중반 이라크 상황이 미군과 새로 구성된 이라크 정부에게 훨씬 더 나빠지게 되자 순식간에 사라졌다.[24]

미합중국이 자유와 민주주의의 승리를 축하하고 있을 때, 근본적인 질문은 제기되지 않고 묻혔다. 민주주의를 걱정한다는 미합중국의 주장을 어떤 근거에서 진지하게 받아들여야 하는가? 미합중국은 군사적·경제적 속셈이 없는 순수하게 박애주의적인 권력인가? 왜 이라크를 점령한 미합중국 당국은 선거를 늦추려고 그렇게 애를 썼는가? 미합중국이 민주주의적인 지배를 선호한다면 왜 이라크인 대부분이 미합중국의 조기 또는 즉각적인 철수를 요구한 정당들에게 투표했다는 사실을 무시하는가? 민주주의를 세우려고 다른 나라를 침공하는 것이 합법적인가? 만약 합법적이라면, 모든 비민주적인 나라들을 침공할 필요가 있는가 아니면 일부에 대해서만 그럴 필요가 있는가? 이라크는 침공해야 할 나

---

24. Andrew Ackerman, "War Reporters at ASNE Say Iraq Remains Frightening", *Editor & Publisher*, 2005년 4월 15일.

라 목록에서 그저 첫 번째에 있는 나라일 뿐인가? 파키스탄은 어떤가? 아니면 사우디아라비아는? 쿠웨이트는? 그리고 어느 나라를 침공할지 누가 결정하고 누가 침공을 실행하는가? 미합중국이 이라크한테 이런 일을 할 수 있다면, 인도도 파키스탄한테 같은 일을 할 수 있는가? 러시아는 우즈베키스탄을 침공할 수 있는가? 베네수엘라는 콜롬비아를 침공할 수 있는가? 이런 질문들은 이라크 침공이 '민주주의'라는 용어로 정당화된다면 꼭 답해야 하는 것들이다. 그렇지 않다면 이는 단지 정글의 법칙일 뿐이다. 민주주의에 대한 모든 말들은 그저 허풍일 뿐이고. 미합중국 언론 체계에서 이런 질문들은 거의 제기되지 않고, 이 주제가 지속적인 관심을 모으는 일도 결코 없다.

미합중국 언론을 끊임없이 따라다니는 문제들은 뿌리가 깊고, 언론 체계에 구조적인 변화가 나타나 국가적 사안에 대한 진실한 보도를 기대하는 것이 합리적인 일이 되지 않는 한, 사라지지 않을 것이다. 여기에는 언론이 바탕으로 삼고 있는 정책들의 변화를 가져올 즉각적인 정치 조직화가 필요하고, 언론 개혁을 평화와 사회 정의를 위한 광범한 운동의 핵심으로 만드는 것이 필요하다. 결국 언론 개혁과 사회 정의는 함께 떠오르거나 무너져 내릴 것이다. 우리는 진실을 말하는 언론 체계가 필요하다.

스티글리츠 교정하기

정보에서 개발 세계의 권력으로

벤 파인, 엘리사 반 바에이언베르허

지난 10년 동안 조지프 스티글리츠는 급진주의로 상당한 명성을 얻었다. 세계은행 수석 경제학자로 임명된 뒤 워싱턴 컨센서스 이후 체제를 주창하면서 명성은 시작되어, 2000년 이 자리를 '사퇴'하면서 더 커졌고, 이어 마침내 베스트셀러 『세계화와 그 불만』을 통해 국제통화기금을 심하게 비판하면서 이 명성은 굳어졌다.[1] 그러나 스티글리츠의 궤적을 더 면밀히 점검해보면, 몇 가지 진실을 말해주는 사태를 만나게 된다. 스티글리츠 그 자신에 대한 것이 아니라 세계은행의 정책과 이념에 관한 것이고, 미합중국 정부가 세계은행에 끼치는 영향에

---

1. Joseph E. Stiglitz, *Globalization and Its Discontents*, New York: W. W. Norton and Co., 2002.

관한 것이며(가장 극명하게 드러난 경우는 월포위츠의 세계은행 총재 임명이다), 세계은행 경제학의 우울한 학문(경제학을 이르는 말—옮긴이)에 관한 것이다. 어떤 면에서 스티글리츠는 이 학문에서 가장 멀리 떨어져 나왔다. 사실 세계은행은 1990년대 초 정당성 위기에 봉착하자 원칙에 있어서 신자유주의 이론을 강조하지 않는 것으로 대처했는데, 그러면서도 실제로는 민간 자본을 그 어느 때보다 더 강하게 지지했다. 이념적으로 이는 몇 번에 이르는 세계은행의 말투 변화로 나타났다. '훌륭한 지배 방식'에서 '빈곤 완화'로 바뀌었고, 특히 가장 최근에는 무엇보다 '지식 은행'을 주장한다. 효과적이게도, 이런 요소들은 사실 스티글리츠의 학문적 작업과 완벽하게 조화를 이루며, 그가 세계은행에 있을 때 강하게 뒷받침한 것들이다. 세계은행에서 밀려난 뒤에야 스티글리츠는 세계은행을 포함한 이 세계를 자신이 추구하려 한 학문 전통과 거리가 있는 방식으로 이해해야 한다는 사실을 부분적이고 무의식적이며 암묵적이긴 해도 인정할 수밖에 없었다.

워싱턴 컨센서스 이후 그리고 세계은행의 개발 재발견

브레튼우즈 기구(세계은행과 국제통화기금—옮긴이)는 딱 10년 전 창설 50주년을 맞았다. 축하할 분위기는 아니었다. 당시 두 기구는 누구한테도 강하게 비판을 받는 처지였다. 비판의 이유가, 워싱턴 컨센서스가 개발 정책을 지배했던 1980년대에 딱 어울리는 이름인 '잃어버린 10년' 때문이라고 하긴 어렵다. 세계은행과 국제통화기금은 극우 세력으로부터 부패하고 비효율적인 정부에 어떤 지원도 하지 말라는 압력을 받았다. 더 효과적인 비판은 세계은행의 교조적인 '시장 대 국가' 의제를 공격하는 이들한테서 나왔다.

이에 대응해서 세계은행과 국제통화기금은 비판의 방향을 바꾸고 일정한 정당성을 회복하는 데 큰 도움을 주는 여러 가지 개념과 정책 태도를 도입했다. 각국 정부는 이제 협력자가 되어서 자금 지원 조건으로 부과된 정책들을 '제것으로 삼도록' 요구받았다. '훌륭한 지배 방식'이 강조됐다. 세계은행의 포괄적인 개발 구조는 빈곤 완화를 위해 국제통화기금에 개입하고 협력하는 데 새롭게 눈뜨게 만들었다. 이는 두 기구의 주변적 차이들을 (1999년부터 알려진 차관 대상 국가의 경제 평가서인) '빈곤 감소 전략 보고서' 구축 과정에서 묻어버릴 수 있게 했다. 워싱턴 컨센서스는 이제 안정화를 지향하는 거시 편향성이 지나치고 미시적 의제를 가격 인센티브로 제한하는 문제점을 지닌 걸로 여겨졌다. 이제 개발에 대한 더 '폭넓은' 이해가 옹호됐다.

주류 경제학 내부에서 비롯된 일련의 지적 진보가, 세계은행과 국제통화기금의 이런 재발명 작업 수행에 유리한 정황을 만들었다. 더 '새로운' 개발 경제학이 1980년대 말 개발의 특이성 '재발견'과 함께 등장했다. 신자유주의적인 '새로운' 개발 경제학과 대조적으로 이 경제학은 시장의 (그리고 제도적인) 불완전성을 강조했다.[2] 한편으로 이 경제학은 규모의 경제, 불완전한 정보 또는 심지어 시장의 부재 같은 요소를 포함하는 현실주의를 경제 분석과 결합하려는 시도를 반영했고, 다른 한편으로 역사, 제도, 사회 네트워크 따위의 전통적으로 주류 경제학 영역 밖에 있던 특성들을 해명하려는 야심을 반영했다.

이런 상황 진전에 개입하려는 세계은행의 욕구는 스티글리츠를 수석 경제학자로 임명하는 것을 통해 실현됐다. 워싱턴 컨센서스의 '단선 경제학'이 두드러지고 그로 인해 개발 문제가 가격 인센티브에 대한 경제 주체들의 합리적 대응으로 축소되는 외중에 세계은행이 지적인 지도력을 확보하는 것만큼이나, 변화하는 패러다임에 개입하지 못하게 되면 이 자리는 위협받을 여지가 있었다.

---

2. 새로운 개발 경제학과 더 새로운 개발 경제학에 관해서는, Ben Fine and K. S. Jomo 엮음, *The New Development Economics: A Critical Introduction*, Delhi: Tulika, and London: Zed Press, 2005 를 보라.

스티글리츠 임명은 또한 세계은행이 워싱턴 컨센서스의 극단적인 시장 우호 태도와 형편없는 실제 성과 비판에 반응한다는 걸 보여줄 기회를 줬다.

처음에 스티글리츠는 기대에 부응했다. 가장 인상적인 것은, 임명 직후 워싱턴 컨센서스 이후를 주장한 것이다. 이 주장의 핵심 요소는 나중에 세계은행 총재 제임스 울펀슨이 제시한 '포괄적인 개발 구조'를 통해 추인됐다. 개발을 위한 더 폭넓은 구조가 환경적 지속성, 형평성, 민주주의라는 목표에 근거해서 제시됐다.

> 우리는 지속 가능한 개발을 추구한다. 여기에는 천연자원 보전과 건강한 환경 유지가 포함된다. 우리는 공평한 개발을 추구한다. 이는 사회의 상류집단뿐 아니라 모든 집단이 개발의 열매를 누리는 걸 보장한다. 그리고 우리는 민주주의적인 개발을 추구한다. 이 속에서 시민들은 자신들의 삶에 영향을 끼치는 의사 결정에 다양한 방식으로 참여한다.[3]

이는 세계은행이 신자유주의를 포기하고, 단지 시장 세력에 가능한 한 최대로 의존하는 것보다는 좀더 온건하고 폭넓은 개발 방식을 채택하는 걸 암시한다. 세계은행이 개발의 기능을 다시 강조한 것은 국제통화기금과의 관계에 대한 암시도 담고 있다. 구조 조정의 시대는 두 기관의 중요한 중복을 불러와서 몇몇 논평자들은 두 기관을 '이란성' 쌍둥이라기보다는 일란성 쌍둥이로 보게 만들었지만,[4] 세계은행의 새로운 의제는 아주 단기적인 거시경제에 초점을 두

---

3. Stiglitz, "More Instruments and Broader Goals: Moving Toward the Post Washington Consensus", the WIDER Annual Lecture, Helsinki, 1998년 1월 7일. 이 글 그리고 그 이후 같은 맥락의 글들은 Ha-Joon Chang 엮음, *Joseph Stiglitz and the World Bank: The Rebel Within*, London: Anthem Press, 2001에 묶여 출판됐다.

4. Paul Mosley, Turan Subasat and John Weeks, "Assessing Adjustment in Africa", *World Development*, 23(9), 1995, 1459쪽.

는 국제통화기금과 장기적인 구조 문제에 초점을 두는 세계은행의 전통적인 차이를 다시 천명하려는 시도였다.

하지만, 스티글리츠가 뒷받침한 종잡을 수 없는 혁신이 미합중국 재무부가 특히 신봉하고 국제통화기금이 성공적으로 장려한 정책들에 맞설 공간을 점차 넓혀주게 되자, 스티글리츠의 근면성은 금방 자산에서 장애로 뒤바뀌어버렸다. 그는 1990년대 말을 특징짓는 일련의 금융 위기(1997~98년 동아시아, 1998년 러시아, 1999년 브라질)에 국제통화기금이 대처한 방식에 이의를 제기했고, 중앙통제 경제권동유럽권 국가들 따위−옮긴이이었던 나라들에서 성급하게 사유화를 촉진한 것에도 이의를 제기했다. 스티글리츠의 생각 속에서 국제통화기금은 급속히 (세계은행의) 사악한 쌍둥이, 유해한 통화주의 이념의 화신, 그리고 궁극적으로 개발의 걸림돌로 보이기 시작했다.[5]

내부 고위 인사가 미합중국이 철저하게 지키고 있는 국제 금융 조직의 기둥 하나를 공격하는 행위는 미합중국 금융 지배층에게 좋게 받아들여지지 않았다. 세계은행 수석 경제학자 출신인 미합중국 재무장관 로런스 서머스의 반응은 모호하지 않았다. 그의 반응은 울펀슨이 총재 연임을 원한다면 스티글리츠가 나가야 한다는 것이었다.[6] 하지만 공식적인 속박에서 벗어난 이후에도, 스티글리츠는 미합중국 금융 지배층을 계속 격노하게 만들었다. 의미심장하게, 그는 『뉴리퍼블릭』에 실은 글에서 국제통화기금 직원들을 "일류 대학의 삼류 학생들"이

---

5. 스티글리츠는 자신이 세계은행에 합류할 때 자신 앞에 놓인 임무를 회상하면서 이렇게 언급했다. "이 임무가 어려운 건 알았지만, 개도국들이 직면한 주요 걸림돌 가운데 하나는 사람이 만들어낸 것이며, 전적으로 불가피한 게 아니고, 바로 길 건너편 우리의 '자매'기관 국제통화기금에 이 걸림돌이 존재하리라고는 꿈도 꾸지 못했다." Stiglitz, *Globalization and Its Discontents*, 25쪽을 보라.
6. 이에 대한 훌륭한 설명을 보려면, Robert Wade, "Showdown at the World Bank", *New Left Review*, II/7, 2001, 124~129쪽을 보라. 기술적으로 표현하면 스티글리츠는 1999년 11월 세계은행의 수석 경제학자 자리에서 사임했지만, 울펀슨이 총재 자리에서 밀려난 2000년 4월까지 울펀슨의 '특별 고문'으로 남아있었다.

라고 불렀고 위기에 처한 경제에 특정한 정책이 강요되는 이유를 처음으로 꼭 찍어 말했다. 금융계 기득권층의 이익을 꼽은 것이다.[7] 이런 내용은 2002년 출판된 그의 국제적인 베스트셀러에서 더 깊이 있게 다뤄진다.

세계화와 제한적인 불만

『세계화와 그 불만』에서 스티글리츠는 세계은행 자리가 가하는 제약에서 벗어나 워싱턴 컨센서스에 반대하는 주장을 마음껏 펼 수 있었다. 그럼에도, 그는 자신이 세계은행에 있을 때 했던 것과 최소한에 있어서만 다른 행태를 보였다. 스티글리츠의 비판은 그전이나 지금이나 그저 표준적인 비판이며 비록 시각은 다르지만 진보적인 학자들이 10여 년 전부터 제기하던 것이다. 스티글리츠는 이 사실을 인정하지 않은 채 이런 비판을 자신의 것으로 수용했으며 이는 수사학적 변화를 보인 세계은행의 행태와 일치하는 것이었다. 세계은행은 자신의 수사학적 변화를 외부 비판자들이 촉발했다는 사실은 물론이고 이 변화가 그들이 예상했던 바라는 사실조차 인정하지 않은 채 행태를 바꾼 바 있다. 특히, 스티글리츠는 신자유주의적인 워싱턴 컨센서스가 차관을 제공하면서 이행 조건으로 부과하는 정책들이 재앙을 부른다는 점을 우려했다. 예를 들어, 이런 정책에는 경제를 위축시키고 경제적·사회적 불안을 유발하는 긴축 정책, 마찬가지로 경제를 위축시키며 기업들을 부도로 몰아가는 고금리 정책, 국내 산업계가 경쟁력을 확보하기 전에 허약해지게 만드는 무역 자유화, 자국내 요구에 훨씬 더 잘 적응한 현지 금융계를 밀어내는 금융 자유화, 정책 실행과 규제에 필요한 제도가 자리 잡기 전에 실시하는 성급하고 부적절한 사유화가 포함된다.[8]

---

7. Stiglitz, "What I Learned at the World Economic Crisis", *New Republic*, 2000년 4월 17일.
8. Stiglitz, "More Instruments"를 보라.

그러나 스티글리츠가 진짜로 앞서 취했던 태도를 넘어 더 나아간 대목은 결함투성이의 실패한 정책 책임이 주로 국제통화기금에 있다고 격렬하게 공격한 부분이다. 세계은행이 왜 이보다 덜 비판받아야 하는지 이유가 불분명하다. 스티글리츠가 여전히 세계은행에 충성하고 있음을 반영하는 측면이 있다는 점과 세계은행이 국제통화기금의 방해를 받고 있다고 스티글리츠가 믿는 점을 빼곤 말이다. 그의 국제통화기금 비난은 결함 있는 경제이론 비난 차원을 넘어서는 것이고 그렇기 때문에 결함 있는 정책 비난 차원도 넘어선다. 이는 도리어 두 가지 더 깊게 숨겨진 요소들, 다시 말해 기계 장치에 의한 신[뜬금없이 등장하는 해결 장치를 뜻한다—옮긴이]으로 불려나온 것들인 이념과 사리사욕이라는 걸 통해 해명된다. 그는 워싱턴 컨센서스가 모든 증거를 무시하고 자유 시장의 힘을 믿는 교조적인 믿음에 의해 작동한다고 본다. 스티글리츠에 한해서 말하자면, 이런 신념은 그의 경제 접근법에 의해 사실상 뒤집힌다. "경제 이론에서 아주 최근에 이뤄낸 진전은 …… 정보가 불확실하고 시장이 불완전할 때, 이는 언제나 그렇지만 특히 개도국에서 이런 일이 나타날 때, 보이지 않는 손이 가장 불완전하게 작동한다는 걸 보여준다."9

의미심장하게도, 다른 이의 작업과 구별 짓는 불완전한 정보/시장이라는 접근방식이 그의 베스트셀러 저술에는 거의 완벽하게 빠져있는 걸로 유명하다. 이 부분이 빠진 것은 자신의 설명을 대중화해 이해하기 쉽게 하려는 욕망 때문이라기보다 (이 욕망이 대중화에 도움을 준 건 의심의 여지가 없지만), 핵심적인 해명 요소에 대한 그의 생각이 바뀐 탓인 듯하다. 왜 그런고 하니, 그는 신자유주의 이념이 끼친 영향을 개탄하는 데 그치지 않고 워싱턴 컨센서스를 이 체제로부터 가장 이익을 많이 얻는 이들이 이끌어왔고 용납했다고 주장하는 까닭이다. 그는 이 때문에 서양 금융계의 이익이 세계 빈민들의 이익을 지배하게

---

9. Stiglitz, *Globalization and Its Discontents*, 73쪽.

됐다고도 했다.

하지만 금융계의 이념과 이익에 관한 이런 시각은 스티글리츠의 분석에서 두드러진 모순이자 일반적으로 주목하지 않는 모순을 대변한다. 이런 시각은 스티글리츠가 경제 이론에서 진전이라고 지칭하는 것과 모순 된다. (그가 지칭하는 것은 주로 자신의 작업이다.) 이 이론에 따르자면 개인은 자신들의 이익을 합리적으로 추구하는데, 이런 행태는 모든 주류 경제이론에서도 똑같이 이야기한다. 만약 이념과 (금융계) 집단의 이익 같은 것이 원인이라면, 이 부분은 스티글리츠가 뛰어난 분석력을 발휘하는 영역이 아니다. [그래서 — 옮긴이] 대신에 그는 이 문제를 국제통화기금과 통화기금 지지자들의 도덕적 실패 가운데 하나로 표현한다. 그리고 그가 신자유주의 세계화에 대한 가장 뛰어난 비판자로 여겨질 만큼 이에 대해 많이 비판을 하긴 해도, 그의 이런 비판이 세계은행에 대해서까지 확장되는 일은 드물다. 특히 세계은행이 국제통화기금의 속박을 받지 않을 수 있는 상황일 때 더 그렇다. 그러나 스티글리츠가 재임하기 전, 재임 기간, 그리고 퇴임 후의 세계은행의 위상 변화는, 얼마간 보이지 않는 손의 불완전한 작용보다는 이념과 이익집단의 음모를 따지는 것이 더 중요하다는 걸 보여준다. 다른 말로 하자면, 스티글리츠의 작업은 막 시작되어야 하는 지점에서 멈추고 만다.

수사학, 학문 그리고 세계은행의 정책

스티글리츠가 세계은행에 아주 필요했던 활력 회복에 도움을 준만큼이나, 점점 더 격렬해지는 그의 국제통화기금 비판에서 명백히 드러난 스티글리츠의 헌신 곧 자신의 학문이 암시하는 정책에 대한 헌신은 세계은행 수석 경제학자라는 위치와 화해할 수 없는 것이었고 결국 그의 사퇴를 불렀다. 바로 이런 배경을 고려해서, 세계은행의 좀더 국가 친화적이고 빈민 친화적인 태도 변화라고들 추정하는 변화 양태를 면밀하게 해체할 필요성이 있다. 사유화, 자금지원, 지식에 관한 변화상을 세밀하게 따져봄으로써 말이다.

비록 세계은행이 과거에 열정적으로 사유화를 추진했지만, 최근의 새로운 태도는 현재의 수석 경제학자 프랑수아 부르기뇽이 승인한 포괄적인 보고서 제목 '사유화는 과잉 판매됐고 잘못 이해됐다'에 부각되어 있다. 세계은행의 과거 태도는 자유 시장 도그마와 신중한 증거 선택 및 해석에 근거한 것이었다. 대조적으로 최근의 정책 제안은 '국유화는 결함이 있다는 사실'에도 불구하고 공적인 소유를 원칙으로 유지해야 할 사례가 있을 수 있다는 걸 받아들이고, 브라질 수력발전소를 이런 사례로 제시한다. 사유화의 복지 효과에 관한 더 많은 증거와 더 나은 증거가 필요하다는 것도 인정한다. 그리고 언제나 그랬듯 자기비판은 부족하지만, 세계은행은 『월스트리트저널』이 이런 관점에서 세계은행을 대신해 말하도록 했다.

> 사유화의 사도 세계은행이 믿음의 위기에 직면해 있다. 1990년대에는 간단한 생각으로 여겨지던 것, 곧 개도국은 손실을 내는 국가 기간시설을 효율적인 민간 투자자에게 매각해야 한다는 생각이 더는 자명하지 않은 듯하다 …… 속았다고 느끼는 소비자들이 사유화를 날로 자신들의 비용 증가 그리고 외국 기업과 부패한 관료들의 이윤 증가와 연결시켜가고 있다. 뜻밖의 사건 전개는 세계은행의 사유화 열광자들을 무엇이 잘못됐는지 의아해하는 처지가 되게 했다.[10]

이렇게 원칙에 있어서 사유화에 관한 태도가 좀더 완화된 듯하며, 도그마

---

10. World Bank, *Reforming Infrastructure: Privatization, Regulation, and Competition*, Washington: The World Bank and Oxford University Press, 2004, 259쪽. 앞 문단의 인용문은 4, 8, 15, 43쪽을 보라[잘못된 주석인 듯함―옮긴이].

에서 벗어나 좀더 학문적인 접근을 취하는 변화도 나타나는 듯한데, 그 방식이 스티글리츠가 취한 방식과 꽤 유사하다. 하지만 실제 정책과 관련된 상황은 전혀 다른 해석의 여지를 열어준다. 이는 보고서의 행간을 읽으면 볼 수 있다. 보고서의 주제는 사유화가 너무 많이 나아갔다는 걸 받아들이는 것이 아니고 국영 기업에 새로운 기회를 줄 시간이라는 내용이기 때문이다. 보고서 내용 대부분은 정반대로 사유화를 회복하고 성공적인 것으로 만들기 위해 정부가 취해야 하는 규제와 경쟁의 전제 조건이 무엇인지 지적하는 데 관심을 기울이고 있다. 국영 기업을 대안으로 여기는 대목은 전혀 없고, 성공적인 사유화를 보장하는 데 필요한 자원과 노력과 능력 배양을 국영 기업의 실적을 개선하고 확산시키는 데로 돌리는 것이 더 낫지 않은지 여부에 대한 신중한 검토도 없다.

게다가 이 보고서는 정부, 대중운동 그리고 민간 (외국) 자본의 반대로, 특히 아프리카에서 사유화가 실제로 얼마나 지연되고 있는지 의식하고 있다. 비록 반대보다는 소극적인 저항에 나서는 경우가 더 흔하지만 말이다. 민간 (외국) 자본은 가난한 고객과 불확실한 수익을 특징으로 하는 수도 사업 같은 사회·경제 기반시설 투자에 거의 관심이 없다. 그 결과 이 보고서는 사유화의 목표가 되는 사회 기반시설의 우선순위 명단을 제시하고 있다. 이 명단에는 매력적인 영역인 통신과 에너지에서부터 교통, 그리고 가망 없는 상하수도 사업까지 실려 있다.

간단히 말해, 세계은행은 표면상으로는 원칙에 있어서 사유화에 좀더 조심스럽게 접근해가고 있다. 세계은행은 성공의 기회가 더 많을 것 같은 분야에 초점을 맞추면서 사유화를 더 많이 시도하고 마무리하는 수단으로 이 조심스러운 접근법을 보고 있다. 국가 활동은 사유화가 이뤄지게 하는 데 필요하다. 의미심장하게도, 세계은행은 기간시설용 자금 수십억 달러를 공공 영역에서 민간 영역으로, 각국 정부에 양허성 차관을 제공하는 국제개발원조IDA에서 민간에게만 돈을 빌려주는 국제금융공사IFC로 이전하려고 시도해왔다.11

이 설명에서 배울 더 일반적인 교훈이 있다. 이는 학문과 세계은행의 수사학, 정책 사이의 상당한 불협화음을 드러내는 까닭이다. 다른 글에서 논증했듯이, 이들 요소가 서로 간에 (불)일치하는 방식은 시간에 따라, 그리고 쟁점에 따라 다양한 양태를 보인다.12 예컨대 가장 일반적인 차원에서 워싱턴 컨센서스의 신자유주의적 수사학은 구조조정 차관에 붙는 요구 조건에서 특히 드러나는 폭넓고 독단적인 개입을 정당화하거나 감추는 데 기여하는 단순한 환상일 뿐이다. 새로운 수사학도 정책 개입에 있어서는 마찬가지로 독단적이지만, 대조적으로 다른 근거를 제시한다. "제도적 능력, 사업 문화, 조직된 이익단체의 특성, 사회 갈등의 유형, 행동 규칙을 포함한, 눈에 두드러지거나 잘 드러나지 않는 나라별 특성의 다양성"에 비추어, 이제 "보편적으로 적합한 모형이 없다."13고 선언한다. 이런 식으로, 신자유주의와 확연히 거리를 두는 세계은행의 태도는 단지 자신의 정당성과 일관성을 강화하는 데 그치지 않고 경제·사회 정책에 폭넓게 개입할 근거도 함께 제시한다. 그 근거란, 시장이 작동하게 만들어야 하며 동시에 시장을 받치고 있는 비경제적인 요소들을 통해 시장의 불완전함을 고쳐야 한다는 것이다.

---

11. K. Bayliss and D. Hall, "A PSIRU Response to the World Bank's 'Private Sector Development Strategy: Issues and Options'", University of Greenwich, www.psiru.org/reports /2001-10-U-wb-psd.doc, 2001(2005년 11월 25일 검색 결과).

12. Ben Fine, *Social Capital versus Social Theory: Political Economy and Social Science at the Turn of the Millennium*, London: Routledge, 2001.

13. World Bank, *Reforming Infrastructure*, 8~9쪽.

원조에 관한 지식과 지식의 원조

세계은행의 수사학과 원조에 관련된 실제 행동을 가까이에서 조사해보면, 이런 쟁점들이 더 깊이 있게 설명된다. 1997년 스티글리츠가 자신의 고유한 생각을 세계은행에 주입시킬 채비를 하고 세계은행에 들어왔을 때, 원조 사업 운영 현실은 특정한 형태를 띠고 있었다. 15년 이상의 조정 차관 제공 경험과 안팎의 논쟁 경험 끝에 조직 내부에는 어떤 합의점이 나타났는데, 이는 특히 1994년 아프리카에 관한 보고서에 명백히 드러나 있다.[14] 이 합의점은 조정 작업이 '건전한' 정책을 촉진하지만 성장 또는 빈곤 감소 측면에서 반드시 아주 강력한 결과를 만들어내는 건 아니라는 것이었다. 세계은행이 이해하기로는, 정책 실행 문제는 경제 성과가 적절하게 나타나지 않는 문제를 고스란히 부담으로 져야 했고, 개혁 사업의 당사국 '소유권(주도권)'은 전체 지원 사업의 경제적 성공의 전제조건으로 인정됐다. 뒤이어, 지원 배정에 있어서 더 넓은 선택 권한을 발휘하려는 야망이 힘을 얻기 시작했다. 차관을 받는 것에 상응하는 이행 조건을 부여하는 대신, 지원 이전에 먼저 이행한 실적에 따라 차관 제공이 결정된다. 게다가 정책 또는 지배구조를 아직 충분히 '개선하지' 못한 나라들은, 차관을 통해서라기보다 (주로 정책 토론과 자문의 형태로 전달되는) 사상을 통해 도움을 얻게 된다. 세계은행의 교육 기능이 중심 무대를 차지하게 된 까닭이다. "원조는 왜곡이 가장 심한 환경에서조차 개혁을 키울 수 있지만, 이런 곳에선 돈이 아니라 사상에 초점을 맞추고 인내심을 발휘하는 게 필요하다."[15]

세계은행의 실적에 근거한 지원 배정 체계의 핵심은 연례 '국가 정책 및

---

14. World Bank, *Adjustment in Africa: Reforms, Results and the Road Ahead*, Washington, DC: World Bank, 1994.

15. World Bank, *Assessing Aid: What Works, What Doesn't and Why*, Published for the World Bank by Oxford University Press, 1998, 4쪽.

제도 평가CPIA다. 이는 16개 판정기준에 대해 1점부터 6점까지 점수를 매기는 것이다.[16] 불가피하게, 이런 점수 산정은 개발에 가장 적합한 정책과 제도적 환경에 대한 세계은행의 판단을 담고 있으며, 즉각 인식할 수 있는 지침을 중심으로 작업이 이뤄진다. 여기서 지침은 낮은 인플레이션, 흑자 예산, 무역과 자금 흐름 규제 최소화, 유연한 상품·노동·부동산 시장, 시장이 결정하는 금리, 직접 지원 금지, 국내외 투자자 동등 대우를 보장하는 경쟁 정책 그리고 여기에 수반되는 '사실상' 완벽한 자본계정 태환성[자본의 국제간 유출입을 자유롭게 허용하는 것을 뜻함 – 옮긴이]이다. 이런 접근법에 담겨있는 워싱턴 컨센서스식 취향을 완화하려고, 국가 정책 및 제도 평가는 형평성에 관심을 보여주는 기준도 포함하고 있다. 그것은 공공지출과 사회안전망, 환경, 성별 문제에 국한된 것들이다. 여기에 더해서 인적 자원 개발의 중요성 인식(건강, 교육, 영양상태) 그리고 재산권과 계약권 제도, 정부의 투명성, 부패방지, 공무원 조직, 예산과 회계 관리의 질을 뜻하는 '지배체제'도 기준에 포함된다.[17] 세계은행이 도입한 지원 배정 공식은 각 실적 등급간 자원 배정 격차가 위로 갈수록 커지게 함으로써 국가 정책 및 제도 평가에서 상위에 속하는 나라들에게 상당한 보상이 돌아가게 만들어져 있다. 이 방식은, 세계은행의 최근 원조 배정 과정에서 상위 5분위에 속하는 나라가 하위 1분위 나라보다 국민 일인당 평균 다섯 배 많은 지원금을 받은 걸로 실현됐다.[18]

국가 정책 및 제도 평가 작업은, 세계은행의 원조가 실제로는 핵심 신자유

---

16. 국가 정책 및 제도 평가 작업은 세계은행이 자금지원자 집단 전체에게 강력히 장려했으며, 급속하게 표준으로 자리 잡고 있다. Barry Herman, "How Well Do Measurements of an Enabling Domestic Environment for Development Stand up?", UNCTAD, Meeting of the Group of 24, 2004, www.g24.org/003gva04.pdf를 보라.

17. http://siteresources.worldbank.org/IDA/Resources/CPIA2003.pdf.

18. IDA, "Allocating IDA Funds Based on Performance", 2003년 3월, http://siteresources. worldbank.org/IDA/Resources/PBAAR4.pdf, 8쪽.

주의 정책에 얼마나 더 엄격히 의존하는지 예시해준다. 단지 사회 문제와 지배 체제 문제라는 겉치장을 하고서 말이다. 이는 「빈곤 감소 전략 보고서」PRSPs를 통해서 국가 '소유권'에 대한 집착과 결합한다. 이 전략 보고서는 강제적인 '참여' 절차로 포장된, 지원받는 국가와 채권자 그리고 세계은행과 국제통화기금의 긴밀한 협조 관계를 통해 작성된다. 그리고 이 과정에서 국가 정책 및 제도 평가는 이 전략 보고서가 집중해야 할 영역을 지시해주는 횃불 구실을 한다.[19] 지원을 받는 나라는 세계은행과 국제통화기금이 설정하는 우선순위에 따라 개발되는 정책 틀이 순조롭게 작동할 여건을 만든다. 그런데 이 정책 틀은 사회 정책 구성의 특정한 측면들을 널리 알려진 신자유주의 거시경제 틀과 연결시킨다.[20]

'좋은' 정책과 제도를 갖춘 나라들한테 선별적으로 지원금을 배정하자는 제안은 지원과 지원의 조건 그리고 거시경제 실적의 관련성에 관한 일련의 주장들로 공식 뒷받침되는 가운데 제기됐다. 이 일에 주로 기여한 몇몇 인물들은 (폴 콜리어, 데이비드 달러, 크레이그 번사이드) 스티글리츠가 수석 경제학자로 있을 때 세계은행의 조사 부서에서 일하던 이들이다. 지원과 지원 조건에 관한

---

19. 빈곤 감시 전략 보고서의 특징인 '참여'의 성격에 관한 비판적인 언급으로는, Frances Stewart and Michael Wang, "Do PRSPs Empower Poor Countries and Disempower the World Bank, or Is It the Other Way Round?", QEH Working Paper Series, www3.qeh.ox.ac.uk/RePEc /qeh/qehwps/qehwps108.pdf [원문에 적혀있는 인터넷 주소가 존재하지 않아, 옮긴이가 따로 찾은 다른 사이트 주소로 대체했다—옮긴이], 2003을 보라. 일반적으로, 신자유주의적 출발점에 동의하지 않고 대안을 제기하는 집단은 경제를 이해하지 못하는 집단으로 취급되어 논쟁에서 배제되는 경향이 있다.

20. 명시적으로, 2003년 국제통화기금과 세계은행의 빈곤 감소 전략 보고서에 관한 합동 진척 상황 보고서는, 거시 경제적 '규율'에 대한 언질을 전략 보고서에 더 강하게 표시하라고 요구했다. "대부분의 빈곤 감소 전략 보고서가 빈곤 완화 시도에 있어서 낮은 인플레이션을 안정적으로 유지하는 것이 중요함을 확언하고 있기는 해도, 자금조달의 인플레이션 관련성을 분명히 고려한다는 증거는 미약하다." International Monetary Fund and International Development Association, "Poverty Reduction Strategy Papers - Progress in Implementation", www.imf.org /external/np/prspgen/2003/091203.pdf, 2003, 5쪽을 보라.

세계은행의 주요 보고서 두 건의 핵심 내용이기도 한 이 인물들의 주장은 지나치게 단순하며 뻔히 예상할 수 있는 것이기도 하다.[21] '좋은' 정책과 제도가 퍼져있다면 지원은 지원을 받는 나라의 경제 성장률에 긍정적인 영향을 끼치고, '좋은' 정책과 제도라는 환경을 갖춘 국가한테 지원을 (재)할당해야 한다는 정책 합리화가 뒤따르면 지원 조건은 정책 환경에 아무런 영향도 끼치지 않는다는 것이다. 이런 거친 주장은, 이 주장을 밑받침하는 연구가 심각하게 결함이 있는데도 급속하게 과학적이라는 평가를 얻었다.[22] 이 주장의 결함은 모형 구체화의 허약성부터 데이터와 사례 자료의 잘못된 사용까지 다양하며, 이는 세계은행의 학문적 기준과 지적 정직성에 심각한 의문을 제기한다. 특히 심각한 것은, 세계은행이 막대한 연구 자원을 확보하고 있고 이 은행이 요즘 지식 확보와 확산을 주장하고 있기 때문이다.[23] 흥미롭게도 스티글리츠는 이 주장에 담겨있는 거시경제적 태도가 자신이 주장하는 워싱턴 컨센서스 이후 체제와 직접적으로 충돌함에도 여러 번 이 연구를 지지했다.[24]

---

21. World Bank, *Assessing Aid*. Devarajan Shantayanan, David Dollar and Torgny Holgre 엮음, *Aid and Reform in Africa*, Washington: World Bank, 2001.

22. 콜리어-달러-번사이드의 주장에 대한 비판적인 해체 작업은, Jonathan Beynon, "Policy Implications for Aid Allocations of Recent Research on Aid Effectiveness and Selectivity", Joint Development Centre/DAC Experts Seminar on 'Aid Effectiveness, Selectivity and Poor Performers', Paris에 제출된 논문, www.oecd.org/dataoecd/15/62/2664833.pdf, 2001을 보라.

23. 세계은행 연구 사업은 한해 평균 1억 달러가 족히 넘는 예산을 쓰고 있으며, 이 액수는 개발 연구에 관여하는 그 어떤 개별 기관의 예산도 새 발의 피로 만드는 규모다. World Bank, *Report on the World Bank Research Program Fiscal 2000 and 2001 and Future Directions*, Washington: World Bank, 2002, 15쪽을 보라.

24. Stiglitz, "Can Aid Facilitate Development", *OECD Journal of Development Assistance*, 3(2), 1998, 10~14쪽. "The World Bank at the Millennium", *Economic Journal*, 109(11월), 1999, 590쪽. "Scan Globally, Reinvent Locally: Knowledge Infrastructure and the Localisation of Knowledge", in Diane Stone 엮음, *Banking on Knowledge*, London: Routledge, 2000, 25~26쪽. 이 사실은, 심지어 스티글리츠의 관점에 공감하는 이들을 포함한 세계은행 직원들의 말을 뒷받침해준다. 직원들은, 스티글리츠가 직원들을 이끌어주거나 연구 집단에게 지시를 내리는 자신의 은행 내부 임무를 게을리 하면서 세계은행을 마치 여행사처럼 다뤘다고 말했다. Robert Wade,

게다가 지원과 지원 조건의 역학 관계를 이런 식으로 이해하는 데 담겨 있는 생각은 세계은행이 새롭게 '지식'을 강조하고 있는 점과 편리하게 연결된다. 1996년 세계은행 연례 회의에서 제임스 울펀슨 총재는 자신의 '지식 은행' 전망을 작동시켜줄 종합 사업 세트를 제안했다.[25] 물론 언제나 세계은행은 서로 모순 되는 다양한 요소들을 지닌 채 지식 기능을 담당했고, 정책을 근거로 자금을 지원하는 일이 급속도로 늘어난 1980년대에 세계은행이 지원 체제의 선두주자가 되면서 이 기능은 더욱 강화됐다.[26] 하지만 요즘 세계은행의 지식 임무를 드러내놓고 촉진하는 행위는, 위에서 이미 언급했듯이 세계은행 그룹 내부의 어떤 변화를 반영하면서 구체적으로 영향을 끼치고 있다.

지난 20년 동안 세계은행 그룹은 그룹 내 민간 영역 담당 기관인 국제금융공사가 아주 빠르게 팽창하는 걸 봐왔다.[27] 이 추세는 전통적인 비양허적 차관을 담당하는 국제부흥개발은행IBRD 업무가 꾸준히 줄어 2002년 사상 처음으로 장부상 차관 액수가 마이너스를 기록하고, 가난한 나라 지원을 담당하는 국제개발협회IDA의 기부 액수도 지난 10년 동안 3분의 1이나 줄어드는 결과를 가져

"Showdown", 129쪽을 보라.

25. 다양한 지식 은행 관련 사업에 대한 포괄적인 설명으로는, Kenneth King and Simon McGrath, *Knowledge for Development: Comparing British, Japanese, Swedish and World Bank Aid*, London: Zed Books, 2004, 특히 55~98쪽을 보라.

26. 세계은행의 원조 아래서 경제 실적 지표가 더 나빠지지 않았을지언정 거의 변화하지 않은 반면, 논쟁의 지적 환경과 용어는 급속하게 바뀌었다. Ben Fine and Colin Stoneman, "Introduction: State and Development", *Journal of Southern African Studies*, 22(1), 1995년 3월, 5~14쪽, Peter Gibbon, "The World Bank and the New Politics of Aid", *European Journal of Development Research*, 5(1), 1993, 35~63쪽을 보라.

27. 국제금융공사가 맡아서 하는 투자는 1980년부터 2000년까지 실질적으로 4.5배 늘었고, (다자간 투자 보장청까지 포함하면) 국제금융공사가 세계은행 그룹 전체 금융 상품에서 차지하는 비중은 1980년 3.3%에서 2000년 25%로 7배 이상 늘었다. World Bank, "Private Sector Development Strategy - Directions for the World Bank Group", http://siteresources.worldbank.org/INTEOS/Resources/PSDstrategy.pdf [원문의 주소가 존재하지 않아, 옮긴이가 검색해 수정했다. ─옮긴이], 22쪽을 보라.

왔다.[28] 한편, 요즘 세계은행의 전체 활동은 민간 영역 개발에 전략적 우선순위를 두는 전략의 영향을 강하게 받고 있다.[29] 이런 추세는, 공적인 국제 금융 기구의 임무로 여겨지는 개발 촉진과 빈곤 퇴치 대신 기업 투자에 대한 금리 우대 지원에 자금을 쓰는 세계은행의 금융 재원 사용 방식을 부각시킨다. '지식' 임무가 이런 단절을 해소하기는 거의 불가능하다. 이 임무는, 수십년 동안 축적한 경제 개발 관련 지식을 전세계 수혜자들과 공유할 수 있는 세계은행만의 능력을 강조함으로써 세계은행의 금융 관련 기능에 쏠리는 관심을 분산시켜왔다.

세계은행의 지식 임무 촉진은 세계은행이 왜 이렇게 개입해야 하는지에 대한 일련의 분석적 주장 제기와 동시에 이뤄졌다. 특히 스티글리츠는 이 새로운 영역에 관한 자신의 분석을 강요하는 데 열심히 나섬으로써 이 임무 촉진 작업에 기여했다. '지식'은 이제 가난한 나라를 "자본이 적기 때문만이 아니라 지식이 적기 때문에"[30] 부자 나라와 구별 지으면서, 또 다른 생산 요소로 등장했다. 게다가 '지식'은 공공재가 되는 경향이 있다. 스티글리츠는 이렇게 설명한다.

> 더 많은 지식은 전세계의 공공재다. 수학의 정리는 미합중국에서뿐 아니라 러시아에서도 참이다 …… 희소성처럼 경제가 다루는 문제들은 어디에나 존재하며, 이에 따라 경제학 법칙들은 각각의 나라에 서로 다른 제도가 존재한다 할지라도 보편적으로 적용할 수 있다.[31]

---

28. 국제개발협회 활동 자금의 자체 재원(주로 자금 환수와 투자 소득) 의존도가 점점 높아지면서 지난 10년 동안 매년 3회씩 실시하는 자금 보충 액수가 거의 변동이 없었다는 걸 지적하고 넘어가야 한다. 이 가운데 투자 소득은 국제개발협회 10기(1993~96년)에 전체 자금 보충 액수의 10%를 차지했으나 국제개발협회 13기(2002~04년)에는 40%를 넘어섰다.

29. World Bank, "Private Sector Development Strategy"를 보라.

30. World Bank, *World Development Report 1998/9: Knowledge for Development*, Oxford: Oxford University Press, 1998, 1쪽.

31. Stiglitz, "Knowledge as a Global Public Good", in Inge Kaul 외 엮음, *Global Public Goods*, Oxford: Oxford University Press, 1999, 310~311쪽.

그는 이렇게 말을 잇는다.

성공적인 개발에 필요한 지식 상당 부분은 특허신청을 할 수 없다. 이런 것들은 새로운 생산물이나 생산 과정의 근거가 되는 지식이 아니다. 도리어, 이는 누구에게나 기본이 되는 지식이다. 기업을 조직하는 방법, 사회를 조직하는 방법, 환경을 유지하면서 더 건강한 삶을 사는 방법 같은 것이다. 땅의 산출력에 영향을 끼치는 지식, 경제 성장을 촉진하는 경제 정책 입안에 관한 지식도 포함한다.[32]

이런 공공재의 공급은 적극적인 공적 지원이 없으면 충분하지 못할 것이다. 여기에 세계은행의 핵심 기능이 있다.

지식 격차를 줄이려는 더 폭넓은 활동은 물론이고 개발 과정에서 지식을 축적하고, 처리하며, 확산시키는 활동이 세계은행의 특별한 책임이다. 세계은행의 이 두 가지 활동은 서로 보완적이다. 지식, 특히 시장 경제가 더 잘 작동하게 해주는 제도와 정책에 관한 지식은 더 높은 수익과 자본의 더 나은 배분을 이끌어낸다 …… 세계은행은 지식의 공공재적인 특성을 넘어서는 이런 조언을 제공할 임무가 있다. 이 일은 정직한 중개인의 임무이고, (실제로) 이렇게 널리 인정된다.[33]

겉으로 보기에 지식에 있어서 규모의 경제와 범위의 경제를 특징으로 지닌 세계은행은, 전세계에 걸친 개발 경험을 분석하고 집대성하고 퍼뜨릴 독특한 능력을 갖고 있다. 원조 그리고 원조 조건과 관련해서 이미 언급했던 세계은행

---

32. 같은 책, 318쪽. Christopher Gilbert, Andrew Powell and David Vines, "Positioning the World Bank", *Economic Journal*, 109(11월), 1999, 563쪽도 보라.
33. Stiglitz, "The World Bank at the Millenium", 1999, 590쪽.

연구 부문이 적절한 사례다. "범위의 경제가 세계은행 연구에 어떻게 긍정적으로 작동하는지 보여주는 사례 하나가 '원조 평가하기'라는 제목의 보고서다. 거시 경제학자들, 재정 분석가들과 빈곤 전문가들이 원조의 서로 다른 측면의 영향력을 연구했고, 이 분석들이 모아져 어떤 것이 제대로 작용하고 어떤 것은 그렇지 않으며 그 이유는 뭔지 보여주는 통합된 관점을 형성했다."[34]

이 연구가 스스로 내린 결론을 뒷받침하는 데 실패했고 학문적 연구의 기본 규칙을 명백히 위반했다는 사실은 신경 쓰지 마시라.[35] '정실 지성주의'의 어리석은 사례의 하나로서, 특정한 요구사항이 결론을 제 마음대로 이끌어갈 수 있던 것인가? 물론 아니다. 세계은행의 지식은 '중립적'이다. 세계은행이 '지식' 노선에 따라 편리하게 자신을 재창조할 기회를 주는 (스티글리츠식) (더) 새로운 개발 경제학 지식 기획과 함께, 개발학 연구 분야에 나타나고 있는 최근 변화의 맥락에서 특히 '중립적'이다. 게다가 냉전 종식과 더불어 거대한 이념 전쟁이 겉으로는 끝났다. 이제 남은 것은 시장이 '생명력 있는' 모든 경제의 핵심이 되어야 한다는 '거의 보편적인 합의'다.[36] 정부는 시장이 제대로 작동하도록 보장하면서 시장을 보완하는 구실을 한다.[37] 이런 폭넓은 합의 안에서, 지속되는 논쟁은 "경제 위기에 어떻게 대응하고 금융 개혁을 어떻게 추진하며 사유화의 적

---

34. Lyn Squire, "Why the World Bank Should Be Involved in Development Research", in C. Gilbert and D. Vines 엮음, *The World Bank: Structures and Policies*, Cambridge: Cambridge University Press, 2000, 118쪽.

35. 도리어 이 연구의 '수익'은 "1달러를 원조했을 때 전형적으로 얻는 수익의 12만%"라고 주장했고, 지식은 매년 추가 생산 비용 없이 이용할 수 있기에 이 수익률은 '저평가'된 것이라고까지 주장했다. David Dollar, "Some Thoughts on the Effectiveness of Aid, Non-Aid Development Finance and Technical Assistance", *Journal of International Development*, 13(7), 2001, 1004쪽을 보라.

36. Stiglitz, "Knowledge for Development: Economic Science, Economic Policy and Economic Advice", in Stiglitz and Boris Pleskovic, *Proceedings of the Annual Bank Conference on Development Economics*, Washington: World Bank, 1999, 14쪽.

37. World Bank, *The State in a Changing World*, New York: Oxford University Press, 1997을 보라.

절한 순서는 무엇인지 따위의 훨씬 기술적인 문제들에 관한" 것이 됐다.[38] 그러므로 마침내, 개도국들이 식민지 유산을 극복하려고 투쟁해야 하는 와중에 스티글리츠는 "경제 이론을 포함해 식민 지배자들이 남겨놓은 것 모두가 잘못됐다는 주장이 반드시 사실은 아니고, 독립 투쟁을 지지하는 경제 이론이 모두 건전하다는 주장도 반드시 사실은 아니다."[39]고 조언한다.

이는 확실히 경제학 영역에서의 신식민주의 선언이고, 극적일 만큼 환원주의적인 지식 이해에 단단히 매인 주장이다.[40] 지식이 나오고 사용되는 사회-역사적·정치적·경제적 맥락은 완전히 무시되는데, 이는 세계은행이 어떻게 관리되고 있는지 비판적으로 반성하지 않는 것과 연결되어 있다. 이는 또, 세계은행에서 경제학이 발휘하는 주도적인 임무를 비판적으로 반성하지도, 학풍에 따라 왔다 갔다 하는 '과학적' 용인 가능성의 기준에 담긴 의미를 비판적으로 반성하지도 않는 것과 연결되어 있다.[41] 다른 이들이 지적했듯이, 세계은행이 개발에 관한 지식의 중요 저장소이자 분배소라는 주장은 단지 전세계 권력 관계를 확고하게 하고 강화할 뿐이다.[42]

---

38. Stiglitz, "Knowledge for Development", 1999, 14쪽. (강조는 인용자) 스티글리츠에게는, 국제 통화기금과 미합중국 재무부의 유감스러운 자본계정 자유화 고집처럼 이념적 차이가 지속된다면 '과학'은 가장 강력한 해독제다.

39. Stiglitz, "Introduction", in C. Gilbert and D. Vines 엮음, *The World Bank*, 2000, 4쪽.

40. 스티글리츠의 분석이 암시하는 지식 개념이 얼마나 비역사적이고 비정치적인지에 대해서는, Lyla Mehta, "From Darkness to Light?: Critical Reflections on the World Development Report 1998/99", *Journal of Development Studies*, 36(1), 1999, 151~161쪽을 보라.

41. 세계은행 직원 가운데 미합중국에서 교육받은 이들이 많은 것이 미합중국의 영향력을 증폭시키는 데 어떻게 기여하는지에 대해서는, Devesh Kapur, "The Changing Anatomy of Governance of the World Bank", in J. Pincus and J. Winters 엮음, *Reinventing the World Bank*, Ithaca: Cornell University Press, 2002, 65쪽을 보라. 경제학의 미합중국화 정도에 대해서는, Ben Fine and Dimitri Milonakis, *Economic Theory and History: From Classical Political Economy to Economics Imperialism*, London: Routledge, 2006을 보라.

42. Joel Samoff and Nelly P. Stromquist, "Managing Knowledge and Storing Wisdom? New Forms of Foreign Aid?", *Development and Change*, 32, 2001, 특히 639~642쪽, 그리고 Lyla

<전세계 개발 네트워크>GDN가 제기한 쟁점들이 이를 잘 보여준다.[43] 이 것의 구상은 세계은행의 지역별 접근 방식을 정책과 연구 네트워크로 확장하려 는 시도에서 비롯됐다.[44] 스티글리츠가 이를 주창했고 울펀슨이 강한 지지로 뒷 받침해줬다.

전세계 개발 네트워크는 회의, 집단 연구, 연구 위탁 따위를 통해서 지구 남부의 지식 공유 포럼이 되려는 의도를 분명히 하고 있다. 지식 은행이 최선의 활동을 찾아서 '전세계를 훑고 있는' 반면, 전세계 개발 네트워크 협력자들은 지역 연구·정책 기관들이 새로운 맥락에 맞춰 '최선의 활동'을 '재창조'하게 만 드는 수준까지 현지화를 꾀함으로써 '지역적으로 재창조하는' 것을 목표로 한 다.[45] 과거에는 원조 조건으로 뒷받침되는 정책 '조언'을 통해 특정 국가로 하여 금 '최선의 활동 처방전'을 이행하도록 유도했으며 심지어 이런 일을 개혁의 '소 유권'이나 지지 없이 시도했던 바로 그 곳에서, 이제는 그 지역 정책·연구 기관 들이 '그 지역 환경에서 더 잘 생존하고 아마도 번영하게' 해줄 '이식된 정책 제안들'을 받아들이고 준비할 수 있게 된 것이다. 종종 '착상의 재창조'를 포함 하기도 하는 이 '적용' 과정의 결과, 정부 관리들은 더는 정책 개혁을 외세가 부과하는 걸로 보지 않고 "자신들의 필요를 충족시키는 것이며 동시에 자신들 이 후원할 수 있는 것인 지역적 산물"[46]로 봐야 한다. 그러므로 특히 지난 20년 동안 개도국의 국립 연구기관이 지속적으로 줄어든 상황에서, 전세계 개발 네 트워크는 개도국 내부에 개발 사상('지식')의 공급망을 구축하고, 특정 두뇌집단

Mehta, "The World Bank and Its Emerging Knowledge Empire", *Human Organization*, 60(2), 2001, 189~195쪽을 보라.

43. www.gdnet.org

44. Diane Stone and Erik Johnson, "The Genesis of the GDN", in D. Stone 엮음, *Banking on Knowledge*, London: Routledge, 2000을 보라.

45. Stiglitz, "Scan Globally", 31쪽.

46. 같은 책, 33쪽.

을 강하게 옹호하는 동시에 이 두뇌집단의 의제 설정 능력을 강화시키며, 특정한 (경제) 담론을 대안적인 목소리보다 더 크게 증폭시키는 데 중요한 구실을 하게 됐다. 특정한 정책적 접근법이 국내의 다양한 층위에서 다양한 조직들에 의해 견고해지고 있으며, 비록 개발과 풀뿌리 지식에 관한 대안적 전망이 꼭 세계은행이나 전세계 개발 네트워크에 의해 배제당하는 것은 아닐지라도 대안적 전망의 영향력은 훨씬 미약하다.[47]

정통파 반대 의견의 한계들

스티글리츠의 분석적 모험과 세계은행의 자기 재창조의 관계는 스티글리츠의 퇴출로 단순하게 추정할 수 있는 것보다는 분명히 훨씬 더 복잡하다. 사유화, 좋은 (신자유주의적인) 정책 보상 차원의 원조 그리고 원조로서의 지식에 관한 과거의 논의는 스티글리츠가 맡은 구실이 복잡하다는 걸 드러내준다. 왜 그런고 하니, 우리가 이미 봤듯이 (성급한) 사유화와 신자유주의 거시경제학에 대한 이 맹렬한 비판자는 실적을 바탕으로 한 원조를 눈감아줬고 원조로서의 지식이라는 발상을 적극적으로 포용한 까닭이다. 그의 이런 복합적인 반응은 자신이 세계은행에서 일하는 동안 세계은행의 정책 명령에 순응해야 할 필요성에서 나온 결과지만, 그의 경제학이 지닌 한계이기도 하다. 스티글리츠 경제학의 실체는 무엇이고 이 실체는 그가 누리는 급진주의라는 명성을 정당화하는 데 기여하는가?

스티글리츠는 불완전하고 비대칭적인 정보를 지닌 행위자들 사이에서 교환

---

47. Diane Stone, "The 'Knowledge Bank' and the Global Development Network", *Global Governance*, 9, 2003, 20쪽. Stone, "Think Tank Transnationalisation and Non-Profit Analysis, Advice and Advocacy", *Global Society*, 14(2), 2000, 특히 170~171쪽도 보라.

이 이뤄진다는 생각으로 (자본주의) 경제학을 이해한다.[48] 결과적으로 시장은 불완전하게 작동하면서, 거래량 면에서 교환이 불충분하게 만들고 수요와 공급의 불균형이 영구적으로 나타나게 하거나 심지어 수요와 공급이 전혀 나타나지 않게 만든다. 시장의 불완전성에 관한 자신의 정보이론적 접근법으로부터 스티글리츠는 거시경제 정책의 케인스식 결론(통화주의 비판)을 도출한다.[49] 그는 거시경제 정책에서 시장과 국가의 적절한 균형을 추구하고, 개도국을 위해서는 특히 빈곤층을 위한 사회안전망과 금융 자유화의 적절한 순차적 진행과 규제, 그리고 신자유주의적 충격 요법에 반대하는 다른 일반 정책들을 추구한다.

정책 문서건 교과서건 아니면 순수 연구물이건 그가 출판한 것들에서 거듭 드러나듯, 이런 측면에서 가장 두드러진 특징은 몇 가지 기준으로 판단되는, 뿌리 깊은 정통 학설이다. 예를 들어, 그는 경제학을 "희소성 곧 서로 경합하는 각각의 용도에 자원을 어떻게 배분하는가를 다루는 학문으로" 정의한다.[50] 이는 (서로 경합하는 각각의 용도에 자원을 배분하지 않는 게 명백한 시기였던) 대공황 기간에 리오넬 로빈스가 악명 높게 채용한 개념을 반복하는 것이다. 방법론으로 보면, 그는 시장 평형 상태에 의해 좋든 나쁘든 최적화를 시도하는 개인들이 형성된다는 방법론적 개인주의에 거의 전적으로 의존한 채 정통 학설의 핵심 신조에 빠져있다. 서로 경쟁하는 이론들을 구별하기에는 증거가 부족하기 때문에 이념이 불가피하게 경제에 개입한다는 걸 인정함에도, 그는 실증

---

48. 그의 책 *Whither Socialism?*, Cambridge: MIT Press, 1994에서 스티글리츠는 정보이론적 접근법을 바탕으로 한 순전히 사변적인 추론을 통해 사회주의의 결함과 붕괴를 설명한다.
49. 그럼에도 그는 자연 실업률이라는 통화주의의 근본 개념을 받아들인다. Joseph E. Stiglitz, "Reflections on the Natural Rate Hypothesis", *Journal of Economic Perspectives*, 11(1), 1997, 3~10쪽. 그의 책 *The Roaring Nineties: Seeds of Destruction*, New York: W. W. Norton and Co., 2003도 보라. 이 책에서는 통화주의가 일시적이고 예외적인 방식으로 먹혀들 수도 있다는 것이 불가피하게 받아들여진다.
50. Stiglitz, *Economics of the Public Sector*, 3판, New York: Norton & Company, 2000, 초판은 1986년.

경제학과 규범 경제학의 구별도 받아들인다.[51]

더 나아가, 주류 경제학자 대다수처럼 스티글리츠는 경제 사상사 또는 정치 경제학에 대한 얕은 지식을 드러낸다. 그리고 그의 '워싱턴 컨센서스 이후 체제'와 울펀슨의 '포괄적인 개발 구조'는, 개발 국가에 관한 것이 됐든 아니면 '인간의 얼굴을 한 조정'이 됐든 아니면 신자유주의와 근대화 그리고 성장으로서의 개발에 대한 비판이 됐든, 자신들이 이를 채택하지 않을 수 없게 만들었던 과거 문헌들을 무시하는 걸로 유명하다.

이 점은, 사회과학 전반 그리고 특히 정치경제학에서 만들어져서 통용되고 있는 수많은 핵심 변수들이 스티글리츠의 작업에 빠져있다는 데서 드러난다. 예를 들어, (자본과 노동 또는 지주와 농부 사이의) 교환이 '투쟁적인' 성격을 띨 수 있다는 의견에 대한 스티글리츠의 대응은 '권력'을 모호한 범주에 포함시켜 버리는 것이며, 이 모호한 범주는 "위계질서적 관계 유지를 위해 '권력'(자주 쓰이는 이 용어가 무슨 뜻이냐와 무관하다)을 휘두르는 것 배후에는 훌륭한 경제적 이유가 자리 잡고 있다."[52]는 식의 더 적절한 경제적 주장을 맹종함으로써 제쳐놓을 수 있는 것으로 취급된다. 권력 따위에 대한 이런 태도는 스티글리츠의 세계관 내부의 근본적인 정신분열증을 지시한다. 그는 실제 세계에서 작동하는 걸로 자신이 생각하는 요소들을 자신의 이론적 접근을 통해 파악하는 데 실패할 때면, 사실 실패는 불가피하지만, 언제나 권력 따위의 요소들에 호소해야 하는 탓이다.

게다가, 시장 실패를 강조하는 것이 스티글리츠의 경제학을 구별 짓는 특징

---

51. Stiglitz, "Another Century of Economic Science", *Economic Journal*, 100(1), 1991년 1월, 131쪽.

52. 볼스, 긴티스와 벌인 논쟁에서. Joseph E. Stiglitz, "Post Walrasian and Post Marxian Economics", Samuel Bowles and Herbert Gintis, "The Revenge of Homo Economicus: Contested Exchange and the Revival of Political Economy", *Journal of Economic Perspectives*, 7(1), 1993, 각각 109~114쪽과 83~102쪽.

이긴 해도, 권력이나 갈등 따위의 개념이 없는 스티글리츠는 경제와 경제의 유
효한 기능을 이해하는 데 필요한, 유일하지는 않을지언정 핵심이 되는 중요 요
소로 시장과 경쟁을 계속 선호한다. 이런 관점에서는, "불완전한 경쟁, 불완전
한 정보, 외부효과(외부성), 공공재가 존재함에도, 기본 경쟁 모형은 여전히 중
요하고도 강력한 통찰력을 제공한다." 이것이 그에게 '더 풍부하고 더 완전한
근대 경제 모형'을 추구할 출발점을 제공하지만, 그는 여전히 "대체로 사적 시
장이 자원을 능률적으로 배분한다."고 주장한다. 결과적으로 그는 "개인과 국가
가 모두 자발적인 무역을 통해 이득을 볼 수 있다."고 주장할 수 있게 된다.
비록 이런 주장은 나중에 "모든 나라가 자유무역으로 이익을 얻는 반면 한 국
가 내부를 보면 일부 집단이 부정적인 영향을 입을 수 있다."는 암시에 의해,
뒤집히지는 않을지언정 완화되긴 하지만 말이다. 그는 국가를 시장 실패와 바
람직하지 않은 사회적 결과들을 바로잡기 위한 본질적으로 호의적이고 (모두가
국가에 속하고 국가는 강요할 수 있다는 뜻에서) 특별한 제도라고 본다. 이런
관점은 국가의 기능 약화를 담고 있지만, 똑같이 국가에 대한 이해를 약화시키
는 경향도 담고 있다.

> 정부가 경제에 개입하는 데는 세 가지 근본 이유가 있다. (1) 시장 실패를 바로
> 잡음으로써 경제 효율을 높이는 것, (2) 시장의 결과물을 바꿈으로써 공정성이
> 라는 사회적 가치를 추구하는 것, (3) 그리고 (교육 따위의) 가치재 소비를 명령
> 하고 (불법 마약류 따위의) 비가치재 소비를 불법화함으로써 다른 사회적 가치
> 를 추구하는 것이 그것이다.[53]

이것이 선진 경제에서는 단지 가상 속의 이상형이 아닌 어떤 의미 있는 것

---

53. Stiglitz and Carl E. Walsh, *Economics*, 3판, New York: Norton & Company, 2002, 338쪽.
   앞 단락의 인용문은, 229, 58, 378쪽을 보라.

으로 받아들여질 수 있을지언정, 개도국과 자본주의 이행기에 처한 경제에서는 이런 관점으로 국가의 특성을 파악해내기 힘들다. 기득권 그리고 이에 상응하는 이념과 권력이 국가를 장악하고 국가를 대표할 가능성은, 역사적 특이성과 상황 맥락의 적절한 취급과 마찬가지로 배제된다.

이런 제한된 분석 원칙들은 거대한 질문 제기를 통해 참혹하게 폭로된다. 예를 들어 (17세기) 런던 대역병과 같은 역사적인 사건들은 그저 우연 또는 아무 맥락 없는 사건이 된다. 개발에 관해서라면, 왜 "선진국과 이에 못미치는 나라들이 서로 다른 생산 기능을 담당하는가"와 같은 질문이 제기된다. 이에 대한 한 가지 대답은 이런 것이다.

> 우리는, 우연적인 역사적 사건들이 문제가 되는데 …… 부분적으로는 행위자들 사이에 스며들어 있는 상보성 때문이고 …… 이와 함께 또 부분적으로는 과거에 역기능을 하던 일련의 제도와 행위들조차 내지 균형[경쟁자 전원이 다른 경쟁자가 최적의 전략을 세운다고 가정하고 자신의 전략을 세울 때 나타난다는 균형—옮긴이]을 형성할 수 있기 때문이고 이 평형 상태에서 경제를 불가피하게 제거해야 하는 건 아니라는 사실을 강조한다.[54]

덜 기술적인 용어로 표현하자면, "지식과 조직의 격차가 선진국과 이에 못미치는 나라들 사이에 그리고 선진국 사이에 동시에 존재하며 이는 수입의 차이를 상당 부분 해명해준다."[55] 이런 측면에서, 개발 문제가 개입하는 한 스티글리츠 자신의 태도가 "우리 직업의 장래 성공"[56]을 '낙관하는' 것과는 거리가

---

54. Stiglitz and Karla Hoff, "Modern Economic Theory and Development", Symposium on Future of Development Economics in Perspective, Dubrovnik, 1999년 5월 13~14일.

55. Stiglitz, "Democratizing the International Monetary Fund and the World Bank: Governance and Accountability", *Governance*, 16(1), 2003, 123쪽.

56. Stiglitz, "Another Century", 140쪽 그리고 "The New Development Economics", *World*

멀다고 말한 1991년의 자기 판단을 고수하는 게 나았을 것이다. 의미심장하게도, 그의 작품 전반에 걸쳐서 세계화에 대한 언급은 거의 또는 아예 등장하지 않는다. 이 점은 심지어, 그의 베스트셀러 저서인 『세계화와 그 불만』에서도 마찬가지다. 제목과 달리 이 책에서 (교통과 통신 비용 절감을 빼곤) 세계화 개념조차 거의 등장하지 않는다. 세계화에 관한 이론은 굳이 말할 것도 없다.

그는 자신의 직업적 경험에서도 해결할 수 없는 역설에 직면한다. 이 세계가 최적화하는 개인들로 이뤄졌고 국가가 본질적으로 호의적이라면, 지속적으로 잘못된 정책이 도입되고 선한 정책을 추구하는 이들이 정부에서 쫓겨나는 걸 어떻게 설명할 수 있는가? 가장 개인적인 차원에서 진짜 세계에 던져지자, 스티글리츠는 자신의 분석적인 원칙들을 포기하고 비합리성, 이념, 조직적인 기득권을 결합한 어떤 것에 의존한다. 국제통화기금에 있는 자신의 동료들을 질이 낮다고 심하게 비난했다. 자신에게 최선이 뭔지 모르는 개인들을 위해 행동할 국가가 필요하다면,[57] 이 개인들이 국가를 통제하게 될 때 어떤 일이 벌어질까? 규제 폐지, 부패, 긴축적인 거시경제 정책, 금융 호황과 거품 붕괴는 스티글리츠가 세계은행에 재직하던 시절과 클린턴 대통령의 고문으로 있던 때를 특징짓는다. (스티글리츠는 클린턴이 다른 대통령 고문들에게 배신당했다고 믿으면서 여전히 클린턴에게 애정 어린 의리를 지키고 있다.) 이런 일들은 금융계의 이권과 이념이 뒤에 도사리고 있다는 의심을 스티글리츠가 하게 만든다.

눈에 띄는 것은, 이미 지적했듯이, 자신의 경험에 대한 스티글리츠의 비판적인 평가가 이런 점들과 이런 점들의 원인이 되는 무능력에 의존하고 있다는 사실이다. 여기에는 정보이론적 경제학이 거의 또는 전혀 거론되지 않고, 거의 매 시간 시간 그에게서 흘러나오는 걸로 유명한 법칙들도 전혀 거론되지 않는

Development, 14(2), 1986, 257~265쪽.
57. Stiglitz, *Economics of the Public Sector*, 90쪽.

다.[58] 그런데 이런 기득권과 이 기득권의 이념이 어디서 연유하며, 왜 무능력이 넘쳐나며, 무능력은 언제 어디서 어떻게 작용하는가? 노벨상 수상 과학자의 총구는 침묵에 빠져든다. 이런 일들은 언제나 개인적 이익 추구가 추진 경로에 따라 다르게 나타나는 결과로 볼 수 있고, 불완전한 시장과 제도가 무작위적인 충격에 대응해 전개해 가는 걸로 볼 수 있는데도 말이다. 하지만 이런 분석의 곡예 행위는 기껏해야 스티글리츠의 경제학이 세계은행 행태의 어두운 측면을 가려주는 수사학적·이념적 가리개 구실을 하는 평행 우주를 가리킬 뿐이다.

결론적 언급

이 모든 것을 생각하면, 어떻게 스티글리츠를 급진적인 인물로 볼 수 있는가? 세계은행 재직 기간에 그는 이념과 기득권을 거의 언급 하지 않았다. 이 사실은 당시 그가 기여한 것이 어떤 쪽으로 향해갔고 그 한계는 무엇인지 설명하는 데 도움이 된다. 원조로서의 지식은 그의 '비대칭적 정보' 접근법과 완전히 맞아떨어진다. 사실, 지식의 차이가 개발 단계의 차이를 설명해주는 걸로 받아들여진다. 세계은행 자체도 이념과 기득권에 종속될 수 있다는 암시를 주지 않은 채 (사실 과거 기록을 보면 그렇기도 했고, 스티글리츠 자신이 세계은행에 합류하기 전에 이에 대해 반응을 보이기도 했지만), 스티글리츠는 세계은행이 지식을 공급하는 것이 이치에 맞다는 태도를 보여줬다. 선별적 지원도, 유인 합치성 [개인이 제대로 행동하도록 유인할 수 있는 상태─옮긴이] 문제가 개입하는 관점에서 (수혜자들이 해야 할 일을 어떻게 하게 만들 것인가 하는 문제 측면에서), 마찬가지로

---

58. Paul Samuelson, "A Small Pearl for Doctor Stiglitz's Sixtieth Birthday: When Risk Averters Positively Relish 'Excess Volatility'", in Richard Arnott 외 엮음, *Economics for an Imperfect World: Essays in Honor of Joseph E. Stiglitz*, Cambridge: MIT Press, 2003, 14쪽.

이치에 맞는 것이 된다. 사유화는 적절한 순서로 이뤄지고 적절히 규제되지 않으면 비판 대상이 된다. 그는 거시정책이 신자유주의적 극단까지 치달으면 흔히 비판하긴 해도, [대체로―옮긴이] 그의 비판은 국제통화기금과 국제통화기금이 옛 소련 등에 적용했던 충격 요법에 국한된다.

이처럼, 스티글리츠가 학문의 정설에서 벗어나는 정도는 세계은행의 부적절한 수사학과 행태에 대한 그의 태도가 자기만족적인 만큼이나 제한된 것이다. 하지만 그는 자신의 경제학이 정책과 관련해 제시하는 함의 곧 시장과 제도의 불완전함이 널리 퍼져있고 신자유주의적 허상을 통해 내쫓아버리길 빌기보다 이를 고쳐야 한다는 생각을 견지함으로써 무시할 수 없는 지적·인격적 성실성을 보여줬다. 자신의 학문을 정책에 개입시킨 탓에, 특히 다양한 금융 위기 대응책으로 제시되는 부적절한 거시경제적 권고안들 그리고 개도국과 자본주의 이행기에 있는 국가에서 시도된 성급한 사유화와 관련해 자신의 학문을 정책에 개입시킨 탓에, 그는 세계은행에서 내쫓겼다. 여전히 그의 담론이 세계은행에서 일정하게 작용하긴 하지만 말이다. (국제통화기금 내부에서도 점점 이런 현상이 나타나고 있다.) 실로, 앞에서 거론한 사유화에 관한 세계은행 보고서는 자신들이 최근 생각을 바꾼 걸 뒷받침하려고 스티글리츠를 태연하게 인용한다![59]

두 번째로, 스티글리츠가 급진주의자로 명성을 얻는 것은, 학계의 경제학자건 정책결정자들이건 스티글리츠가 그동안 교류했던 무리들의 이념이 심하게 변했다는 걸 반영한다. 스티글리츠는 경제가 거시 차원과 미시 차원에서 불완전하게 작동한다고 깊이 믿는 케인스주의자이다. 그렇기에, 그의 왕성한 학문 성과를 빼고 말하자면 그는 전후 호황기와 그 직후엔 입에 오르내리지 않았다. 그러나 이제 신자유주의가 헤게모니를 쥔 시기에, 그는 신선한 숨결, 급진주의

---

59. Stiglitz, "Wither Reform? Ten Years of the Transition", Keynote Address, Annual World Bank Conference on Development Economics, 1999년 4월 29~30일, Washington, DC.를 인용한 World Bank, Reforming Infrastructure, 259쪽.

적 기운처럼 여겨진다. 이는 스티글리츠 자신이 암묵적으로 인정하는 바다. 그는 (비록 주류를 벗어난 영역에는 거의 개입하지 않지만) 대안 경제학을 위한 운동을 시작했다.[60]

세 번째로, 경제학의 특성과 범위가 주류 경제학자들을 공공의 감시 아래로 내모는 방향으로 변천했으며, 부분적으로는 스티글리츠 자신이 이 변천을 촉진했다. 선진 경제권 시장의 불완전한 작동에 관심을 기울이고 이 문제에만 분석적 원칙을 적용했던 과거의 케인스주의자 대다수와 달리, 정보이론 접근법은 그 범위를 모든 경제관계, 사회관계로 확장한다. 이런 '경제학 제국주의'는 이제 경제가 정치, 관습, 제도, 역사, 문화 따위에 대해 자유롭게 말할 수 있으며, 그 말하는 방식이 경제학자가 아닌 이들과도 즉각적으로 의사소통이 되는 방식이며 환원주의적인 색채도 덜 띠는 듯한 방식이기도 하다는 걸 뜻한다.[61]

스티글리츠의 정책적 결론이 실제에 있어서는 브레튼우즈 체제 기구들의 구미에 맞지 않는 것으로 확인됐지만 그럼에도 스티글리츠의 학문과 수사학이 이 기구들의 정당성을 회복하고 유지하는 데 기여하는 이유가 바로 여기에 있다. 몇몇 사람들은 그의 접근법을 워싱턴 컨센서스의 방식과 거의 구별할 수 없는 것으로 여긴다. 워싱턴 컨센서스라는 말을 만든 윌리엄슨은 이렇게 불평한다. "스티글리츠를 워싱턴 컨센서스에 관한 토론에 참여시키려고 한 적이 있다. 의미에 대비되는 것으로서 실체에 관해서라면 자신과 내가 큰 의견차이가 없고 의미는 토론할 가치가 없는 걸로 본다면서 토론 참여를 거부했다."[62]

시장을 개선하고 제도적 불완전함을 고치는 것이 시장에 그냥 맡기는 것

---

60. www-1.gsb.columbia.edu/ipd에 소개되어 있는 '정책 대화를 위한 주장'을 살펴보라.

61. Fine and Milonakis, *Economic Theory and History*를 보라.

62. John Williamson, "Appendix: Our Agenda and the Washington Consensus", in Pedro-Pablo Kuczynski and John Williamson 엮음, *After the Washington Consensus: Restarting Growth and Reform in Latin America*, Washington: Institute for International Economics, 2003, 326쪽.

보다 더 나은 결과를 가져온다는 기본적인 생각은, 개발에 대한 깊은 이해를
보여준다고 하기 어렵고, 개발을 촉진할 해법이라고 보기도 어렵다. 이 생각
과 워싱턴 컨센서스의 유사성은 적어도 이 둘 사이의 차이만큼이나 분명하다.
이 생각은, 복지주의와 근대화와 케인스주의를 통해 국가의 핵심적인 구실을
강조하던, 워싱턴 컨센서스 이전의 맥나마라 시절에 중심을 이루던 기둥들을
회복하는 데까지 가지도 않는다.[63] 대신에 제한된 원조와 지나치게 많은 지식
이 제시되는데, 이건 뭘 위한 건가?

　아마 스티글리츠의 흥미로운 사례에서 끌어낼 수 있는 가장 중요한 결론은
세계은행 내부에서 제기되고 진행된 비판과 변화의 범위가 얼마나 제한된 것인
가 하는 점이다. 스티글리츠의 경제학에는 문제가 없었다. 실제로 세계은행에서
물러난 지 채 1년도 되기 전에 스티글리츠는 노벨 경제학상을 받았고 스티글리
츠의 발언은 여전히 세계은행(그리고 조금씩 더 국제통화기금)의 수사학을 지
탱해가고 있다. 그러나 경제학이 실제 정책(그리고 이념과 기득권)에 도전하는
것으로 인식되는 순간, 그의 말은 갑자기 삭제됐다. 세계은행에서 나오게 되자
스티글리츠는 우리 가운데 많은 사람이 이미 같은 지점에서 깨달은 바를 배운
것 같다. 정보이론적이고 시장과 제도의 불완전성을 지적하는 주류 경제학은
역사적으로 그리고 이념적으로 뿌리 깊은 기득권의 정치경제학에 자리를 내줘
야 한다는 깨달음을 말이다. (이 기득권의 훌륭한 출발지점은 서양 금융계다.)
스티글리츠가 세계은행에 있을 때 내세웠고 기득권과 이념이 더 중요할 수 있
다는 사실을 알게 된 뒤에도 모순 되고 불행하게도 계속 내세우는 워싱턴 컨센
서스 이후 체제를 이 진실이 결국 제압할 수 있을지는 두고 볼 문제다. 스티글
리츠가 신자유주의의 수사학에 맞선 싸움에서 자신의 지적 성실성을 증명했지

---

63. Ben Fine, "Introduction" 그리고 "The New Development Economics", in Fine and Jomo 엮음,
   The New Development Economics.

만, 그의 작업은 신자유주의에 맞서는 진보적인 대응을 억제하는 쪽으로 사용
됐고 지식과 원조와 개발 사업에 있어서 이념과 실제의 지속적인 분리를 은폐
하는 쪽으로 사용됐다.

빈민 숫자세기

세계 빈곤 통계의 진실

샌제이 G. 레디

세계의 빈곤이 얼마나 극심한지 알고 이것이 오랜 기간 동안 얼마나 심하게 변해가고 있는지 아는 것은 세계의 현재 상태를 평가하는 데, 그리고 각국과 국제 기구들이 지금 추종하고 있는 정책들이 적절한 것인지 평가하는 데 아주 중요하다. 이 점은, 세계의 빈곤 정도와 변화 추세를 둘러싸고 지난 4년 동안 제기됐던 격렬한 논쟁에 관심이 쏠린 이유를 설명해준다. 이 논쟁은 특히 세계은행이 제시한 세계 빈곤층 추정치가 유효한지에 초점을 두고 진행됐다. 절대 빈곤 정도가 세계의 지금 상태를 평가하는 데 중심적인 문제라는 점은 전혀 논란거

리가 아니다. 따라서, 세계은행이 제시한 빈곤층 추정치에 대해 사방팔방에서
모두 의문을 제기했다는 사실은 아주 중요하다. 논란은 특히 (국제연합이 개발
정책을 관장하는 뼈대로 삼은) 이른바 밀레니엄 개발 목표 곧 2015년까지 빈곤
을 절반으로 줄이자는 계획의 첫 번째 단계가 얼마나 성취됐느냐를 둘러싼 것
이었다. (세계은행은 하루 1달러를 기준선으로 삼아 빈곤층을 추산하고 있는데,
이 부분은 밑에서 더 자세히 논할 것이다.)

세계 빈곤 통계를 낸 것은 상대적으로 최근의 일이다. 대략 1980년까지는
국제 비교가 가능한 빈곤 통계나 포괄적인 권역별 또는 전세계 규모의 빈곤 추
산치를 내려는 노력이 없었다. 1980년대에 들어서서, 세계은행과 국제연합 소
속 라틴아메리카 경제위원회가 이 일을 시작했다. 하지만 첫 번째 의미 있는
세계 빈곤 추산치는 1990년 주목받은 세계은행의 「세계 개발 보고서」를 통해
나왔다. 그 이후 세계은행은 주기적으로 이 수치를 갱신한다. 아주 최근까지 세
계은행이 전세계 빈곤 통계 추정치를 내는 유일한 기관이었다. 자유화와 세계
화 노력을 둘러싼 공개 논쟁이 점점 뜨거워지면서, 세계의 빈곤 그리고 빈곤과
최근의 세계화 형태 평가와의 관련성이 점점 주목받고 있다.[1]

사유 재산을 강화하는 요즘의 시장 지향적 자유화를 주창하는 무리들인 몇
몇 세계은행 비판자들은, 세계은행의 세계 빈곤 추정치가 최근의 빈곤 감소율
을 줄여서 보여준다고 주장한다.[2] 그들은, 최근에 빈곤이 상당히 완화됐으며 이
는 개도국들이 요즘 시도하고 있는 경제 개혁 덕분일 수 있다고 주장한다. 이런

---

1. 예컨대 Robert Wade and Martin Wolf, "Are Global Poverty and Inequality Getting Worse?", *Prospect*,
   2002년 3월호를 보라. [www.prospect-magazine.co.uk/article_ details.php?id=4982 — 옮긴이].
2. 특히 Surijit Bhalla, *Imagine There is No Country: Poverty, Inequality and Growth in the Era of
   Globalization*, Washington: Institute of International Economics, 2002, 그리고 Xavier Sala-i-Martin,
   "The Disturbing 'Rise' of World Income Inequality"(2002), "The World Distribution of
   Income(Estimated from Individual Country Distributions)"(2002, www.columbia.edu에서 볼 수 있
   음)를 보라.

태도는 곧 그만둘 세계은행 총재 제임스 울펀슨도 공감하는 것이다. 울펀슨은
세계은행 빈곤 통계를 인용하면서 "지난 몇년 동안 [이런] 더 나은 정책들이 개
도국의 1인당 소득이 1970년대 중반에 비해 더 빠르게 성장하는 데 기여했다.
그리고 더 빠른 성장은 빈곤의 축소를 의미한다."[3]고 주장했다. 다른 비판자들
은 세계은행과 우파 비판자들이 쓰는 방법론에 의문을 제기한다.[4] 이 세계를
대체로 '진실'에 맞게 묘사하는, 기술 전문가가 아닌 논평자들이 보기에 이 방법
론은 명쾌한 것과 거리가 멀다. 혼란의 이유는 뿌리 깊은 곳에 자리 잡고 있으
며, 궁극적으로는 국제기구의 투명성과 책임성 결여에서 비롯된다.

세계 빈곤 추정치의 돈 기준 계량방식 계산법

세계은행과 세계은행을 비판하는 대부분의 사람들이 쓰는 전세계 빈곤 추정 방
식은 '돈 기준 계량방식'화폐 단위, money-metric 접근법이라고 말할 수 있을 것이다.
여기서 '돈 기준 계량방식'은 국제 빈곤선이 명시적인 인간 복지 개념보다는 돈
의 양에 따라 규정된다는 뜻으로 썼다. 세계의 빈곤을 추정하는 데 이 방식으로
접근하는 과정은 네 단계로 구성된다. 첫 번째 단계는, 국제 빈곤선[IPL]을 규정하
는 것이다. 빈곤선은 특정 기준 연도 미합중국 달러의 구매력과 '동등한 것으로

---

3. 2001년 11월 17일 캐나다 오타와에서 열린 중앙은행 총재 및 재무장관 회의 연설문. 그전엔
   세계은행 웹사이트에 올라 있던 이 연설문이 지금은 없다는 점은 흥미롭다. 웹사이트에 있는 제
   임스 울펀슨의 연설문 모음은 아주 많은 것들을 모아놓은 광범한 내용인데도 말이다. 게다가 이
   연설문은 현재 국제통화기금 웹사이트에만 있는데, 그나마도 이 구절을 뺀 축약본이다.
4. 이들의 연구는, 제한된 자료를 바탕으로 추정했고 투명하지 않으며 종종 부적절한 방법을 동원했
   다는 타당한 비판을 받아왔다. 예를 들어, Branko Milanovic, "The Ricardian Vice: Why
   Sala-i-Martin's Calculations of World Income Inequality are Wrong", 2002 (http://papers.ssrn.com)
   그리고 Camelia Minoiu and Sanjay Reddy (근간), "The Use of Kernel Density Estimation in Poverty
   and Inequality Analysis" (잠정적인 제목).

취급되는 개념상의 '국제' 통화 단위(이른바 구매력 평가 달러)로 표시된다. 두 번째 단계는, 국제 빈곤선이 기준 연도의 구매력 양과 '동등한' 가치를 갖게 조정하면서 각국의 통화 단위로 공간적으로 환산하는 것이다. 이렇게 구체적인 공간에 맞춰 환산하는 데 이용되는 환산 요소들은 모든 국가의 물가 자료를 근거로 계산된 구매력 평가 환산 요소들이다. 세 번째 단계는, 빈곤을 평가하는 해당 연도라는 시간에 맞게 다시 지역 통화로 환산하는 것이다. 일반적으로 기준 연도와 빈곤 평가 해당 연도의 구매력을 '동등한' 비율로 평가하기 위해 사용되는 것이 각국의 소비자 물가 지수다. 네 번째 단계는, 각 지역 통화로 표시된 국제 빈곤선을 실제 빈곤 평가에 이용하는 단계다. 얼마나 많은 사람이 빈곤선 이하의 어려운 여건(이 여건은 소비 또는 수입의 화폐 가치로 이해된다)에 있으며 이런 사람들이 얼마나 심한 여건에 있는지 파악하는 데는 가구 조사가 이용된다.

세계은행이 가장 최근에 발표한 세계 빈곤 추정치는, 1993년 (미합중국 달러의 구매력과 같다고 평가된) 국제 달러 기준으로 '하루 1달러'(실제로는 1.08달러)와 '하루 2달러'(실제로는 2.16달러)를 빈곤선으로 삼아 산출됐다. 이 빈곤선을 바탕으로 세계은행은 가장 최근 연도(2001년)에 더 낮은 빈곤선(하루에 1달러) 아래서 사는 개도국 인구가 전체의 21.1% 곧 10억9270만 명이라고 결론 냈다. 세계은행 말을 따르자면 이는 1990년의 12억1850만 명에서 많이 줄어든 것이고 1981년의 14억8180만 명에 비하면 훨씬 많이 감소한 것이다.[5] (빈곤이 세계은행 추산치보다 훨씬 더 빠르게 줄고 있다고 주장하는) 세계은행 추산치 비판자들 가운데 가장 두드러진 인물들은 세계은행의 방법론과 어떤 면에서 다르지만 돈 기준 계량방식이기는 마찬가지인 방법을 쓴다. 이 비판자들은 세계

---

5. 예컨대 Shaohua Chen, S and Martin Ravallion, "How Have the World's Poorest Fared Since the Early 1980s?", 2004를 보라. www.worldbank.org에서 볼 수 있다.

은행의 빈곤선과 똑같거나 적어도 이와 비교할 만한 빈곤선을 자신들이 채택하고 있다고 주장한다.[6]

세계 빈곤 추정치의 돈 기준 계량방식 계산법은 본질적으로 결함이 있다. 일관성도, 의미도 없다. (국제 빈곤선을 공간적이자 시간적으로 환산하는 데 필요한) '동등한 구매력'이라는 개념은 구매력을 산출하는 목적 개념이 없이는 규정될 수 없기 때문에 이 접근법은 일관성이 없다. 하지만, 그 규정상 돈 기준 계량방식 접근법에는 이런 개념이 없다. 이 점이 바로 나와 포그가[7] 이 접근법을 비판할 때 초점을 맞춘 부분인데, 우리의 비판은 현재 국제 빈곤선을 공간적으로(국가별로) 환산하는 데 쓰는 구매력 평가 환산 요소들은 빈곤을 평가하는 데 부적절하다는 걸 강조한 것이다. 이 환산 요소들은 절대 빈곤에서 벗어나는 데 필요한 특정한 상품(특히 식품)이 아니라 다양한 상품에 대한 '동등한 구매력'을 파악하는 것이 목적이기에 부적절하다는 것이다. 특히, 이 요소는 (가난한 나라에서 상대적으로 값싼) 서비스 구매 비용도 포괄하고 있기 때문에, 식품 같은 필수품에 적용할 때면 통화의 구매력을 상당히 과장하게 된다. 이런 의미 곧 서로 다른 나라에서 같은 양의 필수품을 구매할 때 필요한 국가별 비용의 상대가치를 잘못 보여준다는 의미에서, 빈곤 인구 추정치는 명백히 너무 적게 산출된다.[8] 하루에 1달러라는 빈곤선은 다른 의미에서도 너무 낮다. 이는 국제 빈곤선을 규정하는 기준 국가(미합중국)에서 삶에 필요한 기본 요구 사항을 충

---

6. 앞에서 인용한 사비어 살라-이-마틴은 1인당 국내총생산 기준으로 하루 1달러를 빈곤선으로 삼는다. 이는 자동적으로 세계은행보다 더 적은 액수가 된다. 세계은행의 빈곤선은 개인 소비 지출 기준 1달러이기 때문이다. 예컨대 Howard Nye, Sanjay G. Reddy, and Thomas Pogge, "What is Poverty", letter to the New York Review of Books, 49(18), 2002를 보라. www.nybooks.com에서 볼 수 있다.

7. Sandjay G. Reddy and Thomas w. Pogge, "How Not to Count the Poor", Version 4.5, New York: Institute for Social Analysis, 2003년 5월 26일, www.columbia.edu에서 볼 수 있다.

8. 아마도 30~40% 수준일 것이다. 같은 자료를 보라.

족시키는 데 필요한 구매력에도 상응하지 않는다. 면밀하게 따져보면 미합중국에서 기본 영양 상태를 확보하는 데 필요한 최저 비용만 해도 하루 1달러의 몇 배가 들 것이라는 사실을 볼 수 있다.[9] 아마도 놀랍지 않겠지만, 라틴아메리카에서 영양 상태 충족 여부를 기준으로 빈곤을 추정해보면, 세계은행이 계산한 것보다 실질적으로 훨씬 많은 사람이 빈곤층으로 계산될 것이다.[10]

이 계산법은 의미도 없는데, 그건 (다시 한 번 돈 기준 계량방식 접근법으로 산출한) 국제 빈곤선이 명시적인 인간 복지 개념과 연결되어 만들어지지 않았기 때문이다. 그 결과, 돈 기준 계량방식 접근법으로 해답을 제시하려는 그 어떤 문제도, 소득이 부족해서 생기는 사람들의 실제 결핍 정도(다시 말해 가장 널리 인정되는 개념으로서의 빈곤)를 결정하는 것과 특히 무관한 것이 되고 만다. 빈곤을 평가하는 데 있어서 초점을 제대로 맞추는 일은 궁극적으로 규정적인 일이고 이는 불가피하기도 하다. 인간 복지를 평가하는 장소를 구체적으로 한정하고 이렇게 한정된 공간에서 적당한 상태의 최저선을 규정하는 것이 전제되기 때문이다. 이 일의 규정적인 성격은 몇몇 경제학자의 시각과 정반대로 당황스러운 것이 아니다. 이것은 그저 당연한 것이다. 이 세계에 빈곤이 얼마나 퍼져있는지 '진실을 말하는 것'은, 우리가 적절한 빈곤 개념을 갖고 있는지 그리고 경험에 근거한 빈곤 정도를 측정할 도구를 가지고 있는지 여부에 달려있다.

지금까지는, 세계 빈곤 추정치가 부실한 정보에 근거해서 산출되었다. 특히 지적할 만한 사실은, 구매력 평가 기준을 제시하는 가격 조사를 통합·조정하는

---

9. Center for Nutrition Policy and Promotion of the US Department of Agriculture가 만든 "Thrifty Food Plan"을 보라. www.cnpp.usda.gov에서 볼 수 있다.

10. UN Economic Commission for Latin America, *Social Panorama of Latin America*, Santiago, Chile: ECLA, 그리고 Sanjay Reddy and Camelia Minoiu, "Has World Poverty Really Fallen During the 1990s?", 2004(www.columbia.eud에서 볼 수 있음)에 나오는 두 가지 빈곤 추정치 비교.

'국제 비교 프로그램'이 (가장 최근 조사 전까지는) 빈곤을 측정하는 데 정확히 관련되는 상품들의 가격을 수집하는 작업에 전혀 관심이 없었다는 사실이다. 이 문제에 관심을 갖게 된 것은, 요즘 이 프로그램을 관장하는 세계은행의 빈곤 추정치에 대해 최근 들어 의문이 제기된 것이 직접적인 이유인 듯하다.[11] 게다가 (중국과 인도처럼) 빈곤층 인구 숫자가 많을 것으로 여겨지는 나라를 비롯해 여러 나라가 이 조사에 참여하지 않고 있다. 이런 이유와 기타 이유들 때문에, 현재 나오는 세계 빈곤 추정치의 경험적 근거는 극도로 허약하다.

대안 : 세계 빈곤 추정치의 능력에 근거한 계산법

놀라우리만치 단순한 돈 기준 계량방식 계산법의 대안이 있다. 이는 일관성 있고 의미도 있는 세계 빈곤 추정치를 제시할 수 있다. 대안은 능력에 근거한 계산법이다. 이는 (사람이 적정한 삶을 살려면 일반적으로 갖추어야 하는 '상태와 활동'으로 아마르티아 센이 규정한 것과 같은) 소득에 좌우되는 '기초 인간 능력'을 달성하기에 충분한 소득을 개인이 확보하고 있는지 확인하려는 접근법이다. 소득에 좌우되는 기초 인간 능력을 달성할 역량은, 잘 짜여진 빈곤 평가 작업을 특정한 나라에서 수행할 때 빈곤선을 확고히 제시해줄 적정성 기준을 오래전부터 암암리에 제시해왔다. 예를 들어, 충분한 칼로리와 영양을 담고 있는 음식을 섭취하기에 충분한 소득을 지녔느냐 여부는 오래전부터 빈곤선 규정 방안을 제시했다. 널리 알려져 있듯이 적정 칼로리 기준치에 근거한 이 방법은 인도의 빈곤을 평가하는 데 적합하다. 이런 형태의 접근법이 갖는 장점은 이렇게 만들어진 빈곤선이 의미 있는 해석을 제시한다는 점이다.

---

11. 이 조사를 그전에는 국제연합 통계국이 관장했는데, 적정한 재원을 확보하지 못해서 1990년대 초반에 이 일을 포기했다.

이와 비슷하게, 능력에 근거한 세계 빈곤 추정 방식은 한 나라에 국한하지 않고 모든 나라에서 빈곤선을 설정할 동일한 근거를 규정할 것이다. 이렇게 함으로써 모든 나라에서 빈곤선에 대한 공통의 해석이 가능해질 것이다. 게다가 이런 해석은 그 구조 때문에 의미 있는 해석이 될 것이다. 이 접근법은 모든 나라에서 인간 존재의 기본 조건과 직접적으로 연결되는 빈곤선을 규정할 공통의 근거를 제시함으로써, 나라별 통화간 '동등성'이라는 추상적인 비율을 규정하는 구매력 평가 변환 요소를 개입시킬 필요 없이 문제를 처리한다. 이 대안적 접근법은 적정한 기초 능력이라는 공통 개념을 모든 나라에 적용할 것을 요구한다. 이는 또 이 공통의 개념 측면에서 빈곤선을 규정할 일반 지침을 규정하겠지만, 그러나 각 나라마다 다른 절차를 통해서 빈곤선을 규정하는 것 또한 허용한다.

(예를 들어 적정한 영양을 섭취할 능력처럼) '가난하지 않다'고 평가받기 위해 꼭 필요한 기초 능력의 구체 규정은 투명하고 폭넓은 의견 수렴을 통해 전세계 차원에서 정해져야 한다. 이 개념이 각 나라에서 세부 빈곤선으로 변환되는 방식 또한 (예를 들어 적정하다고 평가되는 개인별 칼로리와 영양 수준을 얻기에 충분한 빈곤선 소득을 요구하는 걸 통해) 전세계 차원의 수준에 맞는 것이어야 한다.12 이런 접근법은 전세계 빈곤을 평가하는 데 있어서 지금 하는 것처럼 '화폐 단위'로 접근하는 대신 '인간 중심'으로 접근하는 대안을 마련할 잠재적인 기반을 제공한다.

최근의 작업은 세계 빈곤 통계를 능력에 근거한 계산법으로 산출하는 게 가능하다는 것을 보여줬다. 세 개 대륙 세 나라(니카라과, 탄자니아, 베트남)의 기존 통계를 이용해서 서로 비교할 수 있는, 영양 상태에 근거한 빈곤 실태 평가가 가능함을 보여준 것이다.13 이 작업은 빈곤의 나라간 상대 비교에 돈 중심

---

12. 이 계산법은 물론 이런 조건에 있어서 나이와 같은 타당한 변수들을 고려해야 할 것이다.

으로 접근했느냐 아니면 능력 중심으로 접근했느냐 여부가 상당히 영향을 끼칠 수 있음을 보여준다. 예를 들어, 니카라과와 베트남의 빈곤 비교에 이 접근 방법이 결정적인 영향을 끼친다는 사실이 예비 작업에서 발견됐다. 하지만 이렇게 곧바로 결론짓는 것은 성급할 텐데, 이런 종류의 비교는 기존의 가구 조사를 바탕으로 수행한 것인데 기존 가구 조사는 국제 비교의 용이성을 염두에 두고 구성되지 않았기 때문이다.

이런 측면에서 흥미 있는 것은, 전세계 민간 분야와 국제 조직들이 오래전부터 경영자와 고위직을 위해 전세계에 걸쳐 생활비 상대 비교 수치를 제공해 왔다는 점이다. 봉급의 척도를 알려주자는 게 의도다.[14] 이 추정치는 생활비를 아주 상세히 평가해 나오는 데, 이는 은연중에 '능력을 바탕으로' 하고 있다. 여기에 비춰보면 세계의 빈곤층에 대해서도 같은 일을 하는 것이 불가능하다고 주장하는 건 솔직하지 못한 것 같다.

책임의 실패

지금의 돈 중심 세계 빈곤 평가 접근법은, 대중의 소비와 제도적 용도를 위해 빈곤층 추정치를 내놓으라는 필요성 아래서 세계 빈곤 추정의 '임시변통' 수단으로 등장한 것이 분명하다. 하지만 이 방식이 이렇게 오래 지속되면서 전세계 정책 환경에 계속 영향을 끼친다는 사실은, 이 추정치를 내놓은 사람들의 무책임과 그들에게 책임을 묻지 못한 걸 동시에 보여준다. 한편으로 전세계 빈곤

---

13. Sanjay Reddy, Sujata Visaria and Muhammad Asali, "Inter-Country Comparisons of Poverty Based on a Capability Approach"(www.columbia.edu에서 볼 수 있음)를 보라.
14. 예컨대, 국제공무위원회(ICSC)가 내놓는 생활비 조정금과 <머서 국외 고용 조건 및 인적 자원 컨설팅> 같은 민간 컨설팅 기업이 내놓는 생활비 추정치를 보라.

추정치는 국제기구 내부에서 투명하지 않게 만들어졌고, 다른 한편으로 활동가를 포함해 이 추정치를 활용하는 이들은 이 수치의 의미와 산출 방법을 정확히 이해하지 못했다.

세계은행은 전세계 빈곤 평가 방법론을 근본적으로 다시 평가하려는 의지를 거의 보이지 않았다. 최근 몇 년 동안 세계은행이 수용한 수정 작업은 거의 분명히 비판자들의 압력을 의식한 것인데, 그나마 대체로 결점을 감추는 화장술 수준이다. 특히, 구매력 평가를 필수품에 좀더 한정해 산출하려고 한 이른바 피피피피PPPP 프로젝트가 대표 사례다. 이 작업이 현재 세계은행의 접근법에 담겨있는 왜곡 가운데 하나를 완화시키는 데 도움을 줬지만, 이 왜곡을 완전히 없애지도 못하고 이 접근법이 애초 갖고 있는 근본 문제점들을 고치지도 못한다. 특히 이 작업이 생필품 구매에 드는 진짜 상대 비용과 국가간 구매력 등가량 측정치의 격차를 줄일 수 있을지라도, 적절한 생필품 목록을 만들어내고 그것에 부과하는 상대 비중치를 확인하지 않고는 논리정연하게 이 작업을 할 길이 없다. 이 일은 또 필연적으로 이런 생필품들의 어떤 궁극적인 목적 개념을 구체화하는 데 의존할 수밖에 없다. 하지만 돈 중심의 접근법은 바로 이 구체화 작업을 회피한다. 더 중요한 것은, 더 적절한 구매력 평가를 사용하더라도 하루에 1달러, 2달러로 규정된 돈 중심의 국제 빈곤선이 능력에 근거한 빈곤선이 설정하는 소득으로 충족시킬 인간의 기본 요구라는 의미 있는 개념과 전혀 연결되지 않는 문제를 고치는 데 별 도움이 안 된다는 사실이다. 다시 한 번, 돈 중심의 접근법은 국제 빈곤선을 이런 개념에 근거해 명백히 설정하는 것 자체를 회피하는 방식이다.

빈곤 추정 작업과 관련해 세계은행이 보여주는 완고함은 아마도 각종 기구의 변천 과정에서 나타나는 더 광범한 현상의 한 사례일 것이다. 어떤 기구가 일단 특정한 사업 방식에 몰두하면, 이를 유지하려는 압력이 강하게 마련이다.

자신들이 선택한 방식이 '차선의' 방식이라는 평가를 얻을지라도, 이 기구와 거기에 속한 이들의 '평판 자본'을 보호하기 위해서라면 말이다.

세계은행의 경우, 경제학자들이 내세우는 주장과 이들의 영향력을 통해 형성해온 세계은행의 주장, 곧 자신들이 특별한 전문 지식을 지니고 있다는 주장이 함께 위험해진다. 지도부 교체는 조직에 변화를 가져올 중요한 기회를 준다. 이 때는 개인의 '평판 자본'이 조직의 '평판 자본'과 분리될 수 있는 탓이다. 하지만 최근 세계은행 지도부 교체는, 그동안 공적인 활동에서 진실을 경멸하는 모습을 보였던 인물이 조직을 지배하는 결과를 가져왔는데, 이 기회를 잡을 희망을 거의 보여주지 못한다. 비관하는 이유는, 세계은행의 통계가 현재의 세계 상황에 대해 한층 더 "진실을 말하게" 하도록 압력을 가하길 기대할 수 있는, 조직된 집단이 거의 없다는 사실 때문에 더 늘어만 간다. 다른 측면에서 세계은행을 예의주시하는 '시민사회' 활동가들은 이 문제를 경제 '전문가들'의 문제로 보는 경향을 드러내면서 이에 대해 별 관심을 보이지 않는다.

이렇게 꺼려하는 것을 심리적으로는 이해할 수 있다. 소시지가 어떻게 만들어지는지 누가 알고 싶어 하는가? 여하튼 이 논쟁에 관한 관심 결여는, 그리고 심지어 다른 측면에서라면 진보적인 성향을 띠는 경제학자들의 관심 결여는 주목할 만하다. 이 현상은 통계 수집에서 나타나는 개념적·실제적 문제에 대한 일반적인 무관심을 보여주는 한 가지 사례라고 할 수 있다. 이런 통계 관련 문제는 종종 훌륭한 연구 대상이 아니라 '단지 자료 문제'에 불과한 것으로 취급된다. 하지만, 이 현상은 지배적인 관습과 이념이 학문을 장악하고 있음을 보여주는 사례이기도 할 것이다. '하루에 1달러'식 접근법은, 명백히 다른 영역에서도 규범적인 것에 몰두하길 피하는 한편 돈 중심 평가 방식을 선호하는 많은 경제학자의 본능에 잘 부합한다. 덜 추상적으로 말하자면, 세계의 빈곤이 줄어들고 있다는 세계은행과 우익 비판자들의 결론은 대부분의 표준적인 경제학자들이 미리 품고 있던 신념에 잘 부합한다.[15] 학문을 실천하는 사람들과 국제 금융 기구 사이의 밀접한 관계는 이 문제를 비롯한 많은 문제들에 대한 그들의 접근법을 설명함에 있어서도 중요할 것이다.

세계은행의 빈곤 통계에 대한 다른 비판은 거의 주목을 받지 못하는 가운데 유독 세계은행 통계를 비판하는 우익 인사들이 주요 출판물과 폭넓은 언론의 주목을 받고 환영을 받은 것은 아마도 놀랄 일이 아닐 것이다.[16] 언론인들 그리고 심지어 많은 활동가들은 '우리가 모른다'는 불편하고 복잡한 진실을 견뎌낼 인내심이 아주 적은 듯 보인다. 많은 이는 근거가 아무리 부적절하더라도 숫자에서 만족을 느끼는 듯하다. 아마도 추정치 숫자가 주는 일종의 잘못된 안정감이 촉발하는 계산에 대한 열의는, 추정치의 판단 근거가 허약할 때 진실을 알고 말하는 데 중대한 걸림돌이 될 수 있다.

다음엔 무엇인가?

이 논쟁의 중요한 교훈은 활동가들이 자료 생산의 세부 사항을 피해갈 수 없다는 것이다. 경제 통계는 경제학자들에게만 맡기기에는 너무나 중요하다. 통계 생산자들에게 적절한 책임을 지우려면 활동가들이 경제 통계 생산의 의미와 방법론에 익숙해져야 한다.

활동가들은, 2차 세계대전 이후 노벨 경제학상 수상자인 리처드 스톤과 국

---

15. 이 주장의 비판적인 검토는, Sanjay Reddy and Camelia Minoiu, "Has World Poverty Really Fallen During the 1990s?",(www.columbia.edu에서 볼 수 있음)를 보라.

16. 발라(Bhalla)의 저작 *Imagine There is No Country*는 영향력 있는 국제경제연구소의 후원을 받아 출판됐다. 살라-이-마틴의 저작은 유명한 전미경제연구소(NBER)가 배포를 담당했고 주요 경제학자들이 널리 인용했다. 살라-이-마틴은 친절하게도 자신의 연구 결과를 칭찬한 세계 주요 언론보도 목록을 www.columbia.edu에 올렸다.

제연합이 '국민계정체계'[한 국가 전체의 대차대조표라고 할 수 있다-옮긴이]라는 제목 아래 개척해낸,[17] 국제 비교가 가능한 각국 소득 통계 구축과 같은 작업을 전세계 빈곤 통계에도 적용하려는 시도를 지원하라고 국제연합에 요구해야 한다. 스톤과 국제연합의 작업은 각국 정부와 국제 조직들로부터 엄청난 지원을 받았고 몇 십 년에 걸친 노력 덕분에 대단한 성공을 거뒀다. 각국이 거의 보편적으로 국민계정 산출 방법을 수용했다. 이 방법은 한 국가의 상황을 기간별로 비교할 수 있게 해주는 한편 국가간 비교도 가능하게 해준다. 이는 2차 세계대전 이전에는 거의 꿈도 꾸지 못하던 성과다. 이 노력은 너무나 큰 성과를 거둬서, 이제는 국민소득이 약간 줄어들 거라는 생각만으로도 주식시장이 출렁거리고 국민소득의 변화는 금융업자, 중앙은행 관계자, 경제학자들의 영원한 추론과 분석의 대상이 됐다.[18]

이와 비슷하게, 빈곤선 구성, 조사 방식 구성과 분석의 적절한 국제 규약을 갖춤으로써 세계 빈곤층의 숫자를 계산하는 데 투자하는 것도 확실히 가능하다. 지금까지 이런 노력이 없었다면 그건 정책결정자들에게 이 일이 별로 시급하지 않은 일로 보였기 때문이다. 이 사실은 그들이 우선순위로 삼는 것에 대해 아주 많은 걸 이야기해준다. 이런 맥락에서 19세기 영국의 최초 빈곤 연구를 후원했던 조지프 론트리의 논평은 흥미롭다.

결함 또는 재앙의 근본 원인을 찾는 데 관심이나 노력을 거의 기울이지 않는 가운데 요즘 자선 활동의 상당 부분은 이보다 피상적인 징후라고 할 결함 또는 재앙 그 자체의 제거에 쏠리고 있다고 나는 느낀다. 명백히 드러나는 빈곤 또

---

17. 예컨대 http://nobelprize.org를 보라.

18. 이 상관 관계에 대해서는, Robert Shiller, *Macro-Markets: Creating Institutions for Managing Society's Largest Economic Risks*, Oxford: Oxford University Press, 1993에서 제시된 국민소득에 근거한 옵션 파생 계약에 관한 흥미로운 제안을 보라.

는 재앙은 일반적으로 강렬한 감정을 자극하기에, 이 현상을 완화하는 데 필수
적인 기관은 아주 적절한 지원을 받는다. 예컨대, 굶주리는 인도인들을 위해 기
금을 모으는 것이, 기근 현상의 원인과 되풀이 현상에 관한 연구조사를 착수하
고 마무리 짓는 것보다 훨씬 쉽다. 요크의 무료 급식소는 적당한 자금 지원을
얻는 데 어려움을 겪는 일이 결코 없지만 빈곤이 얼마나 심하고 그 원인이 무
엇인지 조사하는 건 거의 지원을 받지 못할 것이다.[19]

---

19. 1904년 12월 29일의 "The Founder's Memorandum"(www.jrf.org.uk에서 볼 수 있음)을 보라.

계급에 얽힌 진실 말하기

G. M. 터마시

사회 이론의 중심 질문 한 가지는 계급과 지식의 관계이며, 이는 사회주의 역사에서 중요한 질문이기도 했다. 행동하고 지식을 아는 주체인 사람들의 차이 문제는 타당한 인식의 여지에 관한 우리의 시각에 영향을 끼칠 것이다. 사람들의 처지에 화해할 수 없는 불일치가 있고 아마도 이 불일치가 같은 단위로 잴 수 없는 지경에까지 이른다면, 사람들 사이의 분별 있는 대화에서 도출되는 통일되고 합리적인 지식은 분명히 불가능하다. 흄의 '정념' 개념, 니체의 '원한'과 '계보학' 개념은 같은 단위로 잴 수 없을 만큼의 차이가 진실을 발견하는 우리

---

* 이 글은 훨씬 긴 글을 요약 편집한 것이다.

의 능력에 영향을 끼칠 수 있음을 암시한다.

계급은 아마도 인식론의 문제 또는 역사철학의 문제로 취급될 수 있겠지만, 나는 이런 구별을 정당화할 수 없다고 생각한다. 만약 (부르주아 사회 그 자체를 특징짓는 다른 구별들과 유사하게) 인식론과 역사철학을 분리한다면, 상대주의라는 심히 괴로운 수수께끼를 피할 가능성이 없기 때문이다. 계급(그리고 진실, 그리고 계급과 진실)에 대해 말할 때 우리는 두 가지 사회주의적 지식 전통의 후계자들이다. 이 둘은 종종 정치적으로나 감정적으로 서로 뒤얽히긴 해도 뿌리깊이 서로 모순된다. 어느 정도는 이런 융합과 혼란이 불가피하다는 걸 내가 보여줄 수 있길 기대한다.

모든 유형의 사회주의적 시도는 중요한 두 가지 갈래로 분류할 수 있고 또 그렇게 해야 한다. 하나는 루소에서 비롯된 것이고 다른 하나는 맑스에서 비롯된 것이다. 이 둘은 해방이 필요한 사회 주체에 대한 정반대의 전망을 지니고 있으며, 이 두 가지 전망은 언어와 의식에 관한 정제된 인식론적 견해에서부터 부·문화·평등·성적 특질 따위의 많은 문제에 관한 사회적·정치적 태도에 이르기까지 모든 것을 결정한다. 우선, 자신이 맑스주의자라고 진정으로 믿은 아마도 대다수의 사회주의자는 사실 루소주의자였다고 말해야 할 것이다. 프로이트는 정신분석에 대한 거부감을 유창하게 묘사했는데, 맑스주의에 대한 본능적인 거부감은 이제 사회주의자 사이에서조차 못지않게 널리 퍼져있다. 정서적으로나 지적으로 맑스주의자가 되기는 어려운데, 말할 것도 없이 사람들이 사회주의자가 되는 주요 이유인 도덕적 분개라는 기질에 반하는 것이기 때문이다.

좌파 가운데 가장 뛰어난 역사학자 무리에 속하는 에드워드 파머 톰슨은 자신이 맑스주의적이라고 믿은 루소주의적 사회주의 전통 속에서 계급에 관한 최고 수준이랄 수 있는 이야기를 종합적으로 다뤘다.[1] 그의 책 『영국 노동계급

---

1. *The Making of the English Working Class*, London: Penguin, 1963.

의 형성』은 보편적으로 명작으로 평가되며 이는 옳은 평가다. 이 책의 아름다움, 도덕적 힘, 개념적 적확성은 믿음에 관한 두드러지게 비범한 몇 개의 글에서 나온다. 그 믿음은 (1) 노동계급이 지배 계급의 훌륭한 문화적 경쟁자라는 믿음 (2) 노동계급의 생활세계Lebenswelt가 사회적으로나 도덕적으로 노동계급 착취자들보다 우월하다는 믿음 (3) 계급투쟁 결과와 상관없이 노동계급의 자율성과 독자성이 고유한 사회적 가치라는 믿음 (4) 계급 그 자체는 기술, 임금 노동, 상품 생산과 기타 등등뿐 아니라 다양한 전통의 재해석을 포함한 반역적인 정치 문화의 자기 생성autopoiesis으로 구성된다는 믿음이다. 칼 맑스와 맑스주의가 프롤레타리아 계급의 폐기를 목표로 삼는 데 반해서, 톰슨은 프롤레타리아 계급의 찬미apotheosis와 승리에 찬 존속을 목표로 삼는다.

톰슨의 루소식 맑스주의는 페리 앤더슨의 부단한 비판을 촉발했는데, 이 비판은 이제 반쯤은 잊혀졌으나 여전히 아주 중요하다. 앤더슨의 용어는 내가 쓰는 것과 꽤 다르지만, 그는 자신이 맑스주의자라는 톰슨의 확신이 오류라는 걸 보여주려 했다.[2] 톰슨은 맑스주의에서 영감을 얻은 많은 운동과 지적인 모험에

---

2. 상대의 반박을 무너뜨리는 일류 기법이 정당하게 발휘된 대표 사례가 페리 앤더슨의 책 *Arguments Within English Marxism*, London: NLB/Verso, 1980이다. 그는 중요한 구절에서 이렇게 말한다. "오늘날 또한, 톰슨은 [윌리엄] 모리스의 위대함을 온전히 그리고 자기비판적으로 평가하려고 다시 역사 유물론을 불러냄으로써 전적으로 정당화된다. 하지만 맑스주의가 오랫동안 전체적으로 모리스의 유산을 흡수하지 못한 이유를 그가 이면에서 이론화한 부분은 쉽게 받아들여질 수 없다. 그는 맑스주의가 '지식'과 관련되고, 아니면 적어도 '지식'을 주장하는 반면 모리스는 '욕망과 관련된다고 본다. 이 둘은 서로 동화할 수 없는 '두 가지 서로 다른 문화의 작동 원리'다. 이 차이를 상술하면서 그는 이렇게 쓴다. '욕망의 운동은 필요성의 문자로 판독할 수 있으며 그래서 합리적인 설명과 비판의 대상이 될 수 있을 것이다. 그러나 이런 비판이 이 운동의 근원을 건드리는 건 거의 불가능하다.' 이 설명에서 잘못된 것은 무엇인가? 본질적으로 이 설명은 모리스와 맑스주의의 관계 기록에 대한 역사적 설명을 존재론적 설명으로 대체한다."(160쪽) 맞았다. 루소식 사회주의는 경험주의적이고 유토피아적이며 도덕주의적(그리고 종종 회고주의적)일 수 있다(또 실제로 그렇다). 그러나 결코 역사주의적이지는 않다. (포퍼식의 넌센스에서 그렇다는 게 아니라 Historismus(역사주의)의 의미에서 그렇다는 것이다. Friedrich Meineche, *Die Entstehung des Historismus*, I-II, Berlin: R. Oldenbourg, 1936 참조. Meineche의 *Machiavellism* (그

참여했으며, 20세기 여건에서 급진 사회주의에 대한 그의 충실함은 맑스주의 혁명 유산에 충실했다는 걸 의미한다. 그러나 톰슨은 맑스에게 내재된, 파우스트가 악령에 사로잡혀 하는 식으로 자본주의를 칭찬하는 것을 무시해야 했고, 그래서 '비판 이론'을 반대해야 했으며 이어서 이론을 간단히 무시해야 했다.[3] 앤더슨은 나중에 개념적인 용어를 동원해서 이런 '서구 맑스주의'의 분해 곧 계급에서 '인민'으로의 후퇴를 묘사했는데,[4] 이런 진단은 그 이후 사건들을 통해서 옳다는 게 증명됐다.

루소 대 맑스

루소와 맑스의 주요 차이점은, 루소가 (계층화하고, 위계적이며, 지배당하는) 사회를 인민(순수하게 평등하며 문화적으로 자립적이고 폐쇄된 공동체)으로 대체하려고 시도하는 반면 맑스는 '지배'와 지배 계급 그 자체를 폐기함으로써 '사회'를 다른 것으로 대체하길 원하는 것이 아니라, 자본주의의 가장 근본적인 계급에 속하는 프롤레타리아 계급이 스스로를 폐기하고 이를 통해서 자본주의를 폐기함에 따라 (특정한 사회 형태인) 자본주의는 결국 종말을 고할 것이라고 믿는

의 *Die Idee der Staatsräson in der neueren Geschichte*, 1925 번역본), Werner Stark 엮음, New Brunswick: Transaction, 1998, 특히 랑케에 관한 장, 377~391쪽도 보라.)

3. E. P. Thompson, *The Poverty of Theory*, London: Merlin, 1978.

4. Perry Anderson, *In the Tracks of Historical Materialism*, Chicago: The University of Chicago Press, 1984. 이 책은 유익한 정치 분석도 담고 있다. '서구 맑스주의'라는 용어는 칼 코르쉬에서 유래했는데, 모리스 메를로-퐁티가 그의 획기적인 작품 *Adventures of the Dialectic* [1955] Evanston: Northwestern University press, 1986, 30~58쪽에 쓰면서 처음으로 인기를 얻었다. (그리고 앤더슨이 그의 유명한 책 *Considerations on Western Marxism*, London: NLB, 1976에서 재창조했다. 이 책에서 그는 맑스주의 이론이 경제와 정치에서 멀어져 문화와 예술로 나아가는 변화를 아주 통찰력 있게 지적한다. 이는 혁명 신조의 퇴조를 보여주는 또 다른 징표다. 49~74쪽을 보라.)

다. 이 생각에는 프롤레타리아 계급의 견딜 수 없고 비참한 조건이 이런 자기 파괴의 도덕적인 동기라는 점이 함축되어 있다(이해되고 있다). 이는 루소주의 자들이 칭송하는 우월성과는 거리가 멀고, 이와 정반대의 비참함이며 전적인 소외이다. 그리고 이는 '잃을 것은 사슬뿐이요, 얻을 것은 세계다.'라고 보게 만든다. 맑스주의 관점에서, 사회주의 곧 자본주의를 대체하고 초월하는 운동을 가치 있게 하는 것은 인민의 탁월성이나 우월성 또는 장점이 아니고, 정반대로 인민의 인간성 박탈이다. 게다가 '인민'은 없고 계급만 있다. 유산계급 그 자체처럼, 노동계급은 과거 사회 질서 파괴의 결과물이다. 맑스는 한 묶음의 독자적인 사회 가치, 관습, 저항 기술을 만들어냄으로써 노동계급이 자본주의와 나란히 또는 그에 대응해 자기를 창조하거나 창출하는 걸 믿지 않는다.

그래서 (루소, 칼 폴라니, 에드워드 파머 톰슨의 관점인) 착취당하는 이들의 천사 같은 관점이 있고, 맑스의 관점인 악마적인 관점이 있다. 맑스에게 자본주의를 끝내(고 넘어서)는 길은 경제적·지적 성장, 상상력, 낭비, 무정부, 파괴, 가난의 체제인 자본주의의 완성을 거쳐 가는 길이다. 이는 그리스어 단어 본래의 의미에서 아포칼립스[현대 영어에서의 뜻은 '계시', '묵시', '대재앙' 따위다.—옮긴이] 곧 '장막의 벗겨짐'이며, 모든 사회적 작동 구조가 철저하게 발가벗겨지는 것이다. 자본주의는 우리가 깨닫는 걸 도와주는데, 왜냐하면 자본주의는 환영幻影을, 특히 자연주의적이고 종교적인 환영을 유지할 수 없기 때문이다. 자본주의는 주체를 오직 노동시장에 집어던지려고 (구체제가 '자연스러운' 것으로 제시했던) 전통적인 뿌리박힘에서 해방시켰다. 그리고 노동시장에서 주체의 생산적–창조적 본질은 수요에 따라 처분될 수 있고 대체될 수 있으며 수요에 의존하는 것임이 스스로 드러나는데, 다른 말로 하면 자기 지각 또는 '내부의 가치'와 완전히 이질적인 것임이 드러난다. 자본주의에서, 인간 존재가 무엇이냐는 것은 우발적이거나 확률적이며, 그들이 원래, 그 자체인 것이 될 길은 없다. 그들의 정체성은 시장의 영원한 재평가와 모든 것의 덧없는 역사성에 의해 제한되며, 많은 우발적인 요소 가운데서 과학과 기술의 무작위적인 발전에 따라 결정된다. 전체를 실로 악마적으로 만드는 것은, '운명', '별들'의 외부에서 부여된 특성, 불가해성과 대조적으로 자본주의 경제 참여자들이 그 조건을 타고나지 않았다는 사실이다. 그들이 각자의 위치를 차지하게 된 것은 분명히 인간이 만든 일련의 선택과 강요를 통해서다. 귀하게 태어나고 천하게 태어난 것은 누구의 잘못도 아니고 어떤 도덕적 차원도 지니지 않지만, 소외는 자초한 것으로 보인다.

맑스는 파우스트적 악마 숭배의 시인이다. 오직 자본주의가 사회적인 것을 드러내며, 최종적인 가면 벗기, 마지막의 장막 벗겨짐, 최후의 폭로는 역사적으로 볼 때 아주 독특한 정열, 악마적 힘을 지닌 소외의 암흑을 거쳐감으로써만 도달할 수 있다.[5] 맑스는 자본주의를 이념적으로 '반대하지' 않는 반면 루소는 그렇다. 맑스에게 이는 역사이고 루소에게 이는 악이다.

루소적인 사회주의의 기반을 가장 잘 묘사한 인물은 칼 폴라니였는데, 그 자신이 이 이념의 모범적인 대변자였다.[6] 폴라니를 따르자면, 루소의 위대한 발견은 '인민'의 발견이었다. 이는 언뜻 생각되는 것처럼 사소한 게 아니다. 기독교와 대비할 때 모든 철학의 공통 전제는, 원래 그대로의 교육받지 않은 인간성은 가치가 없다는 것이다. 그 뒤에 오는 지혜를 사랑하는 모든 이들이 기껏 하

---

5. 근대 사상사에서 아마도 가장 유명한 구절을 인용하자면 다음의 이 구절이다. "굳어지고 녹슬어버린 모든 관계는 그에 따르는 부산물들, 즉 아주 오래 전부터 존중되어 온 관념이나 견해와 함께 해체되며, 새로 생겨나는 모든 것조차 미처 자리를 잡기도 전에 이미 낡은 것이 되고 만다. 신분적인 요소와 정체된 것은 모두 사라지고, 신성한 것은 모두 모욕당한다. 그리하여 사람들은 마침내 자기의 생활 상태와 서로간의 관계를 냉정한 눈으로 바라볼 수밖에 없게 된다." Karl Marx and Friedrich Engels, *The Communist Manifesto* (1847), Gareth Stedman Jones 엮음, London: Penguin, 2002, 222~223쪽.

6. 영어로 쓰였지만 출판은 되지 않았고 오직 헝가리어 번역본만 있는, "Jean-Jacques Rousseau"(1953), in K. Polányi, *Fasizmus, demokrácia, ipari társadalom*, Budapest: Gondolat, 1986, 244~258쪽.

는 것이라곤 주석을 다는 것밖에 없다고 하는, 고대 그리스 철학은 덕성이 지식이라는 태도를 견지했다. 그러나 지식(과학, 철학, 심지어 인문학)은 때때로 '문명'이라고 부르는 고도로 복잡한 특정 상황에서만 가능한 사회적 구조물이며, 문명은 이 지식의 성장과 향상을 가능하게 할 것이다. 따라서 과학을 확장하는 것은 인식의 진보에 유용하거나 꼭 필요한 문명의 완전성과 사회 제도의 전반적인 건강성을 불가피하게 또는 적어도 그럴싸하게 전제한다.

루소는 반대로 예술, 문자, 과학, '문화', '문명'이 인류의 도덕적 진보에 기여하지 않는다고 말함으로써 2000년 이상 이어져 온 철학적 흐름을 뒤집었다. 지식의 진보와 예술, 관습과 예절의 점진적인 세련화에 기여하지 않는 환경에 사는 개인들의 기본적 직관이 복잡하고 불평등하며 세련된 사회가 자랑하는 그 어떤 것보다 더 우월하다고 그는 생각했다. 어떤 의미에서 우월하다는 건가?

이 직관이 우월하다고 여겨지는 것은, 문명의 발달이 사람 사이의 점점 커져가는 분리 현상을, 니체를 따르자면 고급 문화는 전쟁과 놀이와 아름다움에 빠진 여유 있는 귀족들을 지탱할 수 있는 노예를 전제로 하는데, 모든 '미덕'이 불가피하게 극소수에 한정되는 지경까지 몰아가는 걸 요구하기 때문이다. 개인적으로 잘 아는 사람들끼리 (애정과 공감은 이런 사람들끼리만 가능하다) 핵심 의사소통이 여전히 이뤄지는 사회에서조차, 주요한 '문명적' 거래는 필사본 같은 추상적인 중재를 통해서 오고 간다. 사회의 공정성과 균일성을 약간이라도 유지하려면, 법과 종교를 정하는 것이 꼭 필요하다. 인민은 경험과 감정을 공유한 결과 서로 동의하는 대신, 독서 또는 (관리들이) 읽어주는 것을 들음으로써 똑같은 처방('가치')을 믿고 존중할 것이다. 필사본과 경전(균일한 법률, 경전에 입각한 종교, 공식 교육, 고급 예술)은 접촉과 협력을 돕는 사회의 매개 도구에서 사회적 목표, 미래 행동의 동기를 부여하는 원천, 다른 말로 하면 권위로 바뀌게 될 것이다. 그러나 이는 도구가 목적 또는 목표로 변모하는 익숙한 과정에 근거한 권위다. 이는 '물신'이다.

루소는 우리에게 중재가 없거나 적어도 그걸 제거한다면 더 고결하고 더 행복한 상태가 될 것이라고 생각했다. 그는 너무 늦은 걸 알았고, 그의 해결방법은 널리 알려졌듯이 자포자기적인 성격이었다. 본질적으로 정화purge, '청소', 정제épuration의 형태를 띠었던 것이다. 모든 루소식 사회주의 해법은 (바로 이 때문에 농촌사회, 곧 농부의 경험과 이상에 대한 여전히 강력한 문화적 추억을 지닌 사회에서 극도로 인기 있는데) 단순화를 목표로 한다. 삶의 방식에 있어서 좀더 자연스러운 것(또는 운이 좋으면 완벽하게 자연스러운 것)을 지향하는 단순화이다. 이는 결국 시장 사회가 자연스럽지 않다는, 역사의 규칙이 아니라 예외라는, 칼 폴라니의 유명한 주장이다.7 한편으로 폴라니는 자본주의가 자연스러운 질서라는 생각에, 과거에 자본주의의 등장을 저지했던 것은 오직 과학적·기술적 후진성과 맹신이었다는 생각에 저항한다. 그리고 그는 경쟁력과 욕심이 모든 사회를 특징짓는 '본능'이며 다만 과거에는 이것들을 기사도와 종교의 '잘못된 의식'이 억압했다는 생각에 저항한다. (그리고 여기서 그는 경쟁과 시장을 '역사화함'에 있어서 맑스주의자와 같은 의견을 보인다.) 다른 한편 폴라니는 비시장 사회를 역사적으로 다수를 차지하는 '자연스러운' 것으로 취급한다. 그는 근대 자본주의가 왜곡한 것을 재구축하는 쪽으로 우리의 사회 행동을 맞춰야 한다고 믿었다.

또 다른 위대한 루소주의적 사회주의자인 마르셀 모스는 인류 역사에서 대부분의 교환 행위는 이윤을 얻으려는 욕망이 아니라 자부심을 드러내려는 심리와 만족감에서 비롯됐음을 보여줬다.8 또 다른 루소주의적 사회주의자이며 진

---

7. Karl Polányi, *The Great Transformation* (1944), Boston: Beacon Press, 1957.

8. *The Gift*, London: Routledge, 1970. "Don, contrat, échange"와 "Sources, matériaux, textes à l'appui de 'l'Essai sur le don'" 두 개의 장, Marcel Mauss, *Oeuvres* 3, présentation de Victor Karady, Paris: Les Éditions de Minuit, 1969, 29~103쪽 참조. 폴 베인 또한 고대 그리스 도시

정으로 예언 능력을 지닌 몇 안 되는 천재인 조르주 바타유는 유용성이라는 개념과 모순되는 사회의 비생산적인 손실, 낭비, 파괴 행위의 필요성에 관심을 기울임으로써 모스의 논점을 일반화했다.9 희생이 인식론적으로는 '신성함의 창출'을 뜻한다고 그는 상기시킨다. 신성함은 불필요한 피흘림의 결과다. 생식과 무관하고 재생산과 무관한 성행위는 오랫동안 '낭비'로 취급됐다. 이 모든 요소들은 '비합리성'의 항목 아래 분류되어왔다. 공정한 교환만이, '야만적' 또는 '현혹시키는' 것으로 비치는 과잉을 결코 설명할 수 없는 공식적인 합리성 개념에 합치되는 탓이다. 그러나 또 한편으로, '대리 정부'라는 겉모습을 한 부르주아 사회는 언제나 '비합리성'을 지닌 '인민'과 동일시됐다. 이에 적절한 상투적 표현(야만적인 '군중', '대중')이 후기 로마공화정으로부터 이어져 내려왔다.

루소의 혁신은 사리에 맞고 교양 있는 담론과 그 담론의 운반자Träger 곧 궁정과 대학의 개명한 엘리트들, 그리고 심지어 문학belle-lettres, 실험 과학, 그리고 루소 자신도 속하는 계몽주의 정치평론·언론 문화의 대항 엘리트들보다 욕망의 노예들인 인민이 도덕적으로나 문화적으로 우월하다고 선언하라는 금시초문의 도발에 있다. 저 담론에 맞서, 루소는 다시 한번 로마공화국 논쟁의 용어

국가에서 이런 과시가 어떻게 체제 곧 '선한 행동' 체제(euergetismos)가 됐는지 보여줬다. 이 체제에 의해서 가장 부유한 귀족들은 명예의 대가로 (육군과 해군 관련, 종교, 체육 따위의) 공공 목적을 위해 많은 재산을 희생하도록 공동체로부터 강요받았다. 이는 세금을 대신하는 것이었는데, 어기면 압수와 추방을 당했다. 명예는 재산을 모으는 것이 아니라 포기하는 것과 동일시됐다. 그의 *Bread and Circuses*, London: Penguin Books, 1990, Le Pain et le cirque 요약본, Paris: Les Éditions du Seuil, 1976을 보라.

9. 그의 *The Accursed Share*, New York: Zone Books, 1991을 보라. Georges Bataille, "The Notion of Expenditure", in Bataille, *Visions of Excess*, Allan Stoekl 엮음, Minneapolis: University of Minnesota Press, 1993, 116~129쪽을 보라. 배경에 대해서는 그의 "The Moral Meaning of Sociology", in Bataille, *The Absence of Myth*, Michael Richardson 엮음, London: Verso, 1994, 103~112쪽을 보라. 놀이로서의 전쟁에 관해서 그는 1959년 1월 14일 방송된 Georges Charbonnier와의 (니체에 관한) 라디오 인터뷰에서 언급했다. Bataille, *Une liberté souveraine*, Michel Surya 엮음, Paris: Farrago, 2000, 130쪽을 보라.

로 자연 지향적이고 평등한 공동체의 군사, 체육, 전원, 민속예술의 미덕을 옹
호했다.

교육에 관한 글 제4편의 그 유명한 두 번째와 세 번째 격률에서, 루소는
이렇게 말한다. "사람은 자신도 예외가 아니라고 느끼는 고통에 시달리는 이들만 동
정한다." 그리고 "다른 사람의 불행에 대해 느끼는 동정은 이 불행의 성질이 아니라
불행에 시달리는 그 사람의 심정일 거라고 생각하는 바로 그 심정에 따라 강도가 정해
진다."10 이 격률이 연대 선언의 핵심이다. 고려해보라, 루소가 개인의 순수한
인간성 외에 아무것도 전제하지 않는다는 것을. 이 전제는 순수하게 개인적이
고 주관적인 동시에 심리적이며, 자기반성을 통해 나온다. 잘 알려져 있듯이 이
는 두려움에 근거를 두고 있다. 타인 속에서도 파악할 수 있는 고통의 두려움
말이다. 고통을 잴 외부 또는 '객관적인' 잣대는 없고 필요하지도 않다. 있음직
한 타인의 고통을 느끼기 위해서는 우리 주변에 숨어있는 위험을 느끼는 것으
로 충분하다. 우리는 우리가 처할 것으로 상상할 수 있는 상황을 이해하고 공감
하는 만큼만 타인을 동정하고, 그 때 그들의 감정을 머리 속에 그리는 만큼만
그들을 동정한다. 이 작은 정초석, 아니 사실은 조약돌 위에 연대의 공동체라는
건물이 세워진다.

상상할 수 있고 피할 수도 있는 고통을 끝내기 바라는 것만으로도 사회 정
의를 구축하기엔 충분한데, 두려움과 상상력은 인간이라는 동물에게 주어진 자
연스러운 선물인 까닭이다. 그러나 여기에는 다른 생각, 좀더 혁명적인 생각이
숨어있다. 이것으로 우리는 그 어떤 변신론(신의론·신정론)[세상에 존재하는 악(惡)에
대한 책임을 신이 져야 한다는 주장에 대하여, 악의 존재가 이 세상의 창조주인 신의 의지에 반(反)하는
것이 아니라고 신을 변호하는 이론—옮긴이] 거부도 요구할 수 있다. 교회는 고통을 죄로
설명한다. 자비롭고 전능한 신이 어떻게 고통과 죽음을 유발할 수 있는가? 모

---

10. *Emile, or On Education*, Allan Bloom 엮음, New York: Basic Books, 1979, 224, 225쪽.

든 인간에게 내재되어 있지만 동시에 모든 인간이 의도하는 것, 불복종의 원죄 대가로서만 가능하다. (인간 본성의 환원주의 이론이 근대 불가지론 사회에서도 똑같은 구실을 한다.) 원죄가 인간 본성에 실로 내재된 것이 아니라고 생각한다면, 고통은 불필요하다. 그 반대도 마찬가지다. 만약 타인의 고통을 느끼고 이해한다면, 선하지는 않더라도 주변의 가시적인 불행의 불길한 위협을 본능적으로 싫어하는 사람들이 도와줌으로써 고통을 없앨 수 있다. 이렇게 되면 원죄의 신뢰성은 떨어지는 듯하다.

게다가 고통을 피할 수 있다면, 인간 고통을 완화시키는 것이 우리의 임무라고 여기는 걸 막을 것은 없다. 우리는 실행 가능해 보이는 경우에만 의무감에 묶인다. 고통이 자연스럽지 않다면, 우리 본성의 불가피한 결과가 아니라는 의미에서 자연스럽지 않다면, 그것은 바뀔 수 있는 사회적·역사적 성질의 것이니, 그 변화를 재촉하지 않을 이유가 뭔가? 예컨대 불평등이 자연 선택에 의해 생긴다면 혁명은 의미가 없고, 그렇지 않다면 혁명을 일으키는 것은 가치 있는 일이다.

루소의 사회주의는 반변신론이다. 이 사회주의는 원죄 또는 자연스러운 운명fatum의 비극적이고 보수적인 관점에 반대한다. 사슬에 묶여 온 땅에 퍼져있으나, 태생은 자유로운 남자와 여자에 관한 웅대한 철학적 허구로 맞선다. 자유인으로 태어난 이들이 노예 상태로 떨어지면, 범인은 사회, 잘못된 유형의 사회일 수밖에 없다. 규정상 우리는 자유로우니까 인간 본성이 굳이 자유에 반응하도록 맞춰질 필요가 없다면, 변화가 필요한 것은 사회 조직이다.

자유와 같은 인간 본성, 우리의 진짜 본성은 왜곡되고 접근이 차단된 자유의 원천이다. 따라서 노예가 된 이들이 노예 소유자보다 도덕적으로 우월하다는 가정이 가능하다. 루소의 이론은 사람 안에 별개의 문화, 별개의 도덕성이 존재한다고 암시한다. 이 문화와 도덕성은 선한 믿음을 지닌 모든 사람의 공감과 연대를 끌어내는 것이다.

이는 우리를 다시 에드워드 파머 톰슨의 루소식 사회주의로 돌아가게 한다. 그는 이 문제를 고전적인 단순함으로 정식화했다. 18세기 급진주의를 이렇게 묘사할 때 말이다.

(급진주의의) 우아하고 안락한 이들과 교회와 학문 기관의 '이성'에 대한 뿌리 깊은 불신, 이는 그들이 잘못된 지식을 만들기 때문이 아니라 그들이 최후 수 단으로 폭력과 물질적인 자기 이해관계에 의지하는 썩은 사회 질서를 위한 그 럴싸한 옹호론('사악한 뱀의 논거')을 제공하기 때문이다 …… 그리고 여기에 우 리가 덧붙여야 하는 것은 …… '계급'의 문화적 또는 지적 정의다. '이성'과 '고 상함'의 시대에 모든 것은 품위 있는 문화와 통속적인 문화의 날카로운 구별을 강조하는 데 봉사했다. 옷, 스타일, 몸짓, 발언 예절, 문법, 심지어 구두법에서 도 계급의 징표가 울려 퍼져 나왔다. 품위 있는 문화는 사회적 포섭과 배제의 정교한 규범이었다. 고전적인 학습과 법률 분야에서의 성과는 이 문화로 들어 가는 까다로운 출입구로 자리잡고 있었다 …… 이런 성과는 야만적인 재산과 권력, 이해관계와 요직 임명권의 현실을 정당화하고 감췄다. 문법적 또는 신화 적 파격은 침입자를 외부인으로 점찍어 놨다.[11]

---

11. E. P. Thompson, *Witness Against the Beast: William Blake and the Moral Law*, New York: The New Press, 1993, 109~110쪽. 루소식 사회주의는 종종 공식적인 '예의바른' 문화와 거리가 있 는 대항문화적 세계 사이 공간(intermundia)으로 이끌려 갔다. '정신 나간 포르노 작가'로 낙인 찍힌 바타유가 바로 이 경우다. 1930년대 스탈린주의 반대 좌파 하위문화 시절 글들인 *L'Apprenti sorcier*, Marian Galletti 엮음, Paris: Éditions de la Différence, 1999를 보라. *Laure: Une rupture*, Anne Roche and Jérôme Peignot 엮음, Paris: Éditions des Cendres, 1999 (Laure, Bataille, Boris Sourvarine, Pierre Pascal, Simone Weil의 편지) 참조. 통속적인 또는 대중적인 문화의 파괴적인 잠재력은 로버트 단튼에 의해 훌륭한 취지로 제시됐다. 그의 *The Great Cat Massacre*, New York: Vintage, 1985, 그리고 특히 *The Literary Underground of the Old Regime*, Cambridge: Harvard University Press, 1982를 보라. 혁명 전 프랑스의 비밀스런 문학과 (나 본인도 어느 정도 참여했던) 동유럽의 지하 사미즈다트[samizdat : 소련 따위의 반체제 지하출판 운동-옮긴이] 문학의 유사점을 지적한 이가 바로 그라는 사실은 약간 놀라왔다. R. Darnton,

톰슨의 말이 상당히 옳다. 파르메니데스 이래로 '이성'은 언제나 또는 거의 항상 비이성의 보고인 '인민'에 반대되는 이념적 우월의 상징적 표시였다.[12] 그러나 루소식 사회주의의 문제점은 지배 계급의 신조의 과장된 자만을 발가벗겼다는 점이 아니다. 도리어 이렇게 함으로써 통속적인 것을 '자연스러운' 것으로 취급했다는 점이다. 통속적인 문화(우리 경우 노동계급 문화이지만 루소의 경우는 농민의 민속)의 시야 너머에 있는 듯한 그 어떤 것도, 루소식 사회주의는 불필요하거나 인공적인 것으로 본다. 이는 프롤레타리아 계급이 본래 자기창조적이고 자본주의 사회의 복합적인 산물이 아닐 때만 사실일 것이다.

루소식 사회주의의 중심 사상은 명백히 평등이다. 평등은 다면적인 개념이지만 이 전통 안에서는 사치부터 자아 수련까지, (탁월함을 가져오는) 운동 대결부터 공동체의 요구에서 벗어난 고급 예술 향유까지, 모든 과잉을 제거하는 걸 뜻한다. 평등을 뜻하는 그리스어 호모노이아homonoia는 어원에 있어서 '하나의 정신이 됨'을 뜻하기도 한다. 루소식 공동체는 검소하고 음악적이며 군사적이다. 이는 개별화와 문서에 적대적이다.[13] 의견에 대해서도 적대적이다. 의견은 진리 추구의 상대 개념으로서 철학의 전통적인 적인 반면 부르주아 사회 사교성의 한 측면이다. 개별적 의견들의 공허한 다양성은 강력한 이해관계의 임무

Berlin Journal 1989-1990, New York: W.W. Norton, 1991을 보라. Jacques Rancière가 자신의 *The Nights of Labor*, Philadelphia: Temple University Press, 1989에서 보여줬듯이 패배한 맑스주의적 사회주의자들이 '도덕률 폐기론'으로 후퇴해 '진정한' 프롤레타리아 문화를 발견하게 되리라는 것은 꽤 특징적이다. 랑시에르가 루이 알튀세의 전우였고 마지막에는 에드워드 파머 톰슨 편이 됐다는 것은 의미심장하다.

12. 물론 이 말이, 루소식 사회주의자들이 위장된 순진(faux-naïf)으로 이성에 호소하는 걸 싫어했다는 뜻은 아니다. 예컨대 P. J. Proudhon, *Les Confessions d'un révolutionnaire*, 1849, Daniel Halévy and Hervé Trinquier 엮음, Paris: Éditions Tops, 1997, 141쪽을 보라.

13. 동시에 루소는 각 민족 언어의 운율에 바탕을 둘 수밖에 없는, 교구 공동체에 뿌리를 둔 음악의 가치를 극구 칭찬할 것이다. Rousseau, "Lettre à d'Alembert" (1758), in Jean-Jacques Rousseau, *Oeuvres complètes*, V. Pléiade edition, Paris: Gallimard, 1995, 15쪽에서처럼 말이다.

에 몰두하는 마음, 현실(자연)에 대한 편견 없고 냉정한 명상의 결과가 아니고 내적 감정이 진솔하게 밖으로 드러나는 표시도 아닌 자아 표현으로 축소될 수 있다. 다양한 의견의 경쟁은 자신을 위한 자아(에고)의 경쟁조차 아니고 그저 영달을 꾀하는 권력의 요구에 빠르게 적응하려는 경쟁, 제시된 의견의 탁월성을 진짜 믿지도 않는 적응 경쟁일 뿐이다.14 부르주아의 사교성은 가짜다. 본래 지위를 회복한 인민은 믿을 만하다. (아니라면 믿을 만했다.) 적절한 기본 도덕의 척도인 '진정한 감정'은 제네바 시절 루소의 칼빈주의적 '의롭게 하는 믿음' 사상을 상기시킨다.15

이렇게 평등은 위계 구조에만 반대하는 것이 아니라 다양성 또는 잡다함에도 반대한다. '수다 떠는 계급들'이라는 표현은 한참 뒤에 돈 후앙 도노소 코르테스가 만들어냈지만, 루소는 분명 잡담 장소로서의 공중Öffentlichkeit에 반대했다. 도구로서 의견은 어떤 고결한 지적 시도의 조롱이다. 내 생각에는, 서로 경쟁하는 이기주의의 천박한 나열에 이바지하는 '표현의 자유'에 대해서도 마찬가지일 것으로 보인다. 루소식 사회주의는 도덕주의적이고, 역사주의적이지 않다. 루카치는, 사람이 자연을 외부에서 온 것처럼 바라볼 때, 자신이 자연과 분리될 때, 자연은 풍경이 된다고 말했다. 루소와 루소주의자들에게, '인민'은 자연이지 풍경이 아니다. 멀리서 고찰하는 대상이 아니다. 연대, 동정, 공감이 친밀감을 규정했다. 가까움은 온건한 정치적 목표를 요구한다. 인민의 해방은 (맑스에게

---

14. "…… 야만인이 제 안에 산다. 언제나 자신 밖에 있는 사교적인 인간은 다른 이들의 의견 속에서만 살 수 있고, 말하자면 그 자신 존재의 감정을 전적으로 그들의 판단에서 얻는다." Jean-Jacques Rousseau, *The First and Second Discourses*, Victor Gourevitch 엮음, New York: Harper Torchbooks, 1990, 198~199쪽.

15. 내향성과 도덕적인 경제에 관한 루소의 관점에 담긴 청교도적인 요소를 신베버주의적으로 분석한 것으로는, Alessandro Ferrara, *Modernity and Authenticity: A Study of the Social and Ethical Thought of Jean-Jacques Rousseau*, Albany: State University of New York Press, 1993, 111~151쪽을 보라.

서 프롤레타리아 계급의 해방은 결정적으로 프롤레타리아 계급의 자기 폐기를 뜻하듯이) 인민의 폐기를 뜻하는 것이 아니다. 이는 귀족과 성직자의 폐기를 뜻하고, 기본적으로 '계급'class이 아니라 '사회적 신분'caste 또는 '계급'estate의 폐기이며, 이에 따라 제3 계급Third Estate 곧 평민이 국가가 된다.

실존하는 노동계급 (그리고 부르주아 계급)

왜 (그리고 어떻게) 근대 사회주의자들은 사회적 신분(카스트)의 폐지를 계급의 폐지로 착각할 수 있었을까? 몇 가지 이유가 있다.

하나는 노동자 운동의 가장 오래된 수수께끼 곧 프롤레타리아 계급 운동 또는 혁명이 성공적으로 펼쳐지면, 그들이 물리치는 것은 자본주의가 아니라, 자연스럽게 자기 이해와 자기 형상에 반하는 낡은 체제의 유사-중세적 유물이었다는 점이다. 계급 의식에 관한 끝없이 복잡한 논쟁 모두가 이 근원적인 사실의 영향을 받는다. '낡은 체제의 지속성'에 관한 아노 메이어의 이론이 맑스주의 논쟁에서 그렇게 중요한 이유도 바로 이 때문이다.[16]

노동자 운동이 벌인 계급투쟁은, 자본주의의 역설적이고 악마 같은 '미덕'을 찬양하는 대신 자본주의를 공격할 뿐 아니라 자신을 방어하지 않을 수 없었다. 노동자 운동은 자신이 부르주아 사회 일반 규칙에 예외라고 여기면서, '위대한 옛 명분'의 우월성 곧 노동계급 자율성을 위해 싸운 이들의 도덕적 우월성을 주장함으로써 스스로를 방어했다. 이 운동은 1870년대부터 1970년대까지 한 세기 동안 지속된 성과를 낳았다. 그 성과는 노동계급 조합과 정당의 대항 권력 창출이며, 이 대항 권력은 그들만의 은행, 보건 및 연금 기금, 신문, 교외 지역

---

16. Arno Mayer, *The Persistence of the Old Regime*, New York: Pantheon, 1981.

의 대중 학교, 노동자 클럽, 도서관, 합창단, 취주 악대, 참여engagé 지식인, 노래, 소설, 철학 논문, 학구적인 잡지, 소책자, 잘 확립된 지방 정부, 절주 모임을 갖췄다. 이는 모두 나름의 관습, 예절, 양식을 갖추고 있었다. 1906년에 헝가리에서 실시한 사회 조사는 트랜실바니아 지역에 있는 한 노동계급의 집에 맑스의 초상화와 라살레의 초상화가 걸려있었음을 보여준다. 또 과음하는 사회인데도 노동자들은 술을 마시지 않으며, 교회의 투사들이 지배하는 정치체제임에도 노동자들이 무신론자이고 성직반대론자들이었다는 것도 보여준다. 또 교회에서 거행하는 결혼식이 눈총을 받았고, 건강식을 만들어 먹으려 했으며, (외부인을 끼워주지 않는) 경쟁을 배제한 운동 경기가 권장됐다. (중부 유럽에서는 1945년까지 사회주의 노동자들만의 특별한 운동선수권대회와 대규모 합창대회가 열렸다.) 또 사회주의 색채가 없는 자선단체는 거부됐고, 파티는 방종을 피하려고 낮에만 열렸으며 적어도 남성들은 사회과학서와 진지한 역사책을 읽으려고 애썼다. 한 세대 전에만 해도 원시적인 마을에 맨발의 문맹자들이 존재하던 곳에서 말이다. 감탄할 일이지만, 의도나 목적으로 볼 때 이는 파벌이었음이 분명하다.

이런 대항 권력은 그 나름의 정치적 상부 구조, '개량주의적' 사회민주주의부터 혁명적인 무정부주의적 조합주의까지의 다양한 이념, 그리고 부르주아 계급이 권한을 갖지 못하는 그들만의 전체 세계를 만들어냈다.[17] 루소식 사회주의와 맑스식 사회주의의 결합은 이렇게 자리 잡은 대항 권력 또는 적대적 권력의 특별한 이해관계에서 비롯됐다. 곧 노동자 운동은 종종 그 자체로는 루소주의적이었고 부르주아 적들에 대해서는 맑스주의적이었다.

이것이 투쟁 측면에서는 무엇을 뜻했는가? 19세기에 왕권과 교권에 맞서

---

17. (주로 사회주의적인) 정치 조직의 소수 독재적인 경향에 대한 고전적인 언급으로는, Robert Michels, *Political Parties* (1915), London: Macmillan, 1968. Carl E. Schorske, *German Social Democracy 1905-1917*, New York: Harper Torchbooks, 1972, 특히 88~145쪽을 보라.

보편 참정권, 결사의 권리, 파업권을 쟁취하려는 투쟁을 벌여야 했고, 그 이후 1차 세계대전 와중에는 계급투쟁을 의지에 따라 잠재울 수 있기라도 하듯 거국적 일치가 다시 나타났다. 이 전쟁 뒤 프롤레타리아 계급은 노예 상태로 남아있던 비참한 동유럽 농민들을 해방시켰다. (이는 공산주의 체제의 가장 위대한 역사적 성과였다.)[18] 또 나중에는 파시스트의 위험에 맞서 인민전선과 레지스탕스 연합을 형성해야 했다. 혁명적인 소수의 영웅적인 이야기와 구별되는 (맑스적 의미에서의) 프롤레타리아 정치를 방해하는 것들이 언제나 존재했다.

1914년 이후 사회주의에 있어서 이런 이유들은 자명한 듯하다. 패배했으나 여전히 지속되는 세력이라는 관점에서 노동자 운동의 자기 정당화가 필요했고 낡은 체제의 준 봉건적인 잔재 청산을 통해 부르주아 혁명에 반복적으로 기여한 것의 자기 정당화도 필요했던 것이다. 자본주의 극복을 지향하는 체계는 공상적인 것으로 남아있었고 지금도 마찬가지이다. 반면에 서유럽 사회민주주의의 '세속적인' 승리와 볼셰비키 지배 아래서 동유럽 낡은 체제의 독재 국가 자본주의로의 체제 변화는, 운동에 변명을 제공했다. 이는 맑스의 고전적인 발푸르기스의 전야제(악몽 같은 상황)보다는 칼빈이나 루소 시대의 제네바에 더 가까운 청교도적이고 평등한 체제에 의해 주로 합리화된다.[19] '복지정책'은 서유럽에 국한하지 않았다. 소비에트 진영의 자기 정당화 근거도 소득, 여가, 이용할 수 있는 사회복지와 의료서비스의 꾸준한 성장에 있었다. '계획'은 마오의 붉은 중국과 드골의 부르주아적이고 국수주의적patriotarde이며 허식적인

---

18. G. M. Tamás, "Un capitalisme pur et simple", *La Nouvelle Alternative*, 60~61, 2004년 3~6월 호, 13~40쪽을 보라.

19. '메타' 자본주의적 초월은 역사적인 비판보다는 도덕적인 비판에 의지하기 위해서 공상적인 것으로 남아있어야 했다. 이는 결국 헤겔에서 칸트로 옮겨간 것이 됐는데, 루카치가 잘 보여줬듯이 어떤 패배의 징표다. 1918년 독일혁명의 철학적 선언은 형이상학적 환희를 이론화하는 과정에서 이 점을 분명히 보여준다. Ernst Bloch, *The Spirit of Utopia*, Stanford: Stanford University Press, 2000, 237~238쪽을 보라.

pompiériste 프랑스의 공통된 생각이었다. 자코뱅주의가 지배하기는 두 쪽이 마찬 가지였다. 국가 주도staatstragende 공동체, 복지 국가주의와 평등주의의 수혜자들 은 어떻게든 규정되어야 했고, 그건 '시민권'을 통해 대등한 존엄성을 부여받은 인민이었다.

이를 제대로 이해하는 데 도움을 얻으려면, 톰슨이 페리 앤더슨 그리고 톰 네언과 논쟁을 벌이면서 불평했던 것으로 돌아가는 게 유익하다. 유명한 일련 의 에세이에서,[20] 앤더슨과 네언은 영국 노동자 운동의 허약성이 영국 자본주의 특성에서 비롯됐음을 보여주려 했다. 영국에서 프롤레타리아 사회주의 전망의 넓이, 활력, 범위를 제한한 것은, 거대 토지에서 이뤄지는 효율적이고 시장 친 화적인 농업의 경제적 우월성과, 만약 (문화적으로) 영국에 초기 부르주아라는 게 존재했다 하더라도 이 계급보다 더 부유하고 힘 센 토지소유 귀족의 불균형 하게 큰 정치적 영향력이다. 앤더슨을 따르자면, 영국 '고급 문화' 특히 이른바 사회과학과 인문과학에 존재하는 놀라우리만치 많은 맹점들을 포함해, 유럽 '근 대' 규범에 있어서 중요한 측면들 전체에서 영국이 그 이후 쇠락의 길로 접어든 이유도 바로 이것이다.[21]

영국의 특별한 사회-문화적 문제점으로서, '계급'의 거대한 감정적 호소력은 여기에 뿌리를 두고 있다. 여기서 계급은 어법, 의상, 연설 습관, 심지어 자세, 예절 형식(과 의례적인 거부), 음식 같은 거의 종족적 표시에 가까운 것들의 복 잡한 체계로 흔히 쓰는 말이다. 사회적 신분과 비슷하고 때로는 유사 민족적인

---

20. Anderson의 "Origins of the Present Crisis", *New Left Review*, I/23, 1964년 1/2월호와 Tom Nairn의 "The English Working Class", *New Left Review*, I/24, 1964년 3/4월호에 반박하려고 쓴 톰슨의 유명한 에세이 "The Peculiarities of the English", *Socialist Register 1965*를 보라.
21. Anderson의 *English Questions*, London: Verso, 1992, 48~104, 121~192, 193~301쪽에 실린 훌륭하면서도 우울한 연작 리포트를 보라. 영국의 퇴폐와 속물근성에 대한 이런 비판은 Matthew Arnold, *Culture and Anarchy* [1869], Samuel Lipman 엮음, New Haven: Yale University Press, 1994에서도 많이 비슷하게 제기된다.

'계급'의 차이들은, '공동체' 또는 '거국적 일치'의 부르주아-자코뱅적인 이념의 가능성을 거부하는 영국 계급투쟁에 특별한 징표를 부여했다. 대륙의 보수주의 자들은 계급투쟁 그 자체의 존재를 열렬히 부인하겠지만, 말하자면 페리그린 워스던이나 오베론 워(아버지와 아들 모두) 같이 허풍을 떨거나 풍자를 일삼는 '상류 토리당원'들이라면 과부와 고아를 속이는 재미를 공공연히 말하고 천한 사람들의 '일', '휴일', '텔레비전', '팝 "음악" '을 두고 꾸준히 당당하게 싸울 것이다. 영국에서는 계급적 적대자가 아주 분명히 보였지만, 이 적대자는 절대로 또는 거의 '부르주아'가 아니다. 쓰레기처럼 천한 이들에 반대되는 '신사', '멋쟁이'다. 심지어 여피풍으로 바뀌고 계급 구별이 없는 걸로 여겨지는 '최신 영국 영어'에도 '우아한' 말씨가 있다.

이 모두는 전근대적인 특색을 지니고 있다. '인민' 형성을 위해서는 상류 계급의 소멸이 불가피하리라는 게 명백해 보인다. 오직 제3 계급만이 국가가 되고 계급 관계는 민족적 성격을 띠게 된 나라인 18세기 프랑스에서처럼 말이다. (이 나라에선 귀족은 북유럽계, 인민은 켈트족, 골족, 이런 식이다. 참고로 영국에서는 노르만 혈통, 러시아라면 바랑인들 따위가 있다.) 이런 계급 정체성은 확실히 사회주의 이전의 것이다. 사회주의 운동은 과거에 이를 이용했으며, 이는 나중에 엄청난 어려움을 유발했다. 이것의 활용이 성공을 거둔 곳은, 보통 문화적 (이고 때로는 인종적)으로 '다른' 소수 프롤레타리아 계급의 특정한 요구를, 중간계급과 언론이 만드는 여론에 이끌리는 보통 농민층이자 농촌 정서를 지닌 다수의 일반적인 (또는 '부르주아적인') 민주주의 열망과 결합시킬 수 있는 곳뿐이었다. 일반적인 민주주의 열망이란, 군주제 대신 공화정을 지향하고 보편 참정권, 성직자 정치세력화 반대론(또는 정교분리 원칙 laïcité), 농업 개혁(곧 땅 재분배), 세습특권 축소, 시민군대, 민족적 소수자 권리, 여성 참정권 따위를 지향하는 것이다.

이는 오스트리아-헝가리, 러시아 사회민주주의의 근본 딜레마였고 나중에
는 동남아시아 공산주의(인도와 네팔에서는 오늘날까지 그렇다)의 딜레마가 됐
다. 아름다운 시절belle époque에 동부의 사회주의는, 근대화한 군국주의 요소를
지닌 귀족적 낡은 체제에 맞서는 부르주아 민주 혁명을 이끌 승리의 전망을 내
다보거나, 아니면 '서부' 프롤레타리아 사상의 순수성을 보존한 채 확실히 패배
하거나 소멸될 처지에 직면했다. 그람시가 러시아 10월 혁명을 '『자본』을 거스
른 혁명'이라고 부른 것은, (레닌과 트로츠키가 자신들이 무엇을 하고 있는지
정확히 알았다는 차원에서가 아니라) 바로 이런 의미에서 딱 맞는 것이었다. 그
러나 이전에도 보편 참정권, 사회-문화적 평등주의, 민주주의적인 의회주의,
좀더 세속적이고 관대하며 덜 군국주의적인 사회는, 대체로 농경 사회인 라인
강 동쪽 지역, 알프스 남쪽 지역, 피레네산맥 서쪽 지역에서 허약한 자유주의적
부르주아 계급이 아니라 오직 사회주의 운동을 통해서 실현될 수 있다는 것이
분명했다.

　　대체로, 사회주의자들은 사회주의적이지 않은 민주 혁명의 지휘를 맡기로
결심했다. 그 결과는 민족주의nationalism였다. 1914년 8월의 재앙[독일의 러시아 격파
-옮긴이]에서도 그랬고, 레닌주의가 스탈린주의로 불가피하게 변화하는 과정에
서도 그랬다. 진실은, 오늘날 우리가 아는 근대 자본주의 사회가 사회주의라는
'잘못된 의식'을 지닌 운동이 없었다면 전적으로 불가능했을 거라는 점이다. 정
치운동으로서 사회주의는 동부 유럽뿐 아니라 중부와 서부 유럽에서도 자본주
의 근대화의 도구였고, 역사적으로 말하자면 부르주아 계급 그 자체는 근대 자
본주의 사회 형성 과정에서 거의 한 일이 없고 심지어 이를 위해 거의 싸우지도
않았다.[22] 19세기의 이른바 부르주아 혁명이 땅을 소유한 신사계급에 의해 늘

---

22. 이런 아마도 불가피했을 사회주의 운동 전술은 아주 일찍부터 비판받았다. 루카치 이전 인물로
　　는 가장 위대한 헝가리의 맑스주의자(무정부주의적 조합주의자 스자보)의 중요한 에세이인,
　　Ervin Szabó, "Politique et syndicats", *Le Mouvement Socialiste*, 1909, t. 1, 57~67쪽을 보라.

주도됐고, 이런 혁명이 중부와 동부 유럽에서는 1918~1919년 사회주의 노동자 운동에 의해서 완성됐다는 점을 상기하자. 중부와 동부 유럽 사례는, 부르주아 계급과 프롤레타리아 계급 모두를 적대시한 파시즘과 국가 사회주의의 기원에 관한 곤란한 문제의 가장 중요하면서도 가장 간과되는 한 가지 측면이다. 서부 유럽 사람들에게는 이상하게 들리겠지만, 특정한 나이 그리고/또는 세대 Bildung의 독일인, 이탈리아인, 오스트리아인, 헝가리인으로서는 완벽하게 이해할 수 있는 말이다.23

부르주아 계급은 경제, 사회, 기술, 과학, 예술, 이념 측면에서 이 세계의 구조에 거대한 변화를 일으켰지만, 어느 곳에서도 정치적으로는 주도적인 구실을 거의 하지 않았다.24 부르주아 권력(그리고 그들의 사회적·문화적 헤게모니)은 근대 (실제로는 라살레-맑스적인) 사회주의 운동 없이 불가능하다는 것이 증명됐다. 이는 앤더슨과 네언이 그들의 논적들과 벌인 논쟁의 결론 가운데 언급되지 않은, 결코 공개적으로 발언되지 않은 결론으로 보인다. 앤더슨과 네언이 너무나 통렬하고 호전적으로 묘사한 영국의 쇠락, 영국 정치와 행정의 변함없는 인물 면면, 기타 퇴폐적인 요소들은, 적어도 부분적으로는 프롤레타리아

Ervin Szabó, *Socialism and Social Science*, J. M. Bak and G. Litván 엮음, London: Routledge, 1982 참조. 볼셰비즘과 관련되어 이 문제를 가장 분명하게 언급한 것은 Herman Gorter, *Open Letter to Comrade Lenin* [1920], London: Wildcat, 날짜 미상 [1989]에서 찾을 수 있다. Herman Gorter, "Die Ursachen des Nationalismus im Proletariat" (1915) and "Offener Brief an den Genossen Lenin" (1920), in A. Pannekoek and H. Gorter, *Organisation und Taktik der proletarischen Revolution*, Hans Manfred Bock 엮음, Frankfurt/Main: Verlag Neue Kritik, 1969, 73-87, 168~227쪽 참조.

23. Ervin Szabó는 1848년의 헝가리 혁명이 땅을 지닌 신사계급과 땅을 지닌 귀족의 계급 갈등 때문이라고 본다. 그의 "Aus den Parteien und Klassenkämpfen in der ungarischen Revolution von 1848", *Archiv für die Geschichte des Sozialismus und der Arbeiterbewegung*, 1919, 258~307쪽을 보라(고전으로 평가되는 더 방대한 헝가리어 작품의 일부분).

24. Perry Anderson, "The Notion of Bourgeois Revolution" in *English Questions*, 105~118쪽을 보라. '부르주아 혁명'이라는 총체적 개념이 20세기 맑스주의자들의 연구 결과 무너져 내린 듯하다.

계급이 주도한 근대화 혁명의 부재에서 비롯된 게 분명하다. 영국에서 근대 자본주의를 옹호하는 가장 '현대적인' 이념 캠페인을 주류 자유주의 또는 사회민주주의('노동당원') 흐름이 아니라 과거 공산주의자 무리들(한때 공산주의 월간지였던 『맑시즘 투데이』 주변의 '뉴 타임스' 무리들)이 생각해냈다는 사실이 꽤나 중요하다고 나는 믿는다. 앤더슨과 네언 같은 영국 맑스주의자들이 영국의 혁명적인 부르주아 계급 부재를 논하던 때, 그들은 귀족의 지배가 존재하거나 지속되는 곳이라면 어디에서든 그에 맞서는 유일하게 유효한 무기였던 것으로 생각되는 혁명적인 노동자 운동의 부재라는 훨씬 더 두드러진 사실을 고통스럽게 인식했을 게 분명하다. 그러나 그들은, 그 어디에서도 아직 반자본주의적인 순수성을 지니고 등장한 바 없는 진정한 **프롤레타리아** 혁명에 대한 욕망 때문에 다소간 주춤거렸다.

이는 아마도 왜 자본주의의 기원, 특히 영국 자본주의의 기원이 그렇게 중요한 정치적 문제Kampffrage인지 설명해줄 것이다. '브레너 논쟁'은[모리스 돕과 폴 스위지의 자본주의 이행논쟁의 후속 논쟁 – 옮긴이] 이런 측면에서 결정적이었고 지금도 이는 변함없다. 그러나 모든 맥락이 하나로 모이고 이론적·정치적 결론이 가장 명쾌하게 거론된 것은 엘런 메익신스 우드의 글에서다.[25] "영국 사회 사상의 '존재하지 않는 중심' "에 관한 앤더슨의 거친 질문에 답하면서 우드는 이렇게 주장한다. "영국 사회 사상의 개인주의와 비역사주의, 그것의 분열은 그래서 자본주의의 억제보다는 진전과 더 관련이 깊다."[26] 그녀는 중부 유럽과의 유사점

---

25. 우드는 1950년대 영국공산당(CPGB) 역사가 집단이 주도한 플레베이안 학파의 파산을 대처 집권기에 선언한, 가장 뻔뻔한 보수적 역사문헌학 작업의 몫까지도 자신의 것으로 삼을 수 있었다. J. C. D. Clark, *English Society 1688-1832*, Cambridge: Cambridge University Press, 1988을 보라. 클라크는, 루이스 내미어 경과 허버트 버터필드 경 같이 가장 유행에 둔감한 작가들로 돌아가는, 세련되고 속물적이지 않은 회귀와 상당히 유쾌한 신랄함을 드러내면서 '시대의 흐름' 속에서 자신이 특히 에드워드 파머 톰슨에게 괴로운 존재임을 증명한다.

26. Ellen Meiksins Wood, *The Pristine Culture of Capitalism*, London: Verso, 1991, 91~92쪽.

과 대비점을 이렇게 특징짓는다.

프랑스에서는 보댕이 국가를 '가족, 대학 또는 법인체'의 통일체로 묘사하는 반면, 토마스 스미스 경은 영연방을 자유로운 개인들의 '다수성'multitude으로 규정했다. 프랑스의 국가가 자산을 지닌 계급에게 유리한 자원으로 계속 작용한 반면, 영국의 국가는 순전히 '경제적인' 수단을 동원한 개인들의 전용물로 점점 더 선취당하는 처지가 됐다 …… 사회 구성 단위로서 개인이 법인체를 대체하는 현상, 국가와 시민 사회의 분리 현상, '경제'의 자율화 현상, 영국 자본주의의 진화와 연관된 이 모든 요소는 사회 세계가 개별화해 서로 분리되는 이론 영역으로 잘게 나뉘는 데 기여했다. 그리고 이와 함께 사회과학이 역사에서 분리되는 현상이 나타났는데, 이는 사회적 관계와 사회적 절차가 경제의 보편 법칙에 해답을 제시하는 자연스러운 것으로 인식되면서 나타난 현상이다 ……[27]

이는 페리 앤더슨의 관점과 정반대인 것 같다. 그러나 당시에 이는 에드워드 파머 톰슨의 루소주의를 맑스주의적으로 교정하는 또 하나의 작업이었다. 우드의 작품에 나타난 '경제'의 분리 또는 자율성과 '경제적인 것'의 강조는, 내가 보기에는 '상당히 고무적인데, 절실히 필요한 맑스주의적 정치학을 지향하고 있다. 이런 경제의 자율성은, 페리 앤더슨을 따르자면 영국의 급진 사회주의 부재, '계급'을 '계급 문화'로 대체하는 현상, 국가 문화에 있어서 구제를 베푸는 위대한 사회적 공리의 그 악명 높은 (그리고 이상이 되어버린) 부재를 설명해주는 영국 정치 문화의 특이성을 해명할 수 있을 것이다. 그러나 대처와 블레어 치하에서 갑작스럽게 나타난 근대화는 놀라운 결과를 만들어냈는데, 그 결과를 앤더슨은 또 하나의 깜짝 놀랄 만한 조사 작업에서 이렇게 인정하고 있다.

---

27. 같은 책.

[19]80년대에, 이런 변화의 순 효과는 영국의 고급 문화와 정치의 두드러진 분리 현상이었다. 대부분의 유럽 문화에서, 이런 형태는 역사적으로 상당히 잦았다. 사실, 많은 경우 지식인의 통상적인 태도는 체제 변화와 함께 흔들리는 것이 아니라 반대로 움직이는 경향을 보였다. 영국에서는 지금까지 이렇지 않았다. 여기서는 지식 계급의 많은 부분이 일반적으로 당대의 기존 권력과 한 목소리는 아닐지언정 화음을 이뤘다. 이는 나폴레옹 전쟁 이후 콜리지가 첫 번째 악보를 작성하던 때부터의 일이다. 현재 상황은 이런 기록의 예외다 ······.[28]

그럼에도 문제는 남는다. 좌파의 일부는 '계급'을 문화적·정치적 측면에서 볼 것이고, 이는 실제로 노동계급 정치가 부여하는 문화적·도덕적 자율성을 성취할 능력이 있다고 판단되는 인민을 위한 일이라는 이름 아래 '부패한 체제'에 맞서는 자세를 유지하는 데 실질적인 도움이 된다.[29] 영국 경우는 몇 가지 이유로 중요한데, 영국은 전통적으로 자본주의의 '멀리 떨어져 있는 거울'이다.[30] 계급 이론이 문화로 치우친 것은 사회주의(즉 노동자 운동)의 운명 때문이었고 지금도 그렇다는 것을 부인하는 건 불가능하다. 부연하자면, 사회주의는 맑스가 마음에 그린 특정한 프롤레타리아의 소명을 부인하고 노동자 운동이 계급간 연합 세력을 형성함으로써 자본주의를 더욱 근대적으로, 민주주의적으로, 세속적

---

28. "A Culture in Contraflow", in Anderson, *English Questions*, 300쪽. *A Zone of Engagement*, London: Verso, 1992에 실린 그의 에세이도 보라.

29. 이 점은 *Image of the People: Gustave Courbet and the 1848 Revolution* [1973], London: Thames and Hudson, 1999 같은 T. J. 클라크의 몇몇 뛰어난 책들에 가장 잘 예시되어 있는 문제점이다. 그의 걸작 *Farewell to an Idea: Fragments from a History of Modernism*, New Haven: Yale University Press, 1999를 보라. 이 작품은 모더니즘과 정치적 급진주의의 얽히고설킨, 심오한 정체성의 존재를 가장 잘 약술하고 있다. (내가 가장 좋아하는 부분은 55~167쪽, 피사로와 '프로이트의 세잔'에 관한 장이다.) 그런데 우려스럽지만, 과거의 약술인가, 아닌가?

30. 많은 장점이 있음에도 안타깝게 간과된 책이 하나 있다. 그건 맑스의 영국 묘사에 담긴 정치적인 측면을 분석한, David MacGregor, *Hegel, Marx, and the English State*, Toronto: University of Toronto Press, 1996이다. 특히 계약 관계와 공장법에 대해 뛰어나다. David MacGregor, *The Communist Ideal in Hegel and Marx*, Toronto: University of Toronto Press, 1990을 참조하라.

으로, (아마도) 평등하게 만든다는 의미에서만 성공할 운명이다. 서유럽과 북유럽의 사회민주주의자들과 동유럽과 남유럽의 공산주의자들은 똑같이 해방을 평등으로, 맑스를 루소로 대체했다. 맑스식 사회주의는 결코 정치적으로 시도된 바 없는데, 특히 맑스주의자들이 그랬다.[31] 평등주의와 (민주주의 방식과 전제주의 방식의) 국가주의는 어디에서나 공인된 주요 사회주의 형태의 보증 마크였다.

이는 요즘 사회주의의 대중적인 이미지를 구성하는 핵심 요소들이며, '새로운 사회 운동'의 화려한 팝 문화적 이념의 핵심 요소이기도 하다. 이 새 운동은 평등 이념을 확장하고 급진화함으로써 불의를 바로 잡으려 하고 자신들이 경멸하는 부르주아 국가와 국제 금융기구에 이런 이념을 주입하려 한다. (권력을 장악할 생각은 없다. 그들의 목표는 대리인을 통한 국가 관리주의 étatisme 다.) 새로운 사회 운동의 대리인을 통한 국가주의는 (너희들에게 표를 주지 않을 것이고, 혁명으로 너희의 권력을 분쇄하지 않을 것이지만, 너희들이 우리가 보기에 유용하고 교훈적인 법안과 국제연합 결의안, 유럽연합 결의안을 통과시키길 원한다) 매력이 많고 상당히 성공했지만 그래도 여전히 모든 생명체의 평등이라는 급진 사상을 실험하고 노골적인 수정주의와 공상적인 자기만족과 탈출 사이에서 머뭇거리는 국가주의다.

평등주의, 국가주의, '문화'로의 후퇴는 그래서 사회주의 운동의 유사-영구적인 특징처럼 보인다. 거의 모든 경우, 이는 자신의 탄생지인 신분(카스트) 사회에서 배출된 역사적 불완전성으로 가득 찬 적敵, 부르주아 사회에 개입해야

---

31. 유일한 예외는 공산주의 좌파들, 평의회 공산주의자들, 아나키스트들, 무정부주의적 조합주의자들의 실패한 반란이다. 이들은 맑스의 정치적 기획을 다듬으려고 시도한 유일한 이들이다. [Philippe Bourrinet], *The Dutch and German Communist Left*, London: ICC, 2001과 Hans Manfred Bock의 수많은 작품들을 보라. Anton Pannekoek의 *Workers' Council* [1948], Robert Barsky 엮음, London & Oakland: AK Press, 2003이 최근에 재출간됐다.

한다는 사실을 통해서만 설명될 수 있다.

신분에서 계급으로, 인민으로

맑스에서 루소로의 후퇴가 가장 중요한 사례인 에드워드 파머 톰슨의 경우처럼 맑스주의자들 사이에 존재하는 경향이기도 하다는 사실은 특히 중요하다. 기술적으로 이는 때때로 (G. A. 코언이 효과적으로 반박한 혐의인)[32] 맑스 계급이론의

---

32. "[톰슨의] 주장을 압축한 명제 : 생산 관계가 기계적으로 계급의식을 결정하지 않는다.(p) 그래서 계급은 순수하게 생산 관계 측면에서 정의될 수 없다.(q) p는 참이다. 그러나 이로부터 q가 뒤따라 나오지는 않는다. 우리는 톰슨이 그럴 수밖에 없다고 주장하는 것과 달리, 한 계급의 문화와 계급의식이 생산 관계 내부의 객관적인 위치로부터 쉽사리 추론될 것이라고 추론하지 않으면서도 생산 관계와 관련지음으로써 어느 정도 …… 정확하게 계급을 규정할 여지가 있다. 톰슨이 상상하는 적은, 자신을 비판하는 이[톰슨─옮긴이]와 똑같은 오류를 범한다. 그 상상 속 적 또한 p가 참이라면 q도 참이라고 가정한다. 그 상상 속 적이 p 부정의 근거를 q 부정에 두고, 역사 과정의 열린 드라마를 무시하는 기계적인 맑스주의를 세우는 이유가 이것이다. 어려움은 톰슨이 유죄를 입증하지 못하는 그의 적이 내세우는 전제가 아니라, 그가 추종하는 성급한 논법이다. 톰슨의 동기는 p를 부정하는 것이고, 이 점은 우리가 언쟁을 벌이는 대목이 아니다. 그러나 톰슨은 계급의 구조적인 규정을 받아들이는 이는 q를 거부하는 것이기 때문에 p에 반대하는 신조를 지니고 있다고 잘못 가정한다. 이렇게 생각할 합당한 이유가 없다." G. A. Cohen, *Karl Marx's Theory of History: A Defense* [1978], 증보판, Oxford: Oxford University press, 2001, 74~75쪽. 이 책의 역사적, 철학적 섬세함은 말할 것도 없고 이 책의 핵심 주장과도 상당히 이질적인, 코언의 분석 스타일에 담긴 시대에 뒤떨어진 '특정 시절' 느낌이 이 책의 가치를 떨어뜨리지는 않는다. 지지할 수 없는 '이론'에 대한 이론과 같은 것은 있지만 말이다. 게다가 코언이 계급에 대해 덧붙여야 했던 말은 훨씬 더 중요하다. "'자유로운 노동자의 제 생산 수단으로부터의 분리', 이 구절은 프롤레타리아 계급의 구조 묘사를 요약하고 있다 ……. 그의 '자유'는 그의 노동력 소유이고, 그의 '분리'는 그의 생산수단 무소유이다. 이 문장은 그래서 생산과 관련된 측면에서 사회 형식(그리고 이 때문에 '경제적 사회 구조의 시대')의 분리 개체화를 제시한다 …… 직접 생산자를 속박하는 생산 관계는 단일한 사회 구조 전반에서 폭넓게 일관성을 유지할 것이다. 노예, 농노, 프롤레타리아 계급의 무질서한 혼합(mélange)은 없을 것이다 …… [우리는] 직접 생산자와 생산력의 상관 관계 만큼이나 많은 경제 구조가 있다고 말한다. 맑스의 관점에서는, 사회 형식들이 그 내부의 지배적인 생산 관계들에 의해 하나로 묶이듯이, 경제 구조 형태에 따라 구별되고 통일된다."(78~79쪽) 하지만, 이것이 사회 나머지 부분과 공유물(la chose commune)로부터 경제가 분리되지 않은 비자본주의 사회에서도 유효한지 여부는 해결되지 않은

엄격한 결정론 혐의에 대한 반작용이다. 그러나 (다시 한번 톰슨의 경우에서처럼) 이는 더 흔히, '계급'과 '신분'caste, Stände, états, 헝가리어로는 rendek의 합성에 관한 치명적인 오해 때문에 생긴다. 오늘날에도 여전히 잔재가 남아있는 신분 사회는, 근대 사상에 너무나 깊이 배어 있어서 거의 보이지 않고 명확하지도 않으며 분명히 거론할 필요도 거의 없는 계몽주의와는 인간 본성에 관해서 급진적으로 다른 관점에 바탕을 두고 있다.

대부분의 역사에 있어서, 인간성은 인류와 공존하는 것으로 생각되지 않았다. 여성, 노예, 외국인, 어린이는 어느 곳에서나 늘 거의 배제됐지만 이 뿐만은 아니다. 먹고 살기 위해 일해야 하는 사람들banausoi, 지도자가 이끄는 무리에서 신하로 있는 사람들, 이념적으로 불쾌하거나 종교적으로 금기시되는 것들을 사고 파는 사람들, 육체적 결함이 있는 사람들, 전쟁에서 져 정복된 나라 전체, 다른 종교 또는 종파에 속한 사람들, 재산이 없는 사람들, 국가의 적들, '열등한' 종족에 속하는 이들 따위도 마찬가지로 배제됐다. 이런 사람들과 다른 많은 사람들은 어엿한 인간의 특권을 나머지 사람들과 공유하지 않는 이들로 취급됐다. 고대 그리스의 스토아학파, 견유학파, 에피쿠로스학파 그리고 초기 기독교도들, 몇몇 중세 이교도들, 일부 불교도들과 다양한 하층민들이 여기에 저항했다. 그러나 전체로 보면 (아직도 국민국가에 의해 제한되고 있는 '시민'은 말할 것도 없고)33 '인간'이라는 명칭은 뛰어남이라는 기준에 따라 설정되는 특권이었으며 그래서 평등하고 보편적인 권리와 의무의 사상은 존재하지 않았다.

신분 또는 '계급'estate은 자본주의가 폐지한 여러 차원을 지닌 총체적인 삶이

문제이다.

33. 나의 "On Post-Fascism", *Boston Review*, 2000년 여름호, 42~46쪽을 보라. A. Sajó 엮음, *Out and Into Authoritarian Law*, Amsterdam: Kluwer International Law, 2002, 203~219쪽에 재수록됨. G. M. Tamás, "Restoration Romanticism", *Public Affairs Quarterly*, 7/4, 1993년 10월호, 379~401쪽 참조.

다. 신분 제도에 관해서 가장 권위 있는 작품에서 몇 구절을 인용하겠다.

> …… 많은 수드라는 봉사하는 이들이고, 바이샤는 가축 키우는 이들과 농부들이며 희생물의 '조달자'로서 …… 동물 지배권을 부여받았다. 반면 브라만과 크샤트리아는 '모든 피조물' 지배권을 받았다. …… 크샤트리아는 바이샤가 그렇듯이 희생물을 주문할 수 있을 테지만, 오직 브라만이 희생 의식을 거행할 수 있을 것이다. 왕은 이렇게 성직 기능을 박탈당한다. …… 브라만은 선천적 특권을 지니고 있다. …… 불가침의 존재다. (브라만 살해는 소를 죽이는 것과 함께 가장 큰 범죄다.) 그리고 많은 형벌이 브라만에겐 적용되지 않는다. 때리거나 불로 지지거나 벌금을 부과하거나 추방하는 것 따위가 말이다. ……[34]

근대 자본주의 사회와의 대비가 이보다 더 확연할 수는 없다. 각각의 신분(또는 계급)은 우주의 원칙을 구현하면서 전혀 다른 삶을 이룬다. 신분은 차별적인 특권, 재능, '은혜'의 체제이며, 인간의 기능에 관한 철학적 신조에 근거한 사회 세계의 모형을 제시하고, 폐쇄된 다양한 집단이 표현하는 가치의 척도를 제시한다. 이 폐쇄된 집단의 교류는 종교적으로 결정된 인간 가치 사다리에서 각각의 계단이 되는 것이다. 이 모두는 굳게 확립된 편견의 체제로 인해 강화된다. 영어 빌런villain, 악당이라는 뜻, 프랑스어 빌랭vilain의 어원은 후기 라틴어의 빌라누스villanus 곧 부락민, 농민이다. 이그노블ignoble, 비열한의 본 뜻은 귀족 신분이 아닌 사람이다. 헝가리어 파라츠paraszt 곧 농부는 슬라브어의 어간 prost 곧 '얼간이'라는 뜻에서 왔다. 이 모두는 경멸과 차별에 핑계가 필요하지 않다는 걸 표시한다. 중세의 짧은 노래들은 꼽추, 거지, 다리 저는 사람, 뚱뚱한 사람 그리고 가난한 사람을 웃음거리로 삼았다. 어떤 이들의 불행한 운명에 대한 설명은

---

34. Louis Dumont, *Homo hierarchicus* (1966), 전면 개정 영문판, Chicago: The University of Chicago Press, 1980, 66쪽.

사회적 변신론과 달리 인종적이고 호전적이었다. 상류 신분 사람은 (인도-유럽 지역 전체에서) 살결이 흰 걸로 간주됐고, 하인과 원주민, 노예, 외국인은 거무스름한 걸로 여겨졌다.[35]

사회 위계질서의 삼각 구도(웅변가, 투사, 일꾼)는 실제로 사회 집단을 기능에 따라 구별하지만, 한 사람 또는 집단에게 특정한 기능을 돌리고 거꾸로 사람이나 집단을 특정한 기능에 속하는 걸로 취급하는 과정에서, 미리 정해진 범위 안에 머무는 한에선 개인이나 집단에게 어떤 책임도 부과하지 않는다. 책임은 특정 사회 계급의 일원과 같은 차별적인 인간 조건을 통해 생각할 수 있는 것이 아니라 규칙을 어기는 과정에서 생각할 수 있는 것이다. 선택(그리고 개인의 '특성')은 결코 여기에 개입하지 않고, 그래서 고통은 기독교도의 불행이라는 복잡한 변신론이 필요하지 않다.

평등주의적 반역의 목표는 언제나 이런 탓함과 선고, 즉 당연한 상벌에 대한 의심이었다. 또 신분 사회에 고유한 '신의 아이들'이라는 개념의 모호성과 존엄성(그리고 인간 삶의 전체 범위)에 관한 극단적인 구별에 대한 의심이었다. 왕과 귀족이 용감하고 씩씩하지 않다는 불평, 신부와 수녀들이 예민하고 순수하지 않다는 불평은 끊임없이 반복된다. 반역자들에게 세계는 뒤집혀 있고 가치는 발 아래 짓밟히는 반면 범죄는 명예와 풍요로 보상받는다. 도덕적 선함 또는 지력과 달리 미덕은 신분과, 개인이나 인간성과 연결되지 않는다. 한 신분의 미덕은 다른 신분에서 보면 미덕이 아니다. 자부심은 특정 집단에게 좋은 것이고 겸손은 다른 집단에게 좋은 것이다. 가장 위대한 투사 아킬레스는 그의 반인-반신 상태, 그리고 극단적인 뾰족함, 부루퉁함, 감수성과 공존하는 장엄한 영웅적 행동, 그리고 그가 자신보다 뒤쳐진다고 생각하는 적수들이 보여주는 무례함에 대한 병적인 집착 그리고 자신과 크게 구별되지 않는 그들의 모습

---

35. Georges Dumézil, *La Courtisane et les seigneurs colorés*, Paris: Gallimard, 1983, 17~36쪽을 보라.

에 대한 병적인 집착과 떼어놓고서는 이해할 수 없다. 이런 모습은 고대 서사시에서 접하게 되는 보편적인 유형이다. 영웅적 행동은 완벽한 육체와 육체적 아름다움, 열정적인 활동성, 고상함, 성적인 매력, '업신여김' 당함에 대한 단호한 불쾌감의 문제다. 영웅적 행동은 연극이며 표현이다. 이 모두는 불안하지만 명예로운 전쟁터에서의 죽음의 위협, 부유한 젊은 남성의 궁극적인 죽음 아래서 허용된다.[36]

신분과 날카롭게 대비되는 계급은 계약의 자유가 존재하는 사회의 추상 관념이다. (과학적 관념화만 뜻하는 것이 아니라 생명력 있는 추상 관념도 뜻하는 것이다.) 이런 사회에서 복종, 위계질서, 지배, 등급, 위엄 따위는 개인의 특성과 전적으로 무관하게 임의적일 뿐 아니라 그것 그 자체로 받아들여진다. 운명은 그리스 비극이나 코르네유의 비극(그리고 가장 최신으로는 클라이스트의 비극)과 달리, 더는 어쩌다 타고난 사건이 아니고 노동의 사회적 분리로 생겨난 사건이며 이와 비슷한 우연한 역사적 발견이다.

나는 이렇게 본다. 이것이 사실이라면 맑스의 이론은 인간 본성 그 자체의 이론이 아니고 자본주의의 이론을 뜻한다. 그렇기에 『공산당 선언』의 불멸의 구절들은, 이 저작에 따르자면 "지금까지 모든 사회의 역사는 계급투쟁의 역사"인데, 틀린 말일 것이다. 계급은 자본주의 사회에 독특한 것이다. 계급은 무엇보다 체제의 구조적인 특성이다. 한 계급에 속하는 것은 법적으로 그리고 종종

---

36. 이 주제에 관한 뛰어난 책으로는 Georges Dumézil, *Heur et malheur du guerrier*, Paris: Flammarion, 1992이 있다. 안타깝게도 "der arische Männerbund" 그리고 "die kultische Geheimbünde der Germanen" (각각 Stig Wikander, 1938 그리고 Otto Höfler, 1935)의 시사한 내용에 영향을 받았지만 그래도 괜찮다. 타르퀴니(Tarquinii), 죄인 인드라(Indra) 그리고 호라티(Horatii)와 압티아(Aptya) 비교에 관한 뛰어난 장들을 추천한다. 위대한 Émile Benveniste의 비길 데 없는 논문, *Le vocabulaire des institutions indo-européennes*, Paris: Les Éditions de Minuit, 1993, 특히 1권 제3책 1장 "La tripartition des fonctions" 그리고 2장 "Les quatre cercles de l'appartenance sociale", 279~319쪽, 그리고 2권 제2책 "Le droit", 97~175쪽을 보라.

사회적으로 누구에게나 열려있는 조건이다. 우연적인 사회적 위치로서 계급의 이런 열려있음이 자본주의를 위대하게 만드는 것이고, 『공산당 선언』도 언급하듯이 점점 '더 포괄적이고 파괴적인 위기들'을 거치면서 자본주의에 메피스토펠레스적인 해방의 아우라를 부여하는 것이다. 이런 거대한 '창조적 파괴'(바쿠닌에게 영감을 얻은 슘페터의 표현)를 이뤄내려면 개인의 자유 곧 법적으로, 강압적으로 태생과 신분에 따른 집단으로 인간을 분류하는 데서 벗어나는 자유의 힘들을 속박에서 풀어줘야 했다.

계급 그 자체를 말하는 것은 직관적인 측면에서 아주 어렵다.

생산 과정 내부에서는, 노동을 존재의 객관적인 계기들 곧 도구와 물질로부터 분리하는 것이 일시 중지된다. 자본과 임금 노동의 존재는 이 분리에 바탕을 두고 있다. 자본은 실제 생산 과정에서 진행되는 이 분리의 일시 중지에 대해서는 지불하지 않는다. 분리의 일시 중지가 왜 생기는가 하니, 그것 없이는 일이 결코 진행될 수 없다 …… 그러나 사용 가치로서 노동은 자본가에게 귀속한다. 이는 단지 교환 가치로서만 노동자에게 귀속한다. 생산 과정에서 살아있는 노동의 객관적인 조건으로 사용됨으로써 대상화한 노동 시간을 보존하는, 노동의 살아있는 품질은 노동자의 관심사가 아니다. 살아있는 노동이 생산 과정에서 도구와 물질을 육체와 영혼이 있는 것으로 만들고 이것에 의해서 그것들을 죽음에서 되살려내는 것을 통한 이런 전유는 실로, 노동 그 자체는 목적이 없고 노동자의 직접적인 생명력 안에서만 실제가 된다는 사실, 그리고 자본에서 도구와 물질은 그 자신을 위한 것으로 존재한다는 사실에 대한 안티테제 구실을 한다 …… 그러나 노동이 [물질적 존재의 계기와 맺는] 관계에 들어가는 한, 이 관계는 그 자체를 위해 존재하지 않고 자본을 위해 존재한다. 노동 그 자체는 자본의 한 계기가 된다.[37]

---

37. Karl Marx, *Grundrisse* (1857~1858), London: Penguin, 1993, 364쪽.

소외되고 착취당하지만 확실히 자본에게 낯설지 않고 도리어 자본의 한 '계기'인, 자본의 구조적인 특성 중 하나인 노동자에 대한 이런 묘사보다 [계급과] 신분의 구별을 더 확실히 표현할 수는 없을 것이다. 이는 분명 포고나 법률로 폐지할 수 있는 성질의 것이 아니다. 노동자가 자본의 한 가지 특성이라면, 노동자는 도덕 이외의 의미에서 자신을 바꿈으로써만 자본주의를 다른 것으로 바꿀 수 있다.

혁명가의 감추어진 관점에서 보면, 우리는 신분의 폐지가 평등을 부르지만 계급의 폐지는 사회주의를 부른다고 꽤 자신 있게 말할 수 있을 것이다. 하지만 우리가 봤듯이, 사회주의에서 평등주의로의 후퇴, 맑스에서 루소로의 후퇴, 비판 이론에서 비역사적인 도덕 비판으로의 후퇴, 헤겔과 맑스에서 칸트로의 후퇴는 좌파 역사에서 예외라기보다 규칙이었다. 그래서 약간의 설명이 필요하다.

먼저, 사람이 자라난 체제에 반대하려면 필요한 심리적인 요인을 고려해야 한다. 모든 사회 체제는, 신화와 영웅의 일대기, 전통 따위를 통해 그 체제가 자연스러운 것이고 체제의 실패는 인간 본성 안에 본래 있는 충돌 때문이며, 너무나 명백히 비인격적인 요소들 때문에 생긴 불행은 아무래도 인간의 불완전성 때문에 나타난 응보이거나 배은망덕, 무례 또는 어떤 더 높은 힘의 불가사의한 뜻 때문에 생긴 응보인 척 하며, 실제로 이런 척 해야 한다. 체제 비난은 언제나 제 자신을 책망하지 않는 것의 편리한 핑곗거리로 비칠 것이고, 실패한 인물 또는 충분히 고상하지 못한 인물 또는 통찰력이 충분하지 못한 인물, 한마디로 이 세계의 테르시테스고대 그리스의 장애인—옮긴이의 약점으로 늘 취급되는 불만족으로 비칠 것이다. 감히 '아니오'라고 말할 수 있으려면 굳건한 도덕적 기반을 갖춰야 한다. 이처럼, 지배 질서가 열등한 걸로 취급해온 사람들 속에 타고난 우월성이 존재한다고 입증할 필요가 생기는 듯하다. 또 기존 도덕 질서 또는 도덕 위계구조를 뒤집는 일이 마침 더 나은 진실이고 반전의 더할 나위 없는 동기라는 걸 보일 필요가 생기는 듯하다. 가장 오래된 수사학 기교가 여기에 동원될 수 있다.

> 가난한 자는 복이 있나니 하나님의 나라가 너희 것임이요. 이제 주린 자는 복이 있나니 너희가 배부름을 얻을 것임이요. 이제 우는 자는 복이 있나니 너희가 웃을 것임이요. 인자人子를 인하여 사람들이 너희를 미워하며 멀리하고 욕하고 너희 이름을 악하다 하여 버릴 때에는 너희에게 복이 있도다 …… 그러나 화 있을찐저 너희 부요한 자여 너희는 너희의 위로를 이미 받았도다. 화 있을찐저 너희 이제 배부른 자여 너희는 주리리로다. 화 있을찐저 너희 이제 웃는 자여 너희가 애통하며 울리로다. 모든 사람이 너희를 칭찬하면 화가 있도다. 저희 조상들이 거짓 선지자들에게 이와 같이 하였느니라. 그러나 너희 듣는 자에게 내가 이르노니 너희 원수를 사랑하며 너희를 미워하는 자를 선대하며 너희를 저주하는 자를 위하여 축복하며 너희를 모욕하는 자를 위하여 기도하라.[38]

도덕 질서가 이렇게 뒤집어지는데, 뒤집겠다는 위협조차 거꾸로 뒤집힌다. 도덕적 층위의 밑바닥에 자신이 있음을 갑자기 깨닫게 되는 이들이 용서받고 구원될 것이기 때문이다. 이는 우리가 생각할 수 있는 거의 모든 혁명 선언을 요약한 것이다. 도덕이라는 동전의 무시무시한 뒤집기는 '적을 사랑하라'는 보편성의 호소에 의해 위협적이지 않게 이뤄진다. 심지어 '너희가 애통하며 울리로다.'라는 무시무시한 저주조차 그렇게 된다. 그러나 용서할 권리는, 용서할 힘이 없고 그래서 이보다 앞서 저주할 힘도 없는 이들에게 주어질 것이다. 힘이 박탈되고 다시 주어진다. 인자人子가 주님이라고 불리는 이유가 바로 이것이다.

사회주의의 평등주의로의 후퇴가 지배하는 두 번째 이유는, 불의와 지배를 줄이거나 없앨 수도 있는 변화의 가능성에 초사회적 또는 메타 사회적 근거를

---

38. 누가복음 6장 20~22절, 24~28절.

마련할 필요성에 있다. 근거는 (직관적으로) 인간 본성의 유연성, 적응성, 융통성, 순응성이고, 모든 계층과 인종과 종교적 신조, 지역에 두루 변덕스럽게 분포된 지적·미학적·육체적 재능의 우연성이다. 다른 말로 하면, 사회 형태를 너무 심하게 뒤집지 않고도 평등을 이룩할 수 있다는 신념이다. 소득, 기회, 지위와 정치 권력 접근의 평등이 달성된다 하더라도 여전히 (법으로 통제되는) 정부 또는 일터와 교육 현장과 가정의 다양한 명령·통제의 사회적 위계질서를 통해 발휘되는 지배 요소를 지키고 있으며 사회적 노동 분업도 계속되는 식이 가능하다는 것이다.

그러나 평등과 결합한 지배는, 끊임없이 재창조되는 불평등을 '밑으로부터의' 새로운 세력이 꾸준히 뒤집어엎어 평등을 재확립해야만 평등의 가능성과 모순되지 않을 것이다.[39] (사회의 다른 관습적인 면들이 본질적으로 변함없이 유지된다면 평등을 영구히 강요하고 재강요하는 유일한 방법인) 재분배는, 뭔가를 빼앗기게 될 사람들의 저항을 물리칠 만큼 극단적으로 강력한 국가에 의해서만 시행될 수 있다. 그러나 국가의 힘은 소수에게 집중된 지배력을 한층 강화하기 쉽고, 이렇게 되면 지배를 더 강화하게 될 것이고, 자연히 조건 또는 사회적 지위의 평등에 불리하게 되며, 이런 연쇄는 끝없이 이어진다. 이 모든 것은, 인간 본성의 순응성이 지배 문화 또는 '헤게모니' 문화에 의해 충분히 발휘되고 따라서 '파란 피'[귀족 혈통—옮긴이]부터, 자연 선택, [각 인종의 평균 지능 지수 차이가 유전자 때문일 수 있다고 주장하는—옮긴이] '벨 곡선'에 이르는[40] 재배치 이전의 개인의 전前

---

39. 나는 오래전에 이것이 환상이라는 걸 보여주려 시도했다. G. M. Tamás, *L'Oeil et la main*, Geneva, Éditions Noir, 1985(원본은 헝가리어 samizdat판: 1983).

40. 우리 시대 신보수주의 시각의 선조이지만 더 재미있는 반평등적인 편견들의 요약본이 George L. Mosse가 서문을 쓴 Max Nordau의 *Degeneration* [1892년의 Entartung 번역본], Lincoln: University Of Nebraska Press, 1993년이다. 이 책은 입센, 톨스토이, 보들레르, 바그너, 니체, 위스망스 등을 비판하는 재미있는 장광설을 담고 있다. 이 책이 나왔을 때 아주 인기가 있었는데, 부르주아 사회에 반대하는 평등주의, 특히 기독교와 자코뱅을 배경으로 하는 평등주의의 무

사회적 또는 '자연스러운' 평등을 둘러싼 영원한 문화전쟁Kulturkampf이 벌어지는 한에서만 가능성이 있다.

세 번째로 평등주의는 '신분'에서 뿌리뽑힌 개인들의 동력을 표현한 것이었(고 어느 정도까지는 지금도 그렇)다. 사회주의자들은 자신들이 시장 체제에 맞서 싸울 뿐 아니라, 여전히 중세 질서의 잔재에도 맞서 싸우고 있음을, 다시 말해 억압과 사회적이자 종교적인 조절을 통하지 않고 시장에서 (법적으로 자유로운 상태에서 계약을 맺음으로 생기는 의무에 동의하는 사람들로부터) 잉여가치를 뽑아내는 체제를 위해 싸우고 있음을 깨달았다. 더 간략히 말하면, 사회주의자들은 부르주아 혁명 그리고 프롤레타리아 혁명을 동시에 수행해야 했다. 그래서 사회민주주의자들이 19세기에 농민 문제를 놓고 끝없이 논쟁을 벌여야 했다. 당시 그들은, 아주 최근까지도 많은 나라에서 정치적 지배계층을 형성했던 땅을 소유한 귀족과 신사계급을[41] 물리치는 데 필요한 농촌지역 동맹군을 얻기 위해서 때때로 경쟁력 있는 소농 집단 형성을 옹호해야 했다. 중부 유럽(특히 독일과 오스트리아-헝가리) 사회주의자들은 토착 부르주아 계급이 창출한 것이 아닌 바로 자신들의 자본주의를 아주 걱정했는데, 사실 이런 사정은 훨

기력을 지적했기 때문이다.

41. 유럽에서 가장 서쪽에 위치한 나라에서 2차 세계대전 때까지도 오래된 지주 이해관계의 권력이 존재함을 확인하는 것은 상당히 놀라운 일이다. 상당히 유익한 부록을 담고 있는 David Cannadine, *The Decline and Fall of the British Aristocracy*, New Haven: Yale University Press, 1990을 보라. W. D. 루빈슈타인이 처음 수집한 자료가 창의적이고도 재미있게 해석되고 있다. 이 책은 뒤늦긴 했지만 앤더슨과 네언의 주장 일부를 뒷받침한다. 농민 문제는 카를 카우츠키가 제기했고, 논쟁은 독일, 오스트리아-헝가리, 러시아에서 뜨거웠다. 루마니아에서도 콘스탄틴 도브로게아누-게레아(Constantin Dobrogeanu-Gherea)가 '새로운 농노' 문제를 제기함으로써 논쟁에 흥미롭게 기여했다. 나중에 좌파로부터 제기된 레닌, 트로츠키, 10월혁명에 대한 비판은 농민들에게 땅을 나눠주고 농업에 소기업 자본주의를 창출할 '사회주의 혁명'의 필요성을 종종 근거로 제기했다. 이 자본주의는 계속해서 혁명의 폭력적인 자기 억제 속에 이뤄지는 재분배 국가의 중앙집중화를 통해서 '해소되어야' 했다. 스탈린주의자들의 표현을 따르자면 혁명 2단계(대학살과 굶주림을 통한 '집단화')에 의한 1단계의 해소가 이뤄져야 했다.

씬 더 보편적인 진실이다.[42] 카우츠키와 레닌(그리고 룩셈부르크, 스자보, 도브로게아누-게레아, 마리아테기)의 문제는 실제로 보편적인 문제일 것이다.

네 번째로, 그리고 오늘날까지 가장 강력한 것으로, 역사적으로 미해결의 논점과 얽혀있는 맑스주의의 뿌리 깊은 도덕적·심리-논리적 어려움이 있다. 결국 맑스주의는 프롤레타리아 계급의 신격화가 아니라 폐지를 제시한다. 물질화와 소외 때문에 맑스주의는, 노동자의 조건은 인간이 처할 수 있는 최악의 조건이라는 시몬 배유의 지적에 동의한다. (그리고 시몬 배유는 노동 계급과의 완벽한 연대가 노예상태와 누추함을 전제하고 인정하는 것을 뜻한다고 믿은 점에서 전적으로 옳다. 그러나 물론 이는 맑스주의적이지 않은 사회주의 전통의 연대 개념과 정반대다.) 루소식 사회주의의 의미는, 고위 신분을 강제로 없애고 상업과 같은 외부 경제 요소를 배제함으로써 인민의 순수함을 회복하는 것이다. 인민은 자신들의 미덕을 발견할 능력이 있다고 여겨지는데, 이 미덕은 억압과 불평등, 노예상태와 누추함에 의해 없어졌거나 더럽혀졌다고 한다. 이는 철학적 수단을 통해서 발견될 인간의 본질을 전제하는데, 이 본질의 공허함을 드러내려고 만들어진 것이 사적 유물론이다. (보통 칸트의 도덕 철학과 같은 것을 통한) 규범적인 의미에서의 맑스주의 '확장'은 거의 언제나 평등과 루소로의 후퇴

---

42. Perry Anderson, 'The Notion of Bourgeois Revolution'을 참조하라. 역사적인 지점들은 Ellen Meiksins Wood의 계몽적인 책 *The Origin of Capitalism: A Longer View*, London: Verso, 2002, 특히 95~146쪽에서 논의된다. 두드러진 독창성과 별개로 이 책은 Perry Anderson의 *Passages from Antiquity to Feudalism* [1974], London: Verso, 1992 그리고 *Lineages of the Absolutist State* [1974], London: Verso, 1979를 둘러싼 논쟁 그리고 브레너 논쟁 (*The Brenner Debate: Agrarian Class Structure and Economic Development in Pre-Industrial Europe* [1976], T. H. Aston and C. H. E. Philpin 엮음, Cambridge: Cambridge University Press, 1988을 보라.) 같은 최근 논쟁을 훌륭하게 개관하고 있다. 앨런 메익신스 우드와 로버트 브레너에 대한 날카로운 공격으로는 Ricardo Duchesne, 'On the Origins of Capitalism', *Rethinking Marxism*, 14(3), 2002년 가을호, 129~137쪽이 있다. 전문적인 지식이 없는 나로서는 평가가 어렵지만, 국외자인 나에게는 전적으로 설득력 있게 다가오지 않는다. (러시아를 포함한) 중부와 동부의 경험은, 내가 판단할 수 있는 한, 메익신스 우드의 논지를 지지하는 것처럼 보인다.

를 의미한다.[43]

다른 한편, 자꾸 반복되는 이런 후퇴는 심리적 이치에 잘 맞는다. 내가 희생할 가치가 있는 이들, 적들보다 더 우월하기에 도덕적으로도 더 우월한 명분을 지닌 이들, 곧 인민을 위해 싸운다는 인식이 없다면, 죽음에 이르는 전투(아무리 천천히 진행되고 점진적이더라도 이것은 혁명일 수밖에 없다)를 벌이는 게 거의 불가능하다. 루소와 무수한 그의 이념적 조상들의 사치 반대 이념은 '위대하고 좋은 것'이 과잉이라고 선언한다. 이 개념은 신분 사회에서는 (여전히 유쾌하지 않기는 해도) 그럴듯해 보일지 모르지만, 계급 사회에서는 그렇지 않다. 맑스는 이렇게 단호하게 말한다.

---

43. 이것은 앤드루 러빈이 그의 흥미로운 책 *A Future for Marxism? Althusser, the Analytical Turn and the Revival of Socialist Theory*, London: Pluto, 2003에서 보지 못한 것이다. (존 로머 등에 나타나듯) 평등주의와 (나중에 G. A. 코언에게서 보이듯) '규범적인' 정치 철학을 크게 법석을 떨지 않으면서 골치 아픈 맑스주의의 출구로 받아들인 러빈의 이 책에서, 1970년대에 초기 좌파 이론을 재창조하려고 시도한 두 명의 저자 곧 루이 알튀세와 G. A. 코언이 러빈의 영웅이 되어야 한다는 건 상당히 아이러니하다. 코언 등이 맑스주의를 '주류'로 편입시켰다는 앤드루 러빈의 논지는 어이없다. 네 개 대륙의 수백만 명에게 영향을 끼쳤고 십여 번의 내전 중에 한밤 캠프 파이어를 하면서 그리고 수백 개의 노조 단체에서 가르쳤고, 십여 개의 혁명 정부와 개혁 정부가 논쟁을 벌인 신념 체계가 사상사의 사소한 한 국면, 분석적인 형태의 정치 철학을 통해 '주류'로 편입되는 걸 상상해보라. 학계의 근시안은 종종 신념을 무색하게 만든다. 분석적 맑스주의에서 남는 분석적인 것은 그 무엇이 되었든지, 추천할 만한 것인 명료화 시도를 빼면 '시대물'의 느낌, 옥스퍼드의 경박함과 케임브리지의 속물근성의 결합일 뿐이다. '허튼 소리가 아니'고 '현실적'이고 '엉터리 소리에 반대'하는 것은 그 무엇보다 스타일의 문제이다. 스피노자가 유클리드를 자처하거나 홉스가 '과학적인' 태도를 취하려는 야심을 품은 것을 누구도 진지하게 받아들이지 않듯이, 그리고 이것 때문에 그들의 작품을 평가하지 않게 되지 않듯이, 특정한 맑스주의 저작물의 '분석적인' 스타일이, 그 작품이 비록 2차 자료라 하더라도 거기에 담긴 통찰력을 계몽적이거나 유용하지 않은 것으로 만들지는 않는다. 그러나 물론 맑스주의를 포함한 루소 이후 유럽 사회 철학을 주변적인 것으로 보면서 기괴한 방식을 '주류'로 취급하는 것은 이상한, 심히 이상한 일이다. 앤드루 러빈은 프랑스 학계 철학의 '편협성'에 대해서도 말하는데, 이는 '도버해협 위에 안개, 대륙 고립되다'라는 그 유명한 영어 제목을 상기시킨다. 맑스주의자들은 국제주의 혁명가들이었다, 아닌가?

…… 내가 제시한 바에서는, 자본 이윤은 '단지 노동자에게서 공제한 것이거나 "강도질한" 것'이 아니다. 반대로 나는 자본가들이 자본주의적 생산에서 꼭 필요한 기능을 한다고 제시하고, 자본가가 단지 '공제' 또는 '강도짓'을 한 것이 아니라 잉여가치 생산을 강요하며, 그래서 공제는 오직 생산에 도움을 준다는 사실을 아주 폭넓게 보여줬다. 게다가 나는 상품 교환 과정에서 오직 등가물만 교환되더라도 자본가가 노동자에게 노동력의 실제 가치를 지불하는 순간 모든 권리 곧 생산양식, 잉여가치에 상응하는 권리들을 확보하게 된다는 점을 자세히 보였다.[44]

이는 천년에 걸친 반역의 목소리와 어울리지 않는다. 이 반역의 목소리는 이와 반대로 '우리가 강도당했다', 근면한 이들이 그렇지 않은 이들에게 당했다고 말한다. 이 성실한 노력은 충분히 보상받지 못했는데, 이는 힘 있는 이들의 훨씬 더 강압적인 권력 때문이다. 지배 계급에게 이렇듯 꼭 필요한 '생산적인' 구실을 부여하는 행위는 해로운 '이념적' 거짓말이다. 모든 가치는 노동자가 만들어낸다. 이는 맑스의 관점이 아니라 라살레의 관점이다.[45] 소련의 사회주의 리얼리즘부터 라틴아메리카의 벽화가까지 모든 공식적이고 의기양양한 '사회주의' 예술은 프롤레타리아의 힘, 원기, 순결, 일 그리고 보잘 것 없고 더러운 적과의 승리에 찬 대결을 찬양한다. 조지 그로스와 줄러 데르코비츠로부터 더 극단적인 아방가르드에 이르기까지 진정으로 맑스의 관점에서 영감을 받은 몇몇

---

44. "Notes on Adolph Wagner" (1879-80), in Marx, *Later Political Writings*, Terrell Carver 엮음, Cambridge: Cambridge University Press, 2002, 232쪽.

45. 독일 사회민주주의 강령 초안에서 이런 문장을 발견할 수 있다. "노동은 모든 부와 문화의 원천이다." 이에 대해 맑스는 이렇게 대구했다. "노동은 모든 부의 원천이 아니다. 자연도 노동만큼이나 사용가치(그리고 이것 말고 또 무엇이 물질적 부인가?)의 원천이다. 그리고 노동은 자연적인 힘, 인간 노동력의 발현일 뿐이다. 이 구절은 어떤 어린이용 독본에서도 찾을 수 있다. 암시하는 바가 노동은 구체적인 수단과 물질을 필요로 한다는 것이라면 옳은 말이다. 하지만 사회주의자의 강령이 어떤 감각을 부여하는 바로 그 상황을 감추려고 이런 부르주아적인 구절을 용납할 수는 없다." "Critique of the Gotha Programme", in Marx, *Later Political Writings*, 208~209쪽.

예술 작품과는 다른 양태다. 후자의 창작물들은 거의 변함없이 어둡고 비관적이다. 저런 예술의 문제점을 루카치가 이렇게 간결하게 요약했다. "사회적 존재의 객관적 현실성은, 그 직접성에 있어서는 프롤레타리아 계급에게나 부르주아 계급에게나 '똑같다'."46[프롤레타리아 계급이 자기 인식을 갖는 것만으로는 자본주의 현실이 바뀌지 않는다는 맥락의 말이다. ─옮긴이].

노동계급은 자본주의 밖에 있지 않다. 그들은 부르주아 계급 만큼이나 자본주의를 구현한다. 아마도 더 몫이 큰 방식으로 말이다. 사물화는 급진적인 방식으로 노동계급에 작용한다. 그럼에도 루카치는 자본주의적 위기가 초래하는 '합리화'와 불합리성의 해결할 수 없는 상호관련성을 강조한다.47 '사회 악'의 속죄가 이뤄지려면 그 속죄하는 특성에 '악'이 포함되지 않아야 하는데, 이는 실현성

---

46. "Reification and the Consciousness of the Proletariat", in Lukács, *History and Class Consciousness: Studies in Marxist Dialectics* (1923), Cambridge: The MIT Press, 2000, 150쪽.

47. "상품 관계가 '유령적 대상성'을 지닌 사물로 변화하는 것은 인간 욕구 충족의 대상 전체가 상품화되는 것에만 만족할 …… 수 없다. 유령적 대상성은 인간의 전체 의식에 자신의 각인을 찍는다. 인간의 특성과 능력은 더는 인격의 유기적인 부분이 아니고, 외부 세계의 다양한 대상들처럼 '소유'하거나 '처분'할 수 있는 사물이 된다. 그리고 인간 관계를 구성해내는 자연스런 형식은 존재하지 않고, 이런 물화 과정에 점점 더 복종하지 않고는 인간의 육체적·정신적 '특성'을 작동시킬 수 있는 방법이 없다 …… 이런 세계의 합리화가 완성된 듯 보이고, 인간의 육체적·정신적 본성 깊은 데까지 파고드는 듯하다. 하지만 이런 합리화는 그 자체의 형식에 의해 한계에 부딪힌다 …… 공황의 구조를 자세히 검토해 보면 부르주아 사회의 일상생활의 양적 고조와 집약의 강화일 뿐인 걸로 나타난다. 생각 없는 일상 현실에서 그 삶은 '자연 법칙'에 의해 단단히 묶여있는 듯 보이지만, 갑작스런 이탈을 겪을 수도 있는데 이는 삶의 다양한 요소들과 부분 체계들을 묶는 결속이 가장 정상적인 때조차 우연적이기 때문이다. 그렇다면 사회가 '영원한, 철의' 법칙에 의해 통제되고, 이 철칙은 특정 분야에 적용되는 서로 다른 특수 법칙으로 세분된다는 주장은 마침내 그 본색을 드러내게 된다. 허위라는 본색을 말이다. 오히려 사회의 진정한 구조는 독립적이고 합리화된 형식적 부분 법칙들 속에서 나타나며, 이 부분 법칙들은 형식적 필연으로 연결되어 있고(즉 이들의 형식적 상호 의존성은 오직 형식적으로만 체계화될 수 있다), 구체적인 현실성에 관한 한 이 법칙들은 우연적인 연결만 형성할 수 있다."(같은 책 101쪽) 우연성은 사회의 기술적·행정적·법적·논리적·군사적 그리고 기타 하위 체계들이 기이하게 임의적인 틀 안에서 (막스 베버가 묘사했듯이) 극단적으로 합리화한 결과로 보인다. 이런 이질적인 '사실들'의 조합을 넘어서는 진정한 합리적 통제는 상상할 수 없다.

이 없는 일이다. 계급 곧 인간 집단만 서로 나뉘는 것이 아니라 전체 사회 영역, 특히 그리고 결정적으로 '경제'도 자본주의에 의해 사회생활의 다른 영역에서 분리되는 까닭에, 경제는 핏줄(태생) 그리고 옛날의 정치·종교·관습 융합의 멍에로부터 유사–해방된다.[48] 그러나 다른 부분으로부터 경제의 분리는 시장에서 잉여를 끌어내는 자본주의 특유의 방식 덕분에 과거처럼 직접적인 강압 대신 '평화롭게' 이뤄진다. 그리고 단순히 하위 계급이 권력을 장악해서는 이 분리를 극복할 수 없고 그래서 실제로 나타났듯이 계급 없는 사회를 형성하는 데 실패하게 되는 자본주의 체제에서, 이 분리는 근본 계급들의 공통점을 창출한다.

맑스의 계급관 한 가지를 특징적으로 포기하게 만드는 압력은 엘런 메익신스 우드의 또 하나의 뛰어난 책에 흠잡을 데 없이 기술되어 있다.[49] 포스트 맑스주의로 절반쯤 개종한 여러 명에 대한 일련의 날카로운 공격 과정에서, 그녀는 몇 명의 저자들을(그녀는 이들의 향후 행보를 대체로 정확하게 예측했다) 선별했다. 이들은 사회주의 운동이 연거푸 실패하는 것을 봤을 뿐 아니라 권력을 장악했건 아니건 공산당들이 완벽하리만치 분명하게 곤경에(cul-de-sac 처하는 것을 보면서, 처음에는 혁명 전위로서 노동계급을 대체할 세력을 찾으려 했던 이들이다. 그러나 신좌파와 달리, 제3세계 농민과 도시 내부 흑인들 또는 젊은 지식인 무리의 '사람'이 아니라 새로운 유형의 민주주의를 바라는 반역적인 '인민'의 새로운 계급간 연합에서 대체 세력을 찾으려 한 이들이다. 『계급에서의 후퇴』는 '민주주의'가 (자유롭게 태어난 가난한 이들이 지배한다는 고대 그리스의 개념 이해에서, 지배 계급이 받아들일 수 있는 다원주의와 권력 분리 개념으

---

48. 나는 "Fichte's 'Die Bestimmung des Gelehrten': A Sketch", *Collegium Budapest Workshop Series 12*, Budapest: Institute of Advanced Study, 1997, 여러 대목 그리고 "From Subjectivity to Privacy and Back Again", *Social Research*, 69(1), 2002년 봄, 201~221쪽에서 마침 피히테(루소식 그리고 칸트식 혁명의 천재)와 관련해 이 문제에 대해 말한 바 있다.

49. *The Retreat from Class* (1986), London: Verso, 1998.

로 바뀌어, 원래 민주주의 사상이 '반민주주의적'으로 보일 지경까지) 변화함으로써 사회주의자의 최종 목표가 착취와 지배 종식(그러므로 계급 없는 사회)에서 단지 문화적 '헤게모니'에 대한 희망으로 바뀌는 데 어떻게 기여했는지 보여준다. 이는 곧 차별, 특권, 사회적 배제를 폐지하는 데 전념하는 평등 세력의 헤게모니이지만, 평등주의 논의에서조차 이 저자들(우드의 '진정 새로운 사회주의자들')은 (낸시 프레이저가 나중에 쓴 표현을 빌리자면) 재분배 대신 용인을, 사회주의 대신 다원주의를 강조했다.50 여기서의 문제는 기본적으로 에두아르트 베른슈타인의 책을 둘러싼 '수정주의' 논쟁 또는 '개혁주의'에 관해 현재 진행중인 다툼에서도 똑같다.51

이런 중대한 유산은 루소식의 사회주의를 품게 한다. 이는 부르주아 사회와 같으면서도 같지 않은 '인민'의 후방 전투다. 이는 마라, 로베스피에르, 생쥐스

---

50. "우리 자신을 명확한 표현의 영역에 확고히 자리매김하려면, 부분적인 과정의 기초를 세우는 총체성으로서 '사회' 개념을 포기하는 걸로 시작해야 한다. 그래서 우리는 사회적인 것의 개방성을 기존의 것들을 구성하는 근거 또는 '부정적인 본질'로 보고 다양한 '사회 질서들'을 차이의 영역을 순치하려는 위태롭고 결국 실패한 시도로 봐야 한다." 찬탈 무폐와 에르네스토 라클라우는 자신들의 책 *Hegemony and Socialist Strategy* [1985], London: Verso, 2001, 95~96쪽에서 이렇게 썼다. 이에 대한 우드의 대응은 꽤 잔인하다. "이론적으로 수없이 헐떡거리고 난 뒤에 산을 넘지 않고 제시하는 것이 다원주의? 언제나 배경에 위협적으로 숨어있는 대안은 어떤 신조다. 자신의 내부 자원에서부터 헤게모니 담론을 창출해낼 어느 정도는 독특하고 자율적인 능력을 갖춘 어떤 외부적 힘이 이 신조를 따라서 위로부터 힘을 가할 것이다. 불특정한 다수에게 집단적인 정체성을 부여하고 그전엔 존재하지 않던 곳에 '인민' 또는 '국가'를 창조하면서 말이다. 이런 관점에 원래 담겨있는 사악한 가능성은 명백하다." *The Retreat from Class*, 63쪽. (두 가지를 언급하겠다. 나는 메익신스 우드보다는 무폐와 라클라우의 재능을 더 높게 생각한다. 그리고 '사악한 가능성'은 이미 그람시의 마키아벨리주의에서부터 상당히 명백하다고 생각한다. 하지만 최종 결과는 실제로 현재 비정부기구 다양성의 '용인'이라는 다원주의와 평등주의다.)
51. 랠프 밀리밴드의 몇몇 초창기 글들을 중심으로 한 『소셜리스트 레지스터』에 실린 아주 흥미 있는 글 선집은, 노동이 주도하는 계급간 연합의 구성이 과연 사회주의를 달성할 수 있는가 하는 일반적인 문제를 고려하면서 영국 사례를 논한다. David Coates 엮음, *Paving the Third Way: The Critique of Parliamentary Socialism*, London: Merlin, 2003. 필자는 Ralph Miliband, John Saville, Leo Panitch, Colin Leys, Hilary Wainwright, David Coates.

트, 데물랭, 에베르, 그라쿠스 바뵈프를 고귀하고 엄격하게 만든 것이 분명하다. 소외가 아니라 굴욕이었다. 20세기 전반 동부와 남부 유럽 같은 반봉건적인 농업 사회에서, 대중sansculotte 혁명의 암시와 결합한 자크리 농민반란 정신이 바로 '계급'과 '사회주의' 사상에 특별한 활기와 잔인함을 가져다줬다. 이 둘이 '신분'과 '평등'의 강력한 잔재와 결합한 까닭이다. 마라와 생쥐스트도, 에드워드 파머 톰슨과 레이먼드 윌리엄스, 크리스토퍼 힐, 라파엘 사무엘과 그들의 동맹세력들이 글을 통해 논했던 영국 수평파와 그들의 후예들도, 시장과 계약과 돈의 사회에 공헌할 일종의 평등주의적 변화를 꿈꾸지 않았다. 그러나 신분 극복은 셀수 없이 많은 것 곧 위계구조(원한다면 신분이라고 해도 그만이다), 도덕 용어, 순종과 복종의 관계, 미리 정해진 전기, 결혼생활, 공간성, 종교를 바꾸지만, 인간 조건의 자율적 영역으로 막 권리를 획득한 경제는 건드리지 못한다. 결국 위계구조를 평등으로 대체하지 못하고 신분만 계급으로 대체한다.

이것이 서유럽 사회민주주의, '유로코뮤니즘'[52] (그리고 로이드 조지와 케어 하디부터 애틀리, 비밴, 래스키, 베버리지에 이르는 영국 급진주의) 그리고 동유럽, 중국, 베트남의 '공산주의'에서 벌어졌던 일이다. 무의식적으로 그리고 마지못해 자국에 자본주의 사회를 창출하거나 강화하거나 근대화했던 것이다. 지구의 (요즘은 어떤 이유로 '국제적인'이라는 단어를 피한다) 평등을 진심으로 요구하는 오늘날의 반세계화 운동이 노후한 전세계 규모의 금융 기구들과 이보다 더 뻔뻔한 신보수 정부들을 파괴한 뒤에 더 매력적이고 날렵하며 더 공정하고 더 현명한 자본주의의 또 한번의 재탄생에 기여할지 여부는 불확실하다. 이 재탄생을 반세계화주의자들이 분명 심히 바라는 바이지만 말이다.

---

52. Ernest Mandel의 선견지명 있는 *From Stalinism to Eurocommunism*, London: NLB, 1978을 보라. 이탈리아공산당의 전반적인 정치적 구실은 영국 노동당이나 독일사회민주당이나 오스트리아 사회당과 완전히 다르지 않았다.

맺음말

우리가 논한 바는, 과거에 혁명적 세력 동원이 거의 변함없이 '신분'에 원래 담겨있는 경제적·사회적·문화적·인종적·법적·종교적·성적·지적 굴욕을 목표로 삼았다는 걸 입증했다. 이는 갖가지 종류의 귀족정치 질서에 맞서는 평등주의적 세력 동원이었다. 비록 낮은 계급의 영향력이 (오래가진 않더라도) 때때로 커지긴 했어도 실제로 '민주주의'가 낮은 계급의 실질적인 지배를 뜻한 적은 결코 없지만, 민주주의가 [낮은 계급의—옮긴이] 멍에를 덜어준 것은 분명 사실이다. 이는 우리가 너무 쉽게 무시하는 점이다. (대부분의 경우 위반함으로써 존중하긴 해도) 존엄성의 평등과 시민권·자유의 원칙은 해방 투쟁을 새로운 단계로, 더 심오하고 완강한 단계로 끌어올렸다.

부르주아적인 자유 곧 근대 자유주의적 자본주의 계급 사회가 아주 최근까지도 상당히 확고하지 못했다는 걸 잊지 말자. 이 요소가 파시즘 반대 투쟁에 중요한 구실을 했다는 사실도 (아마데오 보르디가 그리고 전부는 결코 아니지만 일부 좌파 공산주의자들 같은 순수하고 비타협적인 프롤레타리아 급진주의자들이 이해하지 못했지만) 잊어선 안 된다. 이에 대한 한 가지 설명이 여기 잘 정리되어 있다. 파시즘과 국가 사회주의는 '반동적인 모더니즘'의 한 예로, 20세기 혁명론의 하위 부류로, 정당성 없지 않게 꾸준히 해석되는데, 이는 애초 '공산주의' 특히 스탈린주의와의 무시할 수 없는 유사성을 강조하는 것이 목적이다. 그리고 이 강조는 종종 (동의할 수 없는) '전체주의' 도그마의 비호 아래 이뤄진다. 이런 접근법이 아무리 정당성이 있고 참신하더라도, 명백한 것을 (너무나 자주) 무시하는 데 기여했다. 남부 가톨릭 파시즘은 신분제 국가ständestaat 를 (언제나 [영어로는] '법인형 국가'로 번역되지만 문자 그대로는 '신분제의 국가'다. 일종의 새로운 신분 사회다) 도입하길 원했다. 이는 오트마 스판, 살라자르의 이론에 근거한 것인데, 이 모두는 조제프 드 메스트르 공작, 보날드 후작,

돈 후앙 도노소 카르테스에게서 물려받은 것이며 빌프레도 파레토 등의 '엘리트' 이론이 섞여있다. 같은 신봉건주의의 변형이 나치즘에도 담겨있는데, 여기엔 아리안 남성 형제애arischer Männerbund의 인종주의와 성차별 요소 그리고 비슷한 유사-역사주의적 헛소리도 섞여있다. 이는 카를 슈미트 그리고 그와 비슷한 부류들 같은 상류 인사들 사이에서 아주 인기를 얻던 것이다.

이 모든 장황함은 신분 사회 곧 뿌리부터 다른 권리와 의무를 지닌 인간 집단들의 사회를 다시 도입하려는 꽤 심각한 시도로 귀결됐다. (이는 균일화하고 평준화하는, 평등한 자유주의와 사회주의 그리고 부르주아 개인주의의 '기계론적' 개념에 반대하는 것이다.) 모든 직업에서의 지도자원칙Führerprinzip(하이데거의 악명 높은 프라이부르크 대학 '총장 취임 연설'을 보라), 계급을 해소하는 직업 집단(예를 들어 철강 노동자는 미래에 진정한 철강 노동자일 뿐 아니라 철강 회사 크루프와 티센 그 자체를 뜻하게 될 것이다), 불가촉 집단(유대인과 기타 저주받은 민족) 따위가 등장하는 것이다. 파시스트들은, 자신들(또는 적어도 자신들의 선조들)이 1880년대 이후 목소리 높여 주장했듯이, 상당히 진지하게 1789년 이전으로 돌아가고 싶어했다. 근대 이전 귀족정치의 기억이 아직 중부와 남부 유럽에 살아있던 까닭에 근대-평등주의의 파시즘 반대 충동은 상당히 강했고, 이 충동을 좌파들이 갖고 있던 탓에 그리고 파시즘과 나치의 잔인한 공격이 이들 그리고 자유주의적 부르주아와 지식인 계층을 향한 탓에, 대중전선이 나타나서 억압적인 과거의 부활에 맞서고 반평등주의적이고 반계몽적인 개화 반대론에 맞서는 싸움에 진심으로 나선 것은 크게 놀랄 일이 아니다. 이 싸움은 역사적인 성격과 이념적인 성격에 있어서 사회주의 이전의 것이지만, 피할 수 없는 것이었다. (그리고 이런 측면을 모두 무시하는 호르크하이머와 아도르노의 뻔뻔함에 감탄해야 한다.)

그래서 평등주의적이고 반귀족정치적이며 반신분사회적인 그러므로 '루소주의적인' 투쟁은 2차 세계대전 때까지도 전적으로 정당화됐다. 우리는 위험을 각오하면서 파시즘의 과거 지향적인 성격을 잊었다. 새로운 귀족 계급을 만들어내려는 진지한 시도가 헝가리에서 해군 중장 폰 호르티가 이끈 반혁명의 초기 급진적인 국면에 용사^{vitéz} '신분'의 등장과 함께 시작됐고 히믈러의 친위대 숭배로 끝났다. 용사(나무랄 데 없는 이교도 가문의 1차 세계대전 시절 장교와 사병)는 땅과 소액의 연금을 받았고 1920년부터는 사실상 기사 집단 형태로 조직됐다. 그들의 최고 사령관은 섭정관, 폰 호르티 자신이었다. 용사 집단은 1989년 이후 헝가리에서 다시 등장했다. 비록 향수에 젖은 극우 단체 형태를 띠긴 했지만 말이다. '조합주의' 이념은 지금도 헝가리에 살아 있으며, 모든 '존경할 만한 직업'의 대표들과 모든 주교들 따위로 구성되는 임명직 상원을 되살리자는 주장이 때때로 제기된다. 가장 최근에는 '사회주의자' 총리이자 과거 공산당 중앙위원 출신자가 이런 제안을 내놨다.

그러나 아주 최근 자본주의가 전세계에서 승리를 거둔 이후, 신분에 반대하는 평등주의적 세력 규합이 나타나고 있다. 아직도 지배적인 형태(곧 빈곤에 반대하고, 일자리를 추구하고, 지역 및 전세계적인 차별에 반대하고, 성 평등과 인종 평등을 추구하고, 원주민 또는 '최초' 정착민들에 대한 공정한 대우를 추구하는 따위의 싸움)가 역량을 충분히 갖추지 못했지만 말이다. 왜 그런고 하니 (결국 여전히 타당한 용어인) 불평등은 과거의 불평등과 다른 원인에서 비롯되기 때문이다. 환멸을 느끼는 좌파들의 폭넓은 글들에서 계급의 부적절함을 논하는 걸 읽을 때면, 우리는 신분과 계급의 무의식적인 결합을 여전히 볼 수 있다. 소외와 착취에 맞서 싸운다는 '잘못된 의식'에 사로잡힌 사회주의자들이 주도한 평등을 위한 싸움 곧 자본주의에 내재된 내부 싸움이 끝난 이후, 귀족정치적 질서와 복종 그리고 태생적 특권의 유산이 마침내 사라짐으로써 역사적으로 강제됐던 이 두 가지 야망의 종합이 해소된 이후, '공산주의' 정당이 주도한 농업 귀족주의의 정복 작업이 성공한 결과 '사회주의' 국가가 자본주의 형태로 되돌아간 이후,[53] 사상 처음으로 순수한 자본주의가 등장한다.

이 부분에선 조심해야 한다. 역사적으로 강제된 평등주의와 사회주의의 종합은 '개도국' 세계에서는 아직 분명히 끝나지 않았다. 이런 지역에서는 소규모 시장 상인, 농민, 하위직 성직자들을('이슬람 급진주의') 근거로 한 평등주의 운동이 서구화한 엘리트들과 군국주의 국가를 공격하고 있는데, 이는 이슬람 판 크메르 루즈의 수사학 또는 라틴아메리카의 경우 '원주민' 천년왕국으로 무장하고 있다. 자본주의의 주변부 곧 '가장 약한 고리'의 새로운 전략과 '불균등 결합 발전'의 새로운 전략이 새로운 세대의 '대리 혁명' 복제를 위해 다시 공식화하고 있는 지역에서 '혁명의 기회'가 다시 한번 나타나고 있다는 것은 인상적인 사실이다.

이는 전세계 차원에서 자본주의가 분명하고 용서 없는 최종 승리 상황에 있음을 말해준다. 자본주의는 완벽하고 궁극적이며 절대적으로 제 모습을 드러내 보이고 있다. 이는 비잔틴에서 완벽하게 구현된 로마와 같다. 우리는, 문화적으로는 라티움 지역[로마와 그 주변-옮긴이]에서 멀리 떨어져 있으나 로마인으로서 순수한 로마의 '개별성'haecceity을 통해 '로마'를 이해하고 게다가 경험하고 그 속에 살았던 사람들이 로마법을 일반화하고 종합한 내용을 담고 있는, 후대 다른 지역의 법률 문서를 근거로 로마 사회를 재구성한다. 발자크와 디킨스는 오늘날의 완벽한 극-자본주의를 이해할 수 없을지 모르지만, 우리가 그들의 특성을 완성한 후예들이라는 사실을 우리는 목격하고 있다.

---

53. G. M. Tamás, "Un capitalisme pur et simple"을 보라. 같은 저자가 이 문제를 어느 정도 깨달은 상태에서 이 글보다 먼저 쓴 사회주의적이지 않은 논문이 있다. G. M. Tamás, "Socialism, Capitalism and Modernity", in Larry Diamond and Marc F. Plattner 엮음, *Capitalism, Socialism and Democracy Revisited*, Baltimore: The Johns Hopkins University Press, 1993, 5~68쪽을 보라. 나의 "Victory Defeated", in Larry Diamond and Marc F. Platter 엮음, *Democracy After Communism*, Baltimore: The Johns Hopkins University Press, 2002, 126~131쪽도 보라.

맑스의 사회주의는 한 번도 실험된 적이 없다. 실험을 해볼 수 있게 될른지, 그리고 실제로 맑스의 근본 전제가 옳은지 여부는 아직 결론지을 수 없는 문제다. 걸림돌은 계급의 역설 곧 집단적인 혁명 주체로서 착취당하는 이들의 문제였고 지금도 마찬가지다. 법 앞에서의 평등을 위한 싸움에서 혁명 주체의 임무를 규정하는 것은 상당히 쉬웠다. 레인버러가 이러턴과 크롬웰에 맞서서, 누구도 자신의 부모를 책임지지 않는데 타고난 권리가 어떻게 의미를 지닐 수 있느냐고 주장했던 (1647년의) 푸트니 논쟁에서 볼 수 있듯이 말이다. 요구를 하는 이들은 외부에 있었고, 귀족들은 내부에 있었다. 전자의 인물들은 들어오겠다고 외쳤고, 후자의 인물들은 재산이 없는 곧 공통의 복지에 무관심한 이들이 들어오겠다는 데 맞섰던 것인데, 그러나 안에 들어가는 것이 가치 있다는 점은 누구도 의심하지 않았다.[54]

근대 자본주의에는 위쪽 방향이 없듯이 내부도 없다. 당신이 따라서 떠날 길도 없고 근본적으로 당신의 위치와 다른 장소도 없으며 어떤 의미에서 당신 자신이 아닌 이도 없다. 사회주의자의 행동을 통해서 해방되어야 하는 노동의 주요한 특성은 불공평이 아니다. 그 특성은 개인의 내부 힘, 욕망, 능력을 목표 곧 개인이 이 힘들을 계발해서 쓰도록 강요하는 목표와 전반적으로 회복할 수 없게 분리하는 것이다. 내가 아는 한 이 특성을 가장 잘 묘사한 것은 모세 포스톤이다.

소외된 노동은 …… 추상적인 지배의 사회 구조를 형성하지만 이런 노동이 꼭

---

54. David Wootton 엮음, *Divine Right and Democracy: An Anthology of Political Writing in Stuart England*, Harmondsworth: Penguin, 1986, 285~316쪽. 제러드 윈스탠리는 이렇게 말했다. "이것이 당신 내부의 원칙이다. 오 그대는 잉글랜드의 힘들을 보여준다. 그대는 보편적인 사랑을 추구할 방법을 연구하지 않는다. 만약 한다면, 그건 행동에 나타날 것이다."(같은 책, 321쪽) 이는 진정한 혁명의 목소리다.

수고, 억압 또는 착취와 같은 것이어야 하는 건 아니다. 노동의 일부가 영주의 몫에 '속하는' 중세 농노의 노동은 그 자체로 저절로 소외되지 않는다. 그 노동의 지배와 착취는 노동 자체에 고유한 것이 아니다. 이런 상황에서 착취는 직접적인 강요에 기반을 뒀고 또 그래야만 했던 이유가 정확히 이것이다. 잉여가 존재하며 노동하지 않는 계급[내 감각으로는 '신분' : 인용자 터마시]이 잉여를 몰수하는 사회에서 소외되지 않은 노동은 필연적으로 직접적인 사회 지배를 당하게 되어 있다. 대조적으로 착취와 지배는 상품이 결정하는 노동의 필수적인 계기다.[55]

우리가 인식하는 한, 직접적인 (억압적) 사회 지배는 대중의 반란을 통해서만 뒤집어졌다. 이른바 '현실 사회주의'의 경험이 너무나 분명히 보여주듯이, (생산 수단의) 법률적 소유권이 개별 시민 또는 그들의 연합체에서 국가 또는 정부로 바뀌는 변화는 기업 소유권이 한 가족에서 연금 기금으로 넘어가는 것만큼이나 (노동자에겐) 별 의미가 없다. '몰수하는 자를 몰수하기'는 소외를 끝내지 않았다. 자본주의가 패배한 적이 있다는 환상은 인류학적 전환이라는 맑스주의적이지 않은 사상과 연결되어 있다. 이 전환이란 (시장의 무정부 상태, 낭비, 불충분, 자기 파괴적인 개인주의, 욕심, 각종 사회 병리 따위의) '인공적인' 사회로부터, 사람들이 가슴 속 욕구에 따라 창조적으로 (일이 아니라) 행동하는 진정한 인간적 자연으로 돌아가는 것이다. 이는 다시 한 번 맑스 또는 적어도 성숙한 맑스가 아니라 루소적인 부르주아 사회 분석이다.[56] 맑스의 역사주

---

55. Moishe Postone, *Time, Labor and Social Domination: A Reinterpretation of Marx's Critical Theory* (1993), Cambridge: Cambridge University Press, 2003, 160쪽.

56. 진정한 의미에서 상업과 시장의 폐지를 통해 재구성된 사람에 관한 철학적 신조는 피히테가 *Der geschloßne Handelsstaat* (1800), Fritz Medicus and Hans Hirsch 엮음, Philosophische Bibliothek #316, Hamburg: Felix Meiner Verlag, 1979, 특히 89~126쪽에서 표현한 것이다. Johann Gottlieb Fichte, *Grundlage des Naturrechts* (1796), Manfred Zahn 엮음, Phil. Bibl. #256, Hamburg: Felix Meiner, 1991, 156~184쪽. Johann Gottlieb Fichte, *Die Staatslehre,*

의는 철저하고 급진적이다. 그는 자본주의를 묘사할 때 인간 조건을 묘사하지 않았다. 실로 그의 묘사는 그 어떤 사상도 거부하는 걸 뜻하고 이 거부는 그의 작업oeuvre 전반에 걸쳐 추구된다. 포스톤이 지적했듯이, "맑스의 분석이 파악한 '본질'은 인간 사회의 본질이 아니고 자본주의의 본질이다. 이는 그 사회를 극복함으로써, 실현이 아니라 폐지될 것이다."[57]

가치도 노동도 인간 경험의 영원한 특성이 아니고 계급도 그렇다. '신분'과 대조 구별되는 계급은 총체적인 삶 또는 생활세계의 틀이 아니다. 오래된 노동계급의 문화적 정체성 실종이 자본주의의 근본 특성을 한치도 변화시키지 않는 이유가 여기 있다. 공통의 이해관계와 연대나 고집 같은 공통의 도덕적·문화적 가치를 지닌 인간 집단이 아니라 사회의 구조적인 특성인 계급은 행위자가 아니다. 에드워드 파머 톰슨의 생각과 반대로, 이는 '사물'이다.[58]

계급은 사물화/소외 측면에서 사람들의 각자 위치에 따라 나누는 곧 상품과 가치에 대한 자율성 대 종속성 정도로 나누는 자본주의 사회의 바로 그 특성이다. 재산, (권리·물건 따위) 접근권 등의 부수적인 차이는 원칙적으로 재분배와 상호 '인정'을 통해 개선할 수 있다. 그러나 이런 종류에 있어서 더 큰 평등(이 평등이 당장은 공상적으로 보일 수 있지만, 이 공상 사회를 가능성의 영역 안에 자리잡게 하려는 아주 강력한 세력이 존재한다)은 더 나은 '생산' 곧 소외되지 않은 노동이 아니라, 더 나은 소비를 통해 이룩할 수 있다. 재분배를 통해 이룬 평등은 지배와 위계질서를 배제하지도 않고 그럴 수도 없다. 게다가 그것이 귀족정치 체제에서와 달리, 현실과(예속과 종속 말고 무엇이 현실인가?) 조화를

---

oder über das Verhältniss des Urstaates zum vernunftreiche... (1813, 사후), in I. H. Fichte 엮음, *Fichtes Werke* IV, Berlin: Walter de Gruyter & Co., 1971, 497쪽부터 끝까지를 참조.

57. Postone, *Time, Labor and Social Domination*, 62~63쪽.

58. 톰슨의 유명한 *The Making of the English Working Class*의 서문(11쪽) " …… 계급은 관계이지 사물이 아니다 ……"를 보라.

꾀하게 해줄 수 있는 우주론과 형이상학에 의존하는 게 아닌 위계질서라면 말이다.

잉여 착취에 사용된 잔인함, 간교함, 낮은 수준의 잔꾀, 고도의 병참술이 언제나 계속되는 건 의심의 여지가 없지만, 적들은 발터 베냐민[벤야민]의 『아케이드 프로젝트』에[59] 묘사되어 있듯이 문화적으로 폭이 점점 더 넓어지는 부르주아 계급이고, 자본주의는 프롤레타리아 계급이 없는 그래서 부르주아 계급도 없는, 적어도 우리가 역사적으로 아는 프롤레타리아 계급과 부르주아 계급 곧 '사회주의'와 '자본주의'를 구현할 뿐 아니라 대표하는, 문화적·이념적으로 서로 구별되는 지위의 두 집단이 없는 형태가 되어간다.[60] 이 대표성이야말로 시대에 뒤떨어지게 됐고, 아마도 이는 이차적인 것이었다. 프랑스 국가나 인터내셔널가를 들으면 (흥미롭게도 이 두 곡은 20세기 초 동유럽의 시위에서 연주됐다) 피

---

59. Walter Benjamin, *The Arcades Project*, Cambridge: Harvard University Press, 2002. 후기 부르주아 계급의 위대한 묘사자들, 헨리 제임스, 토마스 만, 마르셀 프루스트, 앙드레 지드, 로제 마르탱 뒤 가르, 로베르트 무질, 이탈로 스베보, 알베르토 모라비아, 티보르 데리를 발터 베냐민과 비교하는 것은 상당히 유익하다. 옛 부르주아 계급의 마지막 세대는 어떤 확실한 약점과 작은 것들을 향하는 경향으로 인해 구별된다. 그들은 확연한 사회적 또는 정치적 구실이 없이 노동하지 않는 첫 번째 계급이다. 정치는 여전히 상류 계급 인사 또는 새로운 전문직업인들(변호사와 기관원)이 이끌어간다. 영광과 고상함과 기품은 여전히 귀족이 운동, 결투, 군사적 용맹, 성적 방종과 더불어 보존하고 있다. 예술은 전문성과 '신분'이 중요한 구실을 하지 않는 유일한 영역이다. 내면성(Innerlichkeit), 호화스러운 설비, 고독, (신문에서 오페라에 이르는) 문화 소비는 한가롭게 거니는 걸 통해 탈출한 한가로운 산책자의 세계이다. 위에 언급한 이들 가운데 만과 데리가 유일하게 이 모든 것의 묵시록적인 차원을 인식했다고 말할 수 있는 이들이다. (『부덴부로크 일가』에서 두통의 구실을 생각해보라.) 이들 모두는 말러와 드비시와 크림트와 쉴레의 작품을 통해 교양을 쌓은 부르주아 계급의 병들고 방종하고 병적으로 에로틱한 소우주를 대체할 것은 아무리 조잡한 것으로 확인될지언정 프롤레타리아의 사회주의여야 한다고 믿었다. 그들은 기업 경영, 소형 텔레비전, 팝 음악을 결코 생각하지 않았다.

60. 이에 관한 최고의 맑스주의적 (또는 이와 비슷한 부류의) 분석은 로베르트 쿠르츠(Robert Kurz)가 거의 번역되지 않고 있는 그의 저서와 정기간행물들(『위기』(*Krisis*) 그리고 이것의 조금 가벼운 오스트리아판인 『급습』(*Streifzüge*), 그리고 요즘엔 『출구』(*Exit*))에서 제시하고 있다. 그는 내가 알기로는 모세 포스톤과 가장 근접한 사상가다. 나는 그가 요즘 독일 그리고 아마도 유럽 좌파들 가운데 가장 독창적인 사상가라고 생각한다. 그는 더 널리 알릴 가치가 있는 인물이다.

가 빨리 흐르게 만드는 동원력이 이 대표성에 있지만 말이다.

계급의 진실은 정당화하는 윤리를 매개로 한 자랑스러운 자기표상이 아니다. 이는 반역적인 보편주의(평등주의로 읽으라)와 특수주의(귀족주의 그리고 군주부터 대수도원장에 이르는 거만한 엘리트들의 단결심으로 읽으라)의 갈등 시대에 속한다. 새롭고 순수한 자본주의의 지배 이념은 자연히 자유다. 보수주의자들이 18세기 말부터 지적해왔듯이 자유는 집단적이고 신분에 알맞은 정체성을 뿌리 뽑고 대신 이동성, 유연성, 탄력성, 편안함, 변화 성향과 선호로 대체하는 것을 뜻한다. 보기에는 '무계급적'이다. 그러나 그렇지 않다. 이는 폐쇄적이고 문화적으로 구별되는 지위 집단('신분')으로서 부르주아 계급을 '선호'하지 않는다. 대신 체제로서의 자본주의를 떠받친다.

분리된 계급 두쪽 가운데 어느 한쪽이 문화 그리고 지위 측면에서 구별되는 집단으로 존재하지 않는 현상을, 몇몇 사람은 계급 지배가 존재하지 않는 걸로 착각한다. 그러나 이는 잘못이다. 자본가 계급이 지배하지만 이는 익명의 지배이며 열려 있기에, 증오하고 공격하고 쫓아내는 것이 불가능하다. 프롤레타리아 계급도 그렇다. 법적·정치적·문화적 평등은 (여기서 평등은 오직 아주 실제적인 이점과 특권을 무작위로 배분하는 걸 뜻한다) 자본이 만들어내는 모양에 따라 계급 갈등을 변모시킨다. 계급 갈등은 잉여 추출에 의존한다. 이는 (재)분배 조직 내부에서 더 높게 인정받고 더 나은 위치를 차지하려는 두 진영의 전투가 아니다. 확실히 이런 전투가 계속되고 있지만, 이는 본질적으로 지난 세월의 전투다. 부르주아 계급은 이제 자율적으로 자신을 대표할 능력이 없고, 그들의 이해관계를 대표하는 것은 점점 더 국가의 몫이 되어간다. 국가가 자본주의를 대변하고 추구하는 탓에, 노동자 계급의 구식 자기대표 또한 사라질 위기에 처한다. 과거엔 대항 권력의 정치적 기구를 통해 국가를 최소한 상징적으로라도 대체했지만, 이제는 그렇게 대체되지 않는다. 그래서 혁명적 프롤레타리아 운동은,

요즘 거의 존재하지도 않지만, 저 밖의 어둠 속으로 내어쫓긴다.

계급의 진실은 그래서 프롤레타리아 계급이 역사적으로 두 가지 모순적인 목표를 지니고 있었다는 사실이다. 첫 번째는 자신들의 조직(노동조합, 노동자당, 사회주의 언론, 자활 수단 따위)을 갖춘 채 프롤레타리아 계급을 하나의 신분으로 보존하는 것이다. 두 번째는 적들을 물리치고 계급 그 자체를 폐기하는 것이다. '신분'으로서, '길드'로서의 노동계급 폐기 문제가 자본주의의 영향을 받아 왔으며, 자본주의는 프롤레타리아 계급의 헤게모니 장악 능력을 없애버리면서 마침내 프롤레타리아 계급(과 부르주아 계급)을 하나의 참다운 계급으로 변모시켰다는 걸 이제 볼 수 있다. (그람시가 활동한 시절에는 아직 꽤 생기 넘치고 활력 있던) 그 어떤 종류의 계급 헤게모니도 정확히 소멸했다. 경제 현실로서 계급은 여전히 존재하고 그 어느 때만큼이나 근본적이다. 비록 문화적으로나 정치적으로 거의 사라지긴 했지만 말이다. 이는 자본주의의 승리다.[61]

그러나 이는 자본주의를 무너뜨리는 역사적인 작업을 덜 편협한 문제로 만들어준다. 아니 실로 자본주의 그 자체만큼이나 보편적이고 추상적이며 강력한 것으로 만들어준다. 이것이 어떤 정치적 형태를 취할지 우리는 모른다.[62] 그렇긴 하지만, 이 작업은 이제 진정으로 인간성을 위한 일이다. 이 대의명분에는 어떤 특정한 지역, 직업의 '조합' 편향이 없고, 이런 편향이 생길 수도 없다. 계

---

61. 정치 철학의 문제로서 계급에 관한 (주로 맑스주의자들 사이에서 전개된) 아주 흥미롭고 중요한 논의의 지성사가 Stephen A. Resnick and Richard D. Wolff, *Knowledge and Class: A Marxian Critique of Political Economy*, Chicago: The University of Chicago Press, 1987에 고도로 이론적인 수준에서 요약되어 있(고 이로부터 독창적인 해법이 시도되고 있)다. 여기서 이 문제를 논할 수 없다는 것이 아주 유감스럽다.

62. 계급 그 자체가 장차 어떤 기능을 할지 상상하는 데 있어서 한 가지 출발점은 오늘날 계급에 관해 가장 큰 권위를 지닌 에릭 올린 라이트(Erik Olin Wright)의 인상적인 작업일 것임이 확실하다. 이에 관한 사회학적인 탐사가 계속되고 있다. Stanley Aronowitz and Michael Zweig의 혁신적인 작업을 보라. 위에 언급한 어떤 것도 이들의 소중한 작업을 불필요한 일로 만들지 않는다. 도리어 그 반대이다.

급의 진실은 그 자체의 초월에 있다. 『공산당 선언』의 프롤레타리아 계급은 잃을 것이 사슬뿐이기 때문에 밖에 설 수 있다. 지금은 누구도 밖에 있지 않다. 안토니오 네그리가 뜻하는 바에서 그런 것은 아니지만 말이다. 국민국가와 계급은 계속 존재하고 우리의 삶을 결정한다.[63]

문제는, 상실 속에 존재하며 심지어 이제 조합 문화적 정체성마저 박탈당한 계급에게, 인간성을 말살하는 위험한 상황이되 도덕적 분개를 느낄 정도로 굴욕적이지는 않은 상황을 바꿀 동기가 있을 수 있는가 여부다.

우리는 모른다.

확실한 것은, 마지막 꽃들이 굴레를 풀고 떨어져 내렸다는 사실이다. 영웅적 행위와 극기를 아주 강하게 자극했던 노동계급 문화는 죽었다. 그 문화는 위계질서를 목표로 겨냥했다는 의미에서, 그리고 세속적이고 평등하며 권리를 기반으로 한 사회를 이루려 했다는 의미에서 근대적이었다. 노동계급은 이를 사회주의로 오해했다. 그건 사회주의가 아니다. 자본주의다. 자본주의는 사회주의적 망상의 도움을 받을 때만 본래의 자신이 될 수 있다.[64] 우리는 이제 이런 망상에서 자유롭다. 우리는 임무를 더 분명히 본다. 그러나 이를 뺀 나머지 모두는 완벽한 패배일 뿐이다.

---

63. 새로운 제국주의에 관한 논쟁에 대해서는, G. M. Tamás, "Isten hozta, Mr. Bush", *Élet és Irodalom* (부록), 2005년 4월 22일을 보라.

64. "혁명 이론은 이제 혁명 이념의 공공연한 적이다. 그리고 스스로도 안다." Guy Debord, *The Society of the Spectacle* (1967), §124, New York: Zone Books, 1995, 90쪽.

진리(진실)를 말하기에 대하여

테리 이글턴

진리의[truth는 진리와 진실, 두 가지로 번역될 수 있는데 인식론을 다룰 때는 진리가 적절하다. 이 장에서는 truth를 맥락에 따라 진리와 진실, 두 가지로 옮긴다. —옮긴이] 간략한 역사는 이런 식일 것이다. 근대 이전에, 진리는 대체로 비천한 물질세계와 분리된 현상이었다. 진리는 그 자신의 올림포스산과 같은 위엄 있는 영역에 머무는, 일상생활의 현실보다 고귀한 것이었다. 아니면 사물의 심장에 알아내기 어렵게 숨어있는, 현실보다 더 깊은 어떤 것으로 여겨질 수 있었다. 이렇게 진리에 다가가는 것은 그것의 중요한 본질을 떼어내려고 현상의 경험적 덮개를 제거하는 걸 뜻했다. 이런 진리관은 특히 헤겔이 증명해주듯이, 근대성 속에서도 살아남았다. 그러나,

정신이 종교적 이상이나 플라톤식의 이상(이데아)에 등을 돌리고 베이컨이 했 듯이 실제 존재하는 것에 정신을 쏟음에 따라, 진리가 극적인 규모로 땅에 내려 온 것은 오직 근대성과 더불어서만 타당한 것이다.

이와 비슷한 일이 문학에서도 벌어진다. 무미건조한 일상 세계가 문학에서 다루기 적합한 것으로 인정받은 것은 근대 초기의 저 유명한 소설의 등장 이후 다. 통속적인 삶의 인물들은 그전의 글에도 등장했지만, 거의 언제나 하인, 보 병, 하찮은 인물, 어릿광대로 등장했다. 흔해빠진 사회 경험이 더 고귀한 진실 을 예시하기보다는 그 자체로 소중해서 탐구할 가치가 있다는 생각은 혁명적 인 것이다. 찰스 테일러가 지적했듯이, 그 뿌리는 기독교에 있다.[1] 그러나 이 민중적인 의제가 예술문화의 마법에 사로잡힌 영역에 스며들기까지는 아주 긴 시간이 걸렸다. 최초의 위대한 소설적인 영웅 돈키호테에 얽힌 우스개는, 부르 주아 사실주의의 용감한 신세계를 받아들이지 않는 그의 향수에 젖은 귀족적 인 태도다.

서사시, 전원시, 애가, 비극 따위의 양식을 먹고 자란, 예컨대 다니엘 드포 의 첫 번째 독자들이 놀라운 매혹을 매일의 생활에서 발견한 것 같은 이야기들 을 만났던 때 느낀 흥분과 경악을 우리가 지금 재현하기는 불가능하다. 이런 일이 가능하게 하는 데 기여한 것은 초기 자본주의 생활양식이 당시를 지배했다 는 사실이다. 광적인 변화, 진저리나게 하는 불안정, 약탈적인 세계에서 생존하 려 애쓰며 느끼는 스릴이 가장 중요한 요소였던 것이다. 발자크부터 브레히트 에 이르는 수많은 문학 작품들이 증언하듯이, 자본가와 범죄자는 똑같은 기술

---

1. Charles Taylor, *The Sources of the Self*, Cambridge: Harvard University Press, 1989, 3부를 보라. 사실주의(realism)의 출현에 관한 고전적인 설명으로는 Eric[Erich의 잘못—옮긴이] Auerbach, *Mimesis*, Princeton: Princeton University Press, 1953이 있다.

과 소질이 요구되는 끔찍한 쌍둥이라는 사실도 이런 일이 가능해지는 데 도움을 줬다. 자본주의 시장이 등장한 덕분에 흥미진진한 스릴의 온갖 미덕을 갖춘 일상생활의 우화를 쓰는 것이 가능해졌던 것이다.

하지만 정신이 실제적인 것에 관심을 쏟았다고 한다면, 그건 오직 실제적인 것 위를 날아다니기 위해서였을 뿐이다. 미학 영역에서 이 현상은 예술의 초월로 알려지게 됐다. 이는 시궁창에서 발견한 것을 하늘의 별로 끌어올리려고 시궁창에 들어가는 것이다. 예술은 연금술의 과정, 일상생활의 경험 부스러기들을 모아서 미학 형식이라는 황금으로 변화시키는 것이다. 이는 경험에서 얻은 것을 거래하지만, 예술이 되려면 단지 다큐멘터리 기록이라기보다는 이상 또는 전형성을 폭로하는 방식으로 이뤄져야만 한다. 사실주의라고 하는 이런 식의 공격적인 새 양식은, 20세기 아방가르드 예술가들이 비판하듯이, 전원시, 영웅시, 서사시 따위의 오래된 관념적인 장르들과 여전히 일치하는 측면이 있다. 발자크의 이상은 단테의 이상보다는 참신할지 몰라도, 예술이 실재와 맺는 관계에 있어서는 같은 자세로 실재를 껴안는 동시에 거부하는, 여전히 모호한 것이었다.

철학에도 이와 비슷한 모호성이 있다. 경험주의는 정신이 실제 사물의 생생한 흔적을 각인해 표현할 만큼 텅비어있고 무기력하다고 생각할 것이다. 그러나 실재 앞에서의 이런 겸손은, 궁극적으로는 정치적·기술적 지배를 목표로 지식을 갖추고 실재의 주인이 되려고 그 위로 날아간다는 명목으로 취하는 행동이다. 사심 없이 조심성 있게 사물의 형태와 결을 조사한다면, 그 조사는 사물의 행태를 지배하는 밑바탕의 법칙을 발견하려는 행위이고, 또 사물을 우리에게 이롭게 만들려고 개입하는 관점에서 이뤄지는 행위이다. 존 로크와 데이비드 흄에게는 불연속적인 감각의 소용돌이에 지나지 않는 것으로 비친 인간 주체가, 정치적으로 말하면 활동적이고 통일되어 있으며 주권을 지닌 자아이기도 하다. 이런 면에서 계몽의 인식론은 적어도 겉으로는 정치와 흥미롭게 불화를 일으킨다.

정신이 얼마나 편안하게 세계를 향해 몰려가건, 이 둘 사이에는 간격이 유지되어야 하고, 이 간격은 우리가 인지적 시각으로 포착한 것이면 그 무엇이든 조작할 공간을 허용한다. 이 정도까지 계몽주의 전체 기획은 포스트모던적 전복의 씨앗을 품고 있다. 왜 그런고 하니, 이 간격이 인간 기술을 동원해 물질세계에 작용하는 걸 허용하면 할수록 세계는 점점 더 촘촘하게 매개되어서 결국엔 우리와 물질 사이에 개입한 개념과 도구적 절차의 두꺼운 그물을 통해 사물 자체를 한 눈에 보기 어려운 지경에 이르게 될 것이기 때문이다. 임마누엘 칸트의 '물 자체' 영역은 고도의 근대성에 존재하는 이 문제점을 지칭하는 하나의 이름이다. 후기 근대에 이르러, 우리는 저밖에 진짜 무언가 있는지, 아니면 실재가 단지 우리 자신의 작용 방식이 만들어내는 일시적인 결과일 뿐인지 묻는 우리 자신을 목격한다. 이제 우리는 불안하게 또는 감탄스럽게 바라볼 우리 자신의 지배 기술 밖에는 아무것도 남은 게 없을 만큼 우리 주변을 철저히 종속시켰다. 그 사이 실재 세계는 기술의 무자비한 작동 아래서 아무것도 아닌 것으로 전락했다. 권력이 진리를 이끌어내게 되어 있고, 실제로 그렇게 하고 있다. 연구 자금을 가장 많이 확보한 이가 진리를 발견할 가능성이 가장 높다. 그러나 연구 자금 제공자들은 자기네 상품의 신용을 떨어뜨리는 결과를 바라지 않는다고 신중하게 암시하기에, 진리 발견이 막히기도 한다. 우리의 자본집중적인 진리의 기술들이 제 스스로가 매개하는 세계를 막아버리게 되면서, 진리와 경험적 실재 사이에 존재하던 근대 이전의 심연이 포스트모던한 겉모습을 한 채 다시 등장한다. 이 심연은 이제 세계를 열어젖힐 것으로 여겨지는 바로 그 담론을 동원해 세계로부터 잘라낸 사회 질서라는 형식을 띤다. 차이라면, (미합중국 텔레비전 프로그램) <엑스파일>에서처럼 플라톤주의자들에게는 진리가 저 밖에, 통상적인 경험 영역 너머에 있는 반면 포스트모더니즘에겐 진리가 여기 이 안에 있다는 것이다.

이런 조건에서는, 우리가 원하는 걸 하는 데 필요한 그 무엇이든 진리다. 실용주의적인 방식으로 우리는 진리와 권력을 어느 정도 하나로 합침으로써 이 둘 사이의 경쟁을 해소할 수 있다. 진리는 우리가 실제로 몰두하는 것의 문제가 된다. 이는 급진주의자들에게는 매력적이게도 실제적이고 물질적인 가설이다. 비록 진리는 일반적으로 우리가 몰두하는 것에 반대되는 걸로 드러나곤 한다는 급진주의자들의 의심과 대립하는 가설이긴 해도 말이다. 하지만 실상이 어떻든지 실재론적 진리 개념은 추방하기 어렵기로 유명하다. 한편으로 진리가 우리의 필요와 얽히는 문제라면 우리는 우리가 필요한 게 뭔지 알아야 하는데, 이는 우리가 실재론적 개념을 현관에서 무뚝뚝하게 내쫓자마자 뒷문으로 안내하는 것처럼 보일 것이다. 진리는 우리가 규범화를 통해 존재하게 만든 것이라는 규범주의적 또는 니체의 진리관도 마찬가지다. 이 관점에는, 명백히 불가능한 상황을 가정하는 당혹스런 처지를 피하려면 이 세계가 어떻게 돌아가는지 어느 정도 미리 알아야 한다는 약점이 있다. 진리가 단지 권력과 이해관계의 작용이라면, 우리는 이를 어떻게 아는가? 그리고 이 주장은 진상을 묘사하는 것인가, 아니면 이 주장 자체도 권력과 이해관계의 작용일 뿐인가? 어떤 진술이 나머지 다른 진술들과 어깨를 다정하게 맞대고 있기에 옳다는, 진리 정합설은 실재론의 가차 없는 복귀를 뒤에 달고 다닌다. 하나의 진술이 다른 진술들과 맞아떨어지는 걸 우리가 어떻게 알 수 있는가? 현세의 범위 밖에 존재하는 고상한 사건으로 시작한 진리는 결국 요즘에 와서는 너무 가까이 있어서 불편한 것이 되고 말았다. 이 점은, 우리 후기 근대인들이 명백히 우리 자신의 머리에서 벗어날 능력이 없음을 보여주는 한 가지 징후다.

통찰력이 있는 독자는 지금까지 논한 진리의 역사가 조금은 선별적이라는 걸 알아차렸을 것이다. 하지만 이는 근대의 어떤 역설, 말하자면 실재를 마침내 정복하는 유일한 길은 그걸 없애버리는 것이라는 점 그리고 이렇게 되면 정복할 것이 남지 않는다는 점을 부각시켜 보여주는 데 기여한다. 세계가 손가락 사이로 빠져나가고 손에 남은 건 희박한 공기뿐인 상황이 되면서, 사람은 외로운 주권을 지닌 채 버림받은 처지가 된다. 우리가 물질세계에 설정한 구도에 물질세계가 어떤 저항도 하지 않는 한, 물질세계를 아는 것은 결코 가능하지 않다. 사물의 저항은 우리가 파악할 그 무엇인가가 존재한다고 알려주는 신호인 까닭이다. 그러나 이 저항은 견딜 수 없는 것이기도 한데, 우리의 권력이 불완전하다는 걸 뜻하기 때문이다. 우리가 해야 할 일은 실재를 우리 손안의 진흙으로 만들기 위해서 실재의 고유한 의미를 제거하는 것이지만, 의미 없는 세계를 조작하는 데에 무슨 가치가 있는가? 진리란 지식이라는 과정을 거쳐 다시 끌어내려고 우리가 사물에 부여하는 어떤 것이라면, 금융거래를 만들어낸다는 신념으로 돈을 한쪽 손에서 다른쪽 손으로 옮기는, 비트겐슈타인의 『철학적 탐구』 속 한 사람의 행동처럼, 이 행동은 무의미한 쳇바퀴 돌리기가 아닌가?

그렇다면 이제 남는 것은, 실제 하지만 완고한 우주와 온순하지만 알 수 없는 우주 가운데 하나를 고르는 홉슨의 선택[겉보기에는 자유로운 선택 같으나 내용상으로는 선택의 여지나 의미가 없는 경우를 뜻함 – 옮긴이]뿐이다. 지배권을 더 많이 행사할수록, 제 자신의 기획 이외의 다른 것을 더 적게 이해하게 된다. 지금 미합중국의 외교정책이라고들 부르는 근시안적 기획이 바로 이런 식이다. 지구를 1인치 단위로 찍어 지도로 만들어낼 수 있는 인공위성을 지녔지만, 말라위[아프리카 남부에 있는 나라-옮긴이]를 디즈니 만화영화에 등장하는 인물로 아는 학생들을 만들어내는 경향이 있는 이들이 바로 이렇다. 지리를 가장 모르는 이들이 전세계 구석구석에 군사기지를 갖고 있다. 이런 사물 체계에서 권력과 진리가 쉽게 공존할 수 없다. 권력을 더 가질수록, 진리는 더 부족해진다.

게다가, 저 밖에 당신의 규칙을 저지할 것이 아무것도 없다면, 현실 전체가 제국주의적 의지의 강압에 눌려 이미 오래전에 복종하게 됐다면, 당신의 권위를 정당화할 것 또한 저 밖에 남아있지 않다. 키르케고르의 말로 표현하자면, 나라 없는 군주, 자신의 변덕스런 공상을 억제할 것이 없는 군주가 된 것이다. 말하자면 전세계적인 범위에서 나타나는 마이클 잭슨 증후군[결코 될 수 없는 것을 바라는 심리-옮긴이]이다. 유일한 정당화는 자기 정당화뿐이다. 그러나 자아의 정당성이 입증되지 않았다면, 어떻게 이 자아가 정당화의 원천이 될 수 있는가? 당신의 권력을 위협하는 것은 아무것도 없는데, 단지 이 권력에 도전할 것이 전혀 남아있지 않기 때문이다. 이런 경우 권력은 스스로가 유발한 반응 속에서만 살기 때문에 서서히 내파하기 시작한다. 나머지 인류 전부를 전복시키고서는 자신의 정체성을 굳건하게 할 수 없는데, 심지어 워싱턴에서조차 정체성은 부정할 수 없는 타인의 존재를 필요로 하는 차별화 문제인 까닭이다. 이 딜레마의 이상적인 해결책은 복종하면서도 반응하는 희생양을 꿈꾼 사드 후작[『소돔120일』의 저자-옮긴이]의 해결책이다. 이 희생양은 무한하게 고문을 당할지언정 실제로 죽임을 당할 수는 없는 노릇이었다. 비명을 지를 사람이 남아있는 한, 자신의 주권이 공허한 것이 되어버리지 않았다는 걸 확인하고 안도할 수 있다.

이렇게 통제력의 절정기에 이르러 계몽시대 인간은 확실히 비참한 무능력 상태로 추락한다. 전세계를 끽소리도 못하게 해치우고서 그 위에 걸터앉아봐야 별 가치가 없다. 노예한테 인정받는 걸 누가 평가하겠는가? 주의설主意說 또는 제국주의적 의지 숭배는 허무주의의 또 다른 얼굴이다. 서구 제국주의에 희생된 이라크인들과 그 동료들이 당신의 지배에 찬성하지 않는다면, 당신의 주권은 그저 불신임당할 것이다. 그 와중에 아무리 많은 석유를 그들로부터 손쉽게 낚아챈다고 해도 소용없다. 여전히 이런 헤게모니는 정확한 지식을 함축하는데, 이 지식은 절대 권력이라고들 하는 정신병적인 환상이 토대를 약화시키는 바로 그것이다. 이런 권력이 적의 진실을 인정한다면 절대 권력이기를 그치게 되고, 반대로 적의 진실을 인정하지 않으면 유효한 권력이기를 그치게 된다.

미래의 초능력 감시 장치와도 같이 한 눈에 세계 전체를 이해할 수 있는 이성 형태는 특수성을 문제점으로 볼 만큼 추상적인 것임에 틀림없다. 계몽은 너무나 일반적이어서 특수한 것을 뚫고 들어갈 수 없는 지식을 우리에게 전할 위험이 있다. 데이지 한 그루 또는 올챙이 한마리의 과학이란 존재할 수 없는데, 전체를 아우르는 종에 관한 과학만 있는 탓이다. 우리는 너무나 강력해서 감각적인 세목에 무릎을 꿇는 진리생산 형식의 부조리를 직면하고 있다. 이성은 그래서 독특하게 특수한 것에 접근할 통로를 제공하는 일종의 하위-과학 또는 유사-과학, 인공 보철물이 필요하다. 이 보철물은 1750년 계몽시대 유럽의 심장부에서 고안된 미학이라고들 하는 것이다.[2] 이제 구체적인 것의 과학이 있을 수 있게 됐고, 이는 나중에 현상학과 생철학으로 재등장하게 된다. 실로 이런 과학이 존재할 수 없다면 우리는 심각한 정치적 어려움에 빠지게 될 것이다. 왜냐하면, 이성이 시민 내부를 알지 못하면서 어떻게 시민을 지배할 수 있겠는가? 억압이 헤게모니에게 길을 내어주려면 최상의 합리성이 피지배자의 진실을 알아야 하며, 그리고 이것이 근대에 소설이 맡은 기능 한 가지(이와 다른,

---

2. 내 책 *The Ideology of the Aesthetic*, Oxford: Basil Blackwell, 1990, 1장을 보라.

파괴적인 기능도 있다)이며, 이는 극화한 사회학의 일종으로서 그 어떤 정치과학이 제공하는 것보다 더 '생명력 있고' 내밀한 지식을 대변한다.

진리와 권력의 대결은 근대에 와서 위기를 맞게 됐지만, 근대 이전의 그 뿌리는 실재론자와 유명론자의 중세 신학 논쟁에 있다. 토마스 아퀴나스 같은 신학적 실재론자들은 이 세계가 어떤 특정한 방식으로 움직이며, 심지어 신마저 이 사실을 존중해야 한다고 주장하는 경향을 보인다. 결국은 그 자신이야말로 그 방식을 결정한 인물이며, 나머지 우리들처럼 그 또한 자신의 실수를 참고 살아야 했다. 이와 대조적으로 둔스 스코투스 같은 유명론자들이 보기에, 신이 그의 피조물들에게 제한을 당할 수 없고, 그래서 사물이 작동하는 방식은 순전히 자의적이다. 신은 확실히 2 더하기 2를 5로 만들 수 있거나 딕 체니를 여장을 한 동성애자로 변신시킬 수 있어야 한다. 전능하다면 말이다. 유명론자들에겐 권력이 진리를 이기며, 이 세계가 아무런 작동 방식도 없거나 전적으로 자의적으로 움직인다고 여기는 포스트모던 상대주의자들은 현세의 유명론자 후예들이다. 말하자면 그들은 근대의 저능아들[dunces, 르네상스 시절 둔스 스코투스가 바보라고 경멸당한 데서 비롯된 말—옮긴이]이다.

이런 의미에서 모든 포스트모던 학설 가운데 가장 유행하는 것인 반본질주의는 장관을 이룰 만큼 의심스러운 정치적 역사를 지니고 있다. 이 사실이 드러나지 않는 것은, 포스트모던 이론가들이 둔스 스코투스나 아퀴나스 같은 멋스럽지 않은 저술가들의 글을 읽지 않기 때문이다. 중세의 반실재론자들에게 있어서는 사물에 핵심적인 진리가 없는데, 이런 본질은 단지 전능하신 이의 무한한 힘을 방해할 뿐인 까닭이다. 포스트모더니스트들에게 있어서도 이와 비슷하게, 이 세계는 마구잡이식이고 변화무쌍하며 산만하고 모서리가 흐릿해야 한다. 주체성(또는 더 냉소적인 포스트모더니스트 집단에게라면 소비주의)이 해방되려면 말이다. 그러나 중세 논쟁에서 '신'을 요즘 논쟁에서는 언제나 '미합중국'으로 읽을 수 있다. 실로 미합중국이 지독하게 신을 숭상하는 나라이기에, 어떤 대비도 이보다 더 적절할 수 없다. 이 세계에서 본질과 더 자주 마주칠수록, 점점 더 이 본질을 전능하신 이의 손에 진흙으로 모셔두게 된다. 절대 권력보다 더 경건한 반본질주의는 없다. 진리가 누군가의 사업에 제동을 거는 작용을 하지 않으려면 진리는 선천적인 것이 아니라 만들어진 것이어야 한다. 사물이 그 본연의 정체성을 지니지 않는다면, 사물은 당신의 정체성을 훨씬 더 고분고분하게 받아들여 제 모양을 형성하게 될 것이다.

진리에 대한 포스트모더니스트들의 가장 최근 공격은 백악관에서 그 모습을 드러낸 믿음에 근거한 정치라는 것이다. 처음 등장했을 때 겉모습과 달리, 이 정치는 자신의 정치적 관점과 조화를 이루지 않는 사실들을 무시하는 차원의 것이 아니다. 도리어 다른 확실한 사실들과 맞아떨어지지 않는 사실들을 무시하는 차원의 정치다. 진리론과 관련되는 한, 이는 진리 정합설의 기미를 띠고 있지만 동시에 구성주의의 기미도 띠고 있다. 사실 이른바 믿음에 근거한 정치는 그저 흔해빠진 포스트모던 학설을 흉내내 극단까지 밀어붙인 것이다. 예컨대 스탠리 피시 같은 비평가들의 작업의 진부한 내용인즉슨, 사실들이라는 것은 단지 우리의 해석 구조가 우리를 제약해서 그렇게 규정하게 만든 것에 불과하다는 주장이다.[3] 한마디로 진리는 제도적인 것이다. 사실이 해석을 유발하는 것이 아니라, 이 제도화한 해석이 사실을 만들어낸다. 당신이 사실에 근거한 진리라고 여기는 것은 당신의 이해관계, 신념, 헌신, 욕망에 따라 규정될 것이다.

토마스 쿤의 과학철학에서와 같이, 그렇다면 사실을 둘러싼 논쟁은 있을

---

3. 예컨대 Stanley Fish, *Doing What Comes Naturally*, Oxford: Oxford University Press, 1989를 보라.

수 없다. 서로 충돌하는 해석 공동체들이 합의된 사실의 공통 근거가 존재할 여지를 남기지 않는 방식으로 논쟁을 벌여 쟁점들을 형성할 것이기 때문이다. 충돌은 없고 단지 측정 불가능성만 존재한다. 당신의 보수적인 세계관을 뒷받침할 근거로 제시하는 것은 나 같은 급진주의자에게는 어떤 근거도 구성하지 않을 것인데, 증거로 여기는 것들은 우리가 앞서 헌신하고 믿는 것에 따라 결정되는 까닭이다. 넬슨 제독식으로 못 본 척 하는[19세기 초 영국의 넬슨 제독은 시력을 잃은 눈으로 망원경을 보고서는 퇴각 신호를 못봤다고 주장했다. —옮긴이] 인식론으로 '그러나 그건 내가 사실이라고 부르는 것이 아니다!'라고 말하는 것이 언제나 가능하다. 우리는 세계가 저항하기 때문에 존재하는 걸 알 수 있지만, 이 이론에서는 저항으로 간주되는 것이 개념적 틀에 따라 서로 다르다. 내가 썼듯이, 워싱턴의 많은 사람들이 이라크에서 자생적인 저항이 폭넓게 퍼져있다는 것을 감지하지 못하고 대신 외부에서 침투해 들어온 광기에 사로잡힌 소수의 집단만 인식하는 걸로 비치는 것은, 이 현상이 정치적으로 변형된 모습이다.

그렇다면 그들의 이해관계와 신념은 어디서 나온 것인가? 이념 비평은 전통적으로 이 문제에 대해 할 말이 있지만, 이념 이후 시대의 역사는 이 문제에 침묵하고 마는 경향이 있다. 아리스토텔레스부터 맑스에 이르는 고전적인 사상가들이 주장했듯이, 세계가 어떻게 형성되어 있는가를 반성하는 데서 개인의 이해관계, 신념, 욕망이 나온다고 주장하려고는 하지 않을 것이다. 그렇기는커녕, 고전 이후 이론에서 보면 이런 주장은 사물의 순서를 거꾸로 뒤집는 것이다. 세계가 어떻게 형성되어 있는가에 대한 개인의 관점은 그 개인의 이해관계, 신념, 욕망에서 비롯된다고 보기 때문이다. 전통적인 윤리—정치 문제는 언제나 다음과 같았다. 사물의 사실이 이런데, 무엇을 해야 하는가? 그리고 이는 사실에서 가치로, 이론에서 실천으로 가는 힘든 여정을 이끌어가려 애쓰는 것에 얽힌 문제였다. 세상이 어떤지에서 세상이 어때야 하는지로 가는 길을, 사물이 어떻게 있는지에서 사물에 어떤 작업을 가해야 하는지로 가는 길을 모색할 수 있다고 여겼다. 경험적인 의미에서 진리는 도덕적 또는 정치적 의미에서 올바른 행동을 만들 수 있었다.

포스트모더니즘은 결정적으로 이 유대 관계를 끊는데, 그 방식은 아주 기이하다. 이제 사물의 작동 방식을 아무리 연구해도 무슨 행동을 하라고 말해주지 않는다. 하지만 과거의 몇몇 사상가들이 생각했듯이 한 영역에서 다른 영역으로 옮겨갈 방법을 찾기가 어려워서가 아니라 그 어떤 경우도 '사물의 작동 방식'은 가치와 욕망에 따라 구성되기 때문이다. 여기서는 결코 두 개의 서로 구별되는 영역이 진정 존재하지 않는다. 한쪽에서 다른 쪽으로 가는 길을 어떻게 극복할 것이냐는 문제가 적절하지 않은 이유가 여기에 있다.

포스트모더니즘은 이른바 자연주의적 오류를 해소하지만, 그 대가가 막대하다. 이해관계, 신념, 욕망이 이제 사실에 입각한 진실의 바탕을 빼앗긴 채 허공에 매달려 있는 까닭이다. 이것들은 그 밑을 파고들어갈 수 없는 근본 기반이다. 만약 파고들어가서 어떤 걸 발견한다고 해도 그것은 이것들에 의해 결정되는 것이기 때문이다. 그리고 이는 이런 신념에 대한 비판적인 탐구를 편리하게 봉쇄한다. 장티푸스에 걸린 사람 마냥 모든 걸 신념에 떠넘기는 것이다. 여기서 이성은 항의를 제기할 재판정이 아닌 것이, 먼저 이해관계와 신념이 합리적인 것이 무엇인지 결정하는 까닭이다. 한때는 진리가 경험적인 역사 위에 숭고하게 자리 잡은 절대적인 것이었던 데 반해, 이제 절대적인 것은 욕망과 이해관계다. 전능하신 이 뒤에 숨는 것과 마찬가지로 이것들 뒤에 숨는 것은 가능하지 않다. 새로운 실용주의 시대가 새로운 종류의 초월주의와 함께 이 땅에 도래했다.

사실, 어찌됐든 절대적인 것의 후보를 들라면 진리가 이해관계, 신념, 욕망보다는 훨씬 더 그럴듯하다. 이것들은 자명하게 경험적이고 역사적이지만, 진리는 좀더 모호한 방식으로 역사적인 성격을 띤다. 확실히 서로 다른 상황에 따라 서로 다른 온갖 진리들이 있으나, '사실은 이렇다'는 개념이 결여된 인간 문화는 상상하기 어려울 것이고, 이는 여전히 살아남아 이야기하고 있다. 아마 이것이 역사적 진리관과 역사주의 진리관을 구별하는 것이다. 시간을 초월한 모든 진리가 고귀하다고 상상해서는 안 된다. 어떤 진리는 역사 초월적이기 때문이 아니라 역사에 종속적이기 때문에 변함없고, 몸뚱이가 있는 동물인 우리에게 타당한 것이다. 결국 우리에게 객관적인 세계를 부여하는 것은 우리의 몸이다. 호랑이에게 객관적인 것이 있고 이는 우리에게 객관적인 것과 겹치지만, 이것이 완전히 우리의 객관성이 되지는 못한다. 우리의 몸 그리고 이 때문에 우리의 물질생활 형태가 호랑이와 매우 다르기 때문이다. 아마도 이 점은 비트겐슈타인이 『철학적 탐구』에서 만약 사자가 말을 한다면 우리는 그 말을 이해할 수 없을 것이라고 언급하면서 염두에 둔 것이다.

게다가 진리생산 양식이 부인할 수 없게 역사적이라면, 그 생산물은 이보다 덜 분명히 역사적이다. 아마 이 점이 합리주의에서 구출해야 할 진리의 핵심일 것이다. 사건의 상태는 역사적으로 변천하지만, 사건에 대한 진정한 발언은 그렇지 않다. 자본주의가 정당하지 않은 생활 형식이라는 말이 오늘날 옳다면, 이 주장은 자본주의가 사멸한 이후에도 오랫동안 여전히 타당할 것이다. 단지 지금이 1800년이 아니라는 이유만으로, 아일랜드가 1800년에 영국에 합병됐다는 사실이 더는 맞지 않는 건 아니다. 이는 미학적 판단과 대비할 수 있다. 셰익스피어가 열등한 작가라는 판단이 1750년대 일부 평론가들에게는 옳았지만 1950년에는 옳지 않다는 건 당연한 이야기다. 통가에서 아름다운 것은 아마도 토론

토에서는 아름답지 않을 것이다. 하지만 진리와 허위에 관한 주장은 역사적 순간들보다 더 오래 지속되며, 이는 역사주의 진리관이 일반적으로 알아차리지 못하는 사실이다. 도덕적 주장이 이런 측면에서 사실적 주장에 가까운지 미학적 주장에 가까운지 여부는 격렬한 논쟁의 주제다. 노예제가 2005년에 잘못된 것이라면, 그렇기에 기원전 50년에도 잘못된 것인가?

이렇게, 믿음에 근거한 정치는 행동하는 포스트모던 이론이라는 느낌이 있다. 두쪽이 모두 이 유사성을 아무리 싫어한다고 할지라도 말이다. 폴 월포위츠는, 자신이 어떤 면에서는 로버트 메이플서프[충격적인 사진을 찍은 사진작가—옮긴이]를 즐기는 장발의 도덕적 상대주의자들 무리와 같은 편에 속하다는 말을 들으면 놀랄 것이다. 그러나 포스트모더니즘이 대체로 무종교적이라는 사실이 이 두 견해의 대비점을 흐려서는 안 된다. 믿음에 근거한 정치는, 전반적으로 부시의 백악관에서처럼, 천한 실용주의와 환상적인 이상주의가 묘하게 섞인 것이다. 진리를 단순히 도구적으로 취급하면 진리가 자신의 허영심에 가득 찬 환상을 억제하는 인식 기능을 할 수 없기 때문이다. 이 두 가지 신조 모두에는, 맨 끝까지 내려가고 마침내 논란의 여지가 없게 되는 것, 신념이라고 부르는 것이 있다. 신념의 근거를 이루는 진리는 문제가 되지 않는데, 그러나 그렇기에 서로 다른 종류의 독단론만 남겨주게 된다.

이런 신념들과 헌신을 그와 연관된 실천 행위들과 함께 모으면 우리가 문화라고 부르는 것이 만들어진다. 기본적인 합리적 탐구를 피해간다는 의미에서 이제 절대적인 것은 플라톤의 이데아나 기독교의 신이나 스피노자의 실체가 아니라 참으로 얄궂게도 일상의 다양한 특정 생활방식을 구성하는 것들이다. 비트겐슈타인이라면 말했을 내용인데, 이 지점에서 이론의 카드패가 맨 밑바닥을 치고 '이것이 바로 우리가 하는 일이다'라고 얼굴을 찡그리며 인정하곤 논쟁을 끝내도록 강요받게 된다. 진리는 문화적 관습의 산물이다. 물론 이 질문 또는 저 질문에 제시되어야 하는 옳고 그르다는 판단은 여전히 존재하지만, 그러나 이 판단 영역 밖으로 나가는 것은 뿌리 깊은 문화적 문법이다. 이 문법은 우리가 이런 쟁점들을 인식하고 우선 판단을 제시할 수 있게 해준다. 힌두어가 헝가리어보다 문법적으로 우월하다고 주장할 수 없듯이, 이 문법이 그 자체로 옳다거나 그르다고 말할 수 없다. 이 문화적 논리는 이제 가장 고상한 형태의 고전적인 이성과 마찬가지로 비판을 면할 수 있다. 문화는 진리의 초월적인 조건이 된다.

문화는 온갖 이유 때문에 포스트모더니즘에 있어서 인기 있는 관념이지만 그 이유 가운데 하나는 문화가 사실의 영역과 가치의 영역을 하나로 합치는 듯하다는 점이다. 이는 우리가 이미 봤듯이 포스트모던 사상에서 전형적으로 나타나는 움직임이다. 문화는 서술적인 용어이자 규범적인 용어이고, 일을 벌이는 독특한 방식이자 이 조건을 암묵적으로 칭찬하는 것이다. 이는 특정한 집단이 일을 벌이는 그들 고유의 방식일 뿐 아니라 어느 정도는 그들의 그 방식을 칭찬하는 것이다. 다양한 문화가 있다는 그 사실 자체는 가치이기도 하다. 다양성은 언제나 동일성보다 선호되는 것이다. 그래서 정치적으로 다양한 사회는, 그 가운데 일부가 신파시즘적 경향을 보임에도, 이런 논법에서 보면 사회주의적-여성주의적 사회의 황량한 연속체보다 바람직하다. 대부분의 자유주의자들과 몇몇 청소년들에게 있어서 그렇듯이, 가치 있는 것은 내가 무엇을 하느냐보다는 내가 내 자신을 독창적으로 표현하는 방식으로 그것을 하기로 한다는 데 있다.

노엄 촘스키는 어떤 글에선가 지식인은 권력에 대해 진실을 말하는 사람이라는 개념이 두 가지 점에서 잘못됐다고 언급했다. 그 가운데 하나는, 권력이 이미 진실을 안다는 점이다. 두 번째는, 진실이 가장 절실하게 필요한 이들은 권력이 아니라 권력의 희생자들이라는 점이다. 오늘날 진실이라는 개념에 무관심한 이들 대부분은 진실이 정치적으로 절박하게 필요하지 않은 이들이라는 사실은 놀랍지 않게 받아들여진다. 진실은 말레이시아의 노동착취 공장에서 일하는 노동자들에게 그렇듯이 스탠퍼드대학의 교수에게도 마찬가지로 끈질기게 정치적으로 요구되지는 않는다. 그러나 권력은 여러 가지 점에서 진실과 어울리지 않기 때문에 진실을 알리는 것이 필요하지 않다는 말을 덧붙임으로써 촘스키의 발언을 보충할 수 있다. 확실히 어떤 면에서 봐도 그렇다. 서구 자본주의는 자유시장이 본질적으로 유익하다거나 자유민주주의는 고상하게 만드는 성격을 지니고 있다는 따위의 도덕적 진리를 진심으로 견지하고 있다. 하지만 실제로 이런 거대한 도덕적 진리는 가능하면 최소한도로만 체제의 작동을 방해하게 되어 있다. 포스트모더니즘이 사실과 가치를 무너뜨리는 경향을 띤다면, 자본주의 체제는 그 어떤 충실한 칸트주의자만큼이나 엄격하게 둘을 떨어뜨려 놓으려고 한다. 도덕적 진리는 알콜 같다. 일상생활에 방해가 되기 시작하면 끊어야 할 때가 된 것이다.

예를 들어, 조지 부시가 프리덤(자유) 또는 자신이 언어 의미론에 있어서 변변치 못하지 않다는 걸 증명하려고 종종 쓰는 말인 리버티(자유)에 대해 말하는 것을 보자. 자유는 서구 정치인들에게는 놀라우리만치 편리한 개념이다. 고상한 정신적 의미와 저급한 물질적 의미를 동시에 지니기 때문이다. 그리고 실제로는 뒤의 뜻을 담고 있으면서도 앞의 것을 뜻하는 것처럼 보일 수 있기 때문이다. 자유는 관타나모 미군기지에 억류되어 있는 잃어버린 영혼들이 갈망하는 것이고, 이라크의 병원들을 팔다리가 잘린 주검들로 가득 매우는 것이다. 또 사우디아라비아의 반체제 인사들과 파산한 소규모 농민들에게 영감을 주는 것이다. 이는 대주교, 최고경영자, 석유 업자, 옥스퍼드의 철학자가 모두 유창하게 쓰는 몇마디 말 가운데 하나다. 사람들은 자연스럽게 부시가 말하는 자유와 그가 더러운 우익 전제정치를 지지하는 것 사이의 모순을 지적할 수 있다. 그러나 이것은 핵심 요점이 아니다. 왜냐하면 이런 고음의 수사학적 발언을 실제 사건들과 직접 연관시키려는 의도를 지닌 발언으로 보는 시각인 까닭이다. 또 오스카상 수상자가 목이 메어 하는 상투적인 말들을 예리한 분석을 담은 담론으로 취급해 받아 적은 뒤 그 말의 과학적 정확성을 열심히 따지듯이 범주를 혼동하는 실수인 까닭이다.

이념은 실제로 행동을 의도적으로 정당화하려 한다. 하지만, 동료의 사촌의 건강을 겉치레로 묻는 것처럼 문자 그대로 또는 너무 열심히 꼬치꼬치 따지는 걸 참을 의지 없이 대충 정당화하려 한다. 고귀한 도덕적 진리와 저급한 경험적 사실은, 말하자면 서로 다른 차원으로 움직이고 서로 다른 규칙의 지배를 받는, 서로 다른 분야에 속한다. 부시가 자유를 말하는 것은 분명히 진지한 것이지만, 맥베스를 세련되게 연기하는 것이기도 하다. 목청 돋워 말하는 도덕적 진리는 상당한 정도의 모호성과 모순을 수용할 수 있게 구성된다. 이 진리는 우리가 항상 가치에 따라 살지는 못한다는 점을 뉘우치는 가치에 속한다. "자유가 사람들의 가슴에 백만개의 불꽃을 피우게 하자!"라는 말 같은 시시한 것들은 순전히 실없는 거짓말을 하자는 것이 아니고, "멜턴 모브리 돼지고기 파이를 그저 상상할 수 있었어."라는 말과 똑같은 등급의 말을 하자는 것도 아니다. 문학이론의 기술적인 용어로 표현하자면, 이념의 수행遂行 언어를 너무 심하게 진술적인 뜻으로 해석하지 말아야 한다.

진리를 공격하는 것이 여하튼 급진적인 행위라고 생각하는 포스트모더니즘의 이념이 그렇게도 잘못된 생각인 이유 하나가 바로 이것이다. 현재의 체제를 움직이는 이들이 진리에 별 관심이 없다는 게 사실이지만 포스트모던주의자들은 이를 보지 못하는데, 그건 체제를 움직이는 이들이 영원한 진리를 이야기할 때 그들의 말을 곧이곧대로 받아들이기 때문이다. 포스트모던주의자들은 선진 자본주의가 아직도 본질을, 절대적이고 변함없는 이상을 요구하며 그래서 이런 것들을 파괴하면 체제를 약화시키게 된다고 상상한다. 지금 미합중국이 병적으로 형이상학적인 자유시장 개념을 과대선전하고 있는 것이 사실이고, 이런 행위는 분명 파괴의 지점을 품고 있을 수 있다. 그러나 이는 자본주의 국가의 전형은 아니다. 대부분의 자본주의 국가는 세속적이고 실용적이며 미몽에서 벗어난 상태이고 이런 상태가 될 수밖에 없는 것은 국가 그 자체의 물질적인 운영 덕분이다. 이념은 보통 미합중국에서 훨씬 더 고음을 내고 더 마음에서 우러난 분위기를 띠며 형이상적인 양상을 보이는데, 이 밑에는 이 나라의 독특한 종교적 배경이 있다. 그러나 사무엘 존슨의 표현으로 해서, 니체가 약간은 때 이르게 신의 사망 선고를 한 이래로 신이 부당하게 죽어가는 시간을 겪고 있는 것이 사실이다. 하지만 일반적으로 자본주의가 형이상학의 죽음을 쉽게 견딜 수 있다는 건 의심할 여지가 있는 주장이다. 당분간 신과 형이상학이 살아 있게 도와줄 것은, 서양이 기운찬 형이상학적 적과 싸우고 있다는 사실이라는 건 의심의 여지가 없다. 그들이 알라와 무하마드를 입에 올리고 있다는 사실은, 당신들의 신인 자유와 민주주의로 그들에 맞서야 한다는 걸 뜻한다.

　대부분의 근대 이전 문명은, 도덕과 문화의 규범이라는 맥락이 아닌 다른 맥락에서 정치적 또는 경제적 사무를 처리할 수 있다는 생각을 분명히 비정상으로 여겼을 것이다. 사회주의는 이 개념을 근대에 되살리려는 시도다. 윤리-정치적 의미에서 진리가 대체로 후기 자본주의와 어울리지 않는다면, 진리 안에는 철저히 공업화한 세계에서 보자면 뭔가 당황스럽게도 아마추어적인 측면이 있다는 사실이 특히 그 이유일 것이다. 도덕적 분개에는 기술적인 자격 조건이 없다. 엄격하게 계층화하고 전문화한 사회에서는, 아이의 신발 끈을 묶는 일이건 지구 파괴에 반대하는 일이건, 사람이 할 수 있는 어떤 일도 가치가 배제될 운명이다. 도덕적인 진리를 전문적으로 다루는 인문학은 이런 맥락에서 보면 예스럽고 별나게 보일 운명이다. 이렇게 비정하리만큼 실제적인 전문성에 직면하면 사람들은 이를 견디거나 아니면 거기에 합류하거나, 영혼이라고는 없는 그 과정을 인도주의적으로 비판하거나 실증주의 또는 과학적 태도를 취함으로서 이런 과정을 흉내내거나 둘 가운데 하나를 선택해야 한다. 맑스주의는 이두 가지 측면에서 때에 따라 다르게 평가됐다. 과학주의에 대한 도덕적 비판으로도, 도덕성에 대한 과학주의적 비판으로도 평가됐다.

적을 물리치려 할 때 겪는 문제점은 부적절함이다. 우리가 봐 왔듯이, 후기 자본주의가 실제로 도덕적인 진리를 별로 걱정하지 않기 때문에 이를 비판하는 것은 목표에서 다른 차원으로 빗나갈 운명에 처한다. 행동주의 심리학이나 고도의 구조주의가 그 예를 보여주듯이, 체제에 참여하려고 시도할 때 겪는 문제는 정체성을 잃을 위험을 감수하고서야 비로소 인정받는다는 점이다. 체제를 물리치거나 합류하는 것 외에 비장의 수단을 내놓아 능가하는 것도 가능하다. 후기구조주의, 해석학, 비트겐슈타인의 후기 철학이 이런 예를 보여준다. 여기서 요점은 과학적이고 기술적인 진리가 단지 일상생활의 지식을 특별히 꾸민 것이라는 주장이다. 흔히 인식하는 것보다는 도덕 담론 또는 예술 담론에 훨씬 가깝다는 것이다. 이는 대학에서는 훌륭하게 작동하는 경향이 있지만, 정부부처나 기업 이사회 회의실에서는 그렇게 멋지게 작동하지 않는다. 이는 또한 상당히 당황스러운 우익 동맹세력을 감당해야 하는 처지로 내몰리는 경향이 있다.

이런 딜레마에 처한 인문학은 언제나 지배 체제가 도덕적 비판에 대체로 둔감하다는 사실 자체를 비판의 대상으로 삼음으로써 메타 행동을 취할 수 있다. 그러나 이것이 '아마추어'의 윤리적 인문주의와 이 인문주의가 비판하려고 하는 기술적인 또는 직업적인 체제 사이의 갈등을 해소하지는 않는다. 필요한 것은, 기술적이고 인간적이며, 윤리적이고 분석적인 담론이고, 이것이 문학 비판의 가장 흥미로운 순간들의 특징이다. 이런 비판의 가장 오래된 형태 곧 수사학은 언어의 엄격한 분석과 도덕적 또는 정치적 설득 행위 모두에 개입한다. 게다가 이 두 가지의 차원은 상대편의 관점에서 볼 수 있다. 20세기에 이른바 케임브리지 비판 학파(리비스 부부, 엠프슨, I. A. 리처즈, L. C. 나이츠와 그의 동료들)는 음성언어의 엄격한 구별과 전체 문명의 정신 건강의 내부 관계에 주목했다.

조지 오웰은 이 관점을 좀더 급진적으로 굴절시켰다. 러시아의 형식주의자들과 유럽의 아방가르드 집단 그리고 (정치적 색깔이 다른) 미합중국의 신비평도 마찬가지로 기술적 언어 분석과 정치적 비판의 유대 관계에 주목했다. 20세기 영국 문화비평가 가운데 가장 두드러진 인물인 레이먼드 윌리엄스는 이런 '케임브리지' 배경에서 자라났고, 바흐친과 아우어바흐에서부터 쿠르티우스와 스피처에 이르는 유럽의 유명 문헌학자들은 가장 버거운 전문적 학식을 관대한 인도주의 관점과 한데 묶었다. 문학 작품이 자신을 둘러싸고 있는 문화와 공유하는 것은 언어이며, 언어는 이 둘 사이에 생생한 연결고리를 제공한다. 또 이는 섬세한 서술과 야심 찬 추상을 연결하는 것이기도 하다. 최악의 경우, 문학 비평은 공허한 도덕적 보편주의를 특수성에 대한 근시안적인 숭배와 연결시킴으로써 이 둘 모두를 풍자적으로 모방해 왔다.

하지만 이런 보편주의는 호전적인 개별주의의 시대에 점점 방어적인 자세가 되어갔다. 정치적 발단과 결과에서 [개념을] 추상화할 수 없는 세계에 관한 단순한 주장으로서 보편적인 진리는 이제 존재하지 않는다. 이런 식의 보편주의 반대는 오해를 유발한다. 중간 계급이 호전적이던 시대에 보편 진리에 대한 신조는 혁명 정치와 긴밀하게 연결되었던 까닭이다. 하지만 일단 그 혁명이 완수되자, 부르주아 계급은 더는 장엄하게 총체화하는 용어를 써서 자신들의 투쟁을 이야기할 필요가 없어졌고, 포스트모던한 개별주의가 시대의 질서가 됐다. 국제주의와 보편주의는 이런 상당히 다른 짐승들 곧 세계화와 세계주의(코스모폴리타니즘)에 굴복한다.

미셸 푸코 같은 신니체주의자들의 글에서는, 진리에 대한 의심이 주체성 전체 개념에 대한 거의 병적인 혐오의 한 부분을 이룬다.[4] 분명히 인간 주체가 없이는 진리가 있을 수 없기 때문이다. 또 인간 주체는 단지 권력이 개인적 내면성 또는 심리적 내부성으로 알려진 구멍을 파놓은 육체이고 그래서 권력은 인간 주체를 훨씬 더 효율적으로 지배하게 되기 때문이다. 진리 없는 피조물은 사슬에 매이지 않은 피조물이고 해방시키는 지식이라는 개념 전체는 그 말 자체로 모순처럼 여겨지게 된다. 자기 반성은 자유를 향한 첫 걸음이 아니다. 또 우리의 내면성이 구속의 한 형태가 아니라 가치 있는 것이라는 환상을 권력이 교묘하게 우리 안에 불어넣으면서 숨어들어간 바로 그 주관적인 물질을 더 두텁고 정교하게 만드는 일이 자기 반성이다. 이 우울한 시나리오 안에는 쇼펜하우어의 의지가 반영되어 있다. 실제로 쇼펜하우어는 푸코가 맑스에 맞서듯 헤겔에 맞섰다. 이 두 사람은 계몽사상이 높이 평가하는 인간의 자율성을 사악하게 바뀐 권력 또는 이성의 계략으로 여기면서 계몽사상에 비관적인 굴곡이 지게 한다.

푸코의 주체성 혐오는 부분적으로는 의식 그 자체에 대한 구조주의적 적대

---

4. 예컨대 Michel Foucault, *The Order of Things*, London: Tavistock, 1970과 *The Archaeology of Knowledge*, London: Tavistock, 1972를 보라.

감이며, 이는 그의 스승인 루이 알튀세에게서 물려받은 것이다. 그는 심지어 너무나 주체 중심적인 울림을 지닌 용어인 이념을 말할 준비조차 되어 있지 않으며 대신 '기술'을 논하는 걸 더 좋아한다. 알튀세는 이 용어를 '인본주의적'이라고 보고 검열하지는 않았지만, 이 주제에 관한 그의 유명한 글은 이념을 특정한 실천을 실행하는 것과 다소간 동일한 것으로 여기는 사회적 행동주의로 가까이 접근해 간다.5 여기에는 가톨릭 배교자의 감성이 담겨있다. 언제나 가톨릭 교회는 믿음을 개신교도들이 약간은 샘나게 보존하고 있는 내면성 문제가 아니라 예식과 성문화한 행위의 문제로 보는 유사-물질주의 방식을 고집해왔다. 행위를 통해 움켜잡으면 정신과 마음이 따라올 것이라는 생각은 신성한 교황의 가르침이다. 알튀세에게는, 자율적인 주체성이라고 알려진 가공의 내부 지성소를 여는 것이 다름 아닌 이념이고, 이렇게 하는 목적은 이념이 자리 잡을 공간을 만들려는 것이다. 말하자면 숙주를 만드는 기생 동물인 셈이다. 따라서 다시 한 번 주체성은 처음부터 오염되고 그와 함께 진리도 오염된다. 알튀세가 주체성에서 진리를 떼어내어야 했고, 또 그 과정에서 과학 또는 이론을 뜻하는 '주체 없는 지식'을 떼어내어야 했던 이유가 여기에 있다.

알튀세에게 이론은 사회 비판을 제공할 수 있는데, 스피노자의 이성처럼 이론이 창문 없는 자신의 울타리 안에서 역사의 부침으로부터 차단된 채 외부에서 들여다보기라도 하듯이 사회를 조사할 수 있기 때문이다. 이와 대조적으로 이념은 이런 비판의 근거를 제공할 수 없는데, 그건 결국 진정으로 의식의 문제가 아니라 비반성적인 매일 매일의 실천 문제이기 때문이다. 이런 의미에서, 지금까지 논한 간략한 진리의 역사의 정반대 끝이 알튀세의 작품에 모이게 된다.

---

5. Louis Althusser, "On Ideology and Ideological State Apparatuses", *Lenin and Philosophy*, London: Verso, 1971을 보라.

곧 관념idea은 역사 위로 올라가 있으며 그리고 또한 역사에 대해 비판적인 기반을 얻으려고 세계와 단단히 매여 있다. 푸코로서는 분명히 이런 비판적인 전망을 바란다. 그러나 이는 그의 역사 연구 속에 단지 암묵적으로만 담겨있을 수 있는데, 그가 알튀세의 이론을 거부하고 자신이 새롭게 작업한 이념의 개념을 제시하기 때문이다. 관념이 역사적 구조와 단단히 묶여 있기에, 또 두드러지게 실천적이고 물질적인 성격을 띠기에, 관념이 그것들을 비판적으로 반성할 수 있게 허용해주는 상황 맥락과 일종의 거리를 두는 것이 불가능할 듯하다. 그리고 이는 논리적으로 푸코 자신에게도 적용되어야 한다. 여기서 그의 능숙한 감정 없는 문체가 구출 임무에 나선다. 이론적으로는 정당화될 수 없지만, 자신이 제시하는 물질들로부터 일종의 비판적인 거리를 확보했다고 냉정한 오만함hauteur으로 넌지시 내비치는 것이다.

여기서 실종된, 너무 이상적인 진리와 너무 실용적인 진리 사이에서 존재를 벗어나버린 것으로 보이는 것은, 비판적인 반성이 역사를 살아가는 방식의 한 부분이지 역사에서 무관심하게 떨어져 나와 서는 방식이 아니라는 사실이다. 우리의 상황 맥락에서 비판적인 거리를 확보하는 것은 우리가 그 상황과 묶여 있는 그 고유한 방식의 한 부분이다. 자기 초월적인 (말하자면 역사적인) 존재로서 우리는 결코 완전히 상황 내부에 있지도, 완전히 외부에 있지도 않다. 그 둘 사이에 영원히 뾰족하게 서있다. 이것이 바로 우리에게 행동하면서 동시에 우리의 행위를 반성할 수 있게 해준다. 실용주의자들과 신니체주의자들은 이와 반대로, 관념이 언제나 물질적으로 '위치하고' 있다는 사실로부터 전반적인 비판이 불가능하다는 잘못된 결론을 도출한다. 비판과 물질주의가 자신들을 위해 긴밀하게 뭉치는 이들에게는 깜짝 놀랄 움직임이겠지만, 지식의 비판적 기능이 지식의 물질적 특성에 희생된다.

이 사상가들은 지식의 역사적 특성, 제도적 특성, 사회 이해와 얽히는 특성을 (상당히 적절하게) 주장함으로써 관념적 진리 개념에 너무나 열심히 맞서 싸우는 통에, 현 상태를 비판할 유리한 위치를 스스로 박탈하고 말았다는 걸 깨닫지 못한다. 그들의 관점에서는, 우리들로부터 그만큼 떨어져 있다는 것은 인식론적 경계 너머로 떨어지는 것을 뜻한다. 우리의 생활 방식을 이런 완전한 비판의 대상으로 삼으려면 우리는 금성인의 멀리 떨어진 눈으로 우리 자신을 응시하면서 펄쩍 뛰어야 할 것이다. 그들은 어떤 위치에 자리 잡고 있다는 것과 급진적인 비판이 하나로 묶여 있다는 것을 보지 않는다. 그들이 말하듯이, 사람은 알기 위해서 어떤 위치에 처해야 한다. 예컨대 여성 또는 가난한 농민 또는 서구 제국주의의 희생자가 자신들의 주인보다 상황의 진실에 대해 더 많이 아는 것은 이 때문이다. 어떤 사람들은 어느 곳에도 서지 않는 것이 객관성을 뜻하는 것으로 잘못 생각하지만, 만약 이렇게 어느 곳에도 서지 않으면 아무것도 알 수 없다. 신의 관점만큼 맹목적인 것은 없다. 누구도 객관적인 판단을 할 수 있는 상황에 처해있지 않다. 자신과 다른 위치에 있는 사람들에게는 보통 객관성에 따옴표를 쳐서 말할 수 있을 것이다.

니체는 우리에게 진리를 자연 환경을 지배하려는 생물 종들의 투쟁과 묶여 있는 유사 생물학적 용어로 보라고 가르쳤다. 우리의 인식 능력은 진화해왔다. 그리고 아이러니할 정도로, 이 과정에서 나타난 소중한 발전 한 가지는 너무나 거대한 기능을 의식에 부여하기를 거부하게 된 것이며, 이는 니체 자신도 맑스, 프로이트와 공유하는 바이다. 근대 철학 사조 가운데 가장 창의력이 풍부한 흐름들은, 언제나 생각에 앞서 존재하는 것이 있다고 본다. 그것은 생각이 자리 잡게 만들지만 부분적으로는 생각을 통해 전모를 파악하는 걸 피해 빠져나가는 어떤 것이다. 그것을 노동이라고 부르든 아니면 세계 내 존재라고 부르든, 그것도 아니면 차이, 타자, 권력, 무의식, 전반성前反省적이라고 부르든 상관이 없다. 그런데 비록 니체가 이렇게 물질적인 방식으로 의식을 권좌에서 몰아내려 시도 했지만, 진리의 사회적 또는 제도적 근거에 대해서는 인상적일 만큼 무관심했고 이 작업은 그의 후계자 몇몇이 몰두하게 된다.

하지만 일단 이 일이 벌어지면, 두 종류의 탐구를 하나로 합칠 위험이 언제나 존재한다. 왜 그런고 하니, 관념이 이해관계에 의해 움직인다고 주장하는 것은 무엇을 뜻하는가? 예를 들어 이는 특정 생물 종에 한정된 활동에 필요한 방식으로 우리의 감각이 진화하는, 벅찬 진화의 투쟁 때문에 이런 종류의 개념적 세계를 지니게 된다는 걸 뜻할 수 있다. 이는 원한다면 일종의 실용주의라고 할 수 있지만, 물질 종 차원에서 명백히 로티의 스타일이 아닌 방식으로 말하는, ‘깊은’ 그리고 유사 인류학적인 변종이다. 그러나 이는, 제약회사가 의학 연구를 매수하는 것처럼 지식이 이해관계에 의해 움직이는, 덜 존재론적이고 좀 더 이념적인 의미와 쉽게 뒤섞일 수도 있다. 이 두 가지 모두 ‘이해관계가 얽힌’ 지식의 사례이기에, 어떤 특정한 포스트모던 냉소가들은 두 번째 사례 같은 일이 첫 번째와 마찬가지로 정말로 불가피하다고 주장할 수 있을 것이다. 의학 연구를 매수하거나 지구 온난화를 부인하는 행위에 반대하는 이들은 이렇게 사욕 없는 공평무사함이라는 신화를 측은하리만치 낡은 방식으로 옹호하는 이들이라고 조롱당할 수도 있겠다.

비슷한 방식으로, ‘삶의 형식’에 대한 비트겐슈타인의 호소는 인류학적인 것과 정치적인 것 사이에서 모호하게 헤맨다. 우리가 ‘이 일은 우리가 하는 바로 그런 종류의 것들이다.’라고 말할 때, 우리는 시간이 앞으로 흘러가는 걸 상상하거나 특정한 양식을 고려하거나 생명이 있는 것과 없는 것을 구별하는 일 따위를 말하는 것인가? 아니면 우리가 너무 인색해서 아프리카에 모기장을 기부하지 못한다는 걸 말하는 것인가? 삶의 형식은 얼마나 밑까지 내려가는 것인가? 초연한 탐구로 받아들여지는 행위가 우리 문화 속에 깊게 뿌리내린 기준에 의해 결정된다는 사실은, 이런 것들이 존재하지 않는다는 걸 뜻하는 건 아니다. 이런 것들은 또 무엇이 될 수 있을까? 비트겐슈타인은 우리의 생물 종 또는 뿌리 깊은 문화적 문법으로부터 상당히 독립되어 존재하는 진리에 관한 관념을 믿지 않았지만, 그렇다고 그가 자신만의 문화의 정치를 지지했다는 뜻은 아니다. 이런 그의 생각은, 그가 영국 내각을 한 무리의 부유한 늙은이들이라고 경멸적으로 언급하는 걸 막지 않았고, 의사 수련을 받아보려고 스탈린의 공포가 가득한 모스크바로 떠나는 걸 막지도 않았다.

급진주의자들과 다른 이들을 구별하는 한 가지는, 급진주의자들이 진리가 대개 즐거운 게 아닐 거라고 의심한다는 사실이다. 이런 의미에서 진리는 불가피한 것에 가깝다. 좌파는 의심의 해석학을 실천하는 경향이 있다. 진리가 보통 일반 여론이 상상하는 것보다 더 추하고 더 불명예스럽다고 그들은 믿는다. 진리는 소중하겠지만, 전체적으로 구미에 맞는 것은 아니다. 이런 태도는 냉소주의가 아니다. 반대로 이런 태도는 현재의 정치 체제에 대한 급진주의자들의 불신에서, 그리고 이어서 정치 체제가 질식시키는 인간의 능력에 대한 믿음에서 나오는 것이다. 그렇다고 하더라도, 냉소적이고 매정해지지 않고는 내 주변에서 이야기하는 많은 것들을 의심하기 어려운 법이다. 이런 냉소적이고 매정한 태도는 맨 먼저 의심을 유발한 동력인 정치적 믿음과 잘 어울리지 않는 성질의 것이다. 회의론과 믿음이 결국 다투지 않게 된다는 건 옳은 말인데, 현실주의적 윤리학은 최악의 상황에 직면할 때만 그걸 극복하는 희망을 가질 수 있다고 주장하는 까닭이다. 이런 의미에서, 좌파의 태도는 비극적 전망과 많은 공통점이 있다. 하지만 장기적인 관점이 아닌 경우, 미래의 고상한 문화에는 존재하지 않기를 바라는 인간 부류에 눈을 돌리지 않고서는 진리로 받아들여지는 것들 상당수를 의심하기 어렵다. "나 같은 인물들이 속하는 사회의 일원이 되기를 나는 바라지 않을 것이다."라는 말은, 미합중국 코미디언 그라우초의 농담을 사회주의자식으로 변형한 것이다. 정의를 위해 열심히 힘들여 싸우는 이들은 종종 그들이 미리 예시하는 미래 사회 질서의 본보기가 될 여지가 가장 적은 처지로 내몰린다.

하지만 이보다는 덜 비관적인 전망도 있다. 다이아몬드처럼 진리는 가치 있는데, 그건 부분적으로는 얻기 어려운 탓이다. 맑스는 만약 진리가 사물의 표면에서 자연스럽게 얻을 수 있는 것이라면 과학은 필요 없을 것이라고 생각했다. 과학이 필요한 것은, 사물이 작동하는 방식과 사물이 보이는 것 사이에 간극이 있기 때문이다. 태양이 떠오르는 것처럼 보이지만, 실제로 지구가 내려가는 것이다. 맑스에게 있어서 진리는 우리 등 뒤에서 움직이는 것이다. 마르틴 하이데거가 주장했듯이, 뒤로 물러서거나 제 스스로를 감추는 것이 진리에 속한다. 그리고 이 감춤은 유감스러운 사건에서만 나타나는 것이 아니라 진리 안에 원래 내재된 것이다. 자연스럽게 진리를 드러내지 않는 현상이 그 진리의 한 부분이다.

그리고 이는 지식과 미덕이 밀접한 관계라는 걸 뜻한다. 왜냐하면 만약 진리가 자명하지 않다면, 진리를 확립하는 행위에는 인내, 겸손, 끈기, 이타심, 자기규율, 자기비판, 명쾌한 시각, 사기를 감지할 후각 따위의 도덕적 자질이 관여하게 된다. 그리고 우리가 앞에서 제시했듯이, 진리는 일반적으로 호감이 가는 것이 아닌 탓에 진리는 또한 정직, 용기, 대열을 깰 준비와도 관련된다. 수학자들과 천체물리학자들은 진리와 아름다움이 구별되기를 바라겠지만, 플라톤주의자들은 이 둘 사이에 연결 고리가 있다고 보는 실수를 저지를 수 있다. 그리나 그들이 진리와 선함의 연관성을 봤다는 건 분명 잘못이 아니다. 의심의 해석학 문제가 제기될 때는 진리와 미덕이 서로 충돌할 수 있겠지만, 플라톤주의자들의 감각은 이 둘이 서로 밀접한 관계에 있다는 것이다.

프로이트는 제 스스로를 기만할 수 있는 정신의 능력이 거의 끝이 없을 정도라고 가르쳐준 강력한 사상 계보에 속하는 사상가 가운데 한 명일 뿐이다. 그러나 그는 말했어야 하는 다른 문제에 대해서는 지나치게 과묵했다. 쓸모없는 진리라 할지라도 진리를 추구하는 인간의 바람은 맹렬하게 유지되는 생물학적 충동을 지니고 있고 배고픔이나 성적인 욕구처럼 쉽게 억제되지 않는다는 문제에 대해서 말이다. 그렇다고 하더라도, 그리고 우리가 번성하기 위해 진리가 필요하긴 하더라도, 진리를 위해서 사는 것은 아니다. 니체는 무슨 대가를 치르면서도 진리를 사랑하는 것은 일종의 광기라고 생각했다. 만약 진리가 정의와 동정심에 꼭 필요한 것이라면, 진리가 정의와 동정심만큼 중요한 것은 아니다. 진리를 위해 살고 있음을 자각하는 사람들은, 예를 들어 국가의 거대한 사기에 맞서 싸우는 데 시간을 쓰는 사람들은 칭찬할 만한 사람들이지만, 그들이 어떻게 살아야 하는지의 본보기는 아니다. 이는 그들이 가장 먼저 인정해야 할 점이다. 고상한 사회에서는 그들이 이런 식으로 운동할 필요가 없을 것이다. 포스트모더니즘이 전반적으로 진리의 가치를 깎아내린다면, 거기에는 그들의 선조 근대주의자 일부가 진리를 물신숭배의 대상으로 만든 탓도 있다. 아마도 진리가 우리에게 덜 시급한 것이 될 때, 우리는 우리의 정치적 해방이 완성됐음을 깨닫게 될 것이다.

요즘 국내외에서 대중적 인기를 끌고 있는 학자 가운데 옛 유고연방 출신의 슬라보예 지젝이 있다. 그가 2002년 미국 독립 언론인 더그 헨우드와 한 인터뷰에 이런 대목이 있다. 헨우드가 이렇게 물었다. "촘스키 같은 사람은 우리가 사실만 알게 되면 문제가 거의 스스로 해결될 것이라고 생각합니다. 이런 생각이 왜 틀린 겁니까? 왜 '사실'로 충분하지 않은가요?" 지젝의 답변은 이렇다. "아주 순진하게 답하겠습니다. 기본적으로 사실은 이미 알려졌다고 생각합니다. 미국 중앙정보국이 니카라과에 어떻게 개입했는지 촘스키가 분석한 내용을 봅시다. 세세한 내용이 많지만, 근본적으로 내가 새롭게 알게 된 것이 있나요?"

이 책을 모두 읽거나 대강의 내용을 훑어본 이들 가운데, 지젝과 비슷한 생각을 하는 이들이 있을지 모르겠다. 미합중국과 영국이 이라크 침공을 위해 사실을 어떻게 조작했는지 대강은 안다. 남미 민주주의의 문제도 짐작할 수 있다. 스티글리츠 같은 주류 경제학자에 대한 좌파들의 비판은 들어보지 않아도 예상할 수 있다. 그러니 날로 감춰지는 이 세상의 진실을 드러내겠다는 이 책은 의욕만 앞서거나 제목만 거창한 것으로 치부될 수도 있다.

하지만 "신은 세부(묘사)에 깃들어 있다."는 말이 있듯이, 우선 시급한 것은 구체적이고 세세한 사실들이다. 사실들을 바탕으로 하지 않으면, 그것을 둘러싼 맥락과 상황, 역사까지 고려해서 진실을 드러내는 건 애초 가능하지 않다. 어렴풋한 느낌이나 대강의 줄거리만으로는 누구도 설득할 수 없고, 아무것도 할 수 없다.

이 책은 적어도 한국에는 잘 알려지지 않은 사실들을 곳곳에 담고 있다. 대표적인 것이, 맑스와 루소를 대비시킨 G. M. 터마시의 글이다. 맑스의 후예를 자처하는 수많은 인물들이 사실 루소의 후예일 뿐이라는 지적은, 옮긴이가 보고 읽은 게 변변치 못해서 그런지 몰라도 처음 접하는 내용이다. 계급의 진실에 관한 터마시의 글은 많은 고민거리와 논쟁거리를 제공한다. 스티글리츠를 비판한 글, 세계 빈곤 통계의 문제를 지적한 글, 남미 민주주의의 한계를 분석한 글 따위도 곳곳에 중요한 사실들을 담고 있다.

하지만 이 책의 진짜 가치는 유일 제국인 미합중국 지배계급의 세계 인식에 관해 놀라운 통찰력을 제시하는 데 있다.

첫 번째 글 「냉소적인 국가」에서 콜린 레이스는 "제국의 중심지인 미합중국에서, 증거에 대한 무관심은 명백히 제국적인 이론적 근거를 부여받아왔다."고 지적하면서 부시 대통령의 선임 정책 고문이 한 말을 인용한다. "우리가 이제 제국이고, 우리가 행동할 때 우리의 현실을 창조한다. …… 우리는 역사의 주역들이다."

그리고 테리 이글턴은 마지막 글 「진리(진실)를 말하기에 대하여」에서 이런 태도를 인식론 맥락에서 분석한다. 그는 부시 정부의 현실 인식이 포스트모더니즘과 같은 맥락에 있으며, 이 둘은 사물에 핵심적인 진리란 없고 신의 권력이 진리를 이긴다고 믿은 중세 유명론자들의 후예라고 지적한다. 이들에게 권력은 진리를 창조하는 전능자인 셈이다. 이글턴은 이런 진리론이 심각한 모순에 직면한다고 말한다.

"저 밖에 당신의 규칙을 저지할 것이 아무것도 없다면 …… 당신의 권위를 정당화할 것 또한 저 밖에 남아있지 않다. …… 유일한 정당화는 자기 정당화뿐이다. 그러나 자아의 정당성이 입증되지 않았다면, 어떻게 이 자아가 정당화의 원천이 될 수 있는가? 당신의 권력을 위협하는 것은 아무것도 없는데 …… 이런 경우 권력은 스스로가 유발한 반응 속에서만 살기 때문에 서서히 내파하기 시작한다. 나머지 인류 전부를 전복시키고서는 자신의 정체성을 굳건하게 할 수 없는데, 심지어 워싱턴에서조차 정체성은 부정할 수 없는 타인의 존재를 필요로 하는 차별화 문제인 까닭이다. 이 딜레마의 이상적인 해결책은 복종하면서도 반응하는 희생양을 꿈꾼 사드 후작의 해결책이다. …… 비명을 지를 사람이 남아있는 한, 자신의 주권이 공허한 것이 되어버리지 않았다는 걸 확인하고 안도할 수 있다."

이 이야기가 이 책이 말하는 이 세계의 진실이다. 절대 권력인 '자유민주주의'와 '세계화한 자본주의'는, 더는 물질세계에 얽매이지 않고 자유롭게 진리를, 진실을 창조한다. 그리고 이 창조자는 극단으로 치달으면서 모든 것을 파괴해 자신의 정당성을 확인할 타자조차 남기지 않을 운명이다. 그래서 제국의 자기 정체성마저 흔들리고, 그걸 지키는 유일한 길은 아프가니스탄과 이라크, 그리고 전세계에서 저항하지 못하는 비명을 만들어내는 것이다.

이런 시각에서 보는 순간, 이 책에 실린 아홉 편의 글들은 자기모순에 빠진 제국의 속살을 하나하나 들추어내는 해부 작업으로 보이기 시작한다.

하지만 테리 이글턴은 한마디를 더 남겨두고 있다. "진리가 필요하긴 하더라도, 진리를 위해서 사는 것은 아니다. 니체는 무슨 대가를 치르면서도 진리를 사랑하는 것은 일종의 광기라고 생각했다. 만약 진리가 정의와 동정심에 꼭 필요한 것이라면, 진리가 정의와 동정심만큼 중요한 것은 아니다."

2005년 말 출간된 이 책의 번역본이 나오기까지 2년이 넘게 걸렸다. 옮긴이가 작업한 시간만 거의 1년이다. 그럼에도 번역의 질은 자신 있게 내놓을 수준이 못된다. 그리고 갈무리 편집진이 꼼꼼하게 원고를 검토한 덕분에 적지 않은 실수와 오역을 바로잡았음을 덧붙인다. 하지만, 그래도 남아있는 잘못들은 전적으로 번역자의 책임이다. 잘못된 부분을 지적해주시면 성의껏 답변하고 바로잡을 것을 약속한다. 옮긴이의 전자우편 주소는 marishin@jinbo.net이다.

2008년 7월
옮긴이 신기섭

ㄱ

가닛, 마크(Garnett, Mark, 현대 영국 학자)   29, 33, 41
갤브레이스, 존 케네스(Galbraith, John Kenneth : 1908~2006, 미합중국 경제학자)   105~107
고언, 피터(Gowan, Peter)   22
그람시, 안토니오(Gramsci, Antonio : 1891~1937, 이탈리아 좌파사상가)   88, 244, 265, 276
그레이, 존(Gray, John, 1948~, 영국 정치학자)   42
그로스, 조지(Grosz, George : 1893~1959, 독일 태생 미합중국 화가)   262
그리피스, 로이(Griffiths, Roy : 현대 영국 경영자)   33
그린우드, 리(Greenwood, Lee : 현대 미합중국 가수)   166
기든스, 앤서니(Giddens, Anthony : 1938~, 영국 사회학자)   42
길리건, 앤드루(Gilligan, Andrew : 1968~, 영국 기자)   15, 16

ㄴ

나이츠(Knights, L. C. : 1906~1997, 영국 문학평론가)   298
네언, 톰(Nairn, Tom : 1932~, 영국 사회학자)   242, 245, 246, 259
니체, 프리드리히(Nietzsche, Friedrich Wilhelm : 1844~1900 : 독일 철학자)   225, 231, 233, 258, 283, 296,
    302, 303, 306, 310

ㄷ

달, 로버트(Dahl, Robert : 1915~, 미합중국 정치학자)   87
데 라 루아, 페르난도(De la Rua, Fernando : 1937~, 전 아르헨티나 대통령)   69, 79
데넘, 앤드루(Denham, Andrew : 현대 영국 학자)   29, 33, 41
데르코비츠, 줄러(Derkovits, Gyula : 1894~1934, 헝가리 화가)   262
도브로게아누-게레아, 콘스탄틴(Dobrogeanu-Gherea, Constantin : 루마니아 학자)   259, 260
돔호프, 윌리엄(Domhoff, William)   99, 101
둔스 스코투스, 존(Duns Scotus, John : 1266~1308, 중세 철학자)   287
드포, 다니엘(Defoe, Daniel : 1659/1661~1731, 영국 작가)   280
딘킨스, 데이비드(Dinkins, David, 현대 미합중국 정치인)   134

ㄹ

라고스, 리카르도(Lagos, Ricardo : 전 칠레 대통령)   68
라바냐, 로베르토(Lavagna, Roberto : 아르헨티나 경제 관료)   78

라이스, 앨버트(Reiss, Albert : 현대 미합중국 학자) 144
라인하드, 키스(Reinhard, Keith : 현대 미합중국 광고업계 경영자) 114
랑갈라, 글렌(Rangwala, Glen : 현대 영국 정치학자) 166
래그, 테드(Wragg, Ted : 현대 영국 교육전문가) 34
러빈, 앤드루(Levine, Andrew) 261
럼스펠드, 도널드(Rumsfeld, Donald : 1932~, 미합중국 정치인) 111
레러, 짐(Lehrer, Jim : 현대 미합중국 언론인) 168
레브, 바루크(Lev, Baruch : 현대 미합중국 회계이론가) 99
레비츠키, 스티브(Levitsky, Steve : 현대 미합중국 정치학 교수) 54
레이건, 로널드(Reagan, Ronald : 1911~2004, 미합중국 대통령) 23, 101, 104, 113
레이너, 데릭(Rayner, Derek : 현대 영국 경영자) 33
레인버러, 토마스(Rainborough, Thomas : 1610~1648, 영국 군인) 271
레인워터, 리처드(Rainwater, Richard : 현대 미합중국 기업인) 110
로저스, 조엘(Rogers, Joel : 현대 미합중국 정치학자) 102, 103
로크, 존(Locke, John : 1632~1704, 영국 철학자) 281
론트리, 조지프(Rowntree, Joseph : 1836~1925, 영국 자선사업가) 223
롤로프, 조안(Roelof, Joan : 현대 미합중국 정치학자) 41
루빈, 로버트(Rubin, Robert : 1938~, 미합중국 은행가) 111
루소, 장자크(Rousseau, Jean-Jacques : 1712~1778, 프랑스 사상가) 10, 51, 86, 226, 228~235, 237, 238, 241,
    249, 250, 256, 260, 261, 264, 308
루스벨트, 프랭클린(Roosevelt, Franklin : 1882~1945, 미합중국 대통령) 102, 154
루카치, 죄르지(Lukács, György : 1885~1971, 헝가리 맑스주의 사상가) 238, 241, 244, 263
룩셈부르크, 로자(Luxemburg, Rosa : 1870~1919, 폴란드 맑스주의 혁명가) 58, 61, 260
리비스, 프랭크 레이먼드(Leavis, Frank Raymond : 1895~1978, 영국 문학평론가) 298
리처즈(Richards, I. A. : 1893~1979, 영국 문학평론가) 298

□

마리아테기, 호세 카를로스(Mariátegui, José Carlos : 1894~1930, 페루 정치사상가) 260
마퀀드, 데이비드(Marquand, David : 1934~, 영국 좌파 정치가) 27
만델라, 넬슨(Mandela, Nelson : 1918~, 남아공 정치인) 63
맑스, 칼(Marx, Karl : 1818~1883, 독일 사상가) 10, 51, 152, 226~230, 238, 240, 241, 248~250, 254, 256,
    261, 262, 264, 271~273, 289, 299, 302, 305, 308
매디슨, 제임스(Madison, James : 1751~1836, 미합중국 대통령) 151, 152
매싱, 마이클(Massing, Michael : 현대 미합중국 언론인) 170, 173, 174
맥밀란, 해롤드(Macmillan, Maurice Harold : 1894~1986, 영국 정치인) 19
머민, 조너선(Mermin, Jonathan : 현대 미합중국 변호사) 164, 168, 169, 173
멀건, 제프(Mulgan, Geoff : 현대 영국 관료) 29
메이어, 아노(Mayer, Arno : 1926~, 미합중국 역사학자) 239
메이플, 잭(Maple, Jack : 1953~2001, 미합중국 범죄 전문가) 146~148
메이플서프, 로버트(Mapplethorpe, Robert : 1946~1989, 미합중국 사진작가) 292

모스, 마르셀(Mauss, Marcel : 1875~1950, 프랑스 사회학자) 232
몬코넨, 에릭(Monkkonen, Eric : 1942~2005, 미합중국 역사학자) 139
무어, 배링턴(Moore, Barrington : 1913~2005, 미합중국 사회학자) 52
민스, 가디너(Means, Gardiner : 1896~1988, 미합중국 경제학자) 105
밀러, 주디스(Miller, Judith : 현대 미합중국 언론인) 173

ㅂ

바스케스, 타바레(Vázquez, Tabaré : 1940~, 우루과이 현직 대통령) 82
바우어, 알랭(Bauer, Alain : 현대 프랑스 경영자) 128, 131
바타유, 조르주(Bataille, Georges : 1897~1962, 프랑스의 사상가소설가) 233, 236
바흐친, 미하일(Bakhtin, Mikhail : 1895~1975, 소련의 문예학자) 298
발리, 에이돌프(Berle, Adolph : 1895~1971, 미합중국 법학자) 105
발자크, 오노레 드(Balzac, Honoré de : 1799~1850, 프랑스 소설가) 270, 280, 281
배로, 토마스(Balogh, Thomas : 1905~1985, 영국 경제학자) 21
밴더빌트, 윌리엄 헨리(Vanderbilt, William Henry : 1821~1885, 미합중국 재벌) 97
밴크로프트 경(Lord Bancroft : 현대 영국 관료) 27
버크, 케네스(Burke, Kenneth : 1897~1993, 미합중국 문학 이론가) 141
버클리, 윌리엄(Buckley Jr., William F. : 1925~, 미합중국 보수 논객) 103
버트, 존(Birt, John : 현대 영국 언론인 출신 관료) 30
베냐민, 발터(Benjamin, Walter : 1892~1940, 독일 문예이론가) 274
베닛, 캐서린(Bennett, Catherine : 현대 영국 언론인) 30, 31
베른슈타인, 에두아르트(Bernstein, Eduard : 1850~1932, 독일 사민주의 이론가) 265
베유, 시몬(Weil, Simone : 1909~1943, 프랑스 사상가) 260
베투, 프레이(Betto, Frei : 현대 브라질 신부활동가) 77
보날드 후작(Bonald, Marquis de : 프랑스 보수 정치철학자) 267
볼링, 벤저민(Bowling, Benjamin : 현대 영국 범죄학자) 138
볼커, 폴(Volcker, Paul : 1927~, 미합중국 금융 전문가) 104
부르기뇽, 프랑수아(Bourgignon, Francois : 현대 프랑스 금융 전문가) 187
브래튼, 윌리엄(Bratton, William : 현대 미합중국 경찰) 132, 139~141, 146
브레히트, 베르톨트(Brecht, Bertolt : 1898~1956, 독일 극작가) 55, 280
빈 라덴, 오사마(bin Laden, Osama : 이슬람 근본주의 투사) 163

ㅅ

사피어, 하워드(Safir, Howard) 132
서스킨드, 론(Suskind, Ron) 46
센, 아마르티아(Sen, Amartya Kumar; 1933~, 인도 경제학자) 217
셰보르스키, 애덤(Przeworski, Adam) 61
수아소, 실레스(Suazo, Siles : 전 볼리비아 대통령) 80
쉐스네, 장클로드(Chesnais, Jean-Claude : 프랑스 학자) 126

쉑터, 대니(Schechter, Danny)   173

슈미테, 필리페(Schmitter, Phillippe)   51

슈미트, 카를(Schmitt, Carl : 1888~1985, 독일 정치사상가)   268

스자보(Szabó, Ervin : 현대 헝가리 맑스주의자)   244, 260

스칼릿, 존(Scarlett, John, 현대 영국 관료)   15, 16

스톤, I. F.(Stone, I. F.; 현대 미합중국 언론인)   158

스톤, 리처드(Stone, Richard; 1913~1991, 영국 경제학자)   222, 223

스튜어트, 포터(Stewart, Potter; 1915~1985, 미합중국 대법원 판사)   153

스티글리츠, 조지프(Stiglitz, Joseph : 1943~, 미합중국 경제학자)   10, 179~186, 188, 190, 192, 193, 195, 197~209, 307, 308

스티븐스, 사이먼(Stevens, Simon : 현대 영국 관료)   17, 34

시라크, 자크(Chirac, Jacques : 1932~, 현대 프랑스 정치인)   125, 126

ㅇ

아우어바흐, 에리히(Auerbach, Erich : 1892~1957, 독일 문학 연구가)   298

아이칸, 칼(Icahn, Carl : 현대 미합중국 금융가)   106

아퀴나스, 토마스(Aquinas, Thomas : 1224~1274, 중세 서양 철학자)   287

알튀세, 루이(Althusser, Louis : 1918~1990, 프랑스 철학자)   237, 261, 300, 301

암스트롱, 윌리엄(Armstrong, William : 현대 영국 정치인)   22

앤더슨, 페리(Anderson, Perry : 1938~, 영국 역사학자)   227, 228, 242, 245~247, 259

어도니스, 앤드루(Adonis, Andrew : 현대 영국 교육관료)   33, 34

에스핑-안데르센, 괴스타(Esping-Andersen, Gösta : 1947~, 덴마크 사회학자)   85

엠프슨, 윌리엄(Empson, William : 1906~1984, 영국 문학평론가)   298

영, 개리(Younge, Gary : 1969~, 영국 언론인)   16

오도넬, 기예르모(O'Donnell, Guillermo)   51

오켈리, 라몬(Oquelí, Ramón)   74

우드, 엘런 메익신스(Wood, Ellen Meiksins : 현대 캐나다 정치학자)   57, 246, 247, 260, 264, 265

울펀슨, 제임스(Wolfensohn, James : 전 세계은행 총재)   182, 183, 194, 199, 202, 213

워서먼, 에드워드(Wasserman, Edward)   174

위메, 마르크(Ouimet, Marc : 프랑스 범죄학자)   134

윈, 프랜시스(Wheen, Francis : 영국 저술가)   43

윌리엄스, 레이먼드(Williams, Raymond : 영국 문화비평가)   94, 266, 298

윌슨, 제임스(Wilson, James Q. : 현대 미합중국 보수 정치학자)   143, 145, 148

윌슨, 해럴드(Wilson, Harold : 현대 영국 정치인)   19, 21

이러턴, 헨리(Ireton, Henry : 1611~1651, 영국 군인)   271

ㅈ

조그비, 존(Zogby, John : 미합중국 여론조사 전문가)   114

ㅊ

차베스, 우고(Chávez, Hugo : 1954~, 베네수엘라 대통령) 69, 82, 114
채피, 링컨(Chafee, Lincoln : 현대 미합중국 정치인) 101
챔버스, 위태커(Chambers, Whittaker : 미합중국 보수 저술가) 103
촘스키, 노엄(Chomsky, Noam : 1928~, 미합중국 언어학자) 59, 77, 158, 293, 294, 307

ㅋ

카르도주, 페르난두(Cardoso, Fernando : 1931~, 전 브라질 대통령) 68, 73
카르테스, 돈 후앙 도노소(Cartés, Don Juan Donoso) 268
카스트로, 피델(Castro, Fidel : 현대 쿠바 정치인) 82
카우츠키, 카를(Kautsky, Karl : 1854~1938 독일 사민주의 이념가) 259
카이저 퍼머넨티(Kaiser Permanente) 16
카터, 지미(Carter, Jimmy : 1924~, 전 미합중국 대통령) 104
칸트, 이마누엘(Kant, Immanuel : 1724~1804, 독일 철학자) 241, 256, 260, 264, 282
캉드쉬, 장미셸(Camdessus, Jean-Michel : 전 국제통화기금 총재) 68
캠벨, 앨리스테어(Campbell, Alstair : 현대 영국 언론인) 15, 38
케네디, 테드(Kennedy, Ted : 현대 미합중국 정치인) 104
켈리, 데이비드(Kelly, David : 현대 영국 무기전문가) 14
켈링, 조지(Kelling, George) 143, 145
콜로르, 페르난두(Collor, Fernando : 1949~, 전 브라질 대통령) 80
콜리니, 스테펀(Collini, Stefan) 45
콜리어, 데이비드(Collier, David) 54
쿠르티우스, 에른스트(Curtius, Ernst : 1814~1896, 독일 고고학자) 298
크라우제, 엔리케(Krauze, Enrique : 현대 멕시코 수필가) 54
크라우치, 콜린(Crouch, Colin) 90
크롬웰, 올리버(Cromwell, Oliver : 1599~1658, 영국 정치인) 271
클린턴, 빌(Clinton, Bill : 1946~, 전 미합중국 대통령) 108, 109, 111, 112, 114, 118, 160, 162, 205
클린턴, 힐러리(Clinton, Hillary : 1947~, 미합중국 정치인) 120
키녹, 닐(Kinnock, Neil : 1942~, 영국 정치인) 48
키르치네르, 네스토르(Kirchner, Néstor : 1950~, 아르헨티나 대통령) 78, 79, 82

ㅌ

턴불, 앤드루(Turnbull, Andrew : 현대 영국 정치인) 28, 35
테일러, 찰스(Taylor, Charles) 280
톰슨, 에드워드 파머(Thompson, Edward Palmer : 1924~1993, 영국 역사학자) 10, 226~229, 236, 237, 242,
    246, 247, 250, 266, 273

ㅍ

파레토, 빌프레도(Pareto, Vilfredo) 268
파르메니데스(Parmenides : 고대 그리스 철학자) 237
파시히, 파나스(Fassihi, Farnaz : 현대 미합중국 기자) 173, 174
파월, 콜린(Powell, Colin : 1937~, 미합중국 군인·정치인) 165, 166
팔로치, 안토니우(Palocci, Antonio : 현대 브라질 경제관료) 78
퍼거슨, 토머스(Ferguson, Thomas) 102, 103
페레스, 카를로스 안드레스(Pérez, Carlos Andrés : 전 베네수엘라 대통령) 80
페레이라, 카를로스(Pereyra, Carlos : 멕시코 철학자) 55
포스톤, 모셰(Postone, Moishe : 현대 미합중국 역사학자) 271, 273, 274
포크, 리처드(Falk, Richard) 159
폴라니, 칼(Polányi, Karl : 1886~1964, 헝가리 경제학자) 229, 230, 232
폴슨, 행크(Paulsen, Hank : 현대 미합중국 기업인) 111
푸코, 미셸(Foucault, Michel : 1926~1984, 프랑스 철학자) 299, 301
프레이저, 낸시(Fraser, Nancy) 265
프로이트, 지그문트(Freud, Sigmund : 1856~1939, 오스트리아 정신분석학자) 226, 248, 302, 306
프리드먼, 밀턴(Friedman, Milton : 현대 미합중국 경제학자) 95, 96, 98
프릴, 하워드(Friel, Howard) 159
피셔, 클로드(Fischer, Claude) 97
피시, 스탠리(Fish, Stanley : 현대 미합중국 비평가) 288

ㅎ

하이데거, 마르틴(Heidegger, Martin : 1889~1976, 독일 철학자) 268, 305
해리스화이트, 바버라(Harriss-White, Barbara) 13, 48
핸리, 찰스(Hanley, Charles : 현대 미합중국 기자) 165, 169
허먼, S 에드워드(Herman, S. Edward) 158
허시, 시모어(Hersh, Seymour : 현대 미합중국 언론인) 158, 169
호제투, 미겔(Rosetto, Miguel : 현대 브라질 관료) 78
후세인, 사담(Hussein, Saddam : 1937~2006, 이라크 정치인) 14, 163, 167, 168, 175
훈, 제프(Hoon, Geoff : 전 영국 국방장관) 14, 15
흄, 데이비드(Hume, David : 1711~1776, 영국 철학자) 225, 281
히믈러, 하인리히(Himmler, Heinrich) 269
힉스, 토머스(Hicks, Thomas : 현대 미합중국 기업인) 110

∷ 용어 찾아보기

ㄱ

개량주의 83, 240
개발주의 62
객관성 20, 291, 302
거부권한 77
거짓말 7~10, 13, 15, 16, 18, 42, 48, 56, 70, 108,
    126, 153~155, 164, 166, 173, 262, 295
건강권 62
건강보험 16, 17, 34
겉면에 표시를 한 카드 60
경쟁 정책 18, 191
경제 7, 19, 21, 88
    － 개방 60
    － 기적 68
    － 위기 80
    － 의사결정 모형 76
    － 정책 88
    － 제도 55
경제부 장관 25, 32, 75, 77, 78, 88, 196, 197
경제사회연구위원회 40
경제연구소(IEA) 31
경제적 진보 63
계급 10, 65
    낮은 － 73
    대중 － 80
    부르주아 － 55, 76
    지배 － 60, 86
계급 양극화 48, 55, 56, 58~60, 62, 75~77, 80~82,
    86, 87, 100, 101, 104, 105, 115, 227, 228, 237,
    244~246, 259, 262~264, 267, 274~276, 299
계급 전쟁 10, 104
고위 공무원 18, 20, 21, 27, 28, 34~36, 48
공공 생활 8, 9, 73
공공 영역 18~21, 35, 88, 140, 188
공공 정책 17, 36, 42, 44, 84

공공의 이익 24, 35, 36, 47
공공의 자유 86
공공정책연구소 31
공공정책연구소(IPPR) 30, 32
공무원 집단 모델 22
공무원대학 21
공적인 행위자 87
공통의 선 63, 86
과학자 공동체 39
과학적 증거 18
국가 7, 14, 18, 19, 28, 34~36, 40, 47, 48, 52, 59, 60,
    64, 65, 70, 72, 74~79, 84, 86, 89, 90, 96, 114, 122,
    126, 127, 129, 131, 150, 152~154, 178, 180, 181,
    187, 188, 190~193, 199, 201~205, 207, 209, 214,
    215, 220, 223, 232, 239, 243, 247, 251, 258, 259,
    270, 272, 274, 275, 296, 306
    개입주의 － 18, 19
    － 경쟁력 18
    국민－ 51, 251, 277
    독립 － 90
    － 해체 76
국립건강보험 16, 17, 34, 43
국립경제사회연구소(NIESR) 19
국민투표 60, 70, 80, 82~84, 89
국민행동당 68
국유화 24, 80, 97, 187
국제 금융계 78
국제 금융기구 68, 249
국제 금융자본 78
국제 자본주의의 경비견 75
국제 정치 84
국제기구 25, 211, 213, 220
국제통화기금 23, 68, 75, 78, 83, 179~183, 185,
    186, 192, 198, 205, 207, 209, 213
군사 위협 75
군사독재 69

군주제 56, 243
권력 구조 71, 158
권력 분산 84
권리 37, 44, 56, 59, 61~65, 84~86, 106, 117, 122,
    123, 125, 157, 158, 241, 243, 251, 257, 262, 266,
    268, 271, 273, 277
    형식적 - 59
권리 박탈 37, 44, 56, 59, 61~65, 84~86, 106, 117,
    122, 123, 125, 157, 158, 241, 243, 251, 257,
    262, 266, 268, 271, 273, 277
권위주의 9, 64, 66, 69
귀족정치 52, 267, 268, 273
그리스 53, 54, 152, 229, 231, 232, 237, 251, 254,
    256, 264
근대화론자 24, 25, 31
금융규제 60
급진 민주주의 기획 83
기근 퇴치 프로그램 77
기업 관리 87
기업 이사 협회 22
기업 친화적인 정책 35
기업가 신격화 46

ㄴ

낙관주의 82
남부사령부 74, 76
남북전쟁 52
냉소주의 14, 18, 304
노동당 19~21, 23~25, 28, 29, 31, 32, 34, 37, 43,
    45, 48, 266
노동력 56, 89, 123, 250, 262
노동자 56, 72, 85, 122~124, 239~242, 245, 246, 248,
    250, 255, 256, 260, 262, 268, 272, 275, 294
    임금 - 89
노동자당 57, 89, 122, 276
노동조합 62, 276
노사관계 체제 24
노예제 사회 52
노예제도 57
농노 54, 250, 259, 272

ㄷ

다보스 76, 94
다원주의 72, 264, 265
다중 81
담론 8, 46, 53, 126, 139, 140, 200, 207, 233, 265,
    282, 295, 297, 298
대강 대강 급진주의 29
대량 살상 무기 14, 163, 172, 173, 175
대안 73
대안 없는 정권 교체 73
대안 의학 43
대중 경제학 60
대중 반란 80
대중 조직 62, 76, 81
대중주의 62, 75, 99, 104
대처주의 23, 42
대통령 59, 68, 70, 72~82, 84, 103, 104, 109, 110,
    112, 113, 121, 122, 132, 152, 154, 158, 160, 162,
    168~170, 176, 205, 308
데모스 29, 31
독재 58
    헌법에 기초한 - 79
독재자 13
돌팔이 43
동물 해방 42
동양 신비주의 42
두뇌집단 29~33, 41, 42, 71, 94, 96, 99, 140, 199,
    200

ㄹ

라티노바로메트로 66, 67
라틴아메리카 9, 11, 49, 50, 52, 57, 59~74, 76, 77,
    79, 80, 82, 83, 85~91, 114, 132, 212, 216, 262,
    270
룸펜 헤겔주의 47
르네상스 53, 287
리얼리티 텔레비전 43, 94
링컨의 신조 50

ㅁ

만능인 19, 22
만인에 대한 만인의 투쟁 90
매력적으로 보이게 조작 14, 15
명예혁명 52
모순 22, 31, 53, 64~66, 89, 164, 166, 175, 186,
  194, 209, 226, 233, 258, 276, 295, 299, 309
무관심 8, 16, 17, 46, 63, 73, 81, 171, 221, 271,
  294, 301, 303, 308
물물교환용 상품 86
물신화 56
미합중국 7, 8, 10, 16, 17, 29, 37, 39, 41, 42, 46, 47,
  52, 59, 60, 67, 71~77, 83, 93, 96~102, 104,
  107~109, 111~115, 117~119, 122, 126~132, 134,
  135, 138~141, 143, 144, 148~179, 183, 195, 198,
  213~216, 283, 284, 288, 296, 298, 305, 307, 308
  - 경영대학원 35
  - 극우파 42
  - 지배 계급 77, 99, 118
  - 헌법의 아버지들 73
미합중국 재무부 75, 113, 115, 183, 198
미합중국학회협의회 41
민-관 협력 37
민간 건강보험 기구(HMO) 16, 17
민간 영역 20, 21, 28, 48, 189, 194, 195
민주주의 9, 12, 14, 16, 47, 49~55, 57, 59, 61~63,
  65~68, 70, 74, 76, 78, 79, 84~91, 105, 152, 157,
  176~178, 182, 243, 244, 248, 264~267, 296, 307,
  308
  경제 - 87, 88
  대리 - 83
  대리 - 체제 13
  대의제 - 59
  - 만족도 67
  부르주아 - 53, 54
  - 비옹호자 66
  사회 - 85
  사회주의 없는 - 58, 61
  신자유주의적 - 18
  - 옹호자 66
  - 이후 90
  자본주의적 - 9, 48, 49, 53, 55
  자유 - 66, 89
  저강도 - 90
  - 정당성 69
  - 정치 84
  정치적 - 51, 58
  참여 - 82, 85, 152
  - 체제 64, 70, 90
  케인스적 - 54, 64, 67, 68
  현존하는 - 51, 68
  형식적 - 89
민주주의적 십자군 67
민주화 9, 45, 49, 52, 62, 63, 65, 68, 69, 79, 82,
  83, 89, 91
민주화 이행기 87
민주화 이행론 51

ㅂ

바나나 공화국 47
반혁명 52, 83
백악관 67, 72, 75, 154, 168, 171, 288, 292
범죄 26, 44, 103, 121, 122, 124~143, 145~150, 162,
  169, 252, 253
법과 질서 10, 121, 126
법인화 병원 37
베니스 54
베버식 관료 36
베트남 전쟁 9, 154, 166, 170
보수당 19, 22, 24, 31, 46
보통 사람들(populo minuto) 54
볼리바르 혁명 82
부르주아 31, 55, 56, 76, 87, 93, 104, 106, 113,
  115, 116, 145, 226, 233, 237~246, 249, 258,
  259, 262, 263, 265, 267, 268, 272, 274~276,
  280, 299
부처별 조사위 19, 29
북미화 73
분배 정의 50
불만세력 89
불평등 64

구조적 - 57, 61, 64, 66, 231, 235, 258, 260, 269
불확실성 60
　민주주의적 - 60
브리티시 메디컬 저널 16
비 상품화 85
비밀주의 7, 152
비비시 방송 14, 15, 30
비정부 부문 20
빈곤 62, 64, 65, 77, 135, 136, 180, 181, 190, 192, 195, 197, 211~224, 269, 308
빈민가 56, 130, 135, 137, 138

ㅅ

사기업 24, 27, 35, 87, 96, 106, 112, 119
사업 헌장 36, 46
사영화 24, 34
사유화 38, 60, 80, 110, 183, 184, 187, 188, 197, 200, 207
사적 소유권 60
사적인 영역 88
사회
　- 구조 53, 105, 155, 250, 271
　- 정의 178, 234
　- 투쟁 88
사회 복지 서비스 26
사회 협약 86
사회-문화 조정 정책 26, 37
사회과학 39, 41, 50, 68
　주류 - 59, 74
사회과학계 61
사회과학연구협의회 41
사회과학자 39, 42, 55
사회민주주의 18, 19, 22, 31, 39, 240, 241, 244, 246, 249, 259, 262, 266
사회생활 58, 64, 79, 88, 90, 264
사회시장재단 31
사회적 배제 61, 77, 86, 265
사회적 조성물 58
사회주의 10, 11, 57, 82, 103, 106, 201, 225~230, 232, 235~238, 240~245, 247~249, 256, 257, 259, 260, 264~268, 270, 271, 274, 276, 277, 296
사회주의적 기획 58
사회화 66
상품화 62, 85, 86, 263
새로운 공무 관리 26
새로운 식민지 90
새로운 아이디어 30
생산양식 53, 262
선거 17, 18, 23, 25, 32, 34, 46, 48, 56, 59, 60, 70~74, 79, 80, 82, 84, 85, 99, 100, 102, 103, 111, 112, 115, 119, 121, 122, 124, 125, 168, 169, 172, 175, 177
선거 민주주의 84
선임 정책 고문 33, 34, 46, 308
세계무역기구 25
세계은행 10, 47, 83, 179~200, 205~207, 209, 211~217, 220~222
세뇌 70
소극적인 자유론 71
수사학 47, 78, 81, 184, 186, 189, 190, 206~209, 257, 270, 295, 298
수식어 53~55
슘페터의 신조 50
스칸디나비아 86
스페인-미합중국 전쟁 153
시립 전문 학교 34
시민 8, 59, 62~66, 68, 72, 76, 84, 85, 87, 91, 112, 152, 153, 156, 171, 182, 251, 272, 286
시민권
　사회적 - 54, 85, 87
시민사회 55, 63, 221
시민의 임금 86
시장 7, 10, 17, 18, 20, 23, 25, 26, 30, 32, 34, 36, 37, 39, 40, 45~48, 56, 62, 63, 65, 70, 72, 73, 84, 85, 87, 90, 95, 116, 180~182, 185, 187, 189, 191, 196, 197, 201~203, 206~209, 212, 230, 232, 242, 259, 264, 266, 270, 272, 281
　- 친화적인 18, 242
시장 영역 20
시장의 합리성 48

신 노동당 8, 9
신자유주의 17, 63, 76
　－ 바이러스 70
　－ 정책 체제 18, 21, 23, 26, 34, 36
　탈 － 73
실용주의 45, 283, 290, 292, 303
실질적인 힘 71
실체 16, 56, 57, 66, 200, 208, 292

ㅇ

아담스미스연구소 31
아마추어 예술 숭배 21
아첨 지수 27
안전 25, 26, 105, 122, 125~129, 141~143, 147,
　　148, 150
안전망 62
암묵적 우애 관계 18, 20
암살단 52
애국자법 8
양극화 66
언론 8, 10, 12, 15, 18, 26, 29, 42, 48, 75, 83, 94, 121,
　　127, 128, 130, 131, 139, 140, 142, 151~169,
　　171~178, 222, 233, 243, 276
언론기업 42
업계의 정당 25
엉터리 과학 43
에버케어 17
엘리트 사립학교 18
엘리트 편향 80
엘리트주의 43, 44
역사 변증법 79
역사의 주역 46
역진세제 26
연구 심의회 39, 40
영국노동조합회의 19
예산 28, 29, 32, 35, 64, 78, 89, 101, 111, 113, 115,
　　118, 134, 142, 157, 191, 193
왕립 위원회 19, 28, 29, 38
외국인 투자 72
외주 용역화 27, 36

외채 60, 62, 77, 78, 119
우익 자경단원 39
워싱턴 8, 69, 74, 75, 83, 94, 111, 113, 144, 160,
　　164, 168, 177, 289, 309
워싱턴 컨센서스 67, 75, 76, 179~182, 184, 185,
　　189, 191, 193, 202, 208, 209
원시 파시즘 9
월가 76, 98, 102, 105~109, 111~113, 115, 116
위험 부담 할증률 23
유권자 16, 32, 34, 37, 42, 48, 64, 71~73, 102, 109,
　　119, 124, 145, 175
유기적 지식인 31
유나이티드 헬스케어 17
유럽 17, 54, 77, 86, 96, 114, 118, 121, 126, 127, 129,
　　130, 132, 240, 242, 244, 245, 248, 253, 259, 261,
　　266, 268, 274, 286, 298
유럽연합 집행위원회 25
유엔개발계획 63, 66, 71, 72
의사결정 모형 51
의사결정의 사다리 75
의존성 47, 263
의지의 연합 7
이념적 지형 73
이라크 전쟁 10, 111, 160
이라크 침공 7, 8, 14, 151, 153, 162~167, 178, 307
이민 72
이상주의 33, 292
이야기 개발 책임자 8
이익집단 41, 85, 186
이탈리아 53, 127, 245, 266
인민 50, 62, 64, 72~74, 79, 90, 91, 228~231, 233,
　　237~239, 241~243, 248, 250, 260, 261, 264, 265
인적과세(人的課稅) 26
인플레이션 22, 80, 104, 106, 118, 191, 192
일본 77
일차 의료 차르 17
1차 걸프 전쟁 154
잉여가치 66, 262

ㅈ

자결권 90
자발성 81
자본 23~25, 40, 48, 77, 78, 86, 89, 91, 94, 100,
   102, 119, 180, 188, 191, 195, 196, 202, 255,
   256, 262, 275
   국제 – 78, 86
   – 도피 72
   –의 정치적·사회적 권력 24
자본가 9, 22, 56, 57, 65, 76, 77, 94, 96, 97, 106,
   107, 116, 255, 262, 275, 280
자본가 독재 57
자본주의 7, 9, 22, 31, 48, 53, 55~58, 60, 65, 66,
   75~77, 82, 84, 85, 89~91, 97, 105, 116, 152, 157,
   201, 204, 207, 228~230, 232, 237, 239, 241, 242,
   244, 246~248, 251, 252, 254~256, 259, 262~264,
   266, 269~277, 280, 281, 291, 294, 296, 297
   민주주의적 – 53, 56, 58, 60~63, 79, 83, 84,
   87, 151
      – 생산양식 52
   세계화한 – 50, 55, 309
자본주의적 기업 관리 50
자연과학 39
자유 선거 59
자유 세계 55
자유민주주의/사회민주주의 정책 체제 18, 20, 22,
   39
자유주의 10, 71, 87, 88, 96, 102, 106, 111, 112,
   160, 244, 267, 268
자유주의자 18, 104, 293
재무부 통제권 25
재정 21, 22, 78, 104, 113, 115, 117, 119, 134, 141,
   145, 197
전략 17, 22, 25, 26, 29, 34, 46, 81, 86, 101, 107,
   116, 134, 140, 141, 148, 149, 192, 195, 204, 270
전세계 빈곤 10, 212, 213, 218~220, 223
전세계 시장 [관련] 정책 25, 26
전술 81, 143, 146, 148, 149, 244
전쟁 14, 16, 44, 52, 111, 152, 153~156, 160~177,
   233, 241, 248, 251
절반의 진실 9, 13, 153

절차주의 58, 87
정강정책 71
정당 18, 19, 22, 26, 41, 42, 60, 62, 63, 71, 73, 81,
   102, 122, 157, 239, 269
정부 부문 20
정책 문화 38
정책 홍보 전도사 26
정책연구센터 31
정체성 정치 26
정치 10, 19, 22, 39, 42, 47, 53, 55, 57, 59, 61, 62,
   73, 77, 80~84, 88~90, 94~96, 100, 104, 115, 118,
   119, 126, 131, 139, 140, 150, 152, 156, 158, 160,
   176, 178, 208, 227, 228, 240, 241, 245, 248, 258,
   264, 274, 282, 288, 289, 292, 304
   과두– 62
   금권– 62
   – 발의권 83
   – 불신 73
   – 생활 60
   시장 주도 – 90
   –의식 83
   – 체제 55
   – 평론가 63
정치 엘리트 90, 158
정치 체제 61, 62, 64, 69, 70, 84, 85, 89, 119, 273,
   304
정치경제 계획(PEP) 19
정치과학 41, 287
정치과학자 41
정치권력 형식 53
정치이론 42
   고전적인 – 57
정치인 8, 28, 36, 63, 66, 100, 116, 127, 129, 140,
   141, 164, 177, 294
정치적 각성 67
정치적 낭만주의 81
정치적 대가 행세 42
정치적 형식 56
정치학 41, 42, 54, 73, 143, 144, 247
젖먹이 채권 32
제3의 길 25, 42

제국주의 7, 77, 90, 101, 176, 208, 277, 285, 286, 302
종교적 증오 44
좌파 10, 23, 37, 62, 68, 93, 95, 101, 119, 123~127, 147, 161, 226, 236, 248, 249, 256, 259, 261, 264, 267~269, 274, 304, 307
　전통적인 - 10
　중도- 68, 69, 73, 79
주권 47, 59, 60, 63, 72, 90, 282, 284~286, 309
주기적 연구 평가 작업(RAE) 40
주변부 75, 76, 89, 90, 103, 122, 123, 270
주변부화 62
준군사조직 52
중앙아메리카 자유무역협정 75
중앙은행 75, 77, 88, 105, 116, 118, 213, 223
증거에 대한 무관심 46, 308
지배 세력 76
지식인 접수 행위 42
지역별 기구 25

ㅊ

차관 77, 181, 184, 189, 190, 194
참정권 62, 87, 241, 243, 244
　보편적인 남성 - 54
　여성 - 54, 243
체제 변화 68, 241, 248
초헌법적 82
최고경영자 17, 24, 28, 94, 107, 110, 111, 118, 128, 294
축적 45, 166, 195, 196
　자본주의적 - 66, 77
출처 불명 문건 38, 39

ㅋ

카라카스 83
케인스주의 23, 62, 115, 207~209
코소보 전쟁 160
코카인 80, 133, 136, 139

쿠데타 52, 83
쿠바 혁명 82

ㅌ

테러와의 전쟁 8, 163
토니 조피스 34
통화 정책 25
통화주의 23, 118, 183, 201
투자 거부 72
투표 60, 71, 74, 82, 84, 90, 102, 177
특별 고문 18, 21, 32, 33, 183
특성화 학교 34

ㅍ

파라분도마르티 인민해방전선(FMLN) 72, 73
페론당 불법화 72
페이비언협회 19, 31
평등 57~59, 62, 89, 91, 226, 228, 234, 237, 238, 241, 249, 251, 256, 258~260, 265~269, 271, 273, 275, 277
평등주의 58, 152, 242, 244, 249, 253, 256~259, 261, 265~270, 275
포드재단 41
포스트 맑스주의 58, 264
포스트구조주의자 8
포스트모더니즘 10~12, 283, 290, 292~295, 306, 308
포스트모던주의자 8, 295, 296
포용 정책 62
폭력 44, 51, 52, 121, 124, 127, 130, 131, 133~136, 138, 139, 142, 146~150, 152, 166, 236
　위로부터의 - 52
풀뿌리 민주주의 89
프라이스워터하우스쿠퍼 34
프랑스 국립행정학교 21
프랑스혁명 52
프리덤하우스 64, 71, 73, 74
플로렌스 54

ㅎ

한국 전쟁 154
합리성 48, 67, 233, 286
'할 수 있다' 주의 36
행정부 수장 75, 77, 78, 82
행정청(executive agency) 26, 46
헌법 59, 63, 73, 79, 82, 122, 158, 164
헌법 기구 81
헤겔식으로 거꾸로 뒤집는 것 55
헤리티지재단 29, 64
혁명 9, 51, 52, 72, 81, 98, 105, 228, 234~236,
    239~241, 244~246, 249, 256, 257, 259, 261, 264,
    266, 267, 269~271, 275, 277, 280, 299
혁명의 길 51
현실도피자 61
형식주의 51, 58, 83, 298

형평성 50, 182, 191
환원주의 63, 87, 198, 208, 235
환율 정책 22
회전문 35
효율성 56, 139, 145, 148

단행본

『2003년 세계의 자유』 71
『뜻 모를 주문, 멈보점보가 세계를 점령한 방법』
    43
『라틴아메리카의 민주주의: 시민 민주주의를 향하
    여』 63
『생각할 수 없는 것을 생각하기』 31
『악마의 시』 44
『정치학』 53

:: 갈무리 신서

1. 오늘의 세계경제 : 위기와 전망

크리스 하먼 지음 / 이원영 편역

1990년대에 자본주의 세계경제가 직면한 위기의 성격과 그 내적 동력을 이론적·실증적으로 해부한 경제 분석서.

2. 동유럽에서의 계급투쟁 : 1945~1983

크리스 하먼 지음 / 김형주 옮김

1945~1983년에 걸쳐 스딸린주의 관료정권에 대항하는 동유럽 노동자계급의 투쟁이 어떻게 전개되어 왔는 가를 실증적으로 분석한 역사서.

7. 소련의 해체와 그 이후의 동유럽

크리스 하먼·마이크 헤인즈 지음 / 이원영 편역

소련 해체 과정의 저변에서 작용하고 있는 사회적 동력을 분석하고 그 이후 동유럽 사회가 처해 있는 심각 한 위기와 그 성격을 해부한 역사 분석서.

8. 현대 철학의 두 가지 전통과 마르크스주의

알렉스 캘리니코스 지음 / 정남영 옮김

현대 철학의 역사에 대한 비판적 분석을 통해 철학에서 마르크스주의의 역할은 무엇인가를 집중적으로 탐 구한 철학개론서.

9. 현대 프랑스 철학의 성격 논쟁

알렉스 캘리니코스 외 지음 / 이원영 편역·해제

알뛰세의 구조주의 철학과 포스트구조주의의 성격 문제를 둘러싸고 영국의 국제사회주의자들 내부에서 벌 어졌던 논쟁을 묶은 책.

11. 안토니오 그람시의 단층들

페리 앤더슨·칼 보그 외 지음 / 김현우·신진욱·허준석 편역

마르크스주의 내에서 그리고 밖에서 그람시에게 미친 지적 영향의 다양성을 강조하면서 정치적 위기들과 대격변들, 숨가쁘게 변화하는 상황에 대한 그람시의 개입을 다각도로 탐구하고 있는 책.

12. 배반당한 혁명

레온 뜨로츠키 지음 / 김성훈 옮김

혁명적 마르크스주의의 입장에서 통계수치와 신문기사 등 구체적인 자료를 바탕으로 소련 사회와 스딸린주 의 정치 체제의 성격을 파헤치고 그 미래를 전망한 뜨로츠키의 대표적 정치분석서.

14. **포스트모더니즘 이후의 정치와 문화**

마이클 라이언 지음 / 나병철·이경훈 옮김

마르크스주의와 해체론의 연계문제를 다양한 현대사상의 문맥에서 보다 확장시키는 한편, 실제의 정치와 문화에 구체적으로 적용시키는 철학적 문화 분석서.

15. **디오니소스의 노동·I**

안토니오 네그리·마이클 하트 지음 / 이원영 옮김

'시간에 의한 사물들의 형성'이자 '살아 있는 형식부여적 불'로서의 '디오니소스의 노동', 즉 '기쁨의 실천'을 서술한 책.

16. **디오니소스의 노동·II**

안토니오 네그리·마이클 하트 지음 / 이원영 옮김

이딸리아 아우또노미아 운동의 지도적 이론가였으며 『제국』의 저자인 안또니오 네그리와 그의 제자이자 가장 긴밀한 협력자이면서 듀크대학 교수인 마이클 하트가 공동집필한 정치철학서.

17. **이딸리아 자율주의 정치철학·1**

쎄르지오 볼로냐·안또니오 네그리 외 지음 / 이원영 편역

이딸리아 아우또노미아 운동의 이론적 표현물 중의 하나인 자율주의 정치철학이 형성된 역사적 배경과 맑스주의 전통 속에서 자율주의 철학의 독특성 및 그것의 발전적 성과를 집약한 책.

19. **사빠띠스따**

해리 클리버 지음 / 이원영·서창현 옮김

미국의 대표적인 자율주의적 맑스주의자이며 사빠띠스따 행동위원회의 활동적 일원인 해리 클리버 교수(미국 텍사스 대학 정치경제학 교수)의 진지하면서도 읽기 쉬운 정치논문 모음집.

20. **신자유주의와 화폐의 정치**

워너 본펠드·존 홀러웨이 편저 / 이원영 옮김

사회 관계의 한 형식으로서의, 계급투쟁의 한 형식으로서의 화폐에 대한 탐구, 이 책 전체에 중심적인 것은, 화폐적 불안정성의 이면은 노동의 불복종적 권력이라는 것을 이해하는 것이다.

21. **정보시대의 노동전략 : 슘페터 추종자의 자본전략을 넘어서**

이상락 지음

슘페터 추종자들의 자본주의 발전전략을 정치적으로 해석하여 자본의 전략을 좀더 밀도있게 노동의 관점에서 분석하고 또 이로부터 자본주의를 넘어서려는 새로운 노동전략을 추출해 낸다.

22. 미래로 돌아가다

안또니오 네그리·펠릭스 가따리 지음 / 조정환 편역

1968년 이후 등장한 새로운 집단적 주체와 전복적 정치 그리고 연합의 새로운 노선을 제시한 철학?정치학 입문서.

23. 안토니오 그람시 옥중수고 이전

리처드 벨라미 엮음 / 김현우·장석준 옮김

『옥중수고』 이전에 씌어진 그람시의 초기저작. 평의회 운동, 파시즘 분석, 인간의 의지와 윤리에 대한 독특한 해석 등을 중심으로 그람시의 정치철학의 숨겨져 온 면모를 보여준다.

24. 리얼리즘과 그 너머: 디킨즈 소설 연구

정남영 지음

디킨즈의 작품들에 대한 치밀한 분석을 통해 새로운 리얼리즘론의 가능성을 모색한 문학이론서.

31. 풀뿌리는 느리게 질주한다

시민자치정책센터

시민스스로가 공동체의 주체가 되고 공존하는 길을 모색한다.

32. 권력으로 세상을 바꿀 수 있는가

존 홀러웨이 지음 / 조정환 옮김

사빠띠스따 봉기 이후의 다양한 사회적 투쟁들에서, 특히 씨애틀 이후의 지구화에 대항하는 투쟁들에서 등장하고 있는 좌파 정치학의 새로운 경향을 정식화하고자 하는 책.

피닉스 문예

1. 시지프의 신화일기

석제연 지음

오늘날의 한 여성이 역사와 성 차별의 상처로부터 새살을 틔우는 미래적 '신화에세이'!

2. 숭어의 꿈

김하경 지음

미끼를 물지 않는 숭어의 눈, 노동자의 눈으로 바라본 세상! 민주노조운동의 주역들과 87년 세대, 그리고 우리 시대에 사랑과 희망의 꿈을 찾는 모든 이들에게 보내는 인간 존엄의 초대장!

3. 볼프

이 헌 지음

신예 작가 이헌이 1년여에 걸친 자료 수집과 하루 12시간씩 6개월간의 집필기간, 그리고 3개월간의 퇴고 기간을 거쳐 탈고한 '내 안의 히틀러와의 투쟁'을 긴장감 있게 써내려간 첫 장편소설!

4. 길 밖의 길

백무산 지음

1980년대의 '불꽃의 시간'에서 1990년대에 '대지의 시간'으로 나아갔던 백무산 시인이 '바람의 시간'을 통해 그의 시적 발전의 제3기를 보여주는 신작 시집.

Krome…

1. 내 사랑 마창노련 상, 하

김하경 지음

마창노련은 전노협의 선봉으로서 87년 노동자 대투쟁 이후 민주노총이 건설되기까지 지난 10년 동안 민주 노동운동의 발전을 이끌어 왔으며 공장의 벽을 뛰어넘은 대중투쟁과 연대투쟁을 가장 모범적으로 펼쳤던 조직이다. 이 기록은 한국 민주노동사 연구의 소중한 모범이자 치열한 보고문학이다.

2. 그대들을 희망의 이름으로 기억하리라

철도노조 KTX열차승무지부 지음 / 노동만화네트워크 그림 / 민족문학작가회의 자유실천위원회 엮음

KTX 승무원 노동자들이 직접 쓴 진솔하고 감동적인 글과 KTX 투쟁에 연대하는 16인의 노동시인 · 문인들의 글을 한 자리에 모으고, 〈노동만화네트워크〉 만화가들이 그린 수십 컷의 삽화가 승무원들의 글과 조화된 살아있는 감동 에세이!

3. 47, 그들이 온다

철도해고자원직복직투쟁위원회 지음 / 권오석, 최정희, 최정규, 도단이 그림 / 전국철도노동조합 엮음

2003년 6월 28일 정부의 철도 구조조정에 맞서 총파업을 하고 완강히 저항하다 해고된 철도노동자 47명, 그들이 부산에서 서울까지 순회 · 도보행군에 앞서 펴낸 희망의 에세이!